„Wo ich her bin…“
Uwe Johnson in der D.D.R.

»WO ICH HER BIN...«

UWE JOHNSON
IN DER D.D.R.

HERAUSGEGEBEN VON
ROLAND BERBIG
UND ERDMUT WIZISLA

editionKONTEXT

ISBN 3-86161-008-6. Erste Auflage 1993. © KONTEXTverlag, Berlin. Alle Rechte vorbehalten. Einbandgestaltung Sonja Hennersdorf und Torsten Metelka, unter Verwendung einer Fotografie von Hans-Jürgen Schmidt. Satz Torsten Metelka. Druck Gallus Druckerei KG, Berlin. Printed in Germany.

Inhalt

Denn für mich ist Ostdeutschland eine
Ansammlung von Erfahrungen und Einsichten,
die aufgeben zu müssen mir sehr leid tat.
Uwe Johnson, 20. August 1961

Wo ich her bin das gibt es nicht mehr.
Gesine Cresspahl, 29. November 1967

Vorwort

Am 19. Dezember 1973 schrieb Uwe Johnson aus der Westberliner Stierstraße an Lotte Köhler, Vertraute von Hannah Arendt und durch diese mit ihm bekannt geworden, in New York:

> „Ja, im Sommer waren wir auf zehn Tage in Mecklenburg, meine Frau zum ersten Mal seit ihrer sonderbaren Ausreise über die Ostsee. Noch einmal schwimmen im Inselsee, schwimmen in einem Dampfer auf dem schweriner See, bei Uhle speisen, auf den Bahnsteigen von Bad Kleinen auf den Anschluss warten: als Gäste. Als Fremde."[1]

Drei Jahre lag sein *Versuch, eine Mentalität zu erklären* zurück, mit dem er gehofft hatte, einen ernsten Schlußstrich unter die in der DDR verlebte Zeit und die dort gesammelten Erfahrungen gezogen zu haben. „Es hat neun oder zehn oder zwölf Jahre gedauert. Nun ist es vorbei". War es wirklich vorbei?

Uwe Johnson hat sich nicht nur der DDR gegenüber als Gast und als Fremder empfunden. Seine Ortswechsel reden die Sprache eines Menschen, dem die Ruhe, die aus lokaler Gebundenheit erwachsen kann, verloren ging. In der DDR waren die Städte und Landschaften seiner Kindheit und Jugend zurückgeblieben. Dort waren die Räume, die ihm für das Erleben seiner Personen, deren Geschichten zu erzählen er sich beauftragt fühlte, unverzichtbar waren. Der vertraulich-respektvolle Umgang, den der Autor mit seinen

Personen pflegte, und die zunehmende Abhängigkeit von ihnen verkomplizierten Johnsons Beziehung zur DDR. Durch sie löste sich diese Bindung nicht, ja sie schien in den letzten Jahren seines Lebens erneut an schwer berechenbarem Einfluß zu gewinnen. „Hören Sie", so soll er sich an Stephan Hermlin 1982 gewandt haben, „könnten Sie mir einen Gefallen tun? Ich möchte gern, das geht mir pausenlos im Kopf herum, wenigstens für ein Jahr in Mecklenburg wohnen."[2]

Die DDR, die ihm politisch ein hoch zweifelhaftes Gebilde war, übte allem Anschein nach anhaltende Anziehungskraft aus. Dachte er an sie, fielen ihm das Lager in Fünfeichen oder die Erniedrigungen, von denen die Schul- und Studienzeit geprägt war, ebenso ein wie der Wind, der über die Seen strich und zum Segeln verführte, oder die Sprache, in der die Menschen miteinander redeten und durch die sie einmalig wurden. Hier fremdwerden hieß für Johnson Schmerz. Sein Erinnern bedeutete ihm eine immer erneute Probe, inwieweit die Verwundung, die ihm zugefügt worden war und die sein Weggang nicht zu heilen vermochte, tatsächlich über die Jahre vernarbt war. Die Hoffnung und der Glaube, das Erinnerte durch gültiges Benennen zu erledigen, es abzurechnen, hatten sich am Ende seines Lebens als vergeblich erwiesen. Es mag sein, daß er sich, wie Günter Kunert meint, als „wahrhaft Betrogene[r] eines Systems" empfand, „dessen zerstörerische Auswirkungen bis tief in die Privatsphäre reichten."[3]

Die ersten Jahre der Vereinigung von Ost- und Westdeutschland haben den Schriftsteller Uwe Johnson ins Rampenlicht gerückt. Sein Werk wurde, was es zu Lebzeiten kaum gewesen war: ein Bestseller. Die eben noch seinem Verbot nichts Ernsthaftes entgegenzusetzen hatten, zögerten nicht, sich auf ihn zu berufen, und die, denen er schon während der DDR-Zeit wichtig gewesen war, wollten für seine umfassende Anerkennung und Durchsetzung sorgen. Die in ihm gerade noch den Republikflüchtling gesehen hatten, suchten jetzt nach DDR-freundlichen Aussagen des Schriftstellers, und jene, denen er ein scharfer Kritiker der DDR-Staatsverhältnisse gewesen war, feierten in ihm den Autor, der das ostdeutsche diktatorische Regime schon im voraus erkannt und analysiert hatte. Die persönliche Tragik, die Johnsons letztes Lebensjahrfünft verdunkelte, verknüpfte sich überdies vor dem Hintergrund der Stasi-Debatten auf seltsame Weise mit der in der DDR unterdrückten Rezeption Johnsons. Der Untergang der DDR und die Rolle, die die Staatssicherheit in ihr gespielt hatte, senkten die Hemmschwelle, im Tone entschlossener Endgültigkeit über dieses bedrückende Kapitel in Johnsons Leben zu richten.[4]

Johnson kann sich nicht mehr gegen das grelle Licht, das auf ihn fällt, wehren. Er ist in Gefahr, hinter den Kulissen, die um ihn aufgestellt werden, zu verschwinden. Daß er bei deren Entwurf und Ausgestaltung mitgewirkt hat, aus Selbstschutz und Künstlerbewußtsein, will wenig besagen. Keinesfalls entbindet es von der notwendig aufzubringenden Mühe, die Theaterwelt wieder beiseitezuräumen, um zwischen Wirklichkeit und Imagination zu unterscheiden. Das Maß, das dabei gilt, hat Johnson in seiner literarischen Praxis gesetzt.

Als wir vor drei Jahren begannen, Uwe Johnsons Verbindungen zu Ostdeutschland, zur DDR nachzuzeichnen und Spuren zu suchen, die sie hinterließen, waren diese Wurzeln des Autors fast in Vergessenheit geraten. Dachte man an den Schriftsteller, fielen einem eher Westberlin, New York und Sheerness-on-Sea ein, kaum Güstrow, Rostock, Anklam oder gar Recknitz. Das hat sich geändert. Besonders Jürgen Grambow und Bernd Neumann ist es zu danken, daß eine Fülle von Material ans Tageslicht kam, das Johnsons Wege in Ostdeutschland und der DDR zu rekonstruieren erlaubt.

Neben der professionellen Art, mit der sich die beiden ihres Autors versichert haben, stehen andere Wortmeldungen, privatere. Sie kommen von Menschen, denen Johnson für kurze oder längere Zeitabschnitte begegnet ist und bei denen er einen nachhaltigen, einen nicht mehr tilgbaren Eindruck hinterlassen hat.[5] Während die wissenschaftliche Aneignung (auch die der populäreren Art) immer die Gefahr in sich birgt, in eine Einverleibung auszuufern, sind diese leisen Stimmen geeignet, den Menschen wieder kenntlich werden zu lassen, der Johnson war.[6] Dort zeigt er sich liebevoll und einfallsreich, warmherzig und treu, aber auch zerstörend und eigensinnig, verletzlich und verletzend.

Beide angedeuteten Seiten beeinflußten das Vorhaben, deren Resultat der vorliegende Band über Uwe Johnson ist. Deshalb spiegelt das Verzeichnis der aufgenommenen Texte sehr verschiedenartige Mitteilungsformen, mit denen die Verfasser ihren je eigenen Zugriff auf das Thema suchten. Die Formen reichen von sehr persönlichen Erinnerungen über die Kommentierung kleinerer Dokumente bis zur um Gründlichkeit bemühten, immer auf Annäherung bedachten Erläuterung. Neben der zögernden, bedachtsamen Art, mit der Christine Jansen die Umstände erhellt, die aus einem privaten Brief Johnsons an sie den *Zeit*-Artikel *„Seien Sie vielmals bedankt!"* werden ließen, stehen die abwägenden und unsentimentalen, aber uneingeschränkte Hochachtung bezeugenden Sätze von Günter Grass. Die Weitherzigkeit, mit der Beziehungen, die Johnson einging, entstanden und sich entwickelten, und die Unerbittlichkeit, mit der sie zerbrechen konnten, beschreibt Manfred Bierwisch in zwei persönlichen Texten, die jeden Kommentar erübrigen.

Wie das Werk von Johnson Amerika und Mecklenburg verbindet, so läßt sich auch im hier mitgeteilten Biographischen diese Brücke erkennen: Helen Wolff, die angesehene Verlegerin aus Hanover, New Hampshire (USA), erinnert sich in einem Brief an das, was ihr Johnson von der fernen DDR erzählte, und Lotte Köhler, damals noch eingespannt in eine Lehrtätigkeit, aber voller Konzentration auf den Mann, der sie so intensiv an ihre mecklenburgische Kindheit zu erinnern vermochte, gewährt einen Einblick in den Briefwechsel, den sie mit Uwe Johnson über jene norddeutsche Region unterhielt. „Ich bin mit Deinem Buch", schreibt sie ihm im November 1983, als die *Jahrestage* zu Ende gebracht waren,

> „und sehr zu Hause darin [...]. Und dann guck ich auch mal auf der mecklenburgischen Karte aus dem Grieben-Reiseführer von Dir nach, wie das alles liegt im Klützer Winkel; den kenn ich doch noch aus Kindertagen aus Geschichten meines Vaters, denn dort ist der aufgewachsen. Und dann das Fischland! Und überhaupt alles."[7]

Solche Zeugnisse belegen, daß Johnson nach Gesprächspartnern suchte, die die Welt seiner Personen kannten und sich in seine eigene Entfernung von jenen Landschaften hineindenken konnten. Daß er sie in Amerika fand, schärfte den Blick aus einer Fremde auf die DDR und auf das historische Gewordensein der Regionen, die von ihr verwaltet und deren spannungsreiche Einmaligkeit übertüncht wurden: Unkenntlich gemacht, wie Gesine in *Jahrestage* sagt.

Mit Ferne und Nähe hat es wahrscheinlich auch zu tun, daß einige Stimmen, die gehört werden müßten, geht es um Uwe Johnson und seine Erfahrungen in der DDR und mit ihr, Schweigen vorzogen. Das trifft besonders auf Schriftstellerinnen und Schriftsteller der DDR zu, aber nicht allein. „U. J. hängt mit zu vielem zusammen", schrieb Martin Walser.[8] Die Leserinnen und Leser werden die Fehlstellen rasch registrieren. In manchen Fällen erwies sich die Vermutung, für unser Interesse Wichtiges ausfindig zu machen, als unbegründet: „ich weiß einfach nichts zu Ihrem Uwe Johnson, und was ich vielleicht wüßte, habe ich vergessen", erwiderte Wolf Biermann auf eine Anfrage, ob er sich an die Besuche Johnsons 1965 erinnere, die zu einem erneuten Einreiseverbot des Schriftstellers geführt hatten.[9] „Ich war zu jung, zu unliterarisch in meinen Interessen und es kamen in diesen Zeiten mehr Menschen in die Chausseestraße 131, als ich begreifen und behalten konnte."[10]

Für andere wiederum ist der Weg zu einer Äußerung verstellt durch die eigene Biographie, die der Johnsons empfindlich zuwiderläuft. Hermann Kant sieht in den Bemerkungen Johnsons über ihn anläßlich der Frankfurter Vorlesung 1979 nachgereichte Belege des Kalten Krieges. Er verwahrt sich gegen die dort ausgesprochene Behauptung, er, Kant, habe sich 1962 zu einer Einladung an Johnson verstanden, damit die Stasi den Republikflüchtigen festsetzen könne. „Lebte Johnson noch, sähe ich mich veranlaßt, seinen frühen und späten Worten weitere von mir hinzuzufügen. Aber Uwe Johnson ist tot, und so endet die Sache hier."[11]

Die bemerkenswerte Ausstrahlung von Uwe Johnson ist schon aus der Studienzeit überliefert. Bei den meisten Mitstudentinnen und -studenten dominiert ein übermächtiges Bild. Es zeigt den schweigenden und Pfeife rauchenden Johnson, der immer den Eindruck erweckte, als wüßte er, was gelehrt wurde, schon längst.

„Ich bin dem 'Ossian' (so hieß er bei seinen Freunden in der Studienzeit) nur 2 x begegnet", erinnert sich Jürgen Teller, „einmal bei Bloch, ein andermal bei seinem Freund Béla Klemm[12], und jedesmal hüllte er sich in eine Wolke scharfsinnigen Schweigens bzw. Pfeifenrauchs."[13]

Je näher Menschen Uwe Johnson standen, um so zurückhaltender äußern sie sich über ihr Verhältnis zu ihm. Vorsicht und Behutsamkeit nehmen zu, aber auch die Sorge, an Verletztheiten zu rühren, die beiderseitig waren.

„Ich hatte allerdings bisher nicht vor, die lange, sehr enge, lange Zeit bis ins persönlich Feinkörnige gehende, später aber auch immer kompliziertere Freundschaft mit Uwe Johnson irgendwann in welcher Form auch immer zu Papier zu bringen"[14],

notierte Klaus Baumgärtner, Sprachwissenschaftler und 1961 unter gefährlichen Umständen aus der DDR geflohen. Eine schwere Herzerkrankung vereitelte seine Absicht, sich dennoch mit einem ausführlichen Brief dem zu nähern, was nicht „Kontinuität, Kausalität und runde Perspektive" gewesen war, sondern wo „höchst verwickelte Sachverhalte, Einstellungen und Reaktionen und Handlungen"[15] vorgelegen hatten.

Die Leipziger Studenten- und Freundesrunde, über die hier im Aufsatz *Leipzig oder Die Schule der Modernität* berichtet wird, erfuhr 1991 mit dem Tod von Eberhardt Klemm einen schlimmen Verlust. Klemm, der voller Einfälle steckende Musikologe, hatte aufgeschlossen auf die Einladung zur Mitarbeit reagiert und versprochen, Briefe und Tagebücher auf öffentlich Mitteilbares durchzusehen. In unserer Erinnerung bleibt eine intensive Begegnung mit ihm, die Johnson gewidmet war, ohne sich auf ihn zu beschränken.

Ausgeklammert haben wir das Thema Staatssicherheit. Wir glauben, daß darüber erst geschrieben werden sollte, wenn die dafür nötigen Quellen verläßlich gesichtet und ausgewertet sind. Dann kann die „Mythisierung des von Spionen in sein Schicksal hineingejagten Heroen"[16] Johnson aus belegbaren Tatbeständen begründet oder aber ad absurdum geführt werden.

Die eher wissenschaftlichen Texte des Bandes benötigen kaum Sätze des Geleites. Sie korrespondieren mit Forschungsintentionen der letzten Jahre. Nicht selten verdanken sie ihre Entstehung auch deren Anstoß. Die Absicht war nicht, flächendeckend das thematische Feld abzuarbeiten.

Dafür ist die gesamte Uwe Johnson-Forschung in den vergangenen Jahren zu sehr in Bewegung geraten; sie läßt sich kaum in einem Vorhaben im strengen Sinn unter ein Dach bringen. Die Bibliographie am Ende des Buches zeigt die Bandbreite.[17]

Die literarischen Texte stehen ebenfalls für sich. Unter ihnen nehmen die Arbeiten von Uwe Johnson den Hauptteil ein. Obwohl Johnsons *Versuch, eine Mentalität zu erklären* und das Interview mit Michael Roloff bereits publiziert sind, können sie in dem neuen Rahmen auch neu gelesen werden. Durch die Zuordnung zu den anderen Texten gewinnen sie nicht selten eine unerwarte Akzentuierung. Die Gedichte von Thomas Brasch, B. K. Tragelehn und Gerald Zschorsch sind alles andere als poetisches Beiwerk. In ihnen herrscht ein persönlicher Ton vor, der oberflächliche Erinnerungstexte aufwiegt. Bemerkenswert ist, daß Johnson, wie Zschorsch in einem Brief mitteilt, bei den Begegnungen mit ihm in Frankfurt am Main zwar „stundenlange Monologe über die Welt und das Sein" hielt, aber „nie über die DDR"[18] sprach. Dabei hätte die Lebensgeschichte des Gesprächspartners nachdrücklich dazu eingeladen.[19]

1961, nach dem Bau der Mauer, hatte Uwe Johnson Menschen verloren, „an denen ich mein Leben hängen glaubte"[20] Er hat ihnen Treue gehalten, indem er die Nachkriegsveränderungen in Deutschland, besonders im Osten, der späteren DDR, und ihren Niederschlag im Leben der sogenannten kleinen Leute mit Ernst und Genauigkeit beschrieb. Die ersten Bücher von Uwe Johnson waren für DDR-Leser verfaßt, sie hätten sich in ihnen finden können. Nun ist es zu vielen verspäteten Erstbegegnungen mit seinen Texten gekommen, ohne daß sich der Eindruck erledigter oder überholter Literatur herstellt. Johnsons Erfahrungen mit der DDR waren deutsche Erfahrungen. Sie endeten nicht mit seinem Weggang aus jenem Land, und sie hätten nicht geendet mit dem Fall der Mauer, der die DDR beseitigte. Durch Johnsons frühen Tod fehlt die Stimme, die den Vorgang der Vereinigung am präzisesten geschildert hätte – und am gerechtesten wohl auch. Erinnerung und Lektüre müssen ersetzen, wofür es am Ende keinen Ersatz gibt.

Berlin, Dezember 1992

Roland Berbig
Erdmut Wizisla

Uwe Johnson
Versuch, eine Mentalität zu erklären

So reden Kinder von ihren Eltern. So reden Erwachsene von jemand, der einst an ihnen Vaterstelle vertrat. Sie reden von der DDR mit einem Abstand, der auch Achtung zu verstehen gibt, mit einer Vertrautheit, die eher aus intimer Kenntnis denn aus ungemischter Zuneigung gewachsen ist. Sie fordern den ehemaligen Vormund in die Rolle des Partners, noch im Zorn verlangen sie das Gespräch mit ihm. An den wechselseitigen Kränkungen wäre ein gewöhnliches Verhältnis längst zerbrochen; dies ähnelt der schwierigen Ehe jenes Römers, der sie umschrieb mit dem unausweichlichen Vorsatz *Nec tecum, nec sine te*. Seit die DDR sie vor zwanzig Jahren vereinnahmte, sind sie von ihr mit Beschlag belegt; sie leben fern von ihr, immer noch haben sie das Tischtuch nicht gänzlich zerschneiden mögen. Hier ist eine Rechnung nicht abgeschlossen.

Die DDR, 1949 als Erzieherin über sie gesetzt, hatte es leicht, die Zuständigkeit der alten Instanzen zu verkleinern. Die Eltern suchten das Geschäft, das Erbe, den Stand, die bürgerliche Moral, also die Vergangenheit zu bewahren. Die beiden Kirchen verteidigten ihre eigenen Positionen; wieder einmal war ihr Geschäft nicht von dieser Welt. Die neuere Weltanschauung hatte Gift genommen. In der traditionellen Philosophie war für einen solchen Fall nichts vorgesehen. Der Fall war, daß hier mit der Vergangenheit gebrochen werden sollte.

Die DDR trug ihren Vorschlag nicht mit schwächlicher Stimme vor. Wer das Personal der Justiz, der Schule, der Verwaltung auswechselt, wer da enteignet und verhaftet und verurteilt, der hat den Staat, und die Macht dazu. Noch das Irrationale an der neuen Art von Rechtsprechung machte denken oder glauben: dies ist auf ewig. Diese Wirklichkeit mochte noch nicht richtig sein: vorhanden war sie. Und die neue Ewigkeit kam daher nicht nur mit Macht, sondern auch mit dem Ansinnen: Ihr solltet vernüftiger leben lernen als noch eure Eltern. Das hört sich gut an für junge Leute, nicht nur weil da ein Jeder anders werden will als seine Älteren. Wem das nicht glatt genug hinunterging, dem half auch Nüchternheit nicht gegen die Annahme, daß nach dem abgetanen System der Faschisten diese Autorität von Haus aus die bessere war, weil anti-faschistisch. Die moralische Eindeutigkeit war verführerisch. Das saß.

Es saß tief, es reichte für Vorschüsse, zu entrichten in Vertrauen. Die Kluft und die Musikzüge der alten Jugendorganisation waren kaum vergessen, da fing die neue schon an mit der massenhaften Verkleidung, diesmal mit blauem Tuch für den Oberkörper, mit Trommeln und Trompeten, mit Fahnen und Fackeln. Wozu hatten diese Hemden Klappen auf den Schultern? Damals hieß die Erklärung der Funktionäre: wenn die Organisation erst mal Mützen bekommt, dann kannst du deine unter eine von den Klappen stecken, Jugendfreund. Heute hat uns die Mode-Industrie den Namen für solchen Aufzug verraten: Military. Das brauchen die Kinder: dachte die Staatsmacht; die DDR denkt von uns daß wir das brauchen: dachten die Kinder, die einander nun nicht mehr als Jugend, sondern als Freunde der Jugend anzureden hatten. Hier war ein Riß in dem Gefühl der Verständigung.

Die Proklamation der sozialen Neuordnung war attraktiv für jugendliche Gemüter. Denn auch hier wurde Tatsäch-

lichkeit durchgesetzt gegen die bloß verbalen Maß-Stäbe der Eltern. Die personellen Kontakte des Großgrundbesitzers zu den Faschisten reichten schon aus als Argument für die Aufteilung des Bodens unter kleine Bauern; die schulische Version des Marxismus lieferte noch historische und ökonomische Gründe nach. Die industrielle und finanzielle Konzentration war ebenso kompromittiert, ebenso lernte man sie mit theoretischen Schlägen eindecken. Und es war nur recht und billig, daß nun die vernachlässigten Gruppen der Arbeiter und Bauern ihre Kinder mit Vorzug in die Bildungsstätten schicken sollten. All dies war Gerechtigkeit, allerdings prozentual. Sie ließ sich strecken zu dem Gefühl, in einem grundsätzlich anständigen Staat zu leben. Gelegentlich flackerte dies Gefühl, so wenn die Gerechtigkeit auftrat mit den Manieren der Brutalität, der Willkür, des Gesetzesbruchs. Aber die westdeutsche Alternative war verkrüppelt durch politische und Kriegs-Verbrecher in der Regierung und Armee von Bonn, durch die Fortführung des diskreditierten wirtschaftlichen Systems. In die DDR war viel Solidarität, viel Loyalität investiert. Ein Bruch mit ihr hätte schon Verluste bedeutet. Wem es zum Bruch nicht reichte, der begann sein Vertrauen zu befristen, von Fall zu Fall.

Die DDR als Lehrerin, so streng und wunderlich sie auftrat, konnte sich lange Zeit fast unbedenklich verlassen auf die beiden moralischen Wurzeln, die antifaschistische und die der sozialen Proportion, an denen sie die Jugendlichen hielt. Das zeigen die Reaktionen jener, deren Eltern sie Kampf und Nachteile angesagt hatte. Denn die Einladung zum neueren Leben, die Gebärde der weit geöffneten Arme, sie war zum Mißverstehen gewesen. Sie hatte nicht allen Kindern gegolten. Mancher Einzelne, der sich der neuen Gemeinschaft gerade als Individuum überantworten wollte, hatte nun zu erfahren, daß er gar nicht als Einzelner angesehen werde, sondern als Angehöriger einer Gruppe.

Diese Gruppe aber waren die Eltern, Leute der alten, der aufgegebenen Zeit. Und es war nicht die Zurücksetzung der mittelständischen und intellektuellen Minderheiten allein, der die abgestempelten Kinder entgehen wollten, oft war es auch die Prägung durch die Minderheit, der sie mißtrauten. Aber die Ausnahme für den Freiwilligen wurde nicht gemacht, das gleiche Recht und die gleiche Geltung mußten in diesem Kindergarten gesondert verdient werden. Die Aktivität der „Bürgerlichen" in den staatlichen Organisationen, mit der sie obendrein zögernde Freunde vergrämten, wurde in ihrer Ehrlichkeit durch Mißtrauen gekränkt. Sie sahen das höhere Stipendium für Kinder von Arbeitern und Bauern nicht nur an als Selbstverständlichkeit sondern geradezu als Forderung, und versuchten sie ihren Rückstand durch Fleiß aufzuholen, wurden sie in einer verordneten Diskussion mit dem „bürgerlichen Leistungsethos" denunziert. Die Angehörigen dieser Gruppe waren mit verwandtschaftlichen und finanziellen Sicherungen im alternativen Westdeutschland besser versehen als andere; dennoch ließen sie sich nicht beraten vom Trieb zur Selbsterhaltung, sondern vom Selbstverständnis der DDR, das sie sich angeeignet hatten gegen die Vorbehalte der DDR, in der Zuversicht auf spätere Zulassung zum Status der Gleichberechtigung. Gerade diese Kinder gingen nicht am ehesten aus dem Land.

Für alle, die hier reden, war es mehr als ein Land, mehr als Heimat und biographische Gegend. Der Begriff Vaterland, gereinigt von Pathos und Patriotismus, ist hier nicht fern, gestützt durch die Profiltiefe der Prägung, die ein junger Mensch in der DDR erfuhr. In den vorliegenden Aussagen erscheint die DDR als fest umrissene personenähnliche Größe (während die Bundesrepublik bewußt ist als lediglich eine Lage, in der man sich befindet). Auf den beiden moralischen Voraussetzungen des Antifaschismus und Antikapitalismus konnte ein nahezu partnerschaftliches Verhältnis anwachsen. Bürger und Staat konnten einfach um der Wahrheit willen zueinander stehen gegen die unzutreffenden Interpretationen von seiten westlicher Scharfmacher. Dann, die DDR war allgegenwärtig wirksam. Sie erzwang sich Kontakt nicht nur in den Schulen, den Arbeitsverhältnissen, den Organisationen, wo sie Ideologie verbreitete und Liebes-Erklärungen abforderte. Sie war den meisten Vorgängen des Alltags immanent. Die mitunter grotesken Zustände in der Versorgung waren eben nicht einem einzelnen Geschäftsmann und seinem Mangel an Geschäftsinteresse zuzurechnen, sondern den Funktionären in allen Instanzen, also der DDR in Person. Die Wahl einer Wohnung, eines Ferienortes, eines Studienfachs, eines Berufs war administrativen Entscheidungen untergeordnet; die DDR war der Swinegel und immer schon da. Die persönliche Natur dieses Verhältnisses zwischen Staat und jugendlichem Bürger wird auch belegt durch eine Form der Nachsicht, die man als Jüngerer einem Älteren erweist, anderer vermuteter Tugenden wegen. Diese Nachsicht richtete sich auf die Funktionäre des Handels, die die Technik der Warenbewegung eben an einer lebendigen Bevölkerung sich einüben mußten; auf die sprachlichen Extravaganzen, namentlich die russifizierenden, die man der Mühsal des Selbstausdrucks und einer übertriebenen Sentimentalität zuschreiben konnte; noch auf die Kampagnen gegen „bürgerliche" Bräuche wie das *cum tempore* zwischen Vorlesungen, weil das Prinzip des Mißtrauens begreiflich war, so absurd es sich im Detail auswirkte. Gewiß, die Wirklichkeit war noch immer nicht richtig. Aber das war die Zukunft, nicht nur vorhergesagt, sondern auch versprochen.

Dies Versprechen, als Vertrag unter Partnern, trug in sich den Keim, der das Bündnis mit der DDR auflösen würde. Denn es war Kritik möglich an der Einlösung dieses Versprechens, eben nicht nur Mängelrügen. Da wurde entgegen der Vereinbarung geliefert, da war für Nichtgeliefertes zu quittieren. Der Grad der persönlichen Enttäuschung erlaubt sehr wohl einen Rückschluß auf das Ausmaß der Treuebereitschaft. Es ist peinlich, eine sonst geachtete Person beim Lügen zu ertappen, oder beim Tragen auf beiden Schultern. Die neue Ideologie sollte nun doch nicht allein ein Bewußtsein erzeugen, das für zeitgemäß brauchbare Arbeitsentschlüsse geeignet war; die neue Ideologie fungierte auch als Zahlungsmittel, mit dessen verbaler Übergabe Rechte wie Privilegien erworben werden konnten. Es war enttäuschend, daß die DDR die Unredlichkeit des bloßen Aufsagens von Erkenntnisformeln wahrnahm, und honorierte. Die Bedingungen für die Zulassung in diesem Staat waren eindeutig genug, sie mußten erfüllt werden; sie brachten den Erfüller bedenklich in die Nähe des Arrangements, das ihm als typisch für „bürgerliche" Heuchelei dargestellt worden war. Simonie und Sozialismus, es ist kein Reim. Und die Ideologie erwies sich wieder und wieder als eine im Marxschen Sinne, als falsches Bewußtsein, benutzbar zur Stützung und zum Ausbau der Herrschaftsverhältnisse. (Das bedeutete noch nicht Zweifel an der Richtigkeit der Herrschaftsverhältnisse, nur Skepsis gegenüber dem Baumaterial.) Die sozialen Errungenschaften schienen im Grunde zu schade für den Zweck, Kritik an anderen Phänomenen der Gesellschaft abzuweisen, und der dauernde Hinweis auf diese Errungenschaften verriet gelegentlich durch das Punktuelle des Argumentierens, daß es Schwierigkeiten geben würde mit der Anfertigung eines die DDR ganz umfassenden Systems. Der Antifaschismus, die unentbehrliche Voraussetzung, ging inzwischen am theoretischen Stock, da er strukturell, nämlich durch das Vorhandensein von Faschismus, nicht mehr zu manifestieren war, schon gar nicht durch die faschistische Verteufelung der westdeutschen Regierung, denn deren Gebaren füllte die

Definition des Faschismus nicht aus, mit der die DDR sich so viel Mühe gegeben hatte. Unter diesen Umständen wirkte die Begründung für die Aufrüstung der DDR (zumal ohne Wehrpflicht) nicht völlig abgesichert, und kam überdies einem Wortbruch gleich. Die humane Kalkulation, die die DDR ihren Kindern in den Mund gelegt hatte, erzeugte nun Widerstände gegen die paramilitärischen Organisationen und die Armee, die den Krieg gegen die Westdeutschen üben sollten. Und nicht nur die Tschechen erschraken über die Uniform dieser Armee, und wieder war mit der freiwilligen Meldung zum Wehrdienst Vorzugsbehandlung zu erkaufen, und wieder war die Armee nicht neuen Typus', sondern Barras. Selbst so fundamentale Theorie wie das Mehrwertgesetz, die für westliche Ökonomie auf der Hand lag, stak in der DDR im Feuer und war ein heißes Eisen, da über die Verteilung des gesellschaftlichen Mehrwerts in großer Entfernung von seinen Erzeugern entschieden wurde, in einer annoncierenden Art, der bei den Posten des militärischen Etats die Stimme versagte. Allmählich auch wurden die Wahlergebnisse zu anekdotisch. Und Nepotismus ist nun einmal Nepotismus. Hier hatte die DDR offensichtlich Butter auf dem Kopf, da mußte sie den Hut gar nicht mehr abnehmen. Es ist beschämend, eine sonst geachtete Person bei solchen Machenschaften ertappt zu sehen. Es kam so weit, daß in der Darstellung der Realität, wie sie die DDR betrieb, schwer zu wählen war zwischen taktischen Finessen und gestörter Wahrnehmungsfähigkeit, so wenn sie den republikweiten Arbeiteraufstand im Jahre 1953 nicht als selbst produzierte Reaktion sondern als auswärts gebastelten Putsch erkennen wollte und im übrigen im niedlichsten politischen Witz Staatsgefährdung nicht nur roch, sondern auch vor Gericht zog. Die Fragen nahmen überhand, und überhand nahm die Erbitterung darüber, daß sie nicht gestellt werden durften. Denn diese strenge

Erzieherin DDR bestrafte schon leisen Zweifel an ihrer Güte mit Liebesentzug. Ein boykottiertes Kind kann da mitten in der Familie verhungern. Schließlich war für viele Anhänger der versprochenen DDR das Eingeständnis nicht mehr abweisbar, daß sie zu jeder theoretischen und praktischen Aktion der wirklichen DDR eine apologetische Version mitführten, ein rein defensives Schmiermittel, das das persönliche Verhältnis zu diesem Staat in Maßen erträglich halten sollte. Es ist bitter, sich einzugestehen, daß man seit langem die Wahrheit nur heimlich, im Vertrauen gesagt hat. Wer so weit war, beneidete Jeden, der die offizielle Analyse des Vorhandenen mitdenken konnte, ohne die widersprechenden Elemente im totalen Bild zu bemerken, ohne Aufmerksamkeit für den Schatten hinter den Worten, ohne Gefühl für den Riß zwischen den Ableitungen der Glaubenssätze. Jetzt hielten noch die Freundschaften, wie sie unter solchem innenpolitischen Druck gediehen, Bindungen von einer Intensität, Ausdauer, Unbedingtheit, derengleichen anderswo schwerlich zu erwarten war. Das waren nicht Zusammenschlüsse gegen die DDR, sondern Verbindungen im gemeinsamen Kummer über ihr Verhalten, also in einer Dritten Sache, die freilich dem schlicht Persönlichen an diesen Beziehungen unerhört zugutekam. Wer nun ging, brauchte dazu kaum einen einzelnen tagespolitischen Anlaß, und nicht einmal alle zusammen: er war mit der DDR fertig, er glaubte ihr kein Wort mehr, er konnte nicht mehr mit ihr, er mochte ihre Stimme nicht mehr ertragen, ihm war die Luft aus dem Vertrauen gelassen worden, es ging nicht mehr: alles Ausdrücke, mit denen die Auflösung eines persönlichen Verhältnisses kommentiert wird. Denn wer ging, der verließ die DDR nicht ohne das Bewußtsein, sie im Sinne der Redensart sitzen zu lassen, wie eine allzu herrschsüchtige und unverträgliche Braut, die nun auch einmal Kränkung fühlen sollte. Oder, was da an Abschiedsbriefen hinterlassen wurde, erinnert an die Vorkehrungen eines abgewiesenen Liebhabers, der der Unerreichbaren zumindest die Tiefenschärfe seines Schmerzes gemeldet wissen möchte. Und noch einmal: wer da ging, sagte sich von einem Lehrer los, nicht ohne Würdigung der vermittelten Erkenntnisse, aber unbeirrbar in dem Entschluß, die Vormundschaft grundsätzlich aufzukündigen. Sie sprachen sich aus freien Stücken frei und großjährig.

Die Prozedur der westdeutschen Aufnahmelager wirkte wie ein Schock. Sie immunisierte auf Dauer gegen Träume von staatlicher Vereinigung: So werden nicht Leute behandelt, mit denen man eine Einheit will. So widerlich war der Eintrittspreis nicht zu erwarten gewesen. Diese Verletzung wurde versteckt, das half ihr nicht zu heilen. Übrigens waren sie nicht gekommen, um in der Bundesrepublik Deutschland zu sein, sondern um aus der DDR wegzugehen. Immerhin, hier war nun die Eleganz der unbehinderten Warenwirtschaft, was die anderen Kinder vor ihnen angezogen hat. (Das sind die, die hier nicht reden, die hier nicht zur Rede stehen.) Es war dann ein bißchen wenig. Mancher verdächtigte sich, einer Trotzreaktion erlegen zu sein. Eine Rückkehr aber verbot die DDR selbst durch die Gesetze, mit denen sie damals für Abtrünnigkeit sich rächen wollte: auch die Reaktionen der DDR hatten etwas Persönliches. Da das nicht anging, auch das Licht des nüchternen Tages nicht vertrug, blieb nur die Einrichtung im westlichen Gebiet. Das ging nicht leicht an. Die hier erforderlichen Anpassungen in Arbeitsverhältnissen, politischen Gruppen, gesellschaftlichen Konventionen waren ja formal nichts Unbekanntes. Der Kapitalismus funktionierte allerdings anders als in den Analysen der DDR geschildert; das zu berichtigen war eine Arbeit. Diese Arbeit wurde durch nichts honoriert als individuelle Erkenntnis, und es fiel Einem da auch nichts in den Schoß. Die westdeutschen Herrschaftsverhältnisse waren hinter so viel Augenschein versteckt, deren Wirklichkeit war in der alltäglichen schwierig aufzufinden. Die Toleranzen, die die Macht in der Bundesrepublik ihren Bürgern ließ, waren zwar zu erklären als Luxus einer bestimmten Phase und nicht ein ewiges Kennzeichen; Luxus blieben sie, fast unglaublich. Die gesellschaftliche Lüge saß auch hier in Strich und Faden, aber die Weberichtung war eine andere, und die Wahrheit schien an ganz unverdächtigten Stellen durch. Und die Westdeutschen, da hatte das Gerücht nicht übertrieben, waren in der Tat anders. Die fuhren wahrhaftig so gern Auto, und auch das mit den sagenhaften Fernseh-Abenden traf zu. Die lebten ganz harmlos privat. Die westdeutschen Freundschaften wuchsen langsam, anfangs immer noch mit der Hoffnung, es sei an einem der Hiesigen doch Interesse zu finden für das Wichtigste, das ein so Auswärtiger kennen gelernt hatte: die Politik. Die leisteten es sich, darauf zu verzichten. Deren Haltung war, genau wie die eigene, von Produktionsverhältnissen erzeugt; die Erkenntnis von der Formbarkeit des Individuums war doch niederschmetternd. Hinderlich war eine Zeit lang die Einbildung der eigenen Minderwertigkeit, mit der die DDR ihre Leute angesteckt hatte, die auch die Westdeutschen gern ausnutzten. Nicht nur sind Leute II. Klasse gefügiger; es war auch viel westdeutsches Mißtrauen echt, also antikommunistisch, also ohne Ansehen der Person. Die aus der DDR mitgebrachten Vorstellungen von gesellschaftlichem Fortschritt konnten beliebig humanitär sein und mit dem christlichen Ideengut der offiziellen Bundesrepublik noch so freundlich harmonieren; dies Gepäck erschien durch den Ort seiner Herkunft etwas zu konkret. Da aber die Westdeutschen von der Freiheit sprachen wie die DDR vom Frieden, also von etwas Anderem, war eine ideologische Integrierung nicht Bedingung. Das hatte als angenehme Konsequenz, daß der Ankömmling sich nicht durch obligates

Bekenntnis kompromittieren mußte und so den Neurosen des Renegaten entging. Ohnehin, auf einen Zustand ist schlecht schwören. Die wollten Leistung sehen, na bitte. Die wollten sehen, wie der Dollar rollte; warum nicht. An der Theorie vom Konsumzwang wurde allmählich eine andere Seite sichtbar, die vom Genuß am Konsum. In diesem Zusammenhang regte sich der Widerspruch nicht einmal bei den zurückgebliebenen Freunden, die nunmehr ihren Anteil an westdeutschen Tabakwaren, technischem Dingsbums und weiteren neunhundertachtundneunzig kleinen Dingen einforderten. Allmählich hörte auch der dauernde Vergleich auf, der Verhältnisse in der DDR an der falschen, weil westdeutschen, Elle gemessen hatte; das war ein Heilsymptom. Und wen die Grenzformalitäten zwischen Chiasso und Como nicht zur Vernunft bringen, dem ist nicht zu helfen. So weit, gut.

Zur Behaglichkeit reichte es nicht ganz. Behaglichkeit stellte sich schwer ein in einem deutschen Land, das allen Grund zur Angst vor faschistischen Entwicklungen hatte und in dem solcher Abwehrreaktion nur selten zu begegnen war, zum Beispiel bei der SPD als taktischer Variante. Hier konnte sich, bei politisch professionell trainierten Personen, Gleichgültigkeit gegenüber politischen Vorgängen einschleichen. Zum anderen Beispiel, die rechten Parteien hatten noch nicht begriffen, daß Deutschland den Krieg verloren hat. Was man so links nennt, das hatte sich den Sozialismus wegmachen lassen. Die revolutionären Gesten der „Außer-Parlamentarischen Opposition" erregen Amusement in diesem Personenkreis, in dem bekannt ist, was man so zu einer Revolution nimmt, und mit welchen Zutaten eine importierte Revolution gerät. Da ist kaum Ansatz. Andererseits, dieser Personenkreis wäre zu haben für ein gesellschaftspolitisches Engagement, das dem Selbstverständnis der Bundesrepublik zu mehr Wirklichkeit verhelfen wollte, was Rechtssicherheit, soziale Gerechtigkeit, Verständigung mit den osteuropäischen Nachbarn und Kriegsopfern angeht; und nämlich nicht als fünfte Kolonne im ausländischem Auftrag, sondern aus einer Loyalität zur Bundesrepublik, die sich eine bessere Bundesrepublik wünscht, eine Verwirklichung auch von Erwartungen, die die DDR enttäuscht hat. Es ist leider nicht ausgemacht, ob die Bundesrepublik einer Loyalität bedarf, die über die Umlage kommunaler Kosten hinausginge. Vorläufig ist es möglich, daß ein politisches Engagement verkümmert zur passiven Verarbeitung von Politik. Die Freiheit, Meinung zu äußern, einst in der DDR entbehrt, hier ist sie gegeben. Hier trifft sie nicht auf Widerstand, produziert nicht Wirklichkeit. Die fast vollständige Unterrichtung über Zustände in Staat und Wirtschaft, hier ist sie. Nur kann die Information nicht in praktische Anwendung gebracht werden. Sie ist genießbar. Nicht zuletzt ist dies noch eine Gelegenheit, über die DDR zusätzlich zu erfahren, was sie versteckt hielt. Wer hätte denn dort gewußt, daß die sich an jedem Dienstag hinsetzen zu Beschlüssen über das Land, und zwar regelmäßig eine Stunde, und nicht irgendwo in Ostberlin, sondern am Werderschen Markt, zum Beispiel? Oder: Was hat Adenauer nun tatsächlich als Letztes gesagt? Wie ist die Firma Krupp nun in Wahrheit konstruiert? Was alles gedenkt die SPD noch für Regierungsmacht auf den Tisch zu legen? Es nützt nicht viel, das zu wissen, aber es macht Spaß, auch das noch zu wissen. Die Leistungen der oppositionellen wie der institutionalisierten Publizistik machten das Leben im Gebiet der Westmark von Anfang an annehmbar. Von allen Freuden des Konsums ist diese echt unverzichtbar. Wem aber sogar die politische Kommunikation als Genußmittel vorkommt, dem darf man getrost nachsagen, daß er eingebürgert ist, Spaß beiseite.

Dennoch, es sind nicht alle angekommen. In diesen Interviews wird gelegentlich eine Rückkehr in die DDR nahezu unkritisch erwogen. Da schlägt die alte Haltung des Kindes vor dem Vormund wieder durch. Dann reden sie, als seien sie immer noch rechenschaftspflichtig. Gerade von der DDR wollen sie nicht verachtet werden. Immer geben sie der DDR ihren Namen, nur weil die eine mehr geographische Umschreibung mit Unmut aufnehmen konnte (gewiß auch in Opposition gegen die unberatenen Verlegenheitsausdrücke westdeutscher Politik). Immer reden sie behutsam, um der DDR ja nicht wehe zu tun; und wären doch nicht hier, hätte die DDR nicht ihnen wehgetan. Es ist, als wäre Offenheit in der Öffentlichkeit ihnen peinlich, als wollten sie es mit der DDR nicht verderben. Sie gehen nicht ein auf die Behauptung der DDR, ihre Umzügler seien Opfer einer Abwerbung, eines Handels mit Menschen. Da sie es besser wissen, und verschweigen, ist ihnen die Hoffnung zu unterstellen, daß sie sich mit der DDR eines Tages, und sei es nur im vertraulichem Gespräch, verständigen könnten. Wirklich? Wird man sich da versöhnen? Auch über Ausdrükke? Da ist gar kein Zweifel: eines Tages nimmt die DDR sie zurück. Tatsächlich? wenn sie ankommen mit einem Abonnement des Nachrichtenmagazins *Der Spiegel* (auf vierzig Jahre) in der Tasche und mit der Erinnerung an die letzte Italienreise im Gedächtnis? Dann wird die DDR sie vielleicht nicht nehmen. So reden also verstoßene Kinder.

Es geht auch anders.

1. Wenn es einer Staatsmacht freisteht, eine Staatsbürgerschaft zu verhängen über Leute, die sie bei der Machtübernahme auf ihrem Territorium vorgefunden hat, so muß es diesen Leuten freigestellt werden, auf Staatsbürgerschaften von sich aus zu verzichten. Auch Palmström hatte ja seine Gründe, als er das Kreuz für Kunst mit Dank zurückreichte.

2. Gewiß, die DDR war eine Erfahrung, obendrein die einer juvenilen Periode. Aber die Erfahrung sollte nicht verkleinert werden durch die Tricks der Erinnerung. Es gibt da auch Dinge, die der Regen nicht abwäscht. Was da an Biographie gestiftet wurde, war immerhin nicht alles notwendig zum Leben. Es ist nicht nötig, diese Rechnung neu aufzumachen, aber sie verträgt es, offen zu bleiben.

3. In der DDR sind noch einige persönliche Orte, die Orte der Kindheit, der Jugend. Dort sind Freundschaften, Landschaften, Teile der Person. Es ist Vergangenheit. Es hat neun oder zehn oder zwölf Jahre gedauert. Nun ist es vorbei.

I

Elegie

an Uwe Johnson

Engel erscheinen, um zu verschwinden.
Sind Mittler zwischen Dunkel und Licht.
Sichtbar im Kommen; im Gehen unsichtbar nicht.

Engel tragen niemals eine Krone.
Im Reigen schwach und ohne Würde.
Sind Flügel Rucksack. Tragriemen der Bürde.

Engel zwitschern vernehmlich keine Lieder.
Sie hausen mit uns; mental beglückt.
Sind ähnlich lebenden Personen ausgerückt.

Gerald Zschorsch

Michael Roloff
Gespräch mit Uwe Johnson

ROLOFF: Wann haben Sie Ostdeutschland verlassen, um nach West-Berlin zu ziehen?

JOHNSON: Als die Veröffentlichung der *Mutmassungen über Jakob* ein Stadium erreicht hatte, zu dem das Schriftbild mit dem Titel des Buches und meinem Namen in Druck gehen sollte.

ROLOFF: Und sind Sie weggefahren, weil dieses Buch im Westen erschien?

JOHNSON: Ja. Die Entscheidung erfolgte weniger aus politischen als aus hygienischen Gründen, da ich annahm, die ostdeutschen Behörden würden eine Beschreibung als einen Angriff mißverstehen.

ROLOFF: Hatten Sie überhaupt beabsichtigt, das Buch in Ostdeutschland zu veröffentlichen?

JOHNSON: 1953 hatte ich einem Staatsverlag in Ostdeutschland ein Buchmanuskript angeboten, wurde aber aufgefordert, bestimmte Teile zu verändern, besonders jene, in denen Parteifunktionäre bewertet wurden. Da ich sicher war, ähnliche Forderungen würden 1959 wieder an mich gestellt werden, unternahm ich keinen Versuch mehr, das Buch in Ostdeutschland veröffentlichen zu lassen.

ROLOFF: Haben Sie schon 1953 mit der Arbeit an den *Mutmassungen* begonnen?

JOHNSON: Nein. Es war 1956. In jenem Jahr hatte ich sehr viel freie Zeit, weil ich arbeitslos war, und ich verbrachte viel Zeit damit zu reisen.

ROLOFF: Wie war es möglich, in einem kommunistischen Staat arbeitslos zu sein?

JOHNSON: Ich war sozusagen ein Widerspruch in diesem Staat, der ja die Widersprüche in seiner Entwicklung haben will. Ich war das, was es da nicht geben darf: arbeitslos. Ich war ein Student, in den der Staat einige Stipendien investiert hatte. Der glaubte dann, das Recht zu haben, seinen Studenten Arbeitsplätze zuzuweisen. Und mir wurde keiner zugewiesen. Ich hatte ein sehr ungünstiges Führungszeugnis. Und merkwürdigerweise ging es. Ich habe sogar zeitweilig in einer Kleinstadt gelebt, wo die Leute manchmal mit den Polizisten auf du und du sind, und es hat niemanden gekümmert. Es hat mich immer gewundert, gewiß.

ROLOFF: War das Manuskript, das Sie einem Verlag in Ostdeutschland angeboten hatten, das eines völlig anderen Buches?

JOHNSON: Ja, und ich bin froh, daß es nicht veröffentlicht worden ist, weil ich damals neunzehn Jahre alt und sehr verbittert war.

ROLOFF: Haben Sie an ein bestimmtes Publikum gedacht, als Sie die *Mutmassungen* schrieben?

JOHNSON: Nein. Es war eigentlich der Versuch, eine Geschichte zu erzählen. Ein sehr privater Versuch. Deshalb orientiert sich die Technik des Buches – seine Konstruktion – noch nicht an den Leuten, die es lesen werden.

ROLOFF: Wie war die Reaktion in Ostdeutschland, wenn überhaupt, auf das Buch?

JOHNSON: Mir ist erzählt worden, manche Leute würden es kennen – das sind die Leser. Von Funktionären wurde ich auch bei einigen öffentlichen Veranstaltungen als Feind des ostdeutschen Staates verurteilt.

ROLOFF: Hatten Sie Kontakt zu irgendwelchen Schriftstellern, die im Westen wohnten, bevor Sie Ostdeutschland verlassen haben?

JOHNSON: Nein. Ich hatte überhaupt keinen Kontakt mit Schriftstellern, weil ich noch 1959 nicht vorhatte, Schriftsteller zu werden. Ich hatte nur ein Manuskript vorbereitet, und die natürliche Folge schien mir, es zu veröffentlichen. Als das Buch veröffentlicht wurde, war ich sehr plötzlich ein Schriftsteller, und erst dann gewöhnte ich mich daran, als Schriftsteller betrachtet und behandelt zu werden.

ROLOFF: Und Sie fühlen sich nicht als Schriftsteller im Exil?

JOHNSON: Nein. Das wäre eine Reaktion auf eine Gefängnisstrafe, die ich vielleicht in Ostdeutschland erhalten würde. Es fiel mir ziemlich schwer, mich an Berlin und an den Westen zu gewöhnen – sie als eine unabhängige Realität zu akzeptieren. Aber ich bin sicherlich nicht im Exil.

ROLOFF: Können Sie vom Schreiben leben, von der Veröffentlichung der *Mutmassungen*, oder müssen Sie sich auch auf andere Arbeiten einlassen?

JOHNSON: Als mein Verleger das Buch annahm, dachte er keinen Augenblick daran, daß ich anders denn als Schriftsteller leben könnte, und dank sehr großzügiger Zuwendungen hat er es mir ermöglicht, einfach zu leben und zu schreiben. Ich glaube nicht, daß ich sie über längere Zeit werde in Anspruch nehmen können, weil die Diskrepanz zwischen meinem tatsächlichen Einkommen und diesen großzügigen Zahlungen... ich weiß nicht, sobald die Diskrepanz zu groß wird, werde ich eine andere Arbeit finden müssen.

ROLOFF: Ist die Tatsache, daß Sie in West-Berlin leben, zufällig? Bedauern Sie in irgendeiner Weise, nicht in Ostdeutschland zu leben?

JOHNSON: Nein. Es ist kein Zufall. Bis zum letzten Wochenende war West-Berlin ein Ort in Deutschland, an dem man die Angebote von beiden Seiten – vom Osten und vom Westen – genau miteinander vergleichen konnte, und mir war dieser Vergleich sehr wichtig, weil es ein Vergleich zwischen zwei unterschiedlichen Lebensarten ist. Ich bedauere in der Tat, daß ich nicht nach Ostdeutschland reisen oder dort bleiben kann, obwohl ich dort nicht würde wohnen wollen. Denn für mich ist Ostdeutschland eine Ansammlung von Erfahrungen und Einsichten, die aufgeben zu müssen mir sehr leid tat.

ROLOFF: Haben Sie eine Universität in Ostdeutschland besucht?

JOHNSON: Ja. Zuerst die Rostocker, dann die Leipziger Universität, die Karl-Marx-Universität genannt wird. Offiziell habe ich Deutsche Literatur und Philologie studiert; inoffiziell studierte ich vieles andere – z.B. die Straßenbahnen.

ROLOFF: Die Straßenbahnen? Oder haben Sie nur bei der Straßenbahn gearbeitet?

JOHNSON: Nein. Das war Freizeit, in der man nichts anderes zu tun hatte, als zu lernen, und zu jener Zeit lernte ich viel mehr als zu jeder anderen.

ROLOFF: Haben Sie promoviert?

JOHNSON: 1959 hätte ich sehr gern das, was man eine Universitätslaufbahn nennt, angetreten, und dann hätte ich natürlich promoviert. Aber ich erhielt keine Erlaubnis, an einer Universität zu arbeiten, weil die Behörden meine bisherige Führung und meine Haltung den Aktionen der staatlichen Organisationen gegenüber mißbilligten.

ROLOFF: Gerieten Sie in Konflikt mit diesen Organisationen, weil Sie nicht mit ihnen kooperiert haben oder weil Sie ihnen aktiv entgegengetreten sind?

JOHNSON: Einige Male zeigte ich eine Passivität, die den Behörden als aktive Opposition erschien, nur weil sie ihren Interessen zuwiderlief.

ROLOFF: Haben Sie *Mutmassungen über Jakob* sehr schnell niedergeschrieben oder erst nach einer langen Inkubationszeit?

JOHNSON: Ich habe ein Jahr gebraucht, um über die Geschichte nachzudenken, und ein weiteres, um sie niederzuschreiben.

ROLOFF: Dann haben Sie also das Buch nicht sofort als eine Untersuchung oder Erforschung, man könnte fast sagen als eine Art Obduktion konzipiert?

JOHNSON: Nein. Ich versuchte, verschiedene Erzähltechniken zu verwenden. Daß sich diese Form des Untersuchens herausgebildet hat, ist eher zufällig; einfach weil das Suchen, das Untersuchen oder das In-Frage-Stellen eng mit einer der Personen in dem Buch verknüpft sind.

ROLOFF: Was war Ihr erster Gedanke zu diesem Buch – hatte er etwas mit Jakob zu tun?

JOHNSON: Ich mußte im Herbst 1956 viel reisen, besonders vom Süden in den Norden Ostdeutschlands. Es war eine Reise von acht Stunden, aber in jenem Herbst dauerte sie manchmal elf oder zwölf Stunden. Wenn man Glück hatte, konnte man eine Zeitung am Ankunftsort kaufen, in der der Minister für Verkehrswesen erklärte, der gesamte Eisenbahnverkehr verliefe normal. Wenn der Zug aus keinem ersichtlichen Grund auf offener Strecke anhielt, war eine Gleichgültigkeit unter den Reisenden zu beobachten, die sich etwa folgendermaßen äußerte: normalerweise sagten sie, ohne ihre Köpfe aus den Fenstern zu strecken: „Der Zug hat keine Einfahrtserlaubnis erhalten“, und sie meinten damit das Signal. Für sie war das eine ausreichende Erklärung. Mich interessierte, was hinter diesem Signal stand, warum ich vier Stunden verlor, und nach einiger Zeit entdeckte ich eine Menge – daß es Eisenbahndispatcher in den Dienststellen gab, und dann begannen mich die technischen Aspekte dieser Einrichtung zu interessieren, und so führte eines zum anderen. Ich habe die Einführung dieses Themenkreises in das Buch gerechtfertigt, indem ich mir sagte, es sei ein Beispiel für die tiefe Verflechtung einer

Person mit den gesellschaftlichen Prozessen in einem industrialisierten Staat. Ich glaubte, daß die Veränderungen, die in einer Person bewirkt werden, die eine verantwortliche Stelle in einer durch so viele Aspekte gekennzeichneten Organisation einnimmt, symptomatisch für die Gesellschaft als Ganze sind. So ist die Eisenbahn in das Buch gekommen und damit auch Jakob, den ich nicht eigens erfunden habe – er war plötzlich da in einer solchen Dispatcherdienststelle.

ROLOFF: Und Sie haben dann das Buch um ihn herum gestaltet... Aber woher nahmen Sie die Idee für das Buch? War es die Situation bei der Eisenbahn, oder war es die Entdeckung einer Person wie Jakob?

JOHNSON: Es war tatsächlich die Stelle eines Eisenbahndispatchers in einer solchen Dienststelle, die gerade einem solchen Menschen wie Jakob vorbehalten war. Vorausgesetzt, er bemüht sich um die Reisenden, und es macht ihm etwas aus, daß ihre Reise verzögert wird, und weiterhin vorausgesetzt, der Staat hat ein Auge auf ihn geworfen – dann bot diese Stelle Raum und Konturen für eine solche Person. Aber *gestaltet* hört sich viel zu absichtsvoll an. Ich habe einfach das Leben, das ein solcher Mensch vielleicht hätte führen können, die Art Leute, die ihn, und die Art Leute, die er vielleicht kennen würde, in Betracht gezogen.

ROLOFF: Bei der Lektüre der *Mutmassungen* fiel mir auf, wie eng das Leben jeder der Figuren mit ihrer Arbeit verbunden wird. Haben Sie bewußt diesem Aspekt des Buches besondere Aufmerksamkeit gewidmet? Und war es Ihnen auch bewußt, daß dies Sie von einem großen Teil der modernen Literatur unterscheiden würde?

JOHNSON: Nein. Ich habe das Buch nicht gegen irgendwelche literarische Tradition oder Position geschrieben. Wenn ich mich mit der Arbeit, die diese Personen verrichten, beschäftigt habe, dann deshalb, weil acht bis zehn Stunden ihres täglichen Lebens aus dieser Arbeit besteht.

In Ostdeutschland bedeutet diese Arbeit nicht nur eine Beschäftigung oder eine Art, an Geld zu kommen, denn jede berufliche Stellung muß gegen die Bedeutungszuweisung verteidigt werden, die ihr die Staatsführung zu jedem beliebigen Zeitpunkt zu geben bereit ist. Jeder einzelne muß überlegen, ob er diese Arbeit dennoch machen will, obwohl sie als Geste zur Unterstützung der Staatsführung mißverstanden wird, oder ob er damit nur das weitere Leben der Gesellschaft und aller ihrer Mitglieder fördern und unterstützen will – einfach im Hinblick auf das praktische und nützliche Zusammenleben der Leute und nicht für privaten Profit oder den Aufbau des Kommunismus.

ROLOFF: Mir ist Ihre Beschreibung der Katze aufgefallen. Im Gegensatz zu den übrigen Teilen des Buches, in dem wir unsere Informationen wegen der Beschaffenheit der Geschichte und Ihrer Art, sie zu erzählen, nur in Partikeln und Stücken und in nur teilweisen Gegenstandsbeschreibungen erhalten, bieten Sie in diesem Fall eine sehr eingehende Beschreibung. Die Szene fiel mir auf, gerade weil sie so ausführlich ist. Wahrscheinlich hatten Sie etwas Spezielleres im Sinn als den Gegensatz zwischen der dahinschwindenden Lebensqualität, die Sie beschreiben, und etwas so Positivem und Sinnlichem wie einer Katze, aber ich bin mir nicht sicher, was das sein könnte.

JOHNSON: Als ich die Katze beschrieben habe, wollte ich nur das Haus beschreiben, in dem Cresspahl lebte, und ich tat es in solcher Ausführlichkeit, weil die Katze fast allen Personen bekannt und von fast allen gesehen worden war, und weil dieses Haus, in dem die Katze wohnte, für Katzen besonders geeignet war. Und ich dachte daran, in dieser Katze, in dieser Katzen-Person alles zusammenzufügen, was in den Reaktionen der Personen fehlte, weil sie hauptsächlich mit dem beschäftigt waren, was in dem Augenblick geschah, sich aber der Vergangenheit nicht bewußt waren

– einer Vergangenheit, die ihnen auch wichtig war, und so hoffte ich, in dieser Katze einen Teil der Vergangenheit von jeder Person unterzubringen.

ROLOFF: Warum haben Sie das Buch *Mutmassungen* genannt?

JOHNSON: Das ergibt sich aus der Geschichte, aus der Person, die sie betrifft. Jakob ist tot, wenn die Geschichte anfängt, wenn einer anfängt, die Geschichte zu erzählen, und die Frage ist, was bleibt von einem Menschen übrig, wenn er einmal tot ist. Er lebt nur in der Erinnerung der Personen weiter, die ihn gekannt haben, die ihn gesehen oder von ihm gehört haben, und so versuchte ich, diese drei Personen – Gesine, Jonas, Rohlfs – sich erinnern zu lassen, zumindest an die Woche vor Jakobs Unglück, und auch an das, was ihm während dieser Zeit hätte zustoßen können.

ROLOFF: Es gibt, so meine Interpretation, ein Element des Unausweichlichen in Jakobs Tod, und so ist das Buch vor allem die Tragödie eines Menschen, an den Forderungen gestellt werden, die bei weitem sein Verständnis oder seine Fähigkeit, sie zu meistern, überschreiten. Würden Sie dem zustimmen?

JOHNSON: Eigentlich nicht. Das Unglück, bei dem Jakob getötet wird, ist das Ende der Geschichte. So gehört es zur Geschichte und kann nicht symbolisch sein. Es geschieht, und deshalb muß es erwähnt werden. Nehmen Sie mich, oder nehmen Sie den Erzähler einfach als jemanden, der auch von dem Unglück gehört hat, und der auch nur wenig von den zugehörigen Ereignissen weiß oder sie auch erzählt bekommen hat. Weil er Jakob nicht besser kennt als die anderen Personen, wird er sorgsam darauf bedacht sein, die Ereignisse, die dem Unglück vorausgehen, nicht mit dem Unglück selbst in Verbindung zu bringen. Zu mutmaßen, ob es doch eine Verbindung gibt, bleibt denen überlassen, die über die Geschichte nachdenken. Aber zu

Ihrer Frage ist zu sagen, daß Jakob durch seine Halbschwester Gesine und den Offizier vom Staatssicherheitsdienst, Rohlfs, gezwungen wird, die Alternative zwischen den beiden deutschen Staaten zu begreifen, und weil keiner dieser beiden Staaten tatsächlich eine deutsche Lösung bietet – beide sind nur Übergangslösungen –, muß Jakob auch verstehen, daß keine dieser Alternativen vernünftig ist und daß man sich weder für die eine noch für die andere entscheiden kann. Aber man kann mit einer solchen Frage nicht weiter leben, man muß einen Ausweg finden, den Jakob vielleicht nicht gefunden hat.

ROLOFF: Aber ist es nicht gerade wichtig, daß Jakob stirbt? Mir fällt es sehr leicht, die Ereignisse, die seinem Tod vorhergehen, mit dem Tod selbst in Verbindung zu bringen – als ob es eine immanente Logik gäbe, selbst wenn es eine absurde Logik ist –, und so wäre der Tod nicht einfach als ein vereinzeltes Ereignis zu betrachten, das nur das Ende der Geschichte ist.

JOHNSON: Ja. Diese Interpretation muß ich Ihnen überlassen.

ROLOFF: Haben Sie das Buch in der Reihenfolge der Geschichte geschrieben?

JOHNSON: Ja, so habe ich es gemacht. Damit will ich sagen, daß eine Geschichte schon fertig ist, wenn man sie erzählt. Man kennt ihr Ende, und ich wählte die drei Manieren der Erzählens aus, indem ich überlegte, ob der Blickwinkel des Erzählers oder der Monolog einer Person oder ein Dialog den jeweiligen Teil der Handlung am besten erfassen würde.

ROLOFF: Warum haben Sie sich dafür entschieden, das direkte Erzählen mit den eingefügten postumen Dialogen sowie den Monologen der drei Personen – Gesine, Jonas, Rohlfs – zu umrahmen?

JOHNSON: Ich habe zuerst versucht, die ganze Geschichte aus dem Blickwinkel eines Erzählers zu schreiben. Dabei entstanden stilistische Schwierigkeiten, da in einem gewissen Sinn der Erzähler die Meinungen und Absichten eines Hauptmanns des Staatssicherheitsdienstes wohlwollend hätte reproduzieren müssen. Da ich aber diese Perspektive nicht zur gleichen Zeit einnehmen konnte, zu der ich aus anderen Blickwinkeln zu sprechen hatte, war ich gezwungen, Rohlfs für sich selbst sprechen zu lassen. Dazu kam, daß sich größere Zusammenhänge entwickelten, die sich gegen eine chronologische Erzählweise sperrten, die nach einer eigenen Bearbeitung verlangten, und die deswegen auch unabhängig bearbeitet werden mußten; zum Beispiel die Eisenbahn.

ROLOFF: Ist Ihnen der Einfluß irgendeines Autors auf ihre Arbeit bewußt?

JOHNSON: Nein. Während der vier Jahre an einer Universität hat man eine gewisse Gleichgültigkeit sowohl gegenüber lebenden wie toten Schriftstellern entwickelt. Man erwirbt eine Kenntnis ihrer Methoden, man lernt ihre Techniken kennen. Wenn diese Techniken einmal angewandt worden sind, gehören sie zum Bereich des Möglichen, sind Teil des literarischen Kanons, und man – beziehungsweise ich – benutze sie dort, wo sie am nützlichsten zu sein scheinen.

ROLOFF: Verdanken Sie zum Beispiel einige der literarischen Techniken, die Sie in den *Mutmassungen* benutzt haben – ich denke an den inneren Monolog –, Faulkner?

JOHNSON: Ja. Ich glaube, während der Lektüre von *Schall und Wahn* wurde mir klar, daß ein geschriebener Monolog kursiv gesetzt werden konnte. Und bezogen auf literarische Techniken, wäre es dies, was ich Faulkner zu verdanken habe. Übrigens, der innere Monolog ist eine Technik, die schon bei Tolstoi entwickelt worden ist, und man kann eine Abstammungslinie ihres Einflusses – Faulkner, Joyce, Tolstoi – erkennen.

ROLOFF: Haben die Vorschriften dessen, was man als sozialistischen Realismus bezeichnet, einen direkten oder auch indirekten Einfluß auf Ihre schriftstellerische Arbeit ausgeübt?

JOHNSON: Ich habe die Theorie des sozialistischen Realismus als eine unter anderen kennengelernt. Ich konnte damit aber keinen Versuch machen, weil ihre Anwendung eine Billigung des Kommunismus beinhaltet, wie er in Ostdeutschland praktiziert wird. Aber ich habe beobachtet, mit Interesse beobachtet, was für Bücher diese Theorie produziert hat, wenn sie befolgt worden ist, und ich glaube, die Wahrheit ist deutlicher zu erkennen, wenn man den Unterschied zwischen diesen Büchern des sozialistischen Realismus und der Realität zur Kenntnis nimmt.

ROLOFF: Was hat Ihnen die größten Schwierigkeiten beim Schreiben des Buches bereitet?

JOHNSON: Eigentlich war es nicht schwierig, es zu schreiben, sobald ich die Erzählform, die zu der Geschichte paßte, gefunden zu haben glaubte. Die einzige Schwierigkeit war, daß man kein Schreibmaschinenpapier in Ostdeutschland erhalten konnte. Ich wollte unbedingt Papier von gleicher Größe und Qualität für das Typoskript benutzen, aber solches Papier war nicht zu bekommen, manchmal gab es überhaupt keins.

ROLOFF: Glauben Sie, daß eine amerikanische Leserschaft Wohlwollen oder Verständnis für einen Menschen aufbringen wird, der sich nicht in den Westen abzusetzen oder von West- nach Ostdeutschland zurückzukehren wünscht, wie es Jakob tut?

JOHNSON: Ich glaube nicht, daß ein solcher Standpunkt verständlich ist in einem demokratisch regierten Land. Unter einer Diktatur, oder sagen wir mal in Ostdeutschland, erscheint einem das Leben viel wichtiger, weil jede Handlung eines Individuums in Beziehung gesetzt wird zu einer starken Gegenkraft – das ist die Überwachung durch den Staat, und das sind die staatlichen Drohungen. Man kann sich diesen Drohungen gegenüber passiv verhalten und sich einfach gefährdet fühlen, aber das Ergebnis ist, daß das eigene Bewußtsein in jeder Minute des Tages verstärkt wird. Man kann sich dem Staat gegenüber auch aktiv vorkommen und alles, was man tut, entweder als eine Handlung gegen die Interessen des Staates oder auch als Handlungen für den Staat begreifen. Das, glaube ich, kann man nicht verstehen. Sofern es Jakob betrifft, er war in verantwortlicher Position an seiner Arbeitsstelle.

ROLOFF: Ein Nebenprodukt des Lebens in Ostdeutschland ist demnach eine außergewöhnliche Sensibilität dem Staatswesen gegenüber, die – zumindest in den Vereinigten Staaten – so nicht vorhanden ist.

JOHNSON: Ja. Man könnte sagen, daß die Idee einer demokratischen Regierung lebendiger ist und schärfer konturiert wird in einem Staat, der nicht demokratisch regiert wird. Der Mangel an Demokratie prägt Demokratie viel entscheidender aus; und durch die scharfen und oft sehr weitgehenden Eingriffe des Staates in das persönliche Leben seiner Bürger kristallisiert sie sich noch deutlicher heraus.

ROLOFF: Eine Frage zur Tradition der deutschen Literatur – hat es, Ihrer Meinung nach, einen irreparablen Bruch gegeben?

JOHNSON: Nur insofern hat es einen Bruch in der Tradition gegeben, als die Bildung der sowjetischen Besatzungszone eine Änderung aller Lebensbedingungen mit sich gebracht hat. Und vielleicht muß man eine neue Situation mit neuen stilistischen Mitteln beschreiben. Ansonsten bleibt die Tradition der deutschen Literatur ungebrochen. Bis 1945 war Deutschland kulturell gesehen vom Rest der Welt abgeschnitten. Westdeutschland, das von den Westmächten besetzt wurde, hatte natürlich auch seine literarische Nachholzeit. Die ersten Jahre wurden beherrscht von den erzählerischen Methoden Kafkas, Faulkners und Hemingways. Andererseits wurde die Szene in Ostdeutschland natürlich von der Veröffentlichung sowjetischer Romane beherrscht, die selbstverständlich auch in jenem Teil Deutschlands unbekannt waren, und auch durch einige Bücher von Antifaschisten. Keine dieser Positionen konnte man nachahmen – jene sowjetischen Ursprungs nicht, weil Ostdeutschland noch kein kommunistischer Staat war; die der Antifaschisten nicht, weil der Faschismus nicht mehr existierte.

ROLOFF: Hatten Sie die Möglichkeit, während der vier Monate, die Sie bisher hier verbracht haben, irgendwelche Schlußfolgerungen über die Vereinigten Staaten zu ziehen?

JOHNSON: Ich glaube, ich habe nur überprüft, ob das Gerücht wahr ist. Für mich war es ein Gerücht, daß es die Vereinigten Staaten gibt. Ich habe dies überprüft, und ich muß zugeben, daß sich das Gerücht weitgehend bewahrheitet hat. Und ich glaube nicht, daß ich dazu fähig bin, dem Bild der Vereinigten Staaten, wie ich es aus vielen Büchern erhalten habe, etwas hinzuzufügen oder es auch zu revidieren. Die Schlußfolgerungen, die ich ziehen konnte, sind nur persönlicher Art. Sie sind es nicht wert, erwähnt zu werden. Und diese persönlichen sind auch wieder typische Folgerungen. Zum Beispiel der Gebrauch einer fremden Sprache. In den ersten Tagen macht man Fehler, weil man allzu eifrig bemüht ist, genau zu sein. Man achtet mehr auf die Grammatik als darauf, was man sagen will.

ROLOFF: Aber diese Eindrücke könnten von Interesse sein, gerade weil sie von jemandem gemacht wurden, der zum ersten Mal in diesem Lande war.

JOHNSON: Ja. Natürlich wird der amerikanische Himmel, den man zum ersten Mal über dem Flughafen Idlewild [heute: John F. Kennedy Airport, New York] sieht, für immer der wichtigste Himmel über Amerika bleiben, und natürlich werden die ersten Unterschiede in der Form der Feuermelder und der Briefkästen oder in der Reaktion von Polizisten auf Fragen – alle diese Unterschiede, es sei denn, man korrigiert sie durch einen längeren Aufenthalt, werden einem zunächst als unverkennbar amerikanisch erscheinen, vielleicht für immer.

ROLOFF: In Boston erwähnten Sie mir gegenüber, daß Ihr zweites veröffentlichtes Buch weniger ein Roman wäre als das erste. Meinen Sie damit, daß es etwas Autobiographisches sei, oder eine Sammlung kürzerer Texte?

JOHNSON: Nein. Ich meinte damit nur, daß die Art, in der dieses Buch [*Das dritte Buch über Achim*] geschrieben wurde, das Buch sehr unterscheidet von einem Buch, auf das die traditionelle Bezeichnung „Roman" anwendbar ist, bzw. man würde das behaupten. Ansonsten entschloß ich mich, dieses Buch zu schreiben, weil ich dachte, daß die Teilung Deutschlands in bestimmten Aspekten für die Teilung der Welt repräsentativ wäre, und weil ich glaubte, daß die Konfrontation zweier Lebensweisen, zweier verschiedener Kulturen, zweier verschiedener Wirtschafts- und Regierungsformen – und ich bin von der Gegensätzlichkeit dieser Unterschiede überzeugt – die Wahl verdeutlichen könne, vor die wir gestellt sind.

ROLOFF: Bedeutet die Tatsache, daß das Buch kein Roman im traditionellen Sinn ist, daß Sie bestimmte Techniken, die Sie für die *Mutmassungen* erfunden hatten, weiterentwickelt haben, oder unterscheidet es sich völlig von diesem Buch?

JOHNSON: Ich hätte das Buch gern „Die Beschreibung einer Beschreibung" genannt. Dieser Titel bedeutet ganz anderes als „Roman". Man kann nicht einfach das Wort „Roman" unter „Beschreibung einer Beschreibung" setzen.

Ich glaube, man sollte sich einfach die Geschichte selbst ansehen. Während eines Besuchs in Ostdeutschland lernt ein westdeutscher Journalist einen ostdeutschen Radrennfahrer kennen, der berühmt ist. Aus diesem kurzen Besuch entwikkelt sich ein längerer, da der Westdeutsche das Leben eines Ostdeutschen zu beschreiben versucht – seine Arbeit besteht darin, das Leben von Leuten zu beschreiben, und er unternimmt diesen Versuch. Es stellt sich heraus, daß der Westdeutsche den Ostdeutschen nicht versteht und daß der Ostdeutsche die Art, wie der Westdeutsche das Leben in Ostdeutschland zu erklären versucht, vehement mißbilligt. Sie haben eine gemeinsame Sprache mit Wörtern, die ähnlich klingen, aber für jeden einzelnen sind diese Wörter mit einer bestimmten Ordnung, einem System, einem bestimmten Wertsystem assoziiert und beziehen sich jeweils auf unterschiedliche Positionen. Das Endergebnis ist natürlich, daß das Buch nicht geschrieben wird. *Das dritte Buch über Achim* ist nur die Darstellung des Versuchs einer Beschreibung des Westdeutschen – so daß das Leben des Ostdeutschen in dieser Beschreibung des Versuchs einer Beschreibung enthalten ist. Ich weiß nicht, ob Sie das als Roman bezeichnen würden. Mein Verleger und ich, wir haben es so genannt, weil wir den Buchhandel nicht durcheinanderbringen wollten. Es gibt bestimmte Rubriken für Bücher – für Romane –, und der Buchhandel wäre nicht bereit gewesen, unter den Rubriken für Kurzgeschichten, Novellen und Romane eine neue zu schaffen für erzählende Werke, für die keine dieser Kennzeichnungen zutrifft.

ROLOFF: Wenn ich Sie recht verstehe, wird das Mißverständnis zwischen dem Ostdeutschen und dem Westdeutschen gewissermaßen indirekt dargestellt.

JOHNSON: Ja. Richtig. Der Westdeutsche beschreibt zum Beispiel, was der Ostdeutsche ihm erzählt hat, als er ihm das Typoskript zur Bewertung überreichte. Es stellt sich heraus, daß der Westdeutsche es neu zu schreiben hat, weil der Ostdeutsche behauptet, daß es überhaupt nicht so war – aber so hatte ihn der Westdeutsche verstanden –, und es gibt viele Stunden im Leben des Ostdeutschen, die aus dem Buch gestrichen werden müssen.

ROLOFF: Was zum Beispiel?

JOHNSON: Aus den Geschichten, die der Radrennfahrer erzählt, wird deutlich, daß er 1945 die Rote Armee für den Feind hielt, mit ihr unzufrieden war, sogar vor ihr Angst hatte. Nachdem er fünfzehn Jahre in Ostdeutschland gelebt hat, würde er gern seine frühere Position widerrufen, und er würde gern das ungeschehen machen, was er in jener Zeit getan und gedacht hat. Er streitet ab, was er damals gedacht und gesehen hat, und die Blätter, auf denen der deutsche Journalist dies aufgezeichnet hat, müssen verschwinden.

ROLOFF: Glauben Sie – und dies kann nur eine sehr persönliche Frage sein –, daß es noch möglich ist, in der traditionellen Romanform zu schreiben, daß es noch möglich ist, überhaupt etwas mit ihr auszudrücken, wenn man das Erzählen einer Geschichte so erzählen muß, wie Sie es in dem *Dritten Buch über Achim* machen mußten?

JOHNSON: Das ist eine ziemlich grundsätzliche Frage und sie verlangt eine endgültige Antwort, und ich kenne keine endgültige Antwort. Ich bin sicher, es gibt Geschichten, die man einfach so erzählen kann, wie sie zu sein scheinen. Ich kenne keine.

New York, 20. August 1961

(Aus dem Englischen von Eberhard Fahlke und Jeremy Gaines)

Uwe Johnson
Fünfundzwanzig Jahre mit Jake, auch unter dem Namen Bierwisch bekannt

> Was soll ich Dir, <Oh, Jake, Oh dear>, bescheren?
> Die Zeit verrinnt. Wir werden langsam alt.
> Nicht mehr wie einst in Leipzigs Sphären
> Treibt uns des dunklen Triebes Urgewalt.
>
> Wir sitzen nicht mehr ängstlich und beflissen
> in dieser Stadt, die unsre Jugend war.
> Kein Hund wird mehr an seinem Schwanz gerissen
> und fliegt in weitem Bogen durch die Bar. (...)
>
> Walter Hasenclever[1]

Teilnehmer und Gäste einer Bierwisch-Tagung[2] werden alle diesen Patron in ihrem Gedächtnis aufzubewahren wissen. Ein großer, schlanker Mann, bescheiden auftretend, kommt ihnen in den Sinn, geschätzte Größe: ein Meter neunzig, asthenischer Typ, nur eben ohne jeden Anflug einer Rundung, die ihn gegebenenfalls für die Güteklasse „playboy" wählbar gemacht hätte. Viele werden sich zuerst an seinen Bart erinnern; andere werden sich ihn vergegenwärtigen, indem sie sich sonderbare Gewohnheiten in Erinnerung rufen: die Art, wie er auf oder in seine Pfeife schaut, als ob sie ein fremder Gegenstand oder gar ein Zauberkelch wäre, sein widerhallendes Gelächter, mit dem er auf einen überraschenden Vorschlag antwortet. Die Polizei seines Landes wird, um ihn zu identifizieren, allein ihrem ureigenen Schlüssel vertrauen: 280730/4/30030, das ist er. Vor allem die Mehrheit wird darauf vertrauen, eines der wichtigsten Dinge über ihn zu wissen, die Besonderheit, die ihn zum Tragen eines Passes berechtigt: seinen Namen. Kurz, sie werden denken und glauben, er sei Manfred Bierwisch.

Hier meldet sich eine Stimme aus der menschewistischen Splittergruppe, die darauf beharrt, daß er Jake ist und niemand sonst. Als ich eine kleinere Universität zugunsten der Leipziger verließ, nahm ich an, auf dem Weg zur Ausbildung und Erziehung der Persönlichkeit wäre es eine normale Weiterung, in eine Gruppe von Freunden aufgenommen zu werden, die einander das ganze Leben hindurch zur Seite stehen. Heute sehe ich es als außergewöhnlich an, als ein seltenes lebensgeschichtliches Geschenk, und allein schon die Vorstellung, daß ich es versäumt haben könnte, vermittelt mir das Gefühl, von allem beraubt worden zu sein. Es ist jetzt fünfundzwanzig Jahre her, da gab es fünf ordentliche Mitglieder, alle waren sie gleichrangig. Einer lief unter dem Namen Béla, eingedenk eines Verhältnisses, das er einmal mit den Werken von Béla Bartok unterhalten hatte.[3] Ein anderer, der seinen eigenen Passierschein in akademische Gefilde mit einer Analyse der Umgangssprache in Leipzig ausschrieb, hatte seinen Taufnamen mit dem Namen James vertauscht aus Gründen, die mir niemals erläutert wurden.[4] Der Dritte im Bunde, unser Pfadfinder & Führer & Bevollmächtigter in den Jagdgründen der Bildhauerei und der Malerei, trug auch den Namen James[5], vielleicht um etwas Vernunftwidrigem das letzte Wort zu überlassen. Als ich aufgenommen wurde, hatte ich den Namen Ossian[6] anzunehmen, Zugeständnis an einen Hintergrund, der den anderen fremdländisch vorgekommen sein mußte. Und es gab noch einen Jake, der war in Halle geboren, aber in Leipzig aufgewachsen, jener Stadt, die unsere Jugend gewesen ist. Gelegentlich hören wir, wie seine Eltern ihn mit Manfred anreden, aber wenn sie mit uns über ihn reden, benutzen sie seinen wirklichen Namen: Jake. Das ist der einzige Name, den ich für ihn von Anfang an und seitdem für immer hatte. Uns ist bewußt, daß die Außenwelt Umgang mit ihm pflegt unter einer Kennzeichnung, die für die Papiere und zur offiziellen Identifikation gut genug sein mag; wir beharren indes auf Jake, und zwar in einem Ausmaß und mit einer Konsequenz, daß keiner von uns eine Auskunft riskierte, warum ihm gerade diese Kurzform als angemessen zuerkannt wurde.

So wünschte Jake ziemlich früh auf verschiedenen Feldern mit Ausnahme seiner eigenen zu Rate gezogen zu werden.

> Und überdies liebe ich es, originelle Freunde zu haben. Warum nicht einen, dessen Handschrift nicht lesbar erscheint. (Juni 1955)

Und wie sahen die Regeln einer solchen Freundschaft *à cinq* aus, die wir einforderten, genossen, und denen wir uns selbst unterwarfen?
Hier eine Auswahl: Wenn du dazu gehörst, dann gehörst du eben dazu. Du hast das Recht, deine Meinung zur eigenen inneren Zufriedenheit auszusprechen und das Vorrecht, auf der Stelle Kommentare zu erhalten, ob sie dir gefallen oder auch nicht. Wenn du dich an „die Freunde" wendest, dann meinst du uns Fünf und was das Wort tatsächlich bedeutet. Es steht dir frei, einen Spaten ein „Gerät zur Aushöhlung" zu nennen; wir stimmen darin überein, daß es gleichwohl ein Spaten ist. Jedes mutmaßlich außerordentliche Mitglied wird separat einer Auswahlprüfung durch die ordentlichen Mitglieder unterworfen; das Votum zur Zulassung muß einstimmig erfolgen. (Nach meiner ersten Anhörung bei Jake wußte ich, daß ich die Prüfung bestehen

wollte, aber ich war mir keinesfalls sicher, ob ich es schaffen würde.) Jeder von uns macht sich selbst verantwortlich für die mit ihm verbundene Dame, wenn er sie denn mitbringt, und für die Dauer des Verhältnisses ist sie ein voll berechtigtes Mitglied. Vor allem: Wir müssen einander in jeder Weise vorbehaltlos vertrauen können; laßt uns verschwiegen sein, wenn Verschwiegenheit sachdienlich ist. (Diese letzte Regel mag heute ein wenig zu selbstverständlich, ja sogar lächerlich erscheinen; im Jahre 1955 aber war das noch eine Versicherung dagegen, von den Erben Stalins in Ost-Berlin mißverstanden zu werden. Es funktionierte wirklich. Wir sind niemals amtlich als Leute („eine Versammlung") notiert worden, die aus verschiedenen Vierteln Leipzigs zusammenkommen, um nächtelang zu tagen und darüber zu diskutieren, ob Johann Sebastian Bach in seinem *Musikalischen Opfer*[7] von 1747, wohl eine Botschaft versteckt habe.) Deshalb: Wie allegorisch ein Hund auch immer erscheint, errege nie seine Aufmerksamkeit. Und niemals besuchten wir Bars. Ferner, laßt uns in Verbindung bleiben: Zu einer Zeit, in der keiner von uns die Genehmigung erhielt, ein Telephon zu mieten, wußte jeder von uns, wo ein abwesendes Mitglied sich gerade aufhielt, und was er oder sie im Schilde führte. Gleichwohl hatten wir auch ein Erkennungszeichen, es bestand aus einer musikalischen Sequenz von fünf Tönen, einem Pfeifsignal, das uns zusammenzubringen hatte trotz beschädigter Türklingeln oder tobender Menschenmengen. Und wir hegten eine ganz besondere Interpretation dessen, was ein „klassischer Dichter" als die Einigkeit in einer „Dritten Sache" definiert[8]. Ende der ausgewählten Regeln.

Kein anderer als Jake war es, der mir die funktionierende Wirklichkeit dieses Geheimbundes vorführte. Als er mich im übervölkerten Leipzig auf der Suche nach einem Zimmer sah, bot Jake den wertvollsten Besitz eines jungen Mannes an: jenes Zimmer, in dem er aufgewachsen war und weiter zu leben wünschte. Es war eine der großzügigsten Leihgaben, die mir jemals gegeben wurden. Als ich in sein Elternhaus im Nord-Stern-Viertel von Leipzig auf der Sesenheimer Straße einzog, fand ich Jakes Rat für „Sesenheim" leicht zu befolgen,

> Anweisung zum Umgang mit meiner Alten Dame: Sie ist die liebenswerteste und freundlichste Person der Welt

und zutreffend.

[Nachdem ich diesen Ort der Kindheit Jakes erreicht habe, möchte ich, nur für ein einziges Mal, mich von meinem Vorsatz lösen, das Hörensagen zu vermeiden, das sich auf die ersten fünfundzwanzig Jahre seines Lebens bezieht. Denn bei dem Versuch, mich mit Material für einen ganz anderen Text auszustatten, bot er versehentlich einen kurzen Einblick in die Welt, in der er aufgewachsen war:

> Hier ist eine Schul-Geschichte. (...) 1937 wurden in Leipzig (und wahrscheinlich nicht nur dort) die noch bestehenden Konfessionsschulen aufgelöst. Ich hatte mein erstes Schulhalbjahr in einer katholischen Schule verbracht und kam nun in eine allgemeine Volksschule. Was mich dabei immer wieder verwirrte, war die Tatsache, daß überall und immerzu mit „Heil Hitler" gegrüßt, begonnen und geendet wurde. Darin hatte ich keine Übung, immer mal wieder verirrte ich mich in undeutsche Formeln. Mit einem Umlauf in die Nachbarklasse geschickt, klopfte ich dort an und trat beklommen und stolz (sicherlich, denn das war ja ein direkter Auftrag der Obrigkeit, und dann stand ich vor der ganzen, mir fremden Klasse von Schülern) auf den respekteinflößenden Menschen am Pult zu und händigte die Botschaft aus, um mich sogleich – stolz und beklommen – in die Anonymität zurückzu-

verfügen. Und dabei, natürlich, vergriff ich mich in der Formel, sagte, sicherlich nicht laut, aber doch deutlich „Auf Wiedersehen" (was ich damals noch für irgendetwas wie „Aufiedersehen" hielt, nicht ahnend, daß die Formel aus einer Präposition und einem substantivierten Infinitiv zusammengesetzt war). Die Obrigkeit antwortete streng und bestimmt, aber sicherlich nicht einmal böse, mit dem einzig wahren, von mir heimlich bewunderten „Heil Hitler". Da wußte ich, daß ich etwas, heute würde ich sagen, Obszönes gesagt hatte. Vielleicht habe ich versucht, mein schändliches Nichtdazugehören (womöglich merkte der nun gleich, daß ich von den Katholiken gekommen war?) zu kaschieren. Als ich jedenfalls die Tür des Klassenzimmers zwischen mich und die Obrigkeit gebracht hatte, wäre ich sicher gern unsichtbar geworden. Ich stelle mir vor, daß ich einigermaßen verstört auf meinen Platz zurückgeschlichen bin.

Und zurückgeschlichen, zweifellos einigermaßen verwirrt, zu Eltern, die ihm nicht beigebracht hatten, den Tagesgruß unter Bezugnahme auf das Wohlergehen des augenblicklichen Staatsoberhauptes zu verderben.]

Im Jahre 1955 konnte Jake ein privates Zimmer ausleihen und vermieten, weil er in einer Heilanstalt versorgt werden mußte. Die erste Heilanstalt war in Adorf, eine Ortschaft von kärglicher historischer Bedeutung in der Nähe der tschechoslowakischen Grenze, die er aus tiefstem Herzen gehaßt haben mußte. Denn trotz seines Vorbehalts gegen die einschlägigen Schriften Thomas Manns, zitierte er dunkel die Versuchung, in das flache Land zu fliehen, und, noch vielsagender, er widersetzte sich den Variationen über einen Ortsnamen, der mit dem Buchstaben A anfing. Er war dort oben ziemlich allein, nur mit den Herren MAILER/ ADORNO/ BRECHT/ BENN/ SARTRE als Gesprächspartner; daraus resultierte zuweilen eine unheilvolle Perspektive:

> Mir scheint fast, als könnte ich auch ein Poet werden, denn ein Satz zu jedem Gefühl fällt mir immer ein. Aber natürlich bin ich keiner. Und ich glaube fast, daß ich froh sein sollte, wenn sich für etwas „kein gestaltetes Wort" findet. (Juni 1955)

Davon heilte er sich selbst aus eigener Kraft und er ermahnte mich, daß die Psychologie der Sprache wirklich unverzichtbar sei. Einen Nutzen hatte seine Trennung von uns: es vertiefte unsere Korrespondenz.

Der Horizont seiner Großzügigkeit war weit genug, seinen Gast in „Sesenheim" dazu einzüladen, die Möbel im Zimmer anders zu stellen, als er es für angemessen hielt. Aber ich war ganz zufrieden damit, den riesigen Tisch, der von einem jüngeren Jake gebaut worden war, genau dort zu belassen, wo er stand, und auch die schweren Sessel (ebenfalls Jakes Entwurf) bewegte ich keinen Zentimeter. Abgesehen von dem Wunsch, das Zimmer für Jakes Rückkehr bereit zu halten, hatte ich herausgefunden, daß alle Sitzmöbel in dem Zimmer mit schräger Decke arrangiert waren, den Blick auf den von Dr. Gachet zu lenken, der noch, wie im Mai 1890,[9] seine Patienten anblickte, um nach einem Anhaltspunkt für eine Diagnose zu suchen, die sie anhören und zur rechten Zeit annehmen würden. („Das Vergnügen ist ganz meinerseits, uns beide in Freundschaft für Dr.Gachet einander verbunden zu wissen.")

1957 wurde Jake in eine Heilanstalt im Nordwesten Berlins verlegt, und das mußte er lockerer genommen haben, denn er entdeckte dort in einer Folge von Bahnhofsnamen

Bärenklau – Vehlefanz – Schwante – Kremmen

nicht nur einen deutschen Satz, sondern auch die Information, daß Vehlefanz eine dunkle Ahnung hatte, Bärenklau könnte dem, wofür auch immer Kremmen stand, etwas Böses antun. Oder könnte es auch andersherum sein, sofern Bärenklau einen Imperativ verberge oder irgend eine andere verbale Funktion? Der nächste Bahnhof war der für die Heilanstalt von Sommerfeld und diesen Namen konnte Jake für seine Zwecke ebenso gut gebrauchen: „Geländestück einer Jahreszeit" gab er jetzt als seinen Wohnort an, und manchmal unterschrieb er sogar selbst als „Jakopp". Das ist der Name einer Person, der in der modernen deutschen Literatur als der eines liebenswürdigen Menschen, aber etwas sonderlichen Freundes bekannt ist. Dort oben in der Mark Brandenburg war er uns viel näher, denn wir hatten mittlerweile zumindest einen Brückenkopf in Berlin, um ihn von dort aus zu besuchen. Diese Wochenenden verwandelte er, wie nicht anders zu erwarten war, in Seminare über Themen von Hegel bis Einstein, und für eine Weile schrumpfte der Umfang unserer Korrespondenz zusammen.

> Denn in Wahrheit ist es nicht allein die Sonne, der Himmel, der Steg am See oder die Ruine von Chorin, um derentwillen das Leben nötig ist, sondern zugleich auch das Gespräch darüber. Dieses (...) Leben, das wir führen, wird (...) aber ertragbarer, wenn du es mit den Freunden zum Gespräch machen kannst. (Juli 1957)

Aber das Alltagsleben in Sommerfeld wurde von den Regeln einer unangenehmeren Machart beherrscht, und gleichwohl war Jakes Erfolg gegen sie anzugehen, beträchtlich.

> Indessen vertraue ich auf meine Brille nebst Schreibmaschine, welche mir im Laufe der Zeit ein Einzelzimmer eintragen wird. (Mitte Mai 1957)

Die Unterwerfung unter medizinische Disziplin brachte manches Mal einen zu geringen und nicht einmal wahrnehmbaren Fortschritt im Kampf gegen Jakes Krankheit. Wir waren beträchtlich erleichtert, als wir ihn aus dieser schwarzen Wolke im nächsten Sommer wieder zurückerhielten mit der glaubwürdigen Versicherung, daß ihm dies niemals mehr widerfahren würde. Das war einer der zentralen Tagesordnungspunkte unserer Gipfelkonferenz von 1958, deren festlicher Teil durch eine private Aufführung von Goethes *Faust* gekrönt wurde. Jake war ein Mephistopheles, der sich selbst in den Szenen „Auf der Straße" übertraf.

Was ich noch zu Sommerfeld anmerken möchte ist, daß es Jake eine Vorstellung vom Norden Deutschlands vermittelte.

> Vielleicht besteht Norddeutschland nur aus dem Himmel mit einem Rand aus Bäumen darum und ab und zu einem Wasser, darin er sich spiegeln kann. Dieser Himmel jedenfalls war tagelang ohne jede Wolke und der Wind vermischte sich unermüdlich mit der Sonne, strich über grüne Bäume und vor allem über das endlose Blau. Unter diesem Himmel wird man allmählich voll von einer Trunkenheit, für die ich keinen Namen weiß ... (Juni 1957)

Mir erwies Jake im Juni 1958 die Gunst, mich dort zu besuchen, wo ich aufgewachsen war (als Vorsichtsmaßnahme gegen Langeweile schleppte er Pawlows *Ausgewählte Schriften* an). Wir gingen den ganzen Tag von Doberan zur See, zuerst auf dem Damm (um ihn von der Auszeichnung „Deutschlands schönste Landstraße" zu befreien, die Hitler ihm verliehen hatte, um ihm dann aus unserer eigenen Machtvollkommenheit dieses Prädikat wieder zurückzugeben), schließlich auf Wegen zwischen Feldern und langsam fließenden Wassergräben entlang, die uns zu dieser uferlosen Mischung von grauem und grünem Wasser unter dem weiten Himmel führten, der Jake jetzt genauso gehörte. Und überdies erwies uns die See einige Augenblicke lang die Höflichkeit so blau zu sein, wie blau nur sein kann. Wie wanderten umher in dem hügeligen Wald südöstlich von

Güstrow und verständigten uns, einige von Jakes Fragen für gut zu halten: Das ist der deutsche Besenginster? Du meinst die Pflanze, über die man in Büchern lesen kann?

Heute verbringt Jake viele seiner Ferientage im Ginsterland.

Und Jake, sicherlich ein gestandener sächsischer Patriot, kehrte gemeinsam mit mir in sein Land zurück, bestieg ohne jeden Argwohn einen Leipziger Straßenbahnwagen und hörte Sachsen, wie sie in gewohnter Weise schwatzten. Plötzlich hatte ihn der Originalton überwältigt. Er schaute mich an, und ich richtete meine Aufmerksamkeit sofort sonstwohin. Denn Jake lachte hemmungs- und rücksichtslos über den Tonfall, in dem Sachsen miteinander reden.

Für die Nachbarn in „Sesenheim" muß das ein vermaledeiter Sommer gewesen sein. Denn schon 1955 hatten sie mich für Jake gehalten; das zeigt, wie sehr er ihnen fehlte. Sie nickten seinem Abbild zu, sie erwiderten die entbotene Tageszeit, sie anerkannten sogar meine Art, ihre Sprache zu sprechen. (Und Leidensgenossen in Sommerfeld hatten sich geweigert, seinen leiblichen und natürlichen Bruder anzuerkennen, nachdem sie mich mit Jake zusammen gesehen hatten.) Jetzt hatte es den Anschein, es gäbe zwei Jakes in „Sesenheim". Wer war welcher? So mußten wir einen Privatvertrag schließen, in dem wir vereinbarten, uns immer von unserer höflichsten Seite zu zeigen, um jeden Schaden für den Ruf des jeweils anderen zu vermeiden, und ihm Glanz zu verleihen.

Als Jake sich nach Berlin zurückzog, konnte ich mein zeitweises Leben in „Sesenheim" fortsetzen und die Gastfreundschaft seiner Eltern so genießen, als ob sie auch meine Familie wären. Liebe gnädige Frau, lieber Herr Bierwisch, ich danke Ihnen für Ihre Güte. Salute!

Sobald eine Delegation der Freunde Jakes Zimmer zum vierten Mal in Berlin herausgeputzt hatte, taufte er seine neue Adresse, indem er den ersten Teil des Namens seiner Straße mit „heim“ kombinierte (es hatte niemals ein „Sommerheim“[10] gegeben.) Der Platz, an dem er jetzt arbeitete, die Akademie der Wissenschaften, war schon unter einem Spitznamen bekannt, „Paradies der seltenen Vögel“, aber Jake übertraf das leicht:

> Meine Berufsbezeichnung ist weiterhin wie schon stets seit gestern *Plerologe* für die deutsche Sprache der Gegenwart, welches sich von Plerem[11] herleitet und mir unverständlich ist. Ich will aber nächstens ein Plerem herstellen (erschaffen? produzieren?) und an meiner Kulissentür befestigen, denn das ist eine revolutionäre Tradition. Da werde ich starken Kundenzustrom haben. (Jakob B. Plereme en gros et en detail.)

In einer Fußnote verweist er den hilflosen Empfänger dieser Korrespondenz auf „*Faust*, 1. Teil, 2. Akt, 3/7 Szene“[12]. Studierende dänisch und griechisch konstruierter Sprachwissenschaft[13] merkt bitte auf! Ich erwähne diesen Punkt nur, um Hilfestellung zu geben. Ich schwöre, dies wurde von ihm selbst geschrieben und am 5.August 1958 unterzeichnet.
1958 war auch das Jahr für Jake, um eine neue Ansicht seiner Identität zu finden. Nach vier Tagen in Budapest fühlte er sich in weiten Bereichen seiner Gesinnung als Ungar.

Heute verbringt Jake viele Ferientage in Ungarn.

Unsere erste Gipfelkonferenz im Jahre 1959 wurde mit unserer Teilnahme an der Demonstration zum 1. Mai in Leipzig eröffnet. Wir marschierten in den Reihen der Universität mit, als ob wir dazugehörten.

In Berlin präsidierte Jake freiwillig bei einer Fortsetzung der Sitzung, in deren Verlauf mir geraten wurde, das Land zugunsten jener Gegend zu verlassen, in der mein erstes Buch veröffentlicht wurde. Es war ein Werk der Fiktion, das sich am Rande die Freiheit nahm, leichte Zweifel anzumelden gegen das Axiom, demzufolge ein menschliches Wesen in dem Maße erkennbar wäre, in dem ihr oder sein Gehirn als elektronische Maschine nachgebaut werden könnte. Stück für Stück hatte ich meine Schrift mit den Freunden diskutiert, aber erst als sie unwiderruflich gedruckt wurde, hielten sie ihre Argumente für gewichtig genug, mich des Verrats an den ethischen Grundsätzen der Wissenschaft zu beschuldigen.
Zu jener Zeit pflegte ich an unsere Berliner Fraktion, Jake und James, als die „kybernetische Gang" zu denken. Den zweiten Artikel des Vertrages „Erklärbarkeit ist nicht Erklärtheit" halte ich noch immer schlecht und recht für einen Sieg. Es tut mir leid, Jake, aber deine Unterschrift unter diesen Vertrag hüte ich noch heute.

Die Zeit vom Sommer 1959 bis zum Sommer 1961 erinnere ich als die unkomplizierteste Periode unserer Freundschaft. Denn ich hatte mir den Teil des Westens gewählt, der den Freunden am nächsten war, das andere Berlin, und zum ersten Mal lebten wir als Nachbarn. Die Wochenenden an meinem Wohnort waren zu einer Institution geworden, und die Kritik und der Ratschlag der Freunde ließen mein zweites Buch zu dem werden, das am angenehmsten zu schreiben war. Glücklicherweise veranlaßte es Jake, an bestimmten Stellen aufzulachen. Wir mußten geglaubt haben, daß die Zukunft kein Ende in Aussicht stellte für unser Zusammensein bei Diskussionen, Spaziergängen, Ausflügen. Als die Berliner Mauer gebaut worden war, und Jake sich in seiner Loyalität dafür entschied, auf der anderen Seite zu bleiben, schien das Gefühl der Trennung und des Verlusts gänzlich unüberwindbar.

Wir waren so verwöhnt worden und abhängig zugleich von der produktiven Gewöhnung an eine „Atmosphäre des wechselseitigen Austauschens und des Gins und des Gesprächs", daß wir uns selbst erst beibringen mußten, wieder nur mit Briefen in Verbindung zu bleiben. Ende 1962 war Jake bereit, diese Art zu akzeptieren, unser Leben noch einmal miteinander zu teilen. Dieses Mal mit begrenzten Möglichkeiten. Denn es gab Dinge, die hätten wir einander erzählt, die hielten wir aber für ungeeignet, auf Papier gebracht zu werden. Politische Themen wurden eingeschränkt, denn zuweilen fanden wir unsere Briefe geöffnet, bevor wir sie erhalten hatten. Es gab auch Mißverständnisse, Argumente, die sich verselbständigten; sie hätten durch Gesprächsgepflogenheiten gebändigt werden können. So benutzten wir die Leipziger Mustermesse, um einander zu treffen, aber nur ein einziges Mal, um das Wohlwollen der ostdeutschen Obrigkeit nicht zu überfordern. So präsentierte ich mich 1965 an der Grenze zwischen den Städten Berlins mit Papieren, zu denen ich mich berechtigt fühlte, die ich aber aus der Sicht einer anderen Schule gesetzlichen Denkens besser nicht verwendet hätte und gewann dadurch ein halbes Jahr an Nachbarschaft mit Jake. Aber solche Gelegenheiten waren Höhepunkte, Feste, wirkliche Ferientage: das plötzliche Ende war uns immer gegenwärtig und das Gefühl, einander portionsweise zugeteilt zu werden, verließ uns nie. Und zu gehöriger Zeit warf die

Grenzpolizei ein sehr aufmerksames Auge auf das Dokument meiner Identifikation und nötigte mich, nicht mehr in Jakes Stadt Berlin zurückzukehren. So nahmen wir die Korrespondenz wieder auf, verwirrt über den Verzögerungseffekt in der Interaktion, und vermißten die gesellige Gelegenheit des Gesprächs, ausgestattet mit der zusätzlichen Information durch die Stimme des Partners, seinem Gesichtsausdruck, seiner schnellen oder zögerlichen Erwiderung. Nichtsdestoweniger wuchs unsere Korrespondenz an, und ein Archivar könnte feststellen, daß alles da ist. Beispielsweise, daß Jake in Ungarn erreichbar war, wohin ich nicht gehen konnte; daß Jake an einem bestimmten Nachmittag im Transitraum des Flughafens von Zürich zu erreichen gewesen wäre, was er aber niemals war; daß Jake in Prag erreichbar war, aber erst nachdem der Befehlshabende des Flughafens ihn in die Männertoilette abführen ließ und ihm mit einer Art Schafschere wertvoller Teile seines Bartes beraubte (um ihn so aussehen zu lassen wie Photographie in seinem Pass) – eine Szene, bei der ich auch nicht Zeuge sein konnte. Unter uns ist bekannt, daß Jake mehr noch als in seiner Jugendzeit der Schrecken aller Herausgeber[14] war, indem er erlesene Gerüchte in die Welt setzte über seine großzügige Manier, mit der er Manuskripte behandelte. Daß Jake einstmals selbst von Reisen nach Prag ausgeschlossen wurde und seine Bewegungsfreiheit erprobte, indem er eine Ortschaft namens Kunowice für genau drei Stunden besuchte mit wenig Gedanken an, ja nicht einmal mit einem Blick für die historische Bedeutung von Kunersdorf.[15] Auch das, was Ezra Pound mit einigem Stolz die „laundry list"[16] nannte, bewegte sich im Überfluß durch unsere Briefpost, denn wir berichteteten einander selbst über die unterschiedlichen Küsten der Ostsee, die uns zugeteilt waren. Und in meinem Besitz befinden sich Jakes gesammelte Kommentare über Dinge, die ich ihm geschrieben habe, seitdem Mauersteine zwischen uns aufgetürmt wurden; nützliche Hinweise, hätte ich sie vor der Veröffentlichung im Gespräch mit Jake erhalten können. Sicherlich erfüllt unsere Korrespondenz den Zweck, unsere miteinander verschlungenen Handlungen während all dieser Jahre zu dokumentieren, aber ich würde es vorziehen, sie in Jakes Anwesenheit zu verwenden, sie aufzunehmen und aufs Papier zu bringen.

Wir hätten einander wiedererkannt, so wie wir noch den Rat eines anderen Dichters beachteten:

> I will send a picture too
> if you will send me one of you,[17]

was uns betraf, das war der Augenblick nach solch einem unwahrscheinlichen Zusammentreffen. Wo wir einst eine intuitive und vertrauensvolle Anteilnahme am Tagesablauf des jeweils anderen und an seiner Stimmung genossen, mißtrauten wir jetzt sogar der Beschreibung:

> Zuweilen frage ich mich, ob wir uns über die kaum zehn Kilometer hin, die uns für gewöhnlich trennen, noch genügend deutliche Vorstellungen machen können, wie wir so leben. Nicht nur, wie ich, sagen wir gegen elf Uhr meine Kollegtasche unter den Arm nehme, zur U-Bahnstation Magdalenenstraße eile, während der Fahrt in einem linguistischen Aufsatz lese oder im Protokoll der Moskauer Prozesse oder im *Sonntag*, wie ich in mein Amt trete (...), sondern auch wir wir uns mit den verschiedenen Freunden benehmen, wie wir ungeduldig sind oder gelassen, höhnisch oder freundlich, wie wir Staub aufwirbeln oder still bleiben? (Mai 1964)

Nach neun Jahren eines zwanglosen Briefwechsels beantwortete sich diese Frage genau in dem Augenblick selbst, als es für mich rechtens war, die Akte zu schließen, die zu einer Person gehört, die sich selbst der Außenwelt als „Bierwisch" vorstellt. Unser Vertrauen war auf der Stelle belohnt worden. Nicht im mindesten hatten wir das Gefühl dafür verloren, wie geduldig und gelassen, freundlich und ruhig der jeweils andere sein konnte. Aber wir wirbelten viel Staub auf.

Zunächst mußten wir uns vergewissern, daß wir das Jahr 1955 ähnlich erinnerten und so weiter bis ins Jahr 1972. Aber von jetzt an würden wir Zeit haben, und vielleicht kam ich um den Wunsch herum, erzählt zu bekommen, warum Jake sich nun dafür entschieden hatte, *Psycholinguist* zu sein, und er klärte mich in einer Weise auf, die selbst ich begreifen konnte. Unter anderem ist er nach wie vor ein fordernder und geduldiger Lehrer zugleich. Wegen dieser Eigenart und aus Gründen, die von Fachleuten aus einem anderem Metier zu beurteilen sind, sähe ich es gerne, wenn ihm der Titel eines Professors patientiae causa verliehen würde; für einen Neubeginn. Darf ich fragen, ob Sie diesen Antrag unterstützen?

Er würde nur für die Sprachwissenschaft gelten. Nicht für Leistungen auf dem Gebiet der Architektur, um nur ein anderes Feld zu erwähnen. Denn als er mich neulich besuchte, kamen wir durch Canterbury, und ich machte ihm deutlich, daß er die Chance hätte, der erste meiner Besucher zu sein, der die Kathedrale übergehen dürfe. Jake, der gleichwohl Canterbury Cathedral besuchte, erklärte mir deren ursprüngliche Gestalt, und wie sie durch die Jahrhunderte hindurch verändert wurde. Ich sah ihn mir an, denn ich wußte, was dieses Gebäude für Leute bedeutete, die normalerweise nicht in Kent lebten. Mit festem Schritt ging er umher, jeder Zoll ein Mann, der auch die Bhagavadgita[18] im Original liest, eine imposante Erscheinung. Als er die Stätte seiner Unterweisung verließ, kaufte Jake sich eine Broschüre über Canterbury Cathedral, die eine von seinen Belehrungen etwas abweichende architektonische Geschichte anbot. Furchtlos trotzte Jake einem imperialen englischen Regen, schritt aus wie ein Mann, der seinen Kram anders kennt.

Glückwunsch, Jake, Häuptling!

Bedauerlicherweise erinnere ich mich erst jetzt an den deutschen Brauch, demzufolge man am fünfzigsten Geburtstag eines Mannes niemals einen Trinkspruch auf ihn ausbringt, aber ganz gewiß auf seine Frau. Da der Schaden angerichtet ist, und das Pferd sich vergaloppiert hat, laßt mich zum Schluß den Stall mit einem letzten Zitat schließen:

> Am 12. Dezember 1975 um 12.00 Uhr hat Judith auf dem Rathaus Pankow mit amtlicher und privater Billigung den Namen Bierwisch-Doherty angenommen. Die damit verbundene Amtshandlung wurde auf unseren Wunsch eingeleitet durch Abspielen der Kleinen Suite Nr. 2 von Igor Strawinsky, Trauzeugen waren nicht erwünscht.

Jetzt sind sie erwünscht und gegenwärtig. Laßt uns alle diesen Antrag unterstützen, auf daß er durchgebracht werde.

(Aus dem Englischen übersetzt und mit Anmerkungen versehen von Eberhard Fahlke)

Eberhard Fahlke
„Wenn man einem Freund eine Festschrift macht..."
Zum Festschriftenbeitrag Uwe Johnsons

Freunden schenkte Uwe Johnson, der gern selbst einmal Lektor geworden wäre, zuweilen Erlesenes zum Geburtstag. Preziös waren seine Geschenke dabei selten, gesucht aber immer. Manchmal hatte er sie längst vor dem Ereignis gefunden und verwandelte sie nur der Gelegenheit an. So zögerte Uwe Johnson zunächst, dem Freunde Max Frisch zu dessen fünfundsechzigstem Geburtstag etwas „Nationales" anzubieten; dann aber schenkte er ihm gemeinsam mit seiner Frau Elisabeth doch jenen Hinweis auf ein ganz ausgefallenes Produkt schweizerischer Wertarbeit: die rote Fahne.

> „Wollen Sie sich bitte erinnern an den 10. August 1792, die Erstürmung der Tuilerien? Wir meinen an dieser alten Kamelle jenen Umstand, dass aus dem siegreichen Volk einige aus den roten Uniformen der hingemetzelten Schweizer sich Banner oder Fahnen verfertigten, damit zu paradieren – was nämlich nach Georges Sorel (*Reflections on Violence*, Huebsch, New York o.J.; p. 194) die erste Gelegenheit ist, bei der die rote Fahne als Symbol der Revolution benutzt wurde, made in Switzerland. Wußten Sie das?"[1],

heißt es in einem Brief vom 10. Mai 1976 aus Sheerness-on-Sea an Max Frisch. Für den Fall, daß dem Freund dieses Präsent bekannt sei, bietet Uwe Johnson ihm Geschenke in der Komplementärfarbe an. Max Frisch müsse dann aber selbst etwas wählen, beipielsweise das Hausrecht auf den englischen Rasen in Sheerness oder freie Seitenwahl an der Tischtennisplatte. (Wobei die zweite Option zweifellos das verlockendere Angebot für den begeisterten Tischtennisspieler aus Zürich darstellte.)

Im gleichen Brief findet sich auch der Hinweis, daß Uwe Johnson bereits 1976 mit Max Frisch über jene anspielungsreiche, kunstvoll gefertigte Erzählung gesprochen hatte[2], die er dem Freund fünf Jahre später unter dem Titel *Skizze eines Verunglückten* in der Festschrift zu dessen 70. Geburtstag schenkte. Jenen „Versuch über falsche Ehe“, wie der Arbeitstitel dieses erlesenen Prosastücks im vertraulichen Gespräch mit Max Frisch noch lautete, auf eine autobiographische Anzeige persönlicher Eheprobleme zu reduzieren, das war für Uwe Johnson Ausdruck einer Mißachtung der Mühe und Arbeit, die er sich bei der Gestaltung des Stoffes und des Spiels mit Zitaten und Kryptozitaten gemacht hatte. Die Untreue, das Verlassensein, die Eifersucht und das Leiden an dem falschen Bild, das man sich vom Partner gemacht hat, das sind Themen von Max Frisch. Ihretwegen hatte er diese Geschichte von Joe Hinterhand für Max Frisch ausgesucht und aufgeschrieben.[3] „Jürgen, du weißt, wenn man einem Freund eine Festschrift macht, dann gibt man sich viel Mühe“, erklärte Uwe Johnson noch kurz vor seinem Tod dem Schriftsteller und Freund Jürgen Becker in einem Podiumsgespräch des Westdeutschen Rundfunks.[4]

Im August 1980, zu der Zeit, zu der auch der Geschenkartikel für Max Frisch vom Verleger Siegfried Unseld bestellt wurde, wandte sich Wolfgang Klein, Professor am Max-Planck-Institut für Psycholinguistik in Nijmwegen, mit der Bitte an Uwe Johnson, eine kurze Einleitung für die von ihm gemeinsam mit seinem Kollegen Willem Levelt, geplante Festschrift zum fünfzigsten Geburtstag des Sprachwissenschaftlers Manfred Bierwisch zu schreiben. Ein paar Worte über Manfred Bierwisch als Person wurden erbeten, nichts

Fachliches, nichts Linguistisches. Da alle Beiträge auf Englisch sein sollten, wäre es günstig, so der Wunsch der Herausgeber, wenn auch die Einleitung Uwe Johnsons englisch geschrieben wäre. Getragen von der Freude an dem Gedanken, etwas zur Festschrift des Freundes beizutragen, erklärte Uwe Johnson sich nicht nur bereit, einen Text in der ihm unter allen fremden besonders vertrauten Sprache zu schreiben, er bot dem Herausgeber auch noch weitere Beiträger an. So schreibt er am 3. Oktober 1980 Wolfgang Klein:

> „Ich habe etwas zu beichten: nämlich ich habe mich ein klein wenig vergriffen an Ihren Rechten als Herausgeber der Festschrift für Manfred Bierwisch, und indem ich versuche Ihnen zu erklären, wie das kam, erbitte ich Ihre Verzeihung:
> Bei der Ausarbeitung meines Beitrages bin ich sofort verwiesen worden auf den Umstand, dass der Freundeskreis um Bierwisch in Leipzig ja bestand aus vier Leuten, von denen aber nur Baumgärtner und ich vorgesehen sind zur Teilnahme an Ihrem Festival. Nun ist es so, dass die beiden anderen Bierwisch schon seit Anfang der Fünfziger Jahre [kannten] und auch aus ihrem späteren Umgang mit ihm Anderes, das heisst also auch mehr mitzuteilen hätten als ich. Hier haben Sie ein Wochenende mit einem Telefon, über das Sie nicht erreicht werden können, wohl aber Leute in Leipzig und Dresden – kurz, ich habe mir herausgenommen, die beiden zu fragen, ob sie wohl auch Lust hätten zum Mitsingen in diesem Geburtstagschor, geleitet von der Überzeugung, dass das Vergnügen für Bierwisch nur vermehrt werden kann, wenn auch wir vollständig anwesend wären.
> Bitte können Sie mir dafür Absolution gewähren?
> Falls die beiden etwas schicken, würde es den Gesamtumfang höchstens um zehn Seiten vermehren, und mehr Text haben Sie mir im Grunde erlaubt ('kann auch länger sein'). Arbeit hätten Sie davon kaum, denn selbstverständlich würde ich deren Erinnerung an Bierwisch ins Englische übersetzen.

Etwas beunruhigten Gewissens,
in Demutshaltung
Ihr sehr ergebener Uwe Johnson."[5]

Mit guter Miene zum bösen Spiel zeigte sich der Herausgeber erfreut über Uwe Johnsons außergewöhnliche Anteilnahme und war umstandslos bereit, die beiden avisierten Beiträge der Leipziger Freunde, Eberhardt Klemm und Joachim Menzhausen, mit in die Festschrift aufzunehmen. Ende November 1980 schickte Uwe Johnson seinen Beitrag *Twenty-five years with Jake, a.k.a. Bierwisch*[6] und jenen von Eberhardt Klemm[7] fristgerecht an den Herausgeber nach Holland. Der fünfte im Bunde habe vergeblich versucht, „sich am Konzert zu beteiligen", heißt es im Begleitbrief an Wolfgang Klein, der mit den Worten schließt: „Es bleibt mir, Ihnen auf das schönste zu danken für den Einfall, unserem Freund Manfred/Jake diese Freude zu bereiten, auch für die Mühe, die Sie sich mit diesem Vorhaben aufgeladen haben."[8] Den Herausgebern dankbar und zufrieden mit dem ganzen Unternehmen schien Uwe Johnson noch, als er vom Verlag erfuhr, alle Beiträge für *Crossing the Boundaries in Linguistics. Studies Presented to Manfred Bierwisch* würden von Buchsetzern in Hongkong Ende Februar 1981 zum Druck vorbereitet und die in Aussicht gestellten Korrekturfahnen innerhalb von vier Tagen zurückerwartet. Wenige Monate später erschien die Festschrift in einem holländischen Verlag[9], aber es fehlten die Beiträge der Leipziger Freunde. Was war geschehen?

Die beiden Herausgeber hatten von Befürchtungen des Jubilars erfahren, daß er, wissenschaftlicher Arbeitsleiter am Zentralinstitut für Sprachwissenschaft der Akademie der Wissenschaften der DDR und seit 1980 Leiter der Forschungsgruppe Kognitive Linguistik an der gleichen Akademie, mit an Sicherheit grenzender Wahrscheinlichkeit nicht mehr die DDR verlassen dürfe, um als Gastwissenschaftler nach Nijmwegen zu kommen, wenn diese Beiträge in der Festschrift erschienen. Vorsichtshalber hätten die Herausgeber auch jeden Hinweis zu tilgen, daß sie für die Max-Planck-Gesellschaft arbeiteten, denn auch geplante Studienaufenthalte anderer Kollegen aus der DDR schienen gefährdet. Zur Vorgeschichte dieser Unternehmung muß man jetzt wissen, daß ursprünglich verschiedene Freunde Manfred Bierwischs an der Ostberliner Akademie schon Ende 1979 eine kleine Festschrift zu seinem 50. Geburtstag geplant hatten. Das Vorhaben wurde unterbunden und den Initiatoren bedeutet, daß man eine solche Ehrung nicht passend fände. Als Manfred Bierwisch nachträglich von dem Plan und seinem Scheitern erfahren hatte, zeigte er sich darüber deprimiert. Nicht, so der Eindruck von Wolfgang Klein nach einem Besuch im März 1980 in Ostberlin, wegen der entgangenen Ehrung, sondern weil diese Intervention wiederum jene Einstellung ihm gegenüber bestätigte, die ihm über Jahre hinaus die Arbeit in der Akademie der Wissenschaften erschwert hatte, die sich aber in jüngster Zeit geändert zu haben schienen. (Einige der Bedingungen und Deformationen des „realsozialistischen Wissenschaftsbetriebs" hat Manfred Bierwisch sehr viel später aus der Sicht eines „betroffenen Außenseites" erläutert.[10]) Daraufhin erst hatten Wolfgang Klein und Willem Levelt den Gedanken aufgenommen und den Plan zur Festschrift mit einem holländischen Verleger ohne Beteiligung von Wissenschaftlern aus der DDR verwirklicht. Sie wollten Manfred Bierwisch ehren, ihre Freundschaft dokumentieren, keinesfalls aber ihm schaden. Deswegen verzichteten sie dann doch auf die Beiträge der Leipziger Freunde und teilten dies Uwe Johnson Anfang März mit.

Die Heftigkeit, mit der Uwe Johnson auf diese Absage reagierte, entsprach der Mühe, die er sich mit dieser Freundesgabe gemacht hatte. Seinen Beitrag hatte er, wie aus der einzigen erhaltenen Vorfassung zu folgern ist, von Anfang an auf Englisch konzipiert; zudem noch die zahlreichen Stellen aus der umfangreichen Korrespondenz wie auch den Beitrag von Eberhardt Klemm ohne jede Honorarforderung sorgfältig übersetzt. Sichtlich verärgert schreibt er am 11. März 1981 an Wolfgang Klein:

> „Betrüblich ist Ihre Absage vom 6. März gewiss, da sie mich entfernt von dem Chorgesang zu Manfred Bierwischs Jubeljahr, auch weil sie mir zu verstehen gibt, daß mein Auftreten zu seinen Ehren ihm bei den Behörden der D.D.R. eine Ausreisesperre für eine Ewigkeit eintrüge. [...]
> Im übrigen sprechen Sie von 'Schwierigkeiten', und die möchte ich genauer kennen lernen. Nämlich, ob dieser Vorgang sich einer Änderung des Bildes verdankt, das die hierfür zuständigen Behörden der D.D.R. von meiner Person herstellen. Denn an meiner letzten Veröffentlichung hätten sie Anstoss nehmen können seit dem Mai 1980; mir waren aber im vorigen August an die zehn Übernachtungen in jenem Lande erlaubt, mit Anmeldungen bei Polizeipräsidien von Dresden bis Rostock; auch später Tagesbesuche. Eine Auskunft in dieser Richtung, so eindeutig wie möglich, wäre mir dienlich, da ich in vier Wochen eine Grenzkontrolle der D.D.R. zu passieren vorhabe und von diesem Unternehmen abstünde, hätte ich eine Zurückweisung zu gewärtigen, oder andere Unhöflichkeit. Solchem Amtsakt kann ich vorbeugen, keines Weges ihn aufheben lassen, ist er einmal vollzogen; damit wären Besuche bei Manfred Bierwisch mir ganz entzogen. [...]
> Zum anderen bitte ich Sie um Unterstützung für oder gegen den Verdacht, meine Arie zu Manfred Bierwischs Fünfzigstem sei ausgegangen von ganz verfehlten Vorstellungen von den Entwicklungen des innenpolitischen Drucks in der D.D.R. Gerade im Vertrauen auf eine mehr selbstbewußte Interpretation der staatli-

chen Vergangenheit nämlich habe ich unsere behutsame Distanz zu den Sicherheitsdiensten erwähnt, und nebenbei sollte die Ausmalung von Manfred Bierwischs Hindernissen und Erfolgen bei Reisen ins Ausland auch eine ernsthafte Gratulation an seine Behörde sein. Oder ist ein Ärgernis begründet in der Erinnerung daran, dass unser Jubilar in seinen jüngeren Jahren auch nicht-marxistische Philosophie zur Kenntnis genommen hat? Es ist bei mir doch ausdrücklich von seiner Loyalität gegenüber seinem Staat die Rede, gerade anläßlich der Einrichtung einer Mauergrenze in Berlin. Kurzum, ich wäre Ihnen verbunden, wenn Sie mir Anlässe zur Beanstandung mit roten Strichen in den Druckfahnen übersenden würden, mit einem Kommentar, wenn es irgend angeht.

Sollte es aber gefährlich für Manfred Bierwisch sein, Bedenklichkeiten in einem ihm gewidmeten Text (der immerhin ihm über oder durch die Grenze zugetragen wurde) zu verhandeln in der Königlich Niederländischen und Britischen Post, so nähme ich in der Tat Ihr Angebot an, mir die Rätsel in einer mündlichen Verständigung aufzuklären: von Vlissingen nach Sheerness fährt zweimal am Tage eine Fähre für Personen und Autos, nach acht Stunden und ausreichendes Tageslicht vorausgesetzt läuft man im Anblick der Marine Parade ein."[11]

Die Verärgerung und der unterschwellige Vorwurf Uwe Johnsons, die in diesem Brief anklingen, richteten sich allerdings zu Unrecht gegen den Herausgeber, der allein auf Befürchtungen des Jubilars reagiert hatte. Das gesteht Uwe Johnson in seinem letzten Brief an Wolfgang Klein auch ein, nachdem sich zwischenzeitlich Manfred Bierwisch in Sheerness-on-Sea gemeldet hatte. „Vielmehr war es mein Fehler", so Uwe Johnson jetzt,

„auf Ihren Vorschlag einzugehen und meine Erinnerungen an den ehrwürdigen Jubilar aufzuzeichnen. Ich hätte mir denken sollen, dass er gefährliche Weiterungen gewärtigt, wird er auch nur ein Mal öffentlich sichtbar in Gesellschaft einer Person wie der meinen. Wenn ich ihn besuche, wird das offenbar als privat registriert und aufbewahrt zu einer künftigen Verwendung, der entgegenzusehen es schon genug Mut braucht. Einen Auftritt auf offener Bühne, und geschehe der jenseits seines Landes Grenzen, versteht er als eine politische Aktion, aus der ihm ein wie immer ungefährer Strick gedreht werden kann. Denn darauf läuft seine Verweigerung hinaus, dass ich 'zugleich der Autor wohlbekannter anderer Veröffentlichungen' sei. In seiner Lage hat man keine Beweise, ist schon das Einholen eines amtlichen Bescheides besser zu unterlassen, ist der Wechsel der Winde zu deuten schwer, kurz: er verlässt sich auf seine Nase. Diesen Befund habe ich zu achten.

[...] Einer von solchen Fallstricken scheint die Feststellung zu sein, er habe im Sommer 1959 widerwillig einer Besprechung vorgestanden, die aus der Veröffentlichung meines ersten Buches meine Übersiedlung nach Westberlin ableitete. Solcher Umzug war zu jener Zeit ein Delikt, nach einem am 11. Dezember 1957 verkündeten Gesetz zu bestrafen mit Gefängnis bis zu drei Jahren oder einer Geldstrafe. Korrekt im Deutsch von Manfred/Jake Bierwischs Land hätte die Tatsache so gefasst werden müssen:

1959 erlag ich den Einflüsterungen des Klassenfeindes – womit die Anstiftung in Form einer Beratung vom Kreis der Freunde verschoben wäre auf den unschuldigen Suhrkamp Verlag – *und verliess, taub für die Bitten und Warnungen meiner Freunde* – zu streichen, da ihnen hierdurch eine Mitwisserschaft unterstellt würde, demnach: *ohne meinen Freunden mich anzuvertrauen und so ihrer Verachtung auf ewig anheimgefallen* – womit der menschliche Bruch vollzogen gewesen wäre – *den ersten Arbeiter- und Bauern-Staat auf deutschem Boden und wandte mich der historisch falschen Perspektive der Druckfreiheit* – Verzeihung: der zum Untergang verurteilten westlichen Zivilisation zu – womit ich mich den Freunden auch im politischen Verständnis als ein Feind würde

erwiesen haben –, *zynisch um des eigenen Fortkommens willen ein Menschheitsgut wie die Freundschaft verratend.* 'Zynisch', das mag Ihnen übertrieben klingen, wäre aber vorschriftsgemäss.
Es ist klar, von so jemandem nimmt man keine Gratulation im Druck hin und entgegen."[12]

Uwe Johnson, tief getroffen, blieb verbittert. Sein Zorn und seine Erregung suchten sich anstelle des Herausgebers ein anderes Objekt. In den von ihm selbst kursiv gesetzten Teilen des Briefes übersetzte er Textstellen aus dem gewählten Englisch seines Festschriftenbeitrags in das für einen Zensor seiner Vorstellung gemäße Deutsch. Er zielte auf das Land von Manfred Bierwisch und meinte doch die Person. Vielleicht war Manfred Bierwisch – aus heutiger Sicht – allzu vorsichtig, seine Bedenken übertrieben; unbegründet waren sie sicherlich nicht. Obwohl Uwe Johnson in seinem letzten Brief an Wolfgang Klein noch schrieb, daß er Manfred Bierwischs „Befund" zu achten habe, der politischen Witterung des Freundes mißtraute er zutiefst. Er wollte es genau wissen und fragte fünf Tage später schon Christa Wolf um Rat. Zwar hatte Uwe Johnson das Ehepaar Wolf Anfang November 1980 in Ostberlin besucht, aber weder aus diesem Zusammentreffen noch aus dem im Uwe Johnson-Archiv aufbewahrten Briefwechsel kann auf ein besonderes Vertrauensverhältnis geschlossen werden. Uwe Johnson versprach sich wohl von solch einer Anfrage bei einer für ihn auserwählt glaubwürdigen Person eine gleichsam amtliche Antwort. Ausführlich erläutert er der Schriftstellerkollegin „Begleitumstände" seines Festschriftenbeitrags, dann heißt es:

„Kurz, die Sache ist gesetzt, es wird für mein Carmen das Einverständnis des Jubelkindes eingeholt, und was kommt heraus dabei? Seine kategorische Verzweiflung und flehentliche Bitte, mein Vorwort zurückzuziehen. Es gefällt ihm, er fühlt sich darin

rundum zutreffend geschildert; veröffentlicht werde es für ihn berufliche Erschwernisse zeitigen. Und warum? noch ein Rundum: 'Da du ja zugleich der Autor wohlbekannter anderer Veröffentlichungen bist.' Basta. Ich habe darauf verzichtet, an jener Festschrift mitzusingen, sitze aber an mit einer Frage, von der ich meine, Sie könnten mir die zu beantworten helfen: Ist es in der Tat der Maßen unbequem für einen Bürger der D.D.R., seinen Namen im Druck in der Nähe des meinen zu wissen, oder ist dies Geburtstagskind ängstlicher als vernünftig?
Postkarte genügt. Dankbarkeit in Mengen zugesichert."[13]

Was sollte Christa Wolf, der man diesen Brief erst einen Monat später zustellte, auf eine solche Frage des Schrifstellerkollegen antworten? Sie behalf sich mit einem Hinweis, der im Bahnhof Zoo geschrieben und noch von Westberlin aus nach Sheerness-on-Sea geschickt wurde: Ihres Wissens schade eine Bekanntschaft mit Uwe Johnson einem Menschen in der DDR nicht; jedenfalls nicht, sofern er nicht beim Staat angestellt sei. In jenem Bereich kenne sie sich nicht genau genug aus. Als Postskriptum folgt die Bitte an Uwe Johnson, in seinen Briefen an sie doch nur das zu schreiben, was auch Dritte mitlesen könnten.

Mißtrauen, schrieb Max Frisch an Christa Wolf nach ihrer ersten Begegnung während eines Treffens von Schriftstellern im Mai 1968 auf dem Wolgaschiff „Gogol" bei Moskau, hätte er ihr bei der ersten Begrüßung angemerkt. Beide vergaßen bei diesem internationalen Kongreß zunächst nicht, Stellvertreter ihrer Länder und unterschiedlicher Gesellschaftssysteme zu sein. „Mißtrauen", antwortet Christa Wolf in ihrem Beitrag zur Festschrift von Max Frisch,

„wäre mir als Letztes eingefallen, aber woher sollten Sie das wissen. Wir hatten bis zu einem gewissen Grad, Schablonen zu bedienen, ehe wir sie, bis zu einem gewissen Grad abbauen konnten. Ich mußte Ihnen mißtrauen, wenn es nach der Richtschnur ging. Sie mußten mir Ihre bürgerlichen Freiheiten entgegenhalten, deren Brüchigkeit ich Ihnen nachzuweisen hatte, während nun wieder Sie mir Staatsgläubigkeit unterstellen mußten."[14]

Später gelang es ihnen gleichwohl mit Hilfe von Wein und Wodka, vor allem aber dank eines auf dem Wolgaschiff umherwandelnden „Geistes von Gogol", jene Grenzen, die ihnen sonst gesetzt waren, zu überwinden und einander „regelwidrig und voraussetzungslos auf dem Boden der Utopie" zu begegnen.

Auf dem Boden der Utopie einander regelwidrig und voraussetzungslos zu begegnen, das war für Uwe Johnson nach dieser Geschichte mit Manfred Bierwisch nicht mehr möglich. Stattdessen bestimmte Uwe Johnsons Mißtrauen ihr Verhältnis, Staatsgläubigkeit wurde unterstellt. Schablonen waren zu bedienen.

Nachschrift

Diese Episode ist zum Impuls einer Nachschrift im Gespinst der vierten Lieferung der *Jahrestage. Aus dem Leben von Gesine Cresspahl* geworden. Unter dem Datum „Friday, July 26, 1968", der einzige englisch geschriebenen Datumsüberschrift in *Jahrestage*, schreibt die Angestellte Cresspahl – ausgerechnet während ihrer Arbeitszeit in der Bank – einen privaten Brief.

„Anrede.
Entfällt. Könnte Empfänger gefährden. Wegen des Namens, auch Spitznamens. Der gefälligen Adjektive hat er sich selber enterbt; obwohl wir gern weiterhin begännen mit: Dear –. Leider wäre es ziemlich verlogen.
(Lieber) (J. B.; streichen); das ist uns verwehrt. Es hieße ja auf deutsch, daß wir dich gern mögen und achten; auch ein Gleiches

erwarten wir von dir. Und wer hat uns das unterschlagen? Du, indem du uns verleugnest. Eine Anrede bleibt uns im Halse stekken. Die Zunge im Hals, du erinnerst dich. Mit verhehlter Stimme sprechen wir zu dir. Nein, bloß in deine Richtung. [...]"[15]

Das aber ist eine andere Geschichte; sie sprengt den Kontext dieses Beitrags. Der Vorwurf des Autobiographischen, heißt es in den *Frankfurter Vorlesungen*, sehe entschlossen vorbei an der Wirklichkeit, die dieses Buch einer vierunddreißigjährigen Frau in New York einräumt.[16] Wie wäre die Mühe, die sich ein Autor bei der Gestaltung seines Stoffes, seiner Personen, seines fiktiven Universums gemacht hat, besser zu würdigen, als den Abschnitt „Friday, 26. July, 1968" jetzt neu zu lesen und sich in die Wirklichkeit der *Jahrestage. Aus dem Leben von Gesine Cresspahl* zu versenken.

Manfred Bierwisch
Erinnerungen Uwe Johnson betreffend

Einigermaßen unsicher und mit großem Zögern habe ich die Teilnahme an dieser Veranstaltung zugesagt. Das hat wenigstens drei übereinandergelagerte Gründe, die zu erläutern ich Ihnen, mir und dem Anlaß schuldig bin.

Der erste Grund ist die Raison wissenschaftlicher Veranstaltungen und meine Legitimation, in einer Arbeitstagung über Uwe Johnson mitzuwirken. Zwar könnte ich Sie und mich mit dem Hinweis beruhigen, daß ich ein Studium in Germanistik abgeschlossen, die erforderlichen Prüfungen bei Hans Mayer zur Zufriedenheit abgelegt und sogar ein weniges, das dem Fach zugerechnet werden könnte, geschrieben habe. Das alles aber liegt weit ab vom professionellen Rahmen dieser Tagung. Zu Uwe Johnson habe ich kein wissenschaftliches Verhältnis. Gerade weil und sofern ich einen Begriff vom Studium deutscher Literatur habe, kann und will ich mich in die wissenschaftliche Beschäftigung mit Person und Werk Uwe Johnsons nicht einmischen. Das hat nicht nur damit zu tun, daß ich in der einschlägigen Forschung nicht zu Hause bin und also zunächst meine Hausaufgaben zu machen hätte, sondern weit eher mit der Tatsache, daß ich mir die erforderliche Perspektive nicht zu eigen machen kann und will. Auch wenn ich es wollte, mein Verhältnis ist vorab und noch immer eins zu Ossian, das ich nur mit den Abstrichen, die jede Übersetzung bedeutet, in das zu Uwe Johnson übertragen kann.

Vielleicht könnte man einwenden, daß ich den Kanon der Professionalität hypokritisch übertreibe, daß eine Veranstaltung wie diese sich nicht an der Grenze zwischen Experten und Laien orientiert. Aber selbst wenn ich meine Skepsis in dieser Hinsicht unterdrücke, bleibt doch der Umstand, daß ich hier nicht als Johnson-Forscher teilnehme, sondern wegen der ganz persönlichen Bewandtnisse. Dies bringt mich zum zweiten Grund meines Zögerns. Das durch die Zeitläufe getragene besondere Interesse an Person und Werk Uwe Johnsons bringt die unbehagliche Befürchtung mit sich, daß die Thematisierung dieser persönlichen Belange in einen verständlichen, sogar berechtigten, und dennoch unangemessenen Trend, einen Wirbel sehr vermischter Motivationen hineingerät. Diese Befürchtung bezieht sich natürlicherweise nicht auf den einzelnen Anlaß, der wohl bedacht sein mag, sondern auf ein unbestimmtes, aber kaum bestreitbares Syndrom. Der Dichter der deutschen Teilung, als der Johnson nicht klassifiziert werden wollte und der er doch in ganz besonderer Weise war, steht durch das Ende der Teilung inmitten eines neuen, lange gestauten Interesses, an dem durchaus unterschiedliche Momente beteiligt sind. Das bezieht begreiflicherweise auch und gerade die *Begleitumstände* ein, mit denen das Werk so intrikat verwoben ist. Mitschüler, Lehrer, Kommilitonen, Freunde, auch Straßen, Häuser, Landschaften erlangen öffentliche Aufmerksamkeit, auf die sie womöglich nicht gefaßt sind, die ihnen vielleicht auch nicht zukommt. Für mich jedenfalls steht die Zustimmung zum literaturwissenschaftlichen Interesse am Autor Uwe Johnson in spürbarem Konflikt mit dem persönlichen, schönen und schwierigen Erfahrungskomplex, der mich mit dem Freund Ossian verbindet und von ihm trennt.

Und das ist zugleich der dritte und schwerwiegendste Grund meines Zögerns: Der Charakter des Persönlichen, notwendigerweise auch Subjektiven der Anlässe und Bewandtnisse, über die ich zu sprechen hätte, derentwegen ich demnach eigentlich hier bin. Was mich zögern läßt, ist dabei nicht so sehr die Tatsache, daß all die Einzelheiten, von den Spaziergängen in der Umgebung Leipzigs oder den Diskussionen über die Erklärbarkeit der Welt bis zur Einführung in den Pub in Sheerness, in dem er als Charles verkehrte, daß alles, was in ein Geflecht von verschiedenartigen Erinnerungen und Biographien (nicht nur seine und meine) eingewachsen ist, sich kaum in fixierbare Daten und transportable Mitteilungen verwandeln läßt. Denn obwohl der Versuch zu solcher Objektivierung das meiste und vielleicht wichtigste in der Erstarrung der „facts" verschwinden läßt, ist die Memoirenliteratur voll von authentischen Beispielen und Techniken, die zeigen, wie diese Aporie zu überlisten wäre.

Schwerer wiegt deshalb die Erfahrung, daß es wunderbar und voller Überraschungen, aber immer auch schwierig war, mit Uwe Johnson befreundet zu sein, eine Erfahrung, die ich auf meine Weise gemacht habe, so wie andere auf die ihre. Die unbedingte Zuverlässigkeit des Freundes hatte auch Momente der Unerbittlichkeit, und sie ging zusammen mit einer scheinbar mutwilligen Unberechenbarkeit. Triviales und Vertracktes lagen da nahe beieinander. Aber obwohl dies alles sich zur öffentlichen Mitteilung so wenig eignet, wie es sich von ihr trennen läßt, wenn man sich auf diese überhaupt einläßt, ist mein wirkliches Problem am Ende ein anderes. Um es ganz einfach zu sagen, geht es darum, daß ich zu sprechen habe und er nicht erwidern kann. Denn so, wie ich unsere gemeinsamen Bewandtnisse erlebt habe, wäre über sie nur im Dialog, in der Bestätigung, der Korrektur oder auch im Streit Verläßliches auszumachen. In diesem Dialog hätte ich das Recht, überhaupt Mitteilungen über Ossian oder Uwe Johnson zu machen, allererst zu erwirken. Und dies würde womöglich nicht gelingen. Sein Tod hat auch diese Möglichkeit uneinholbar zerstört.

Ich habe Ihnen die Gründe erläutert, derentwegen ich eigentlich nicht über Uwe Johnson und über gemeinsam Erlebtes sprechen wollte. Das Wort „eigentlich" wird immer dann verwendet, wenn der ihm untergeordnete Satz eigentlich nicht gelten soll. Ich will immerhin versuchen, die angeführten Gründe nicht einfach in den Wind zu schlagen, sondern in einem Balanceakt sie zugleich zu respektieren und mit diesem Respekt nun doch zur gemeinsamen Sache zu sprechen. Was ich sagen möchte, soll durch literaturwissenschaftliches Interesse begründet sein, auch wenn ich mich nicht in die Johnson-Forschung einmische. Es soll, soweit das möglich ist, keinem momentanen Trend folgen, obgleich die Zeitumstände, auch die jüngsten, nicht ausgespart werden können. Und es soll vor allem dem Umstand gerecht zu werden versuchen, daß der Einspruch des verlorenen Freundes offen bleiben muß. In diesem Sinn will ich über zwei Dinge sprechen, die unmittelbar mit Texten Johnsons zu tun haben.

Mein erstes Thema sieht aus wie eine Episode, oder eine Folge von Episoden aus dem Leipziger Freundeskreis. Im Sommer 1958, also bereits nach dem Abschluß des Studiums, war ich nach fast einjährigem Aufenthalt im Lungensanatorium in Sommerfeld für eine längere Rekonvaleszenzperiode in Leipzig. Johnson hatte während meines Sanatoriumsaufenthaltes in meinem leerstehenden Zimmer im Haus meiner Eltern gewohnt und war nun in ein anderes Zimmer im gleichen Haus gezogen. Zu den gemeinsamen Unternehmungen dieser Zeit gehörte eine bemerkenswerte Veranstaltung, die Ossian für die am Ort verbliebenen Freunde ausrichtete, die er uns gewissermaßen verordnete. Wir waren gehalten – und folgten dem mit Faszination –, uns eine lückenlose Lesung von Faulkners *The Sound and the*

Fury anzuhören. Ossian las an je einem Nachmittag – es war, wenn ich nicht irre, immer Sonnabends – eins der vier Kapitel dieses auch im Werk Faulkners besonders exemplarischen Romans. Dies war ein Exerzitium für alle, denn wie dringlich auch immer unser Interesse an der modernen Literatur war, ganze Romane gemeinsam zu lesen, gehörte zu unserer Übung nicht. Der Grund dieser Lesung war auch nicht vorab die Diskussion über den Text, die sich natürlich anschloß, und die rigorose Architektur, die Konsequenz der auf die Kapitel und die Personen verteilten Technik des inneren Monologs und die Details ihrer Umsetzung betraf. Der Grund der Veranstaltung, die in dem schönen und geräumigen Zimmer, das Elisabeth Schmidt bewohnte, stattfand, war die Lesung selbst. Denn von diesem Roman hatte Johnson ein Exemplar des amerikanischen Originaltextes erhalten. Gewiß war die Vermutung berechtigt, daß wir uns kaum einzeln und jeder für sich ähnlich vehement mit dem Buch zu befassen vermocht hätten. Aber das war allenfalls ein Nebenmotiv der Übung. Das Exemplarische und Frappierende war, daß Ossian diesen komplizierten Text aus dem Original auf deutsch las. Diese stupende Lesung, die zugleich das Tempo, wenn nötig die Atemlosigkeit des Textes und den Rang einer literarischen Übersetzung hatte, war seine eigenste Sache. Es war nicht die Vermittlung eines fremden Autors – Johnson hat auch das gern und souverän gemacht, ich habe ihn auf diese Weise einem Westberliner Publikum Strittmatter vortragen hören –, *The Sound and the Fury* war seine ganz eigene Angelegenheit. Und er hatte sich diesen Text zu eigen gemacht. Im Garten am Haus meiner Eltern sitzend, hatte ich ihn die Lesungen vorbereiten sehen – ein Übersetzer, der der schriftlichen Fixierung nicht bedarf. Er hatte, muß man wohl sagen, beide Texte im Kopf, die Lesung war nur der Anlaß, sie zu vergegenwärtigen.

Die Begegnung mit diesem Buch ist ein Schlüsselerlebnis gewesen. Denn unabhängig davon, welche Bezüge zu Faulkner die Johnson-Forschung dingfest machen und relativieren kann, ist diese persönliche Begegnung entscheidend. Der Sommer, von dem hier die Rede ist, fiel in die Zeit der Arbeit an den *Mutmassungen*. In der Zeit, in der ich im Sanatorium war, hat Ossian mich auf seinen Reisen zwischen Leipzig, Güstrow und Rostock mehrfach besucht und Einzelnes aus der gedanklichen Arbeit in der für solche Mitteilungen charakteristischen sparsamen und eher verbergenden Weise erkennen lassen. So etwa, daß er den Intarsientischler kennengelernt hat, der dann als Heinrich Cresspahl in seinen literarischen Kosmos eingegangen ist. Geschriebenes freilich war nicht einsehbar, wurde nur ausnahmsweise und zu bestimmtem Zweck zugänglich gemacht. So etwa, wenn die Beschreibung einer Seminarstunde des Anglisten Jonas Blach auf ihre akademische Stichhaltigkeit zu prüfen war. So war es ein ungewollter Zufall, daß ich bei einem Urlaub vom Sanatorium auf meinem Leipziger Schreibtisch einen Abschnitt des Romans vorfand, der damals und noch lange Zeit den Titel „Guten Tag, Jakob" hatte. Dies war ein ungebrochenes Stück Prosa in der geraden Erzählweise, die ich aus *Ingrid Babendererde* kannte. Mag sein, daß dieses Manuskript, in der charakteristischen, nur die halbe Seite nutzenden Form aller Johnson-Arbeiten, nicht erhalten ist. Zwischen dieser Fassung und dem gebrochenen, polyphonen Text der *Mutmassungen*, die die Vorgänge auf die Perspektiven der Personen verteilt und diesen auch die Architektur des Zeitablaufs abgewinnt, liegt jenes exorbitante Zusammentreffen mit Faulkner, das ich beschreiben wollte. Erst aus dem Ergebnis dieser Begegnung konnte auch der Titel hervorgehen, der wie ein Programm das Buch kennzeichnet, mit dem Johnsons literarische Wirkung begann.

Alles weitere, das zu diesem Zusammenhang zu sagen ist, ist Aufgabe der literarischen Analyse.

Ich müßte nun zu jenen zwei Texten kommen, die beinahe 25 Jahre später entstanden sind und in ganz anderer Weise den Leipziger Freundeskreis, vor allem aber mich selbst betreffen: jenes biographische Portrait *Twenty-five years with Jake* und die Eintragung vom 26. Juli im vierten Band der *Jahrestage* und den apokryphen Zusammenhang zwischen ihnen. Dies ist eine Geschichte, über die kaum zu sprechen wäre, ohne daß ich die eingangs verabredeten Grundsätze verletze, denn unsere Erfahrungen und Meinungen sind unversöhnt geblieben, und ich kann die meinen nicht beschreiben, ohne damit das letzte Wort zu haben. Die Zeitumstände und der Tod haben den Vorgang, den ich mit Betroffenheit und dann mit Trauer erfahren habe, irreparabel gemacht, und ich möchte über die Begleitumstände der beiden Texte nicht die Ansicht beschreiben, die ich der seinen gegenüberzustellen hätte. Wenn ich dennoch etwas in dieser Sache sage, dann um einige Anmerkungen zum Text zu machen, und um etwas von dem zu leisten, was unter das Stichwort Trauerarbeit fällt.

Die Realität hat dazu geführt, daß die beiden Texte in einer Abfolge erschienen sind, die ihrem Zusammenhang in einer Weise zuwiderläuft, die jeder Dramaturgie widerspricht; der früher erschienene setzt den späteren voraus und beruht doch darauf, daß er nicht gedruckt wurde. Daß er dennoch erschienen ist, hat bestenfalls die Ambivalenz der Umstände, unter denen Kafkas Romane veröffentlicht worden sind. Tatsächlich ist die Kausalkette, in der persönliche Beziehungen auch an politischen Umständen zerbrochen sind, noch weit unlogischer. Hier sind zunächst die Sachbezüge, die zu dem Portrait gehören. Sie haben zwei Teile und einen Epilog.

Der erste Teil beginnt mit der Feststellung, daß Festschriften, die in der wissenschaftlichen Literatur zu einer sich selbst lähmenden Unsitte geworden sind, dennoch allerlei Ärger auslösen können. So ging es einigen meiner Kollegen, die mit einer Broschüre zu meinem 50. Geburtstag belegen wollten, daß ich in der Wissenschaft meines Landes nach einer Menge politischen Ärgers wieder vorzeigbar bin.[1] Daß dies ein Irrtum war und die Broschüre im Samisdat verbleiben mußte, hat Kollegen außerhalb des Landes veranlaßt, den Beweis nun ohne Billigung der Behörden – aber mit meinem Wissen – zu führen unter dem Titel *Crossing the Boundaries in Linguistics*. Der Titel war korrekt auch im reisetechnischen Sinn: Nachdem ich mehrere Jahre des Land in keiner Richtung verlassen durfte, war ich inzwischen zur Reisemündigkeit avanciert. Die biographische Einleitung, die Publikationen dieser Art zumeist haben, hatten die Herausgeber meinem Freund, dem Genossen Schriftsteller, übertragen. Daß sich unsere Telephonate eine Weile lang ausnehmend ausführlich mit Fragen des Schriftstellers zu weit zurückliegenden Briefen befaßten, war enigmatisch genug, um Zusammenhänge zu verkennen oder zu verdrängen.

Der zweite Teil begann mit der Sorge der Herausgeber des Bandes, daß Einiges in dem Beitrag zur Person den politischen Ärger erneuern könnte. So ließen sie mich den Beitrag allen Gepflogenheiten zum Trotz vorab lesen und um womöglich notwendige Striche nachfragen. Die nun, das war angesichts dessen, was das Portrait enthielt, ganz klar, hatte der Autor sich bereits bis an die Grenze der Redlichkeit selbst abverlangt. Als Uwe Johnson nach Leipzig kam, war ich gerade wenige Monate aus der Strafhaft entlassen, in die ich wegen sogenannter Boykotthetze geraten war. Daß Johnson diesen biographischen Umstand mit keinem Wort erwähnt hatte, war für einen Autor, der die DDR immer mit ihrem schwarzen Untergrund gezeichnet hat, ein Grad freundschaftlicher Rücksicht, der ihm nicht leicht gefallen sein kann. Ich habe die Herausgeber dennoch gebeten, sich nicht um weitere Striche zu bemühen, sondern den Band auf die wissenschaftlichen Beiträge zu beschränken. So ist es geschehen. Das Ausmaß der Kränkung, das dieser Entschluß für Johnson bedeutete, hätte ich vorhersehen müssen, es hat mich dennoch bestürzt. Ich habe ihn zuletzt bei der Beerdigung meiner Mutter im Mai 1982 gesehen, unversöhnlich.

Der Epilog hat einen allmählichen Beginn, die Sklerose und Erosion des realsozialistischen Herrschaftssystems. Mit dem Verfall der Machtausübung war es leicht, zu der Auffassung zu kommen, daß der Entschluß, mit dem ich Johnsons Freundschaft zerstört habe, ein Mangel an Zivilcourage war, der obendrein vermutlich ganz überflüssig war. Die Verbitterung darüber, dem Machtapparat Zugriff auf persönliche Beziehungen eingeräumt zu haben, wird dadurch nicht geringer. Als der Band *Porträts und Erinnerungen* zusammengestellt wurde und ich noch einmal über die Veröffentlichung des gleichen Textes befragt wurde, habe ich mich deshalb anders entschieden, zu spät und ohne die nicht mehr zu erlangende Billigung des Autors. Die Unlogik liegt darin, daß die Veröffentlichung unter den gleichen Herrschaftsbedingungen geschah, derentwegen sie zuvor unterblieben war.

Ich habe die Sachbezüge von Wertungen freizuhalten versucht – den Epilog ausgenommen –, der Einspruch Johnsons steht in den *Jahrestagen* unter dem 26. Juli. Was zu dessen Verständnis notwendig ist, von Details, die bis zu Kleinlichkeiten gehen, abgesehen, habe ich gesagt. Die persönliche Ansicht zum Inhalt dieses Textes kann hier keinen Platz haben. Nicht als Freund, sondern als Leser möchte ich aber eine Beobachtung anfügen und begründen.

Die eigentümliche Verwobenheit von Biographie und Werk, von Realität und Fiktion gehört zu den begründeten Topoi der Johnson-Exegese. Er hat seine Personen nicht nur aus Realitäten und Erfahrungen erfindend zusammengefügt, er hat sie auch am Leben erhalten, für sie eine Art Realität prätendiert. Die Vexierspiele, die dabei entstehen, muß ich nicht erläutern. Sie weisen Sprünge auf, stören den literarischen Kosmos, wenn sie aus Vexierspielen unversehens zur Stellvertretung der Realität werden. Gesines nicht – oder doch? – geschriebener Abschiedsbrief ist ein solcher Fall. Die hohe, verletzende und verletzte Emotionalität, die einen Freund in die Unperson beliebiger Versatzstücke auflöst, ist nur verständlich, wenn Gesines Anteilnahme dafür einsteht. Marie hält es fest: „Reißt die Mutter sich etwas aus, das sie ärgert, und am Ende ist es ein Stück vom Auge?" Das Befremdliche ist, daß hier eine Person ohne alle Bezüge eingeführt wird, nur um sie hinauszuweisen, ihr selbst den Abschied zu versagen. Es scheint, daß der Eintrag unter dem 26. Juli nur da ist, um Gesine stellvertretend, in der Fiktion und in noch einmal fiktiv zurückgenommener Öffentlichkeit stellvertretend für den Autor handeln zu lassen. Die Details machen das deutlich. Der Vorgang, der Gesines verachtende Abwendung auslöst, fällt in das Jahr 1981. Seine Bestandteile lassen sich aber in das Jahr 1968 nicht zurückverlegen, ohne unstimmig zu werden. Ich will das nicht durch Realia belegen, es ist klar, daß Johnson derlei Ungenauigkeiten als Kunstfehler verachtet hat. Die Frage, wann und wieso die Angestellte Cresspahl den verworfenen Beitrag geschrieben haben könnte, muß da nicht ernstlich gestellt werden.[2]

Dergleichen Anmerkungen sind Textanalyse. Was sie besagen, bringt mich zwangsweise zurück zur persönlichen Trauer. Nicht daß hinter der Mühe der Verachtung – „Zwar sitzt sie da und macht den mecklenburgischen Ossenkopp, beide Hände gegen die Schläfen" – doch noch die verlorene Freundschaft verborgen ist. Johnson war, wie gesagt, unerbittlich. Gerade weil dies nur scheinbar ein Jahrestag aus dem Leben der Gesine Cresspahl ist, bleibt es ein schwieriges Stück Biographie.

Es ist unziemlich, mit diesem Trauersatz zu enden. Es ist nichts zu beschönigen, aber ich füge den beiden Mitteilungen noch eine dritte an, und ich denke, mit Ossians Billigung. Wir kehren noch einmal zurück nach Leipzig, ins Frühjahr 1954. Vier Studenten und eine Studentin blödeln in der Mensa „Naumannbräu". Von den Freunden fehlt nur Béla, und der ist im Geiste allemal dabei. Es sind auch nicht alle vier die ganze Zeit beisammen, der eine oder der andere hat eine Vorlesung zu besuchen, denn die Geschichte zieht sich hin, das Gedicht, was da gebastelt wird, ist lang und rondoförmig, es wird erst fertig, als die drei oder vier oder fünf schon eine ganze Weile auf dem Marktplatz herumlungern.

Apropos Gedicht: Auf dem zugefrorenen See in Sommerfeld habe ich nach einem sehr besonderen Ritual mit Ossian das raumgreifendste Gedicht unseres Lebens geschrieben. Die Übung bestand darin, daß jeder ein Wort an den Text, der auf das Eis gescharrt wurde, anzufügen und dann in einem großen Kreis um den anderen und das Kunstwerk herumzulaufen hatte. Es war ein streng dadaistischer Text, er ist mit dem Eis geschmolzen.

Nicht so das Frühjahrsgedicht zwei Jahre zuvor. Der Text ist verbindlich überliefert, er wurde von allen, Ossian eingeschlossen, gebilligt. Seine Teilnahme ist verbürgt, sein Anteil nicht identifizierbar, denn es handelt sich um ein authentisches Exempel sozialistischer Kollektivarbeit.[3] Das Werk heißt *Frühlung* und trägt den Untertitel „An einer Pumpe zu singen". Der Text lautet so:

Frühlung, Frühlung, Frühlung
Es schwindet alle Kühlung
Alle Kühlung schwindet
Der Frost sein Ende findet
Sein Ende find't der Frost
Es wächst des Rindes Kost
Es wächst die Kost des Rindes
Das Bächlein, hurtig rinnt es
Ja hurtig rinnt's, das Bächlein
Es grünet jedes Flächlein
Jedes Flächlein grünet
Der Winter ist gesühnet
Gesühnet ist der Winter
Es rollschuhfahrn die Kinder
Die Kinder Rollschuh fahrn
Des mög sich Gott erbarmn
Ja des erbarm sich Gott
Sogar der Margot Spott
Der Margot Spott sogar
Und dies Gedicht ist wahr
Ja wahr ist dies Gedicht
So wie das Sonnenlicht
Das Sonnenlicht – wieso?
Es wärmet Hund und Floh
Ja Hund und Floh erwärmt es
Den Weihnachtsmann verhärmt es
Verhärmt den Weihnachtsmann
Nimmt keine Fühlung an
An nimmt es keine Fühlung
Frühlung, Frühlung, Frühlung
Es schwindet...

Und so weiter, so lange Ihre Geduld reicht.

Manfred Bierwisch
Uwe Johnson und Leipzig – Ausschnitte einer Beziehung

Daß ich hier spreche, hängt zusammen mit einem Teil von meinem Leben und dem von Uwe Johnson, einem Teil, der begonnen hat hier „in Leipzig, der wahren Hauptstadt der Deutschen Demokratischen Republik"[1]. Was da begonnen hat, würden Sie vermutlich eine Studentenfreundschaft nennen wollen, und da Sie James, Béla und James einzubeziehen bereit sind, hätten Sie zunächst durchaus recht, wenn Sie dabei zugleich die besonderen Umstände der Zeit nämlich des Jahres 1954 berücksichtigen. Die waren aber so, daß einer der ersten Sätze, die mir in Erinnerung sind von dem neuen Mitglied der Seminargruppe, die Weigerung begründete, an den obligaten vormilitärischen Übungen der „Gesellschaft für Sport und Technik" teilzunehmen: „Ich habe eine vegetative Dystonie". Die anderen, der Seminargruppe nicht dargelegten Gründe gehörten zu dem, was dann die keiner Verständigung bedürfende Grundlage der Freundschaft zu fünft bildete. Deren Ort war vorab Leipzig, das halb zerstörte, aber gerade darum geschichtsträchtige Augusteum mit dem zur Legende gewordenen Hörsaal 40, die festen und die wechselnden Wohnungen im Zentrum und in den Leipziger Vororten. Daß er für diese Stadt eine zumindest zeitweilige Zugehörigkeit beanspruchen wollte, bezeugte unser so gar nicht ins Sächsische gehörender Freund, indem er auf Verlangen mit nicht ermüdender Freundlichkeit bestätigte: „Da gommt Walder". Dies war nicht eins der Rollenspiele, die er liebte und auf vertrackte Weise beherrschte, sondern die Ironisierung eines Rollenspiels. So wichtig die Leipziger Erfahrungen waren – seine Stadt war Leipzig nicht. Rostock und Güstrow und die Eisenbahn dazwischen haben zu seinem Lebensraum gehört auch in der Leipziger Zeit. Und auch die Freundschaft, die hier begonnen hat und die Studentenverhältnisse bald hinter sich ließ, hat mit anderen Städten, schwierigen Trennungen, komplizierten und glücklichen Begegnungen und immer wieder mit den Zwängen der Zeitgeschichte zu tun, an denen sie zwei Jahre vor seinem Tode zerbrochen ist.

Uwe Johnson und Leipzig – was dürfen Sie von mir unter diesem Versprechen erwarten? „Das Subjekt wird hier lediglich vorkommen als Medium der Arbeit, als das Mittel einer Produktion."[2] Dies ist der Maßstab, den Johnson sich in den *Begleitumständen* selbst gesetzt hat, ein Maßstab, über dessen Einhaltung nicht zu rechten ist, der sich notwendig immerfort in Frage stellt, denn die Produktion, um die es geht, besteht darin, Erfahrung, also unausweichlich Subjektives, in geformte, öffentliche Sprache, in die Gegenwelt der Kunst zu übertragen. Der Maßstab soll hier und für mich aber heißen, daß bloß Anekdotisches, das Biographische um seiner selbst willen nicht mein Thema sein kann. Was damit im Blickfeld bleibt, ist dennoch weit mehr, als hier zur Sprache kommen kann. Ich will die Ausschnitte, die Anmerkungen und Fragen, die ich auswähle, in zwei Gruppen gliedern: Leipzig als Umstand und als Inhalt der Produktion. Wir sind dabei verabredet, daß Systematik oder Gewichtigkeit der Beispiele nicht verlangt werden kann, es muß genügen, wenn bloße Zufälligkeit vermieden wird.

Leipzig als Umstand der Produktion, das betrifft die späteren Fassungen von *Ingrid Babendererde,* vor allem aber die *Mutmassungen über Jakob.* Daß Johnsons Lebensform auf Leipzig auch in dieser Zeit nicht begrenzt war, habe ich bereits gesagt, was die Stadt dennoch wichtig gemacht hat, war ein Netz von Beziehungen, von Spielregeln und Begegnungen, ein sozusagen unaufhörliches Gespräch, in dem die damals bedeutenden Namen der Universität einen wichtigen Platz hatten – aber doch nur *einen*. Aus den Gesprächen greife ich einen Faden heraus, den Sie nicht verstehen dürfen als ein systematisch abgehandeltes Thema, sondern als die dialogische Reflexion über geistige Erfahrungen, die bei Johnson aber sein unmittelbares Instrumentarium betrafen. Wie rechtfertigt sich der allwissende Erzähler, wie die Paradoxie seines Verschwindens, seiner Zurücknahme, nach der dennoch erzählt wird? Wer verantwortet die Innenansichten, die Joyce und Faulkner, wer die Außenansichten, die Dos Passos, wer den fiktiven Chronisten, den Thomas Mann an seine Stelle gesetzt hat? Eine stupende Vorlesung aller vier Teile von Faulkners *The Sound and the Fury*, die Johnson den Freunden in dieser Zeit zugemutet hat, war so etwas wie eine den Atem verschlagende Antwort, hinter die es für ihn kein Zurück mehr geben konnte. Ich sage nicht, daß das Modell für die Gestalt der *Mutmassungen* gefunden war, eher wohl eine Vergewisserung über die Möglichkeiten des Erzählens.

Die akribischen Recherchen, mit denen Johnson die Sachverhalte der in die Sprache zu bringenden Erfahrungen abgesichert hat, sind ein hinreichend gewürdigter Teil seiner Produktionsweise. Die Erfahrungswelt, derentwegen er die *Mutmassungen* mit dem fiktiven Kryptotitel „Die Deutsche Reichsbahn" versehen hat, ist unschwer zu belegen, sie hat zu seiner Leipziger Lebensform immer dazugehört. Rätselhaft ist die Herkunft des riskant präzisen Inventars jener anderen Sphäre, die die Struktur der *Mutmassungen* prägt. „War Jakob ein IM des Ministeriums für Staatssicherheit?" Daß diese im heutigen Jargon formulierte Frage ihren präzisen Sinn hat, daß sie nicht ins Leere einer Kulissenwelt aus Schablonen und ungefähren Vermutungen läuft, daß die ganze Welt der Führungsoffiziere, der Operativen Vorgänge, der Konspiration dem vor 33 Jahren geschriebenen Buch eines Fünfundzwanzigjährigen zu entnehmen ist, desavouiert nicht nur das Erstaunen all der so lange bemüht Ahnungslosen. Es ist auch auf eine eigentümliche Weise irritierend, die auf so nicht gemeinte Art mit der Legitimation des allwissenden Erzählers zu tun hat: Es liegt in der Natur der Sache, die so und als eben diese auch zu beschreiben war, daß sie der Einsicht sich entzieht, und zwar grundsätzlich und bei Strafe. Das Dienstreglement des Herrn Rohlfs war nicht in Archiven einsehbar, (unzuverlässige) Dokumentationen hätten aus Quellen stammen müssen, von denen ich meinen möchte, Johnson hätte sie nicht in Betracht gezogen, Sachverständige konnten um Auskunft nicht gebeten werden. Oder doch? Nein, dieser Gedanke scheidet aus. Aber dann wäre er wieder da, der Erzähler, der auf eigene Faust Erfahrungen verantwortet. Und woher die Authentizität der Innenansicht des Ministeriums für Staatssicherheit, die Stichhaltigkeit der Details, die so gar nichts mit der Agentenliteratur des Kalten Krieges zu tun hat? Gewiß, da war eine an Obsession grenzende Aufmerksamkeit für den Tabu-Bereich des geheimen Repressionsapparats. Ich erinnere mich an einen Besuch in Rostock, bei dem er mir seine Stadt zeigte, und mit einem besonderen, die bedrohliche Aura bedenkenden Vorsatz das Gebäude, das er mir als den Sitz der Staatssicherheit auswies. Oder kam mir das nur so vor, weil ich meine eigenen Erfahrungen mit der Institution hatte, nach denen er mich wiederum merkwürdig wenig gefragt hat? Übrigens war eins unserer stärksten Argumente, mit denen wir ihn von der hartnäckig verfolgten Absicht abzubringen hatten, nach dem Erscheinen der *Mutmassungen* weiter in der DDR zu leben, der einfache Schluß: Wenn die Stasi so ist, wie du sie beschreibst, dann nützt dir ein Pseudonym nichts. Er hat der Zuverlässigkeit seiner Beschreibung, wie immer sie zustandegekommen ist, nicht mißtraut und ist umgezogen. Was mich noch heute irritiert, ist dies: Ich habe ihn nie nach den Quellen der Welt des Hauptmann Rohlfs gefragt. Das Tabu dieser Sphäre hat sich auf merkwürdige Weise reproduziert.

Leipzig als Inhalt der Produktion, das ist eigentlich Sache der Werkanalyse. Zwar kommt der Name der Stadt im erzählerischen Œuvre nicht vor, aber sie ist so präzis in die erzählte Welt eingegangen wie später und ausgreifender New York. Dennoch hat die Leipziger Zeit Elemente beigesteuert, die sich als solche nicht zu erkennen geben, die aber die Konstruktionsweise der erzählten Welt faßbar machen:

> „Nach dem Essen sass Jonas in dem trockenen Pflaumenbaum und sägte die kleineren Äste heraus mit einem Fuchsschwanz. Unter ihm stand Cresspahl zwischen den Stachelbeerbüschen und redete über den Feiertag, an dem man nicht arbeiten dürfe, aber Jonas war es ganz zufrieden. Dann holten sie die grosse Leiter aus dem Flur und nahmen alles ab, was über der Gabelung stand; Cresspahl hielt die Leiter fest und zog mit einem Strick an dem Ast, den Jonas gerade absägte. Manchmal kamen Leute auf dem Weg am Gartenzaun vorüber und standen still bei ihnen, denn sie waren so angezogen, nämlich sie hatten die Woche über gearbeitet, aber nun war Sonntag, und sie sagten etwa: Ach, da werde wohl aus dem Baum das Trockene weggenommen, und vielleicht solle sogar der ganze Baum aus der Erde? Ja: sagten sie, denn auch Jonas legte sich zurück und sagte etwas wo es zwischen Cresspahls Antworten passte: so verhalte es sich. Es scheine eben, als könne ein Pflaumenbaum nicht länger als zwanzig Jahre leben. Das mag wohl sein: sagten sie, und dann gingen sie weiter."[3]

Dies ist Jerichow, Cresspahls Garten, und Jonas Blach ist da aus Berlin zu Gast. Aber der Pflaumenbaum wurde abgesägt in Leipzig-Wahren, Sesenheimer Straße 50 b, und mit dem Fuchsschwanz hat Uwe Johnson hantiert, der da wohnte in meinem Zimmer, weil ich im Sanatorium war. Das ist nicht Leipzig in Mecklenburg, die Topographie des Romans hat andere Koordinaten. Aber Jonas und Cresspahl haben ein Moment Leipziger Erfahrung des Autors aufgenommen, und die es angeht, haben es erkennen sollen.

Zum eigentlichen, wenn auch nicht benannten Ort ist Leipzig bestimmt worden erst im *Dritten Buch über Achim*. Da aber war Leipzig nicht mehr zugänglich für den Autor, der lebte in dem anderen Berlin, hinter der Grenze, die noch keine Mauer war. Johnson hatte ein ungewöhnliches, ein buchstäblich Staunen machendes Gedächtnis. Das konnte Erfahrungen von vor zwei Jahren gut bereit halten. Und Sachbücher über die Stadt (und den Radsport, um den es ging) waren leicht zu konsultieren. Dennoch, was die Erzählung brauchte, konnte sich herausstellen als ein Eindruck oder ein Straßenzug, der für Karsch wichtig war, den aber Johnsons Gedächtnis sich nicht eingeprägt hatte. Jedenfalls hält sich (bei nun freilich nur noch wenigen Beobachtern) hartnäckig die Behauptung, daß Johnson in Leipzig gesehen worden ist im Jahr 1960 und inkognito. Natürlich hat er das bestritten – richtiger, er hat auf ein Gespräch darüber sich gar nicht eingelassen. Die aufs äußerste riskante Reise, eine Art Abschlag auf ein Leben in der DDR als Autor eines pseudonymen Buches, sie stimmte zu seiner Art der Produktion und des Lebens. Ich bin überzeugt, daß er Leipzig besucht hat mit falscher Identität, so wie er mir Jahre später bei einem Besuch in Lichtenberg, Ost-Berlin, in gänzlichem Ernst vorgeschlagen hat, ich möge mit seinem Paß für einige Tage nach Westberlin ausreisen, während er in der anderen Stadt Berlin meine Rückkehr erwartet. Warum nicht sollte der Augenschein ihm unerläßlich vorkommen, vielleicht für dieses Portrait:

„Im übrigen fotografierte er wahllos nur was ihm gefiel; ihm gefielen die beiden Häuser aus dem sechzehnten Jahrhundert, die verwittert und fremd allein standen inmitten der öden Leere, zu der ihre Nachbarschaft geglättet lag; auch versuchte er sich an dem Unterschied zwischen hölzernen Wurstbuden auf dem Markt und dem Rathausturm, der in der langen Front aus Galerien und Arkaden den Goldenen Schnitt vergangener Baukunst markierte im Verein mit dem Verzeichnis Kurfürstlicher Privilegien, das als echte altertümliche Schriftzeile das Gebäude umklammerte; aus dem Turm dröhnte grob verstärkt anmutiges Glokkenspiel als Schmeichelei für die folgende Stimme, die den Besucher aufforderte die Ausstellung sozialistischen Wiederaufbaus zu besichtigen, denn sie gehe ihn an; er besichtigte sie; begriff im Blick durch die Fensterlaibungen die hoch zusammengehörige Umbauung des Marktes, die der Krieg ihm ausgebrochen hatte; sah von der Galerie hinunter auf den dichten Strom nachmittäglicher Fußgänger [...]."[4]

Uwe Johnson und Leipzig, die Wiederbegegnung nach dem Ende des sozialistischen Wiederaufbaus ist uneinlösbar. Karsch, so heißt es „war sicher, daß er nichts verstehen werde mit Vergleichen [...]: dies war etwas für sich allein und zu erfassen nur von sich aus; er kannte es nicht."[5] Uwe Johnson und Leipzig, eine abgeschlossene Beziehung, eine offene Frage, ein Angebot.

Distanz, heftige Nähe, Fremdwerden und Fremdbleiben
Günter Grass im Gespräch über Uwe Johnson

ROLAND BERBIG: Herr Grass, in Ihrem Nachruf auf Uwe Johnson schreiben Sie 1984: „Von der DDR nicht angenommen, in Westdeutschland fremd geblieben, hat er anfangs von Westberlin, dann von New York, schließlich von der Themsemündung aus Mecklenburg gesucht. Seine drei ersten Romane und das Hauptwerk *Jahrestage* sind – ob sie es annimmt oder nicht – der Deutschen Demokratischen Republik zugeeignet."

GRASS: Das ist so – und *Jahrestage* wirklich eingeschlossen. Es ist die genaueste Geschichtsschreibung – wie sie kein Historiker leisten kann – über das Entstehen der DDR, konzentriert auf die mecklenburgisch-pommersche Region. Dieser Übergang aus der Zonengesellschaft in die DDR ist von keinem anderen Autor so akribisch und dennoch literarisch gestaltet worden.

BERBIG: Das hat bei uns dazu geführt, daß diese Bücher besonders in den letzten Jahren tatsächlich auch als Geschichtsbücher gelesen wurden. In ihnen ist zu erfahren, was die DDR-Geschichtsschreibung zum Teil unterschlug. *Die Zeit* hat Anfang 1990 mit dem Abdruck des Fünfeichen-Kapitels aus den *Jahrestagen* ein eindrucksvolles Beispiel für Johnsons Geschichtswahrhaftigkeit in Erinnerung gebracht. Nicht zuletzt aus diesen Gründen haben Sie sich wieder und wieder für die Veröffentlichung Johnsons in der DDR eingesetzt.

GRASS: Dieses Eintreten für Johnson, stellvertretend für ihn, begann früh. Ich habe Uwe Johnson auf der Buchmesse 1959 kennengelernt. Diese Messe ist ein Stichdatum der westdeutschen Nachkriegsliteratur. Es war der eigentliche Durchbruch. Da kam von Heinrich Böll *Billard um halbzehn* heraus, Johnsons *Mutmassungen* und von mir *Die Blechtrommel.* Auf dieser Buchmesse lernten wir uns kennen. Johnson – ein zu schnell gewachsener, aufgeschossener junger Mann, sehr fremd wirkend, eine Mischung von sicher und unsicher.

ERDMUT WIZISLA: Sieben Jahre jünger als Sie...

GRASS: Ich weiß nicht, ob das eine Rolle gespielt hat. Wir haben uns dann in Berlin häufig gesehen. Ich hatte zuvor in Paris gelebt und war um diese Zeit nach Berlin umgezogen, in die Karlsbader Straße, Roseneck, Grunewald. Dort hatten wir noch kein Telephon. So haben wir uns immer per Postkarte und Telephonhäuschen verabreden müssen. Das führte in den ersten sechziger Jahren zu Gesprächen zwischen zwei Schriftstellern, wie ich sie hinterher nie wieder geführt habe. Mit Johnson konnte man handwerklich sprechen.

Die Gespräche, obwohl ich sie nicht mehr genau erinnern kann, drehten sich um unsere so verschiedenen Ansätze, auch hinsichtlich der Manuskriptarbeit. Johnson hat damals – ich weiß nicht, ob er das später geändert hat – solange an einer Seite gearbeitet, bis sie fertig war. Er hat dann kaum noch etwas geändert, fing einfach die nächste Seite an. Ich brauche bei meinen Manuskripten mindestens drei Durchgänge und korrigiere den Text bis in die Druckfahnen hinein. Der Text bleibt immer in Bewegung. Vielleicht kommt das von meiner Berufsausbildung als Steinbildhauer: ich muß immer um das Ding herumgehen. Es wäre mir unmöglich, an einem Text so zu arbeiten, daß ich eine Seite fertig mache und dann die nächste beginne.

BERBIG: Sie haben sich aber nicht gegenseitig von der Richtigkeit Ihrer Arbeitsmethoden überzeugen wollen?

GRASS: Keineswegs. Das Andere war das Interessante. Daran konnte man sich reiben, die eigenen Absichten schärfen.

BERBIG: Dabei ist bemerkenswert, daß Johnson, befragt nach dem, worüber notwendig zu schreiben sei, in einem Interview einmal auf Sie verwies. „Die deutsche Geschichte ist für mich ein unumgänglicher Faktor", erklärte er 1969 Wilhelm J. Schwarz gegenüber und fuhr fort: „Für jede Person ist sie eine der wichtigsten Fragen. Günter Grass nennt das 'Großmutter': Man sollte kein Leben beschreiben, ohne mit der Großmutter anzufangen."

Aber zurück zur frühen gemeinsamen Westberliner Zeit. Uwe Johnson fand, das ist unser Eindruck, erstaunlich rasch die literarischen Gesprächspartner, die er suchte. Das bezeugt auch die Begegnung mit Ihnen. In einem 1963 notierten Lebenslauf *Noch eine vita* findet sich die lapidare, aber kennzeichnende Wendung von ihm: „1959 [...] Erste Bekanntschaft mit wirklichen Schriftstellern."

GRASS: Das kam wohl nicht zuletzt auch durch die „Gruppe 47". Da begann auch seine Freundschaft mit Martin Walser.

WIZISLA: Enzensberger?

GRASS: Auch. Aber das lag natürlich ein wenig daran, daß der Suhrkamp Verlag eine Art Hausgemeinschaft der Autoren pflegte. Dadurch wurden ganz eigene Bindungen zwischen den Schriftstellern geknüpft.

BERBIG: Organisiert und gezielt?

GRASS: Das kann ich schlecht beurteilen. Bei Johnson und mir jedenfalls war es die unmittelbare Nachbarschaft, die unsere Beziehung damals prägte. Als ich, um es an einem Beispiel anschaulich zu machen, im Frühjahr 1960 von Hans Mayer nach Leipzig eingeladen wurde, gab mir Johnson, mehr spielerisch, den Auftrag mit: „Grüß' die mal, das ist der Hörsaal, in dem ich studiert habe." Ich habe das wörtlich genommen und vor Beginn der Lesung vor dem vollen Saal – Bloch saß in der ersten Reihe, ich weiß nicht, wer noch alles da war – ausdrücklich Grüße von Uwe Johnson bestellt. Es gab Riesenbeifall, aber auch Unruhe in der ersten Reihe. Dann habe ich mit meiner Lesung begonnen. Man bekam, wie das in der DDR ja üblich war, nach der Lesung Blumen. Ich glaube, es war sogar ein Blumentopf. Ich stand immer noch am Podium, wurde jedoch plötzlich von einem jungen Mann zur Seite gedrängt. Der trat ans Mikrophon und sagte: „Wir haben hier die Grüße eines Mannes bekommen, der die DDR verlassen und verraten hat. Für diese Grüße bedanken wir uns." Darauf wurde der junge Mann, übrigens ein Assistent von Hans Mayer, ausgezischt. Im Anschluß gingen wir in Mayers Räume. Ernst Bloch hatte seine helle Freude an dem Vorgang. Mayer auch. Er öffnete immer wieder die Tür, schaute auf die Gänge und sagte: „Sie stehen noch immer auf dem Flur und diskutieren. Das hat es hier seit Jahren nicht gegeben."

Den Assistenten habe ich Jahre später wiedergetroffen. Inzwischen war ihm der Vorgang peinlich, aber wir konnten darüber sprechen.

BERBIG: Was hat Uwe Johnson gesagt, als Sie ihm von dem Vorfall berichteten?

GRASS: Der hat das Ganze auf seine Weise zurückhaltend ironisch kommentiert. Aber ich habe Ihnen diese Anekdote nur erzählt, um zu verdeutlichen, wie ich jede Gelegenheit zu nutzen versucht habe, um Johnson in der DDR im Gespräch zu halten. Seine Bücher sollten dort gedruckt werden. Ich glaube, daß die Schreibweise von Johnson bis in die *Jahrestage* hinein – wenn das ein Autor überhaupt planen und verwirklichen kann – für eine ostdeutsche Leserschaft konzipiert war. Dieses Publikum war in der Lage, verdeckteste Anspielungen zu verstehen. Im Bewußtsein westdeutscher Leser ist da vieles verloren gegangen. Auch verloren gegangen, weil die DDR in den sechziger Jahren wie abgeschrieben war: die DDR und die in ihr geschriebene Literatur. Von beiden wollte man nicht viel wissen. Das änderte sich erst wieder mit dem Auftreten von Christa Wolf, auch dem von Hermann Kant... Wobei *Die Aula* wie auch *Der geteilte Himmel* ohne Johnsons *Mutmassungen* nicht zu denken sind.

WIZISLA: So würde das Hermann Kant bestimmt nicht gerne hören...

GRASS: Ihn besonders habe ich immer wieder gefragt: was passiert hier mit Johnson? Zuletzt – kurz vor meinem Austritt aus dem Vorstand des Schriftstellerverbandes – auf einem Treffen zwischen den Vorständen Ost und West am Schwielowsee. Es blieb jedoch bei ausweichenden Antworten.

BERBIG: Wollte sich Hermann Kant nicht genauer äußern?

GRASS: Er hat nie den Rang von Uwe Johnson bestritten, im Gegenteil. Er hat ihn in Gesprächen bestätigt. Auch Hinweise von mir, daß auch er Johnson viel zu verdanken hätte, hat er, zumindest schweigend, zur Kenntnis genommen und damit ja indirekt akzeptiert. Aber wirklich etwas getan, im Sinne von Jürgen Grambow, der mit seinem Aufsatz in *Sinn und Form* für Johnson eine Bresche schlug in der DDR-Öffentlichkeit, das hat Hermann Kant nicht. Ich will nicht ausschließen, daß das unterschwellige Wissen einer Reihe von DDR-Autoren, daß Johnson der bedeutendste von ihnen allen, daß er eigentlich auch außerhalb des Landes *der* DDR-Autor ist, dazu beigetragen hat, nicht mehr für ihn und für die Veröffentlichung seiner Bücher in der DDR zu tun. Dafür gibt es natürlich keine Beweise. Es ist eher eine Vermutung, die ich angesichts des zögerlichen Reagierens dieser Autoren hege. „Ja, ja" und „es wird schon 'mal kommen" hieß es. Günter de Bruyn ausgenommen.

BERBIG: Der mehr Interesse, Johnson in der DDR verlegt zu sehen, gezeigt hat?

GRASS: Genau.

BERBIG: Neben dem ausgewiesenen Gerechtigkeitssinn hängt das möglicherweise bei Günter de Bruyn auch mit der vergleichbaren schriftstellerischen Anlage zusammen, die auf gründliche Faktenkenntnis und sprachliche Genauigkeit dringt. Sie hatten vorhin Ihre „handwerklichen" Gespräche mit Uwe Johnson erwähnt...

GRASS: Wir waren beide verwickelt in Manuskriptarbeit. Ich saß an *Katz und Maus* und später an *Hundejahre* und Johnson am *Dritten Buch über Achim*, und dann an *Zwei Ansichten*. Es ging um schriftstellerisch komplizierte Fragen wie Kapitelanfänge und ähnliches. Diese Art von Schreibtechnik, die, so verschieden wir beiden waren, doch auf genaues Recherchieren sich berief und davon ausging, daß Vergangenheit unter anderem durch die Belebung von verschollenen Details, die erst auszugraben sind, wieder einsehbar gemacht werden kann. Wobei natürlich mein Feld ganz anders politisch zu definieren war. Die Orte meiner Kindheit habe ich begriffen und angenommen als einen endgültigen Verlust. Ich fuhr ab 1958 regelmäßig – bis auf Ausnahmen, wenn ich kein Visum bekam – nach Gdańsk und habe dort recherchiert. Aber ich war mir immer bewußt, das ist weg. Anders für Johnson. Er empfand nach seinem Weggang den schier unerträglichen Verlust. Ihm fehlte der mecklenburgische Mief... Andererseits sträubte er sich aber ganz und gar dagegen, als DDR-Autor angesehen und einrangiert zu werden. Das war eine Widersprüchlichkeit. Und er ging – zu Recht natürlich, was die DDR betraf – vom Revidierbaren aus, was sich ja jetzt in der Tat bewiesen hat. Mit welchem Ergebnis auch immer.

BERBIG: Die Revidierbarkeit, worauf bezog sie sich?

GRASS: Also Uwe Johnson war kein Anhänger der Vereinigung oder des Vollzugs dessen, was im letzten Jahr geschehen ist. Ich glaube nicht, daß ihm das gefallen hätte. Die Form ganz gewiß nicht.

WIZISLA: Es gibt eine dahingehende Meinungsäußerung von ihm – eine Antwort auf eine Anfrage einer Schulklasse 1974. Johnson schrieb damals: Was ihn angehe, so sei keine Aussicht, „dass beide deutsche Staaten noch einmal vereinigt werden können, eben wegen der in einem Vierteljahrhundert gewachsenen Unterschiede in den Produktionsverhältnissen, der Machtverteilung, der moralischen und egoistischen Werteskala, ja auch schon in der Kultur."

Hier wurden die Unterschiede gegen die Gemeinsamkeiten in den beiden deutschen Staaten gehalten – und sie überwogen.

GRASS: Es ist auch so. Und jetzt muß ich beide nennen, Uwe und Elisabeth. Sie übertrafen sich wechselseitig in der Kritik an den damals herrschenden Zuständen in der DDR. Aus ihrem Wissen, aus ihrer Erfahrung. Sobald aber ein Westdeutscher, also beispielsweise auch ich, etwas Kritisches sagte, waren beide – manchmal sogar auf alberne Weise – glühende Verteidiger des veränderbar Bestehenden dort. Wenn man so will, war Uwe Johnson ein berufener Botschafter seines Landes, das er verlassen mußte, also ein unberufener.

WIZISLA: Dieses zwiespältige Verhalten, wie Sie es beschreiben, war nicht untypisch. Im Zusammenhang mit Ihrem Einsatz für Johnson hat uns Ihr Auftreten auf dem DDR-Schriftstellerkongreß 1961, wo Sie sich vehement und streitbar für ihn verwendeten, beeindruckt.

GRASS: Die Einladung für diesen Schriftstellerkongreß bekam ich über Erwin Strittmatter. Er schrieb mir; ich sagte: ja, ich komme, aber nur, wenn ich Rederecht erhalte. Ich fuhr hin, und Kurella, glaube ich, hielt eine unsägliche Rede... Es war vor allem ein Satz über die ruhmreiche DDR-Literatur: Wer im Westen kann uns das Wasser reichen?

BERBIG: Das war eine Äußerung von dem damaligen Kulturminister Bentzien.

GRASS: Gut, daraufhin habe ich mich zu Wort gemeldet, kam jedoch nicht an die Reihe. Immer noch ein Grußwort einer Delegation. Da bin ich aufgestanden, an den Tisch gegangen und habe zu Strittmatter gesagt, wenn ich nicht drankäme, gäbe es hier einen Krach. Ich müsse unbedingt auf diese Rede von Bentzien reagieren. Als man mir daraufhin das Wort erteilte, trug ich meine Bedenken vor. Bei dieser Gelegenheit habe ich wohl auch Johnson erwähnt...

BERBIG: Ganz nachdrücklich. Bis hin zu der Bemerkung, daß es eine Schweinerei sei, eine Übersetzungsarbeit Johnsons herauszugeben, ohne seinen Namen an gehöriger Stelle aufzuführen. Damit erzeugten Sie Wirkung, denn Paul Wiens ging wenig später auf diesen Vorwurf ein und versprach, falls dem so sei, solle umgehend eine Korrektur erfolgen. Die späteren Auflagen von Melvilles *Israel Potter* in der Sammlung Dietrich sind mit dem Namen des Übersetzers herausgekommen.

GRASS: Ich will das an dieser Stelle doch einmal sagen: Dieser unglückliche Paul Wiens war, was Uwe Johnson betraf, und auch sonst, ansprechbarer als Hermann Kant. Mit welchem Ergebnis, das sei dahingestellt. Von ihm weiß ich, daß das an der Kantschen Rhetorik, die alles abschirmte, gescheitert ist.

WIZISLA: Die letzte uns bekannte Intervention für Uwe Johnson ist das Telegramm an Erich Honecker im November 1988, das Ihre Unterschrift und die von Baring, Bichsel, Bienek, Raddatz und Hans Werner Richter trägt.

GRASS: Ich glaube, das wurde auf einer Geburtstagsfeier von Hans Werner Richter entworfen.

WIZISLA: Das kann sein. Es muß dann der achtzigste Geburtstag gewesen sein. Bei der Gelegenheit: am fünfundsiebzigsten haben Sie Uwe Johnson wohl das letzte Mal gesehen?

GRASS: Damals war Johnson in einem miserablen Zustand. Es mußte sogar ein Arzt geholt werden.

BERBIG: Vierzehn Tage später in Berlin – bei einer Lesung – kam es ja zu einem weiteren Zusammenbruch.

Aus dem Kreis um Richter gibt es aus früheren Jahren schöne Photographien. Eins hier zeigt Hans Werner Richter, Sie, Anna Grass, Uwe Johnson, Elisabeth Johnson und noch zwei, drei andere in einer fröhlichen Gartenrunde. War das eine typische Situation – so in einer Runde beisammen zu sitzen?

GRASS: Berlin der sechziger Jahre, vor allen Dingen der ersten Hälfte der sechziger Jahre, das war die interessanteste Zeit, an die ich mich entsinne. Höllerer ersetzte drei Kultursenatoren, ein umtriebiger Mann, der zu diesem Zeitpunkt alle möglichen Leute nach Berlin holte, selbst aus Amerika. Es gibt ein wunderbares Foto, an das ich mich erinnere, mit Dos Passos und mir, wie wir an einer Theke stehen... Also: Walter Höllerer hat die Kongreßhalle mit Lyriklesungen gefüllt, was ganz ungewöhnlich war und auch heute noch wäre.

BERBIG: Parallelen dazu finden sich in der DDR jener Jahre. Volker Braun und andere füllten zu jener Zeit auch die Säle, z.B. in der Leipziger und Berliner Universität.

GRASS: Hans Werner Richter, der in Grunewald im ehemaligen S. Fischer-Haus wohnte, eröffnete sogar eine Art modernen Salon. In der zweiten Hälfte der sechziger Jahre kam es oft zu solchen Anlässen, daß man zusammenkam, trank, redete. Initiator war der Sender Freies Berlin. Die Gespräche damals wurden übrigens auch aufgenommen. Bei solchem Anlaß sind sich auch Uwe Johnson und Johannes Bobrowski begegnet.

WIZISLA: War dieses Zusammenkommen auf eine engere Beziehung angelegt? Es blieb ja wenig Zeit, Bobrowski starb schon 1965.

GRASS: Ich erinnere mich an ein Fest bei Richter: wild tanzend Elisabeth Johnson und Bobrowski. Und das kam bei Elisabeth nicht so häufig vor, daß sie wild tanzte.

WIZISLA: Wie würden Sie den Verlust beschreiben, daß Johnsons Arbeiten damals in der DDR nicht zugänglich waren und nur von wenigen gelesen werden konnten?

GRASS: Ich glaube, daß sich in der DDR eine Generation Leser hätte bilden können, die nun aber in ihrer eigenen Entwicklung, was den literarischen Bildungsweg betrifft, ein „Loch" hat. Bücher, die man nicht im Alter zwischen siebzehn und fünfundzwanzig oder dreißig liest, lassen sich nicht in einem späteren Lebensalter gleichsam „nachholen". Eine frühausgebliebene Leseerfahrung kann man nur zum Teil später nachholen. Sie wird aber nicht die Wirkung haben, die sie hätte haben können, wenn man das Buch mit zwanzig gelesen hätte. Nehmen Sie *Das dritte Buch über Achim*. Diese Generation ist um einen wichtigen Autor regelrecht betrogen worden, ein wichtiger Autor zur Kenntnis und zum Verständnis des eigenen Landes!

BERBIG: Von wenigen ist er immer gelesen worden. Es gibt Erinnerungen, die berichten, wie Johnsons Bücher herumgereicht wurden, wie sie „kursierten". Aber die offizielle literarische Öffentlichkeit sperrte Johnson aus oder nahm ihn einfach nicht wahr, weil die Grenze den Zugang unterband.

GRASS: Würden Sie mir zustimmen, daß es zwischen *Mutmassungen* und *Geteiltem Himmel* eine Beziehung gibt? Einfach von der Thematik her?

BERBIG: Fast möchte man es zuspitzen. Der Eindruck entsteht, daß von dieser Situation – daß nämlich die meisten Leser aus einem bestimmten Literaturgespräch ausgeschlossen blieben – manche Schriftstellerinnen und Schriftsteller profitierten. Sie schöpften aus dem nur wenigen Zugänglichen, ohne ihre Quellen zu nennen – ja, ohne sie nennen zu dürfen. Christa Wolf allerdings scheint den *Geteilten Himmel* direkt in bewußter Anlehnung und Abgrenzung zu den *Mutmassungen* geschrieben zu haben.

GRASS: Aber stellen Sie sich vor, beide Bücher wären – wann ist *Der geteilte Himmel* herausgekommen? 1963, gut drei Jahre später – also beide Bücher wären für das Publikum in der DDR nebeneinander verfügbar gewesen. Das hätte den eigentlichen Zusammenhang ergeben.

BERBIG: Es hätte eine andere inner- und außerliterarische Diskussion um die Arbeiten von Christa Wolf und anderen DDR-Autoren zur Folge gehabt. Besonders *Nachdenken über Christa T.* wäre anders in der literarischen Öffentlichkeit und ihrer Kritik aufgenommen worden, wenn *Mutmassungen* in dem von Ihnen angedeuteten Sinne „da"gewesen wäre. Interessant ist, daß Johnson *Nachdenken über Christa T.* als ein wichtiges und gutes Buch gewertet hat. Auf die Frage, was er von den Werken der ostdeutschen Schriftsteller halte, antwortete er 1969: „Ich lese mit Hoffnung alles, was ich von denen in die Finger kriege; einiges, wie das neueste Buch von Christa Wolf, mit Bewunderung."

Aber vielleicht noch einmal zum politischen Kontext Ihrer Beziehung? Gibt es Vorgänge politischer Art oder anderer in der DDR, die Sie mit Uwe Johnson in den sechziger Jahren oder auch später besprochen haben, so daß das Ihnen heute noch in Erinnerung ist? Der Mauerbau?

GRASS: Meine Reaktion auf den Mauerbau – ich glaube nicht, daß er die in dieser Form geteilt hat.

WIZISLA: Sie standen da in keinem unmittelbaren Austausch?

GRASS: Ich weiß gar nicht, ob er zu dem Zeitpunkt in Berlin war. Ich weiß darüber hinaus auch nicht, ob ich es versucht hätte. Ich erinnere nur, daß ich mit einem, zu dem ich ansonsten wenig Kontakt hatte, übereinstimmte, mit Wolfdietrich Schnurre. Mit ihm habe ich auch einen gemeinsamen Brief an den DDR-Schriftstellerverband gerichtet. Wir sind sogar zusammen über die Grenze gegangen und haben den Brief im Haus des Verbandes abgeben.

BERBIG: Johnson hielt sich wenig später in Italien auf. Dort kam es zu der Diskussion über die Mauer mit Hermann Kesten. Johnsons unzeitgemäße und sich am objektiven Sachverhalt orientierenden Äußerungen zum Mauerbau zogen eine langanhaltende öffentliche Auseinandersetzung nach sich.

GRASS: Ich habe Uwe Johnson ein Jahr später in Italien besucht. Das werde ich nie vergessen. In der Villa Massimo. Er, noch fremder als sonst wirkend in der italienischen Umgebung, trank im Gegensatz zu seinen späteren Trinkgewohnheiten wie aus Protest gegen die Sonne, mit der er sich nicht anfreunden konnte, warmes Büchsenbier. In Mengen. Übrigens wurde diese „Protesthaltung" auch von Elisabeth Johnson geteilt. In dem Zusammenhang gibt es eine hübsche Geschichte. Sie führt allerdings noch einmal zurück nach Leipzig, 1960. Darf ich sie einschieben?

Johnson hatte mir die Adresse von Frl. Elisabeth Schmidt mitgegeben. Bei der Gelegenheit lernte ich den ganzen Freundeskreis kennen: Eberhardt Klemm und andere, zumeist Musiker. Ich kam mir in diesen Tagen etwas fremdländisch vor. Elisabeth wollte wissen, was ich denn sehen wollte in Leipzig. Ich sagte, daß mich das Völkerschlachtmuseum reizen würde. Ich war ja das erste Mal in Leipzig. Und wir kamen da rein, ich hatte eine Schlägermütze auf und einen Mantel mit Pelzkragen. Gleich hinter dem Eingang befand sich ein Stand, ich weiß nicht, ob der immer noch steht, ein Glaskasten, in dem die Völkerschlacht nachgebildet ist. Davor unterrichtete ein älterer Mann in einem weißen Mantel eine Schulklasse. Er sagte: „Und hier waren die französischen Truppen, da die preußischen und da drüben hatte die russische Armee Stellung bezogen..." Da sah er mich hineinkommen und sagte rasch: „Ich meine, unsere sowjetischen Verbündeten." Wir haben beide sehr gelacht.

Aber zurück zu Italien 1962. Die beiden Johnsons mußten in Italien fremd wirken. Elisabeth, die ich fragte, ob sie diese oder jene Kirche besucht habe, schüttelte sich, weil sie voller Abscheu dem katholischen „Geruch" und den katholischen Gepflogenheiten gegenüber war, die natürlich zu italienischen Kirchen gehören. Beide hatten eine stark protestantische Prägung. Die schlug sich nicht zuletzt in Verhaltensweisen nieder, die später zwischen uns Reibungen und Spannungen erzeugten.

WIZISLA: Reibungen zwischen Ihnen erwuchsen doch auch daraus, daß Sie unterschiedliche Begriffe von öffentlichem politischen Verhalten hatten? In einem Interview im *Vorwärts* 1966 sagte Uwe Johnson: „Keine Partei bietet augenblicklich richtige Lösungen an, die ich akzeptieren kann." Und auf die Äußerung des Interviewers: „Offensichtlich sind Sie in dieser Frage anderer Meinung als Ihr Freund Günter Grass?" antwortete Johnson: „Man ist nicht deshalb miteinander befreundet, weil man die gleiche politische Meinung vertritt. Über seine politische Betätigung habe ich oft mit Grass gesprochen, er ist da anderer Ansicht, aber das hat unserer Freundschaft keinen Abbruch getan."

GRASS: Das stimmt. Aber ganz ohne politische Betätigung ging es auch bei ihm nicht ab. Ich war, wie gesagt, 1960 aus Paris zurückgekommen. In der Bundesrepublik hatte die CDU seit der Wahl 1957 die absolute Mehrheit, die einzige Legislaturperiode, in der sie die absolute hatte. 1961 kandidierte zum ersten Mal Willy Brandt gegen Adenauer. Ich habe damals angefangen, mit Egon Bahr, der Brandts Pressesprecher war, im Wahlkampf zu helfen, indem ich an Texten gearbeitet habe. Vier Jahre später, 1965, wollte ich es genauer wissen und habe mit Studenten vom Sozialdemokratischen Hochschulbund und vom Liberalen

Studentenbund um die dreißig Wahlkampfveranstaltungen gemacht. Es war neu, daß ein Schriftsteller das in dieser Form tat. Hinzu kam, was auch neu war, daß ich Eintrittsgeld verlangte und daß ich mit Geld Bibliotheken zusammenstellen wollte, fünf an der Zahl, vier für Bundeswehreinheiten direkt in den Kasernen, weil uns allen der Zustand der Bibliotheken dort bekannt war, und eine fünfte für die Wehrdienstverweigerer in Heidelberg.

Uwe Johnson stand meinem Unternehmen nicht unfreundlich, aber sehr skeptisch gegenüber, weil er sich, bei aller harschen Opposition der DDR gegenüber, sehr schwer tat mit den Sozialdemokraten. Mein pragmatisches Verhalten, daß ich z.B. in der Lage war, eine Partei zu unterstützen, mit der ich im günstigsten Fall zu 60% übereinstimmte, war ihm unbegreiflich.

Ich bat Uwe Johnson, diese Bibliotheken zusammenzustellen, und habe ihn dazu bewegen können. Für mich war das eine große Hilfe. Es hat ihm, glaube ich, auch Spaß gemacht. Diese Bibliotheken sind nach seiner Maßgabe ausgewählt worden. Eine richtige Mischung aus lesbarer und dennoch anspruchsvoller Literatur, Nachschlagewerken aufklärender Art, gut ausgewählten Kriminal- und Unterhaltungsromanen. Das ist Johnsons Auswahl und Handschrift.

Dann war es soweit. Wir hatten das Geld beieinander, die Bibliotheken waren da. Ich wollte sie natürlich, auch des Wahleffektes wegen, in den Kasernen übergeben, kam aber nicht rein, weil ich im Wahlkampf tätig war. Nur zu den Wehrdienstverweigerern konnte ich die eine Bibliothek direkt hinbringen. Und da habe ich Uwe Johnson gefragt, ob er das nicht für mich machen würde – es war, als hätte ich ihm die Hölle angetragen!

Uwe Johnson war auch dabei, als ich einige Jahre später versuchte, mit Wolfgang Neuss zusammen – mit dem Johnson übrigens befreundet war, eine starke Freundschaft –, das *Spandauer Volksblatt* aus dem Ghetto Spandau heraus auf den Kurfürstendamm zu bringen. Gegen die Übermacht der Springer-Presse, die ja nicht nur von der Auflagenstärke, sondern auch vom Vertriebswesen her überpräsent war. Und so haben wir ein paar Aktionen gemacht mit dem *Spandauer Volksblatt*, eine ganze Reihe neue Autoren kam dazu, die dann auch dort geschrieben haben. Es gibt Fotos, glaub ich, mit Johnson, Neuss und mir auf dem Kurfürstendamm.

WIZISLA: Sie haben 1974 in einem Gespräch mit Heinz Ludwig Arnold davon gesprochen, daß Sie bis Mitte der sechziger Jahre mit Autoren wie Walser, Enzensberger, Johnson „kritisch in Freundschaft" zueinander gestanden hätten. Politische Unterschiede wären ausgetragen worden, was auch Distanz und Brüche zur Folge gehabt hätte. Zu Uwe Johnson wäre trotz der politischen Dissonanzen die Nähe geblieben, weil Sie mit ihm über Literarisches noch reden konnten.

GRASS: Es gab Unterbrechungen, aber auch immer wieder Annäherungen – bis zum Schluß hin. Bis zu der Phase, in der diese Art von Zerstörung bei ihm schon spürbar war, und die Entfernung von der Wirklichkeit, was seine Ehe betraf, so von ihm Besitz ergriffen hatte, daß man ihm zwar zuhören konnte, aber zu raten war da nicht mehr.

WIZISLA: Auch nicht zu widersprechen?

GRASS: Wenn man direkt widersprochen hätte, wenn ich ihm gesagt hätte: Uwe, du spinnst, ich kenne Elisabeth auch. Du sitzt da einer Geschichte auf, die keinen Boden hat – er hätte das Gespräch sofort beendet. So fest war er davon überzeugt. Es gibt dieses Buch, das einzige, von dem ich wünschte, er hätte es nie geschrieben, *Skizze eines Verunglückten*, das ihm offenbar niemand hat ausreden können, auch Max Frisch nicht, dem es gewidmet ist. Es war auch kein Verleger da, der den Autor in dieser Phase vor sich selbst hätte schützen müssen.

Ich glaube, hier muß ich noch einen Schritt weiter gehen. Es spielten auch Schwierigkeiten im Umgang zwischen uns beiden eine Rolle, die mit Politik nichts zu tun hatten. Als wir '59 anfingen, waren wir beide unbekannte Autoren, die mit einem Male bekannt wurden. Von dann an, ohne daß das über Jahre irgendeine Rolle zwischen uns spielte, nahm der Ruhm bei mir zu über die Landesgrenzen, während der Ruhm bei Johnson langsamer zunahm und über die Landesgrenzen hinaus Schwierigkeiten hatte, obgleich sich eine Vielzahl von Verlegern um seine Bücher verdient machten. (Darunter Helen Wolff in Amerika, die mit uns beiden befreundet war und die auch immer sein Vertrauen hatte.) Jedenfalls schlug sich das unter anderem darin nieder, daß ich zwar bis zu meinem dreiunddreißigsten Lebensjahr so gut wie kein Geld hatte, aber dann reich wurde, und Johnson zwar nicht arm war, aber nicht ausreichend Mittel hatte, um seine erste Amerikareise, die ihm ungeheueren Spaß bereitet hat, in kurzer Zeit zu wiederholen. Ich bekam 1965 einen Doktorhut vom Canyon-College. Wir haben darüber gelacht. Ich sollte dort hinfahren, und da habe ich gesagt: „Uwe, komm mit, ich lad dich ein." Das war ein Fehler, was sich erst in Amerika rausstellen sollte. Wir haben an drei oder vier Orten gemeinsam Lesungen gemacht. Ich war in Amerika bekannter als Johnson, allein durch *Die Blechtrommel*, während von ihm, glaube ich, erst ein Buch in Übersetzung vorlag, das auf Schwierigkeiten stieß. In Germanistenkreisen war Johnson bekannt. Es wurde für uns gleichermaßen geworben, wir waren gleich groß auf den Plakaten. Aber ich merkte doch, daß sich bei ihm zunehmend das Gefühl einstellte, der Zweite zu sein. Und das führte zu Irritationen.

BERBIG: „Ruhm" ist ein Stichwort, das mir aufgefallen ist. Max Frisch schreibt in *Montauk*, daß Uwe Johnson ihn 1962 gefragt hat: „Herr Frisch, was machen Sie mit dem

Ruhm?" Frisch war in diesem Moment überrascht, er holt die Antwort erst Jahre später in *Montauk* nach. Mich hat beschäftigt, daß es eine Frage war für Johnson.

GRASS: Ich hab darüber immer gelacht und tue es im Grunde auch heute noch. Aus diesem – durch Erziehung oder durch Neigung oder durch eine Mischung aus beidem – gut puritanischem Lebensverständnis heraus, was das exzessive Trinken ja nicht ausschließt, wie wir wissen, war Johnson ein Mensch, der auf nahezu betuliche Art und Weise auf seine Biographie bedacht war. Daß er Schritte in der Öffentlichkeit, die ja nicht ausbleiben, wenn man einen literarischen Namen hat, immer in Bezug zu seiner Biographie setzte. Daraus mag solche Frage an Max Frisch entsprungen sein, daraus mag auch dieses Gefühl von Unverhältnismäßigkeit während unserer gemeinsamen Reise durch Amerika entsprungen sein. Es war zum Teil sehr komisch: Johnson hat den ganzen Vorgang fotografiert, ich mit Doktorhut. Immer, wenn mich jemand erkannte und ihn fragte „Wer sind Sie?", antwortete er: „Ich bin der Fotograf von Herrn Grass." Auch das ist natürlich Johnson; ich hab das anfangs noch als Souveränität gesehen. Er hatte eine merkwürdige Form von Humor.

WIZISLA: Uns haben die vier Begriffe aus Ihrer Bemerkung nach Johnsons Tod bewegt, mit denen Sie Ihre Freundschaft beschreiben: Distanz, heftige Nähe, Fremdwerden und Fremdbleiben. Die Reihenfolge ist doch irritierend. „Unsere Freundschaft bestand aus Distanz." Das ist eine eigenartige Form von Freundschaft, gemessen an landläufigen Vorstellungen.

GRASS: Ja. – Die letzte gemeinsame, wenn Sie so wollen, Aktion, die wir noch gemacht haben, war der Vorsitz bei einer Akademieveranstaltung. Johnson war schon sehr angestrengt. Es war die „Zweite Berliner Begegnung" 1983, die Gegeneinladung zu Hermlins „Berliner Begegnung" in

Ostberlin. Da haben wir – Höllerer, Johnson und ich – uns abgelöst bei der Gesprächsleitung. Johnson war aktiv daran beteiligt. Das war eine Zeit, in der er, mal deutlich, mal undeutlich, den Wunsch äußerte, nach Berlin zurückzukommen.

BERBIG: Sie haben sich dafür eingesetzt?

GRASS: Sicherlich. Aber er blieb immer nur bei Andeutungen. Es wäre möglich gewesen. Ihm schwebte in Berlin etwas Ähnliches vor wie die Anstellung in der Schulbuchabteilung in New York, eine Arbeit, mit der er sich finanziell zusätzlich sicher machen wollte. Er dachte an das Archiv der Akademie der Künste, ohne daß er das direkt ausgesprochen hätte.

Worüber ich anfangs noch gelächelt habe, und was sich auch in den früheren Jahren bei ihm skurril äußerte, wurde später mehr und mehr zum Programm, etwa, wenn er seine puritanischen Abrechnungen vollzog und man nur noch zum Zuhörer degradiert war. Das fällt allerdings schon in die Phase der Zerstörung und Selbstzerstörung durch Alkohol. Vielleicht waren das Vorboten der grauenhaften Fiktion, die seine Ehe beendet hat.

BERBIG: Von der Angst, die sein Äußeres ausgelöst hat, schreibt Luise Rinser: „Eine mir fremde, mir unheimliche Welt. Die schwarze Lederjacke. Das rote Gesicht. Der blanke Schädel. Die Anwesenheit von etwas starr Finsterem, das mir eine Art Furcht einflößte." Sie erinnert sich dabei an einen Zusammenstoß zwischen Ihnen und Uwe Johnson in irgendeiner geheimen Sitzung der Akademie der Künste, wo er die ganze Zeit mitschrieb.

GRASS: Johnson hatte manchmal eine Art, Material zu sammeln, die mir zuwider war. Dazu gehörte eben dieses Mitschreiben bei Sitzungen in der Abteilung Literatur, in denen auch Personalfragen besprochen wurden. Da habe ich ihm gesagt, daß er damit aufhören solle, weil er sich auch an dem Gespräch der Sitzung kaum beteiligte, als Protokollant in eigener Sache dabeisaß, und das gefiel mir nicht.

Das ging bis ins Private hinein. Wir saßen in meinem Haus in Friedenau auf der Terrasse, und er sagte: Du hast aber dann und dann – mit Datum genau – das und das gesagt. Ich sage: Wie soll ich das genau wissen? Er: Ich habe es aufgeschrieben. Da habe ich gesagt: Uwe, du wirst mich nicht dazu bringen, daß ich, was angeraten wäre, im privaten Gespräch immer im Hinterkopf habe, daß du alles notierst.

BERBIG: Ich habe eine Erinnerung immer wieder gelesen: in Runden, wo lebhaft geredet wird, behielt Johnson ein Schweigen, das nicht ausdrückt: „Ich hör hier gerne zu", sondern das eine Distanz schafft, einen Raum zwischen sich und den anderen, der für die Runde nicht einfach hinzunehmen war.

GRASS: Was bei dem jungen Johnson hingenommen werden konnte, weil es zu ihm gehörte: die offenkundig neugierige, nach jedem Detail hungernde Art, die entweder zu befriedigen oder abzulehnen war, ohne daß es Folgen hatte, das wurde später beklemmend.

WIZISLA: Das wird der Grund sein, weshalb einige, die Johnson von der Leipziger Zeit her kennen, zurückhaltend sind, sich über ihn zu äußern. Da hat sich zwischen die Leipziger Jahre und jetzt nicht nur der Tod, sondern auch dieses Gebirge der zum Teil schlimmen Erfahrungen der letzten Zeit getürmt.

GRASS: Über seine indiskrete Art haben wir in den sechziger Jahren einmal einen Streit gehabt. Anna Grass und ich besuchten die Johnsons in der Stierstraße. Zu später Stunde führte er uns sehr stolz einen neuen Radioapparat vor, der so stark war, daß man damit Radio Norddeich empfangen konnte. Er war in der Lage, mit ihm den Telefonfunkverkehr zum Beispiel der „Bremen", die nach Amerika unterwegs war, mitzuhören, wenn also irgendein Geschäftsreisender aus Düsseldorf mit seiner Geliebten telefonierte oder was immer auch. Mir mißfiel nicht die Tatsache, daß er davon als Mithörer Gebrauch machte, sondern wie er es mir demonstrierte: regelrecht als sei das selbstverständlich, dort hineinzuhören. Ich habe meine Verwunderung gezeigt, daß er als Schriftsteller mit der Gabe, die er habe, auf so etwas angewiesen sei.

Über Johnsons Widersprüche wäre noch viel zu sagen: seine Aufmerksamkeit und Freundlichkeit, sein ungeheueres Gedächtnis, also die vielen liebenswerten Züge, die bis in seine Schlußzeit zum Vorschein kamen, und dann Dinge, die manche auch in meinem Bekanntenkreis als erschrekkend empfunden haben, beängstigend, auch als deutsch, wie es ins Klischee paßt. Ich erinnere mich – „Johnson und die Frauen“ –, wie viele ihn schätzten und ihm beizubringen versuchten, daß er nicht häßlich sei. Aber seine gewaltsamen Anstrengungen, sich häßlich zu machen, bis zum Kahlscheren des Schädels, obgleich der zwar immer spärlicher werdende Haarwuchs doch erlaubt hätte, daß da ein hübscher Flaum draufgewesen wäre, der ihm auch gut stand. Ich habe eine Portraitzeichnung von ihm gemacht, als es da noch flaumte.

BERBIG: Hat es Johnson mit Gelassenheit ausgehalten, sich zeichnen zu lassen?

GRASS: Sehr gerne! Keine Spur geziert. Daß ich ihn portraitiert habe, war etwas, was durchaus in seiner Biographie Platz hatte.

WIZISLA: Noch zwei ganz andere Fragen. Uwe Johnson hat in einem Gespräch Ihr Stück *Die Plebejer proben den Aufstand* als ein gutes Stück bezeichnet, das „antiintellektuell“ sei. Können Sie mit dieser Wertung etwas anfangen?

GRASS: „Antiintellektuell“ hat er es vielleicht genannt, weil ich in diesem Stück unter anderem auch den Hochmut der Intellektuellen kritisch in Frage stelle. Es ist die Konfrontation zwischen dem Chef und einem älteren Bauarbeiter. Ich habe das nie als antiintellektuell empfunden, sondern auch als eine kritische Auseinandersetzung mit meiner eigenen Position.

WIZISLA: Johnson geht noch weiter, das hat uns befremdet. „Halten Sie Günter Grass für einen Antiintellektuellen?", wird er gefragt. „Ja", antwortete Johnson apodiktisch, „das ist er ganz sicher." Wir haben dagegen den Eindruck, daß Sie ein Intellektueller par excellence sind.

GRASS: Das will ich so nicht bejahen. Ich habe mich schon immer gegen diesen Anspruch auf einen Schonbereich für Intellektuelle ausgesprochen und habe mich dagegen gewehrt, daß der bloße Status, Intellektueller zu sein, ein Qualitätsbeweis ist. Auch Goebbels ist ein Intellektueller gewesen. Es ist viel Schaden, viel verfeinerte Unmenschlichkeit von Intellektuellen ausgegangen. Meine differenzierte Sicht über die Intellektuellen war Johnson bekannt. Ich habe mich gegen politische und pauschale Intellektuellenschelte gewehrt, aber ich bin nicht bereit, Gratisbehandlung für Intellektuelle zu fordern. Es wundert mich, daß Johnson auf die Frage: Ist Grass ein Antiintellektueller? auf so undifferenzierte Weise, ja, daß er überhaupt geantwortet hat.

WIZISLA: Der Zusammenhang des Gespräches zeigt, daß Johnson zu diesem Satz auch ein wenig genötigt worden ist, nachdem er zuvor schon weitere Sätze abgelehnt hatte.

GRASS: Zu Interviews fällt mir noch ein, daß Johnson empfindlich war, wenn er irgendwo erwähnt wurde. Als ich 1960 ein zweites Mal in der DDR war, in Weimar, auf eine Einladung hin, die von Wiens, Bobrowski und anderen ausgegangen war, habe ich darauf bestanden, auf einer öffentlichen Lesung einen Text von Johnson zu lesen. Danach bin ich von einem Journalisten gefragt worden: „Hören Sie, Sie lesen Johnson, der doch so schwer zu lesen ist, aber gut vor." Darauf ich: „Der ist schwer zu lesen, aber wenn ich eine Sache nicht verstehe, dann mache ich ab und zu ein Komma." Das ist Johnson in die falsche Kehle geraten, und er fragte mit Grabesstimme: „Was hast du da über mich gesagt?"

WIZISLA: Wir sind von Greg Bond, einem englischen Germanisten, der über die literarische Beziehung von Grass und Johnson arbeitet, gebeten worden, eine Frage mitzunehmen. Sie betrifft die „Cap Arkona" in der *Rättin* und im dritten Band der *Jahrestage*. War Ihnen bewußt, als Sie die Geschichte erzählt haben, daß sie bei Johnson im dritten Band eine Rolle gespielt hat? Greg Bond fragt, ob Sie vielleicht zu der Zeit daran arbeiteten, als die Todesnachricht gekommen ist.

GRASS: Nein. Es gibt überhaupt keinen Zusammenhang. Da spielt sicher der Altersunterschied zwischen Johnson und mir, diese paar Jahre, eine Rolle. Ich bin unmittelbar nach dem Krieg in dieser Gegend, in Ostholstein, gewesen, weil da Verwandte von mir untergekommen waren, als Ostflüchtlinge.

Da hörte ich zum ersten Mal, es muß 1947 gewesen sein, von der Sache. Und die hat sich bei mir festgesetzt und wartete eigentlich auf das geeignete Buch, den geeigneten Stoff, um zum Tragen zu kommen. Das war dann die *Rättin*. Es steht also mit Johnson in keinen Zusammenhang.

BERBIG: Trotzdem ist diese Sache natürlich interessant. Es ist eine Warnung an Germanisten, so etwas nicht überzubewerten.

GRASS: Also, was ich so an Dissertationen zu lesen kriege, gibt oft Anlaß zum Kopfschütteln.

Wenn ich Revue passieren lasse, was wir gesprochen haben, könnte der Eindruck entstehen, als läge Ihr Interesse zu einseitig auf Johnsons eher privaten Sonderheiten, Besonderheiten. Ich glaube, wir sind uns doch dabei bewußt, daß er in erster Linie ein großartiger Autor war, der sich nicht leicht getan hat. Und den anderen, die mit ihm umgingen, auch nicht. Die Frage, die man sich natürlich hypothetisch stellt, ist: Wenn die Dinge, an denen er gelitten hat, hätten gemildert werden können – also der Weggang und das jahrelange Verbot, rübergehen zu können, abgeschnitten zu sein von den Quellen – ob sein Leben dann einen anderen Verlauf genommen hätte, ob das freiwillige Exil auf der Themseinsel, das ja auch zur Selbstisolierung geführt hat, so geendet wäre; also inwieweit Johnson auch ein Opfer der politischen Verhältnisse gewesen ist, die er so genau beschrieben und dargestellt hat.

Meine Frau und ich haben mit ihm ein paar Mal nach Reisen in die DDR gesprochen. Jedesmal klagte er über die vielen Steine auf den Feldern. Das sei früher anders gewesen. Auf seine akribische Weise hat er berichtet, zu welchen Ernteverlusten das führen würde, weil die Landarbeiter die Sensen der Mähdrescher höherstellen, um nicht auf die Steine zu stoßen. Wenn wir heute nach Berlin fahren und auf den Feldern Steine sehen, reden wir von Uwes Steinen, ein geflügeltes Wort.

Behlendorf, 18. März 1991

Günter Kunert
Ein Fremdling

Alle hatten Angst vor ihm. Auch ich. Oder genauer gesagt: nicht so sehr vor ihm als vor seiner alkoholabhängigen Unberechenbarkeit. Wenn er, während seiner Friedenauer Zeit in Berlin, Gäste einlud, konnte es geschehen, daß er die um einundzwanzig Uhr Eingetroffenen bereits um zweiundzwanzig Uhr die Treppe hinunterwarf – jedenfalls glaubhaften Legenden zufolge. Er, der in schwarzes Leder wie in eine zweite Haut gepreßte Enakssohn, wirkte häufig bedrohlich wie ein Kampfstier, entsprechend der jeweiligen Mengen „geistiger" Getränke, die er zu sich genommen hatte. Erstaunlich nur immer wieder, daß er dabei weder seine Artikulationsfähigkeit einbüßte noch sein Erinnerungsvermögen: Sein Gedächtnis war phänomenal und funktionierte trotz der geleerten Gläser äußert exakt.

Seine Energie beim Insistieren ließ einen Schlimmes befürchten. Bei einer Tagung der Westberliner Akademie setzte er sich vor Plenumsbeginn neben mich, eine massige, unübersehbare Gestalt, und sagte mit seiner tiefen Stimme: „Herr Kunert – Sie müssen Herrn Raddatz sofort schreiben!" Ein gelungener Überraschungseffekt, wie ich anmerken muß, denn als er meine Verblüffung wahrnahm, erläuterte er mir den Grund seiner Aufforderung. Raddatz hatte nämlich im „Prolog" zu einer Lyrik-Interpretationsserie, die ich über ein Jahr in der *Zeit* betrieb, Goethe zitiert, mit dem er, Raddatz, offenkundig auf dauerhaftem Kriegsfuß stand: „Über allen Wipfeln ist Ruh, in allen Gipfeln spürest du...", also in der Folge von Gipfel und Wipfel sich irrend. Johnson verlangte erbarmungslos, ich möge ungesäumt per Postkarte auf eine Richtigstellung dringen; ich müsse stante pede Raddatz seinen Irrtum mitteilen und ihn zur Korrektur veranlassen. Er, Johnson, würde mir die Postkarte dazu gleich besorgen. All das klar formuliert, unbewegten Gesichts und mit leicht schielendem, eindringlichem Blick, von dem man nicht wußte, wie man ihn erwidern sollte. Ich kam mir wie das sprichwörtliche Tier in der Falle vor, und nur mit einem nicht gerade von besonderer Höflichkeit strotzenden Einfall konnte ich mich aus der Affäre ziehen. Die Hand hebend, wies ich in das Gewimmel der Mitglieder im Saal und rief freudig aus: „Da ist ja Walter Höllerer! Den habe ich seit Jahren nicht gesehen... Entschuldigen Sie, ich komme gleich zurück..." Und ich verschwand in der Menge, aufatmend, entronnen zu sein.

Im Grunde aber kam ich, kamen wir, muß ich, meine Frau einbeziehend, sagen, ganz gut mit ihm aus. Obwohl ich mit ihm beim Trinken nie gleichziehen konnte, schien er mir das nicht übelzunehmen. Wenn ich aus Ostberlin nach Westberlin wechselte, also wieder ein verlängertes Ausreisevisum besaß, rief ich ihn manchmal an und besuchte ihn. Ich bedauere es, daß in seiner Friedenauer Wohnung wahrscheinlich keine Abhöranlagen der „Stasi" installiert gewesen sind, denn unsere Dialoge müssen zeitweilig denen des absurden Theaters geglichen haben – vielleicht ging es just darum so friedlich zwischen uns zu. Die Gespräche wurden von einander konträren Planeten aus geführt, schienen ihn jedoch zu befriedigen, und mir machte es Vergnügen, ihn zum Lächeln zu bringen: ein sonderbarer Anblick, wenn dieser Riese, der mich weit überragte, auf seinem „Babyface" dieses Lächeln zeigte, das ihn sofort um Jahrzehnte schrumpfen und zum Kind werden ließ. Ich weiß nicht einmal, ob zwischen uns so etwas wie Sympathie bestand oder ob es nur Neugier dem anderen gegenüber war, was uns da lokker verband. Möglicherweise war es die gegensätzliche Biographie, das extrem andere Schicksal, dazu die Erfahrung der DDR, die am jeweils anderen interessierte. Über seine Gefühle Auskunft geben zu wollen wäre vermessen: Sie erwiesen sich immerhin als außerordentlich, manchmal jedenfalls, und falls sie gespielt waren, muß sich dennoch dahinter eine merkwürdige Haltung versteckt haben.

Bei seinem ersten Besuch in unserem Haus in Berlin-Buch, einer Siedlung kurz vor der Stadtgrenze, erschien er mit der lustigen, ja lebenslustigen Marianne Frisch zum Mittagessen. Meine Frau, unter vielen Talenten auch mit dem kochkünstlerischen ausgestattet, hatte erwartungsfroh Kaninchen französisch (in Rotwein) zubereitet, eine ausgesprochene Köstlichkeit, die uns allen schmeckte, bis Johnson wissen wollte, was er da eigentlich zu sich nähme. Als ihm das Geheimnis enthüllt wurde, schob er den Teller zurück: „Mein Freund Harvey! Ich hatte als Kind auch Kaninchen...", und er tat so, als läge auf dem Teller vor ihm ein Stück eines guten alten Bekannten, zum kannibalischen Verzehr bestimmt. Wobei, wie man weiß, Harvey aus der berühmten und auch verfilmten Broadway-Komödie unsichtbar ist und daher von Johnson eigentlich gar nicht als sein Freund Harvey hätte identifiziert werden können: Hier irrte der Autor eindeutig. Meine Frau nahm den Hinweis auf Harvey gefaßt entgegen, hat aber Johnsons Zurückweisung nie vergessen, und wenn der Name dieses deutschesten aller deutschen Erzähler der Gegenwart fällt, sind wir stets auch an Harvey erinnert.

Ach, die Schwierigkeiten mit Johnson wiederholten sich, und es handelte sich meist um ursprüngliche Nichtigkeiten, die sich zu schier unlösbaren Problemen auswuchsen. Schon bei seinem nächsten Besuch ergab sich ein Vorfall, der sowohl unverständlich wie grotesk verlief. Zufällig war ein befreundetes Ehepaar in unserem Haus, als die Johnsons, die ganze Familie, Uwe, Elisabeth nebst Tochter, vor der Gartenpforte standen. Kaum waren Johnsons eingetreten, fragte er, ob das Kind, ein ziemlich hoch aufgeschossenes Mädchen, im Garten mit ihrem Ball „üben" dürfe, da es morgen Schulsport hätte. So blieb Katharina Johnson im Garten zurück, in der Hand den Ball, kleiner als ein Tennisball, aus Gummi, blau und mit der Aufschrift NIVEA bedruckt. Wir hingegen zogen uns ins Haus zurück, zu Unterhaltung und Umtrunk, und die Stunden verflogen ob der heute längst vergessenen Äußerungen. Kein Wort ist mir erinnerlich. Hin und wieder warf Elisabeth Johnson einen Kontrollblick aus dem Fenster, denn nun spielte das Kind mit dem Ball auf der Straße und, als es zu dämmern begann, sogar in den Räumen unseres Hauses, zur Freude unserer Katzen und weniger zur Freude meiner Frau. Der Abend nahte, die Köpfe umnebelten sich langsam, die Uhr rückte vor, und Johnsons entschlossen sich zu gehen, da sie einen langen Weg und die DDR-Grenzabfertigung vor sich hatten. Das Kind wurde gerufen, erschien und gestand, sein Ball wäre verschwunden. Der Vater tröstete sie: Man werde den Ball sogleich suchen und gewiß finden. Er erhob sich schwerfällig, und das war eine stumme Aufforderung an uns, ihm bei der Suche zu helfen. Wir begannen im Wohnzimmer. Ich kroch, Ausschau haltend, unter eine der Sitzbänke. Unser Ostberliner körperbehinderter Freund wollte nicht zurückstehen und kniete ebenfalls mühselig nieder, um dem bedeutenden Schriftsteller einen Gefallen zu tun. Man fing an, sich im Haus zu verteilen, begleitet von dem Kind, neugierig von den Katzen beäugt, einander lauthals über die bisherigen Mißerfolge des Unternehmens informierend. Mit einem Besen fuhr ich unter die Möbel, stocherte gar im Schlafzimmer im ersten Stock unter den Betten, da Fräulein Johnson sich nicht mehr zu erinnern vermochte, in welchem Raum sie sich zuletzt aufgehalten hatte. Sie wußte nur: Auf einmal war der Ball weg! (Es war vermutlich ein Werbegeschenk im Wert von einer oder zwei Mark!) Wir amüsierten uns heimlich über Johnsons Unnachgiebigkeit, doch das Amüsement ließ bald nach, da Uwe nicht nachließ. Nach dem ersten Durchkämmen des ganzen Hauses mußten wir die Aktion wiederholen. Der Ball kann doch nicht weg sein! Ich sah auf die Uhr und erkannte mit Schrecken, daß die Zeit während des Suchens mit doppeltem Tempo verflogen war: Die Johnsons mußten zur Grenze, wenn sie überhaupt noch nach Westberlin gelangen und nicht festgenommen und eingesperrt werden wollten. Uns wurde mulmig zumute, denn die Grenzer würden die Verspätung auf böse Absicht zurückführen, ja auch uns verantwortlich dafür machen, daß wir diese Westberliner nicht rechtzeitig zur Geisterstunde aus dem Arbeiter- und Bauernstaat gewiesen hatten. Endlich gab Uwe unwirsch auf: Der Ball galt als verloren. Seine Laune war hin. Und wir vier, das andere Ehepaar und wir, in Auflösung begriffen. Wenigstens ereignete sich noch das Wunder, daß wir eine Taxe für die Familie bekamen, mit der sie in der Nacht und in der Finsternis verschwanden. Es war im übrigen nie wieder von dem Ball die Rede, bei erneuten Begegnungen, und wir selber fanden ihn erst, als wir unser gesamtes Hab und Gut zusammenpackten, um Ostberlin, um das sozialistische Narrenparadies zu verlassen: Er lag verstaubt unter einer Stufe der Treppe zum Keller, wohin ihn vermutlich die Katzen expediert hatten. Ich habe dann das kostbare Exemplar an seinen Besitzer retourniert, ohne eine besondere Reaktion hervorzurufen. Mag sein, daß Johnson gedacht hat, wir hätten den Ball die ganze Zeit hindurch unterschlagen, um ihn selber zu benutzen, und gäben ihn erst jetzt nach lang anhaltenden Gewissensbissen zurück.

Ohnehin verstand er es vorzüglich, einen in eine defensive Position zu versetzen, insbesondere wenn es um Politik ging. Oftmals begann ein solches Gespräch mit der Unterstellung: „Also, Herr Kunert, da hat ja Ihre Regierung wohl wieder einmal ihren wahren Charakter gezeigt..." – als wäre ich sozusagen ein Mitglied des Politbüros gewesen oder ein Berater von Erich Honecker. Man wurde in die Lage gebracht, vor allem Weiteren ein politisches Reifezeugnis der eigenen Person abzulegen, obwohl seine bohrende Art auch in dieser Hinsicht nicht so ernst gewesen ist, wie sie sich anhörte.

Manchmal erhielt man von ihm Postkarten mit den entsprechenden Bekundungen, manchmal erschien er selber: Zum letzten Male bereits nach unserer Umsiedlung in den Westen, in die schleswig-holsteinische Kleinstadt Itzehoe im Jahre 1979. Johnson, auf Lesetour, meldete sich telefonisch an, und ich holte ihn mit dem Wagen vom Bahnhof ab, vor dem er schon wartete, um mit einer Geste das recht unauffällige Gebäude auf seine Weise zu adeln: „Wie in Güstrow..." Mecklenburg lieferte ihm den Maßstab für vieles.

In unserem vorübergehend gemieteten Haus hub er, kaum daß er Platz genommen hatte, mit der Erzählung seines Dilemmas an. Von der Geschichte sprach die ganze „Literatur-Szene" in Variationen und mit den unterschiedlichsten Kommentaren: Uns jedenfalls erschien dieser Fall von Spionage innerhalb seiner Ehe nahezu unglaubwürdig, ja undenkbar; wir hielten die Story für ein Produkt seiner Phantasie, einer Psychose, rückführbar auf seine Hartnäkkigkeit, einmal als Faktum Betrachtetes unerschütterlich für wahr zu halten. In verschlüsselter Form lag die Angelegenheit in der *Skizze eines Verunglückten* ja vor, und er selber in persona lieferte die Dekodierung, ohne dazu extra aufgefordert zu sein. Er ließ sich nicht abhalten, ausdauernd und zu allen seinen Bekannten darüber zu sprechen, wie er eben in allen Dingen anhaltend und ausdauernd gewesen ist. Man hörte stillschweigend und ziemlich hilflos zu, weil man nicht wußte, wie man reagieren sollte. Man wagte keinen Widerspruch. Und als es gar noch hieß, auch seine Tochter sei nicht seine Tochter, nicht von ihm gezeugt, obschon die Ähnlichkeit für niemanden übersehbar war, beschied man sich mit Kopfnicken und Zustimmung. Glauben konnte man das alles nicht. (Heute, da ich diesen trübseligen und bedrückenden Nachmittag erinnere, denke ich anders darüber; im Lichte dessen, was die Staatssicherheit der DDR an Ungeheuerlichkeiten vollbracht hat, scheint die *Skizze eines Verunglückten* überzeugend und nahezu selbstverständlich: der Geheimpolizist als Ehepartner – das hat nur der real existierende Sozialismus fertiggekriegt.)

Und obwohl Johnsons „Deadline", nämlich 17 Uhr, noch nicht gekommen war (er pflegte seine Armbanduhr zu konsultieren, bevor er auf die Minute pünktlich mit dem Trinken anfing), kippte er die ersten Gläser hinunter. Ich konnte und wollte nicht mithalten, trank dann doch mit, und so saßen wir zu dritt um den Tisch in einer fremden Provinz, wahrhaft Betrogene eines Systems, dessen zerstörerische Auswirkungen bis tief in die Privatsphäre reichten.

Und auch hier spielte Johnson wieder das alte Spiel mit dem Hinauszögern des Abschiedes, als weigere er sich unbewußt, wieder und wieder Menschen und Räume zu wechseln. Wir mahnten ihn, er habe doch morgen eine Lesung in Kiel und der letzte Zug verlasse Itzehoe gen Norden in Kürze, und telefonierten nach einer Taxe, die ihn im letzten Moment zu dem „güstrowgleichen" Bahnhof brachte. Danach trafen wir ihn nur noch einmal wieder in der Westberliner Akademie der Künste, wo er, mit dem Unterton des Beleidigtseins, meiner Frau Vorwürfe machte, sie habe ihn in Itzehoe aus dem Haus geworfen, um ihn loszuwerden.

Und er war nicht zur wirklichen Version zu bekehren; er bestand darauf, hinausgeworfen worden zu sein, und wiederholte fast lustvoll das schlimme Wort. In seinem Gedächtnis war der Vorgang seinem Wunsch gemäß festgelegt: So hatte es zu sein, und so war es dann auch – basta! Korrekturen an seinen fixen Vorstellungen wurden nicht mehr zugelassen.

Er befand sich in einem desolaten Zustand, da sein Verdacht für ihn eine gesicherte Tatsache war. Die Kollegen von der schreibenden Zunft, informiert über das Debakel, gingen behutsam mit ihm um, wie mit einem Kranken, und vermieden tunlichst alles, was zu einem seiner befürchteten Ausbrüche hätte führen können. Hinter seinem Rücken freilich wurde der „Fall" besprochen und bezweifelt.

Wir sahen ihn nie wieder. Man vernahm nur noch, wie ein fernes Echo, Nachrichten über den Umgang mit seiner Familie in Sheerness-on-Sea, jenem merkwürdigen Wohnort auf einer Insel in der Themsemündung: Er soll, so hieß es, ein Abkommen mit seiner Frau über die Einkaufszeiten im Supermarkt getroffen haben, damit man einander nicht begegne. Mehr war über den „Verunglückten" bis zu seinem plötzlichen Tod nicht zu erfahren. Von seinem Ende wurde man überrascht, auch wenn man, angesichts seines Alkohol- und Tabakkonsums, wohl kaum damit gerechnet hatte, daß er das Greisenalter erreichen würde.

Ein Resümee unserer Bekanntschaft, unserer sporadischen Begegnungen zu ziehen, ist unmöglich. Johnson umgab eine Glasglocke aus Fremdheit, die vermutlich keiner zu durchdringen vermochte. Die Augenblicke von zwischenmenschlicher Nähe wurden vom Alkohol bedingt und waren sowohl kurzfristig wie stets und ständig kurz vor dem Umschlagen in Aggressivität, in Mißverständnisse, von denen ich nicht weiß, ob er sie nicht willentlich hervorrief, eben um sich für ihn bedrohlicher engerer Kontakte zu enthalten. Er war jemand, der keinem das „Du" anbot. Keine seelischen Intimitäten, körperliche allenfalls. Vor körperlichen Berührungen scheute er nicht zurück, wie viele Frauen aus seinem Bekanntschaftskreis wissen. Ja, ich habe ihn sogar einmal beim Tanzen gesehen, ein äußert seltener Anblick, wie man sich denken kann. Nachdem die „Gruppe 47" ihren Preis an den Dichter Bobrowski verliehen hatte, erschienen einige der Teilnehmer, bereits leicht angeheitert, in unserer damaligen Treptower Wohnung, aus einem nicht mehr erinnerlichen Grunde, vielleicht nur, weil unser Flaschenvorrat bekannt war. Natürlich gerieten wir mehr oder minder rasch in Stimmung, Platten wurden gespielt, und auf einmal begab sich ein „odd couple", ein seltsames Paar, auf die winzige Tanzfläche: Uwe Johnson und Manfred Bieler, ein an Gestalt Johnson ebenbürtiger Autor, und diese beiden korpulenten ragenden Figuren vollstreckten ein tanzbärenartiges Umeinanderkreisen, ein Hin und Her mit wechselnder Führung, das derart komisch war, daß Klaus Wagenbach mit seinem (unserem) Sessel rückwärts umkippte und wie gezielt auf unsere schönste und größte Bodenvase fiel. Er mußte aus den Scherben geklaubt werden, unter Assistenz der beiden Tänzer, deren Auftritt mit dem Sturz eines Verlegers beendet war.

Wenn Johnson Name fällt, wenn ich in einer Buchhandlung seine Bücher sehe, wenn irgendwo ein Photo von ihm auftaucht, meldet sich dieser Mann zurück, und zwar mit einer Intensität, als sei er gar nicht gestorben.

II

Halb Schlaf

Für Uwe Johnson

Und wie in dunkle Gänge
mich in mich selbst verrannt
verhängt in eigene Stränge
mit meiner eigenen Hand:

So lief ich durch das Finster
in meinem Schädelhaus:
Da weint er und da grinst er
und kann nicht mehr heraus.

Das sind die letzten Stufen,
das ist der letzte Schritt,
der Wächter hört mein Rufen
und ruft mein Rufen mit

aus meinem Augenfenster
in eine stille Nacht:
zwei rufende Gespenster:
eins zittert und eins lacht.

Dann schließt mit dunklen Decken
er meine Augen zu:
Jetzt schlafen und verstecken
und endlich Ruh.

Thomas Brasch

Johannes Bobrowski
Briefwechsel mit Uwe Johnson

I
Johannes Bobrowski an Uwe Johnson, 26. Februar 1963[1]

Berlin-Friedrichshagen 26/2.63
Ahornallee 26

Lieber Herr Johnson,

ich hatte gedacht, zu Höllerers gestrigem Akzente-Jubeltag[2] hinüber zu können, ohne Abendanzug, versteht sich, da hätte ich Sie vielleicht getroffen. Aber es war nichts, vielleicht später mal, hat man mir freundlich gesagt, also wird auch vorerst nichts mehr sein, in dieser Richtung.

Da komm ich also schriftlich, weil Sie mirs gesagt haben: ich hätte gern einen Arno Schmidt, weil ich gar keinen hab – wenn auch, bis auf den letzten, alle gelesen. Ich brauch so einen großen Schimpfer.

Herzliche Grüße
von Ihrem
Johannes Bobrowski.[3]

II

Uwe Johnson an Johannes Bobrowski, [8. März 1963][4]

Lieber Herr Bobrowski,

Das waren von diesem Schimpfer also die grosse Schmährede gelegentlich Fouqués und die Beschreibung von Kaff, auch Mare crisium.

Und es ist mir ja ein Vergnügen gewesen.

Ihr ergebener Johnson.

III

Johannes Bobrowski an Uwe Johnson, 18. März 1963[5]

Berlin-Friedrichshagen 18/3.63
Ahornallee 26

Lieber Herr Johnson,

schönsten Dank! Ihre Ankündigung (mit dem Ausdruck des Vergnügens) tat schon die Hälfte. Am dritten Tag drauf das hervorragend gemachte Paket mit dem Schimpfer (2 fach)[6], das gab den Rest. Ich bin also am mare crisium und schüttle den Staub von Füßen und Beinen, mit den dort beschriebenen großen Sprüngen. Die Sprünge in die Luft nicht wegen höherer Gesichtspunkte, sondern weil der Kleinscheiß nur aufhält.

Richter[7] erzählte, Ihre Zeitschrift[8] würde nun, worüber ich mich freu. Und ein bißchen für Ihre Nerven bat. Die, hoff ich, gut sind.

Mit herzlichen Grüßen
Ihr Johannes Bobrowski.

IV

Uwe Johnson an Johannes Bobrowski, 18. Dezember 1963[9]

Uwe Johnson, Postfach 11, 1 Berlin 41
18. Dezember, 1963

Lieber Herr Bobrowski,

ohne Anmerkung aber immerhin in einem von seinen eigenen Briefumschlägen schickte Herr P. Wiens[10] mir den offenen Brief an die westdeutschen Wissenschaftler und andere Künstler etc.[11]; vielleicht hat er sich bei mir versehen; jedenfalls schien mir angebracht mit einer Antwort etwas zu versuchen, deren Durchschlag lege ich Ihnen bei, Sie haben ja den gedruckten Brief unterzeichnet; ist es so richtig?

Am 11. konnte und konnte ich nicht loskommen von einer anderen Stelle zum Eichkamp, wo Sie waren;[12] das tut mir leid. Könnten Sie mir eine Postkarte schreiben, bevor Sie das nächste Mal hierher kommen? und bitte, erlauben Sie mir Ihnen etwas zu schenken zum Neuen Jahr, indem Sie sagen was denn.

Ihr sehr ergebener
Uwe Johnson.

Anlage:
Uwe Johnson an Paul Wiens, 18. Dezember 1963

Uwe Johnson, Postfach 11, 1 Berlin 41
18. Dezember, 1963

An
Herrn Paul Wiens
Tagorestrasse, 13
1 Berlin Grünau

Sehr geehrter Herr Wiens,

ich bedanke mich für die Übersendung des Offenen Briefes an die Intellektuellen der Bundesrepublik, den Sie mitunterzeichnet haben.

Eine solche Gelegenheit zu Gesprächen über die Möglichkeit der Verständigung in Deutschland würde ich gern benutzen. Vielleicht gelingt es zumindest den Schriftstellern, wieder gemeinsame Bezeichnungen zu finden für die Situation, in der sie gemeinsam sich befinden; und diese Voraussetzung würde andere möglich machen.

Leider ist mir gegenwärtig nicht erlaubt, zu Ihnen zu kommen, aus zwei Gründen. Einmal, weil ich die DDR ohne Genehmigung ihrer Behörden verlassen habe und dort nach dem Passgesetz von 1957 straffällig bin. Zum andern, weil ich in Westberlin lebe mit einem westberliner Ausweis und demnach durch die allgemeinen Sonderbestimmungen von einer Einreise ausgeschlossen bin.

Unter diesen Umständen erlaube ich mir, die Einladung fürs erste umzukehren: ich würde mich freuen, könnten Sie mich in Westberlin besuchen, mit wem Sie wollen; ich nehme an, auch andere hier ansässige Schriftsteller würden an einem solchen Gespräch mit Interesse teilnehmen.

Mit den besten Empfehlungen
Ihr ergebener [Uwe Johnson]

V

Johannes Bobrowski an Uwe Johnson, 2. Januar 1964[13]

Berlin-Friedrichshagen 2/1.64
Ahornallee 26

Lieber Herr Johnson,

ich freu mich sehr über Ihren Brief. Am 11. in Eichkamp wars voll, Sie wissen ja: die alten Zinke-Leute[14] und die freundlichen Buchhändlerinnen. Ich war nur für ein paar Stunden da, es war wieder bis zum letzten Moment ganz unsicher.

Ihre Antwort auf den Offenen Brief ist, denke ich, ganz richtig. Ich hatte auch ein paar Exemplare zum Versand, hab sie an Kommentatoren, Journalisten geschickt.

Einen Wunsch, d.h. zwei, hätte ich schon: Ihre beiden Bücher[15]. Weil meine Exemplare immer auf Wanderschaft sind, und ich möcht sie zu Hause haben. Vielleicht können Sie sie gelegentlich Meckel[16] geben? Oder Schonauer[17]? Oder Wagenbach[18]? Oder Völker[19]?

Und ein vernünftiges neues Jahr wünsch ich Ihnen und Ihrer Familie von Herzen

Ihr
Johannes Bobrowski.

Lotte Köhler
Aus dem Briefwechsel mit Uwe Johnson

I

Uwe Johnson an Lotte Köhler, 24. Juni 1972

Liebe Frau Koehler,

nun habe ich lange gewartet, aber offenbar hält das Norddeutsche Antiquariat[1] in Rostock die Stadt Malchin[2] samt Umgebung nicht für landeskundlich erheblich, oder die Besitzer malchiner Schrifttums horten es in Testamenten mit einer Geltungsdauer bis zum Jahr 2030. Damit die Zeit bis dahin nicht zu lang wird, komme ich heute mit einem Ersatz-Stück, einem Führer durch die Landeshauptstadt Neustrelitz[3] samt umliegender Schönheiten, und hoffentlich haben Sie einen Spass an dem residenzmässigen und geschäftlichen Selbstverständnis von 1927.

Neulich wurde meiner Tochter und mir eine Reise nach Mecklenburg erlaubt, ich dachte da etwas Gegenwärtiges für das Buch zu finden, es war aber meist Vergangenes sichtbar. So sahen Landstrassen um 1925 aus, bestätigen mir sachkundige Zeugen. Die kleinen Städte sind bestens im damaligen Stil erhalten, wenn auch in verwittertem Zustand; und mag das Fensterkreuz und die Fassade noch so verrottet sein, innen finden Sie makellose Stores, das abgeschirmte Innenleben der Familie. Wie meist anderwärts in der D.D.R., wäre es jetzt in Mecklenburg an der Zeit, die Substanz der Stadtkerne zu erhalten, nein in Ordnung zu bringen, und es wäre da mit neuem Aussenputz beileibe nicht getan. Es ist mir wissenschaftlich erklärt worden, wieso dem Staat das Geld dazu fehlt, und dass aus verwandtem Grunde auch die neuen Wohnhochbauten nach vier Jahren etwas defekt aussehen müssen; es ist schade, dass an diesem Sektor des Lebens gespart wird. In England wären sogar noch die vergammelten Bürgerhäuser von 1880 polierte Schmuckstücke, aber den Besitzern reicht die Stoppmiete aus Kriegszeiten nicht für Reparaturen, und von einem weiss ich, der will sein Haus an die Universität Rostock verschenken, und wird es nicht los, und muss seinen Kindern solche Plage vererben. Immer wieder angenehme Antworten, so wenn Sie in Crivitz[4] einen Stadtplan erwerben möchten: wozu denn, dies sei die eine Strasse der Stadt, und wenn man nun noch die parallele abgehe, so habe man doch Crivitz vollständig gesehen. Am meisten aber beunruhigten mich die Steine in den Äckern, kalbskopfgross, in der frischen Saat! die zu meiner Zeit noch von Hand abgesammelt werden mussten wie ein Schicksal, das die Endmoräne ja vielleicht war, und heute eggen und pflügen sie darum herum, motorisiert eben. Müsste einer ja vom Traktor steigen! Meine Tochter ist erst neun, aber sogar ihr ging dies gegen die volkswirtschaftliche Vernunft, und sie zeigte immer wieder auf die Steine entlang der Eisenbahn, und hat sie seit Ostern als D.D.R. im Gedächtnis behalten.

Bitte, richten Sie Ihrem Knie meine strengen Empfehlungen aus. Zwar habe ich es liebgewonnen; es soll sich aber manierlich benehmen.

Mit herzlichen Grüssen,
immer noch nicht ohne Neid auf Ihren Wohnsitz,
Ihr Uwe Johnson [handschriftlich]

II

Lotte Köhler an Uwe Johnson, 20. Juli 1972

New York, an Ihrem Geburtstag 1972

Lieber Herr Johnson,

über Ihren Brief habe ich mich so gefreut wie schon lange nicht über einen und hätte auch sicher gleich geantwortet, wenn ich nicht physisch so reduziert gewesen wäre: im Juni habe ich die dritte Knieoperation überstanden (die zweite war im vergangenen September), davon später.

Erst zu Ihrer Osterreise nach Mecklenburg, mit Ihrer Tochter. Sie haben mich mit Ihren kurzen, sehr genauen Schilderungen wieder mitten hineinversetzt in Kindheits- und Jugenderinnerungen und in meine Reise dorthin 1968: die baumbestandenen Landstraßen, die kalbskopfgroßen Steine auf den Äckern inmitten der frischen Saat, die heruntergekommenen Kleinstadthäuser, alles stand mir sofort wieder lebendig vor Augen. Warum waren Sie gerade in Crivitz? Dort in der Nähe habe ich, wie ich, glaub ich, auch damals erzählt hab, während des Krieges ein Jahr auf einem Gut als Hauslehrerin verbracht. Verirren kann man sich in Crivitz nicht; trotzdem möchte man gern Karten haben; ich besitze übrigens vier große Meßtischblätter von Mecklenburg, auf denen selbst Fußwege eingezeichnet sind und so auch auf der vom Gebiet Bützow mein Schulweg der ersten Jahre.[5] Das war etwa zu der Zeit, aus der der *Führer durch Neustrelitz und Umgebung* stammt, dessen Lektüre mir großen Spaß macht. Auch dafür herzlichen Dank.

Seit Sie abgereist sind, hab ich eigentlich nur rumgekrebst, mit dem Knie nämlich. Erst ging das ganze Wintersemester hin nach der September-Operation, zwei Monate in Gips und mühselige Geh-Anstrengungen. Im Frühling dann die Entdeckung, daß „Gelenkmäuse" im Gelenk rumsausen, (die gibt es wirklich, stehn sogar im Brockhaus), die raus müßten, was dann vor sechs Wochen geschah. Jetzt gehe ich wieder, aber nicht so wie damals vor den Operationen. Ober: wat nich is, kann noch warden.

Das einzig Erfreuliche an meiner Lage ist, daß ich jetzt ein „sabbatical“[6] habe, das ich vermutlich vor allem mit Reisen verbringen werde. Erst mal Deutschland, ab 17. August Sommerberghotel in Wildbad im Schwarzwald (wo die was fürs Knie tun sollen), danach Kreta, dann vielleicht Israel und über Deutschland, England wieder zurück. Wenn ich nicht jetzt nach Berlin komme, dann sicher nächsten Frühling. Und ich rufe dann vorher an. – Hannah ist letzte Woche schon abgefahren, nach der Schweiz und Italien.

Beim „Rumkrebsen“ hatte ich viel Zeit zum Lesen und hab so auch Ihre beiden Bände[7] gelesen. Wie genau, können Sie daran sehen, daß ich Ihnen nun gleich zwei Druckfehler schreibe, die bei der Neuauflage raus können. [...]

Ansonsten will ich Ihnen keine Elogen machen, die stehen alle schon schöner und klüger in den Besprechungen. Bloß: die mecklenburgischen Partien Ihrer *Jahrestage* sind so ausgezeichnet, so, wie kein Mecklenburger und keine Mecklenburgerin sie sich besser wünschen könnte, die denn auch immer mal wieder zu ihnen zurückkehren wird.

New York ist im Augenblick kein „beneidenswerter Wohnsitz“, da seit einer Woche von einer Hitzewelle heimgesucht – tagsüber immer über 90 Grad. Und die Kühlkästen sind ja auch keine reine Freude.

Für Ihr neues Lebensjahr mögen alle Sterne und Sterngötter Ihnen Gutes herabschicken: Gesundheit und Schreiblust und -gelingen.

Ihre Lotte Kohler [handschriftlich]

III

Lotte Köhler an Uwe Johnson, 10. Dezember 1973

Lieber Herr Johnson,

ich habe mich sehr darüber gefreut, daß Sie mir die neuen *Jahrestage*[8] haben schicken lassen und hab auch gleich die durch deutsche Gegenwart und Vergangenheit kriechende „Schnecke"[9] beiseite gelegt, um vor allem zu sehen, wie's denn Cresspahl und ganz Jerichow „unter den Russen" ergangen ist. Und nun ist er immer noch im Lager und ich muß warten, wie Sie ihn da wieder raus und nach Hause bringen, wo er dann doch viel später noch sein „Leben abwartete"[10], als Jakob schon „immer über die Gleise ging". Und jetzt will ich keine Lobeshymnen anstimmen über Ihr Buch, weil mir das zu schwierig ist Ihnen gegenüber. Bloß wissen sollen Sie, daß ich nicht vergessen werde, wie Cresspahl zu K. A. Pontij stand, wie der alte Papenbrock sich auf dem Gut an der „Grenze" verhält, wie Kliefoth seine tote Frau über Land karrt und wie ganz und gar überrascht und aufgeregt vergnügt ich war, daß Aggie ihr Englisch im Pensionat Schnappauf und Sellschopp in der Alexandrinenstraße in Rostock gelernt hat.[11] Und einen richtigen Peekschlitten hab ich auch schon seit über dreißig Jahren nicht mehr im Kopf gehabt, geschweige denn vor Augen. „Totbleiben" tut man, glaube ich, auch bloß bei uns.

Als ich Ihnen das letzte Mal schrieb, war gerade mein „sabbatical" angefangen und ich erholte mich von der dritten Knieoperation, die mir aber gottlob doch das vom Arzt Versprochene eingebracht hat, nämlich ein gerades brauchbares Bein, das sogar wieder stundenlange Spaziergänge aushält. Im letzten Sommer war ich zwar in Deutschland, hauptsächlich in München, kam aber nicht nach Berlin. [...]

Den Freunden hier geht's gut, Hannah, den Klenborts (Chanans, wie Hannah sagt), Charlotte Beradt, die vor kurzem alle zusammen bei mir zum Essen waren und am nächsten Sonntage alle bei Charlotte Beradt zusammenkommen werden.

Jetzt kommen die Druckfehler. Auf S. 1063 sind die ersten beiden Zeilen zu vertauschen. – Das Haus 370 Riverside Drive steht an der 109. und nicht, wie es auf S. 1210 heißt, an der 108. Straße. – In der letzten Zeile auf S. 1378 ist ein e zu viel hinter „mußt"[12].

Ich weiß nicht, ob Sie je was kochen und eine Koch-Schürze gebrauchen können. Aber ich fand die Kombination mit der Reklame[13] lustig genug, um sie Ihnen zu schenken. Als ich herkam, und „straphanger"[14] auf dem Wege zu Lord und Taylor war, hab ich immer wieder diese Reklame gelesen, die dann auch Foto und nähere Berufsbeschreibung dessen enthielt, der den job durch die *New York Times* bekommen hatte.[15]

Mit sehr herzlichen Grüßen
Ihre Lotte Koehler [handschriftlich]

IV

Uwe Johnson an Lotte Köhler, 19. Dezember 1973

Liebe Frau Koehler:

Glückwunsch zu dem Knie!

Denn ich komme gerade von einer evangelischen Beerdigung und weiss solch schönes, gesundes, springlebendiges Knie um so mehr zu schätzen.

Danke für die Druckfehler. Alle schon gefunden, tief beseufzt. Besonders schlimm ist nun Hannahs Beweis zu erwarten[16], dass ich nicht weiss, wo sie wohnt.

Es sind aber noch viel, viel mehr. Diesmal hat ein professioneller Korrektor gegengelesen.

Glückwunsch zu dem Knie!

Und eine Verbeugung für die Schürze von der *New York Times*, durch die ich Teile eines Jobs bekam. Sie werden sich denken, dass ich sie sogleich verschenkt habe an die Person, die in unserer Küche hin und her geht, denn an mir sehe ich das gute Stück ja nicht. Meine Frau hat noch gar nicht begriffen, dass ich sie in eine Sandwichfrau verwandelt habe.

Ja, im Sommer waren wir auf zehn Tage in Mecklenburg, meine Frau zum ersten Mal seit ihrer sonderbaren Ausreise über die Ostsee. Noch einmal schwimmen im Inselsee, schwimmen in einem Dampfer auf dem schweriner See, bei Uhle speisen, auf den Bahnsteigen von Bad Kleinen auf den Anschluss warten: als Gäste. Als Fremde. Denn verstanden haben wir die Gegend nicht. Das muss man gesehen haben, wie eine Kellnerin in einem Nobel-Restaurant einen Tisch mit Westgästen verteidigt gegen einen Einheimischen, dem die Westgäste allerdings das Hinsetzen zugestanden haben, bis der arme junge Mann böse aufsteht und zurückgeht zu der Stelle, wo er am Aufbau des Sozialismus arbeitet. Das muss man eben gesehen haben, wie da im August der Weizen auf dem Halm grau wird, und die routinierte Antwort von Freunden hören: Ja mähen tun wir bloss sonntags. Dann mag es eine Fähre der D.D.R. sein, schon im Hafen von Warnemünde ist sie schon exterritorial und die Kellner behandeln die Devisenträger wahrhaftig wie Gäste. Wir waren dann sehr gern auf Bornholm.

Bitte, könnten Sie mir auf einer Postkarte schreiben, ob die „New School" wirklich 1919 gegründet wurde und wann Prof. Alvin Johnson starb?

Glückwunsch zu dem Knie! und die Erfüllung der best ausgedachten Wünsche im Neuen Jahr.

Ihr Uwe Johnson [handschriftlich]

Christine Jansen
„Seien Sie vielmals bedankt!"
Aus einem Briefwechsel

Am 24. April 1927 schreibt Hugo von Hofmannsthal in einem Brief an Ruth Sieber-Rilke, die Tochter Rilkes, die ihn um Mithilfe bei den Vorarbeiten für das Rilke-Archiv gebeten hatte:

> „Meine Gedanken über all dies, was man Geltung und Wirkung nennt, sowie über das Lebendig-Bleiben einer geistigen Person, und die Pflege dieses Lebendig-Bleibens, sind, seit ich in den höheren reiferen Jahren stehe, andere. Wenn ich meinen Tod sehr nahe kommen fühlte, würde ich Weisungen hinterlassen, die fast entgegengesetzten Sinnes wären. Ich würde alles tun – soweit sich in dieser zerfahrenen Welt etwas tun läßt –, diese vielen schalen und oft indiskreten Äußerungen über einen produktiven Menschen und seine Hervorbringungen, dieses verwässernde Geschwätz, zu unterdrücken, zumindest ihm möglichst die Nahrung zu entziehen durch Beiseite-Bringen der privaten Briefe und Aufzeichnungen, Erschwerung des läppischen Biographismus und aller dieser Unziemlichkeiten. Mein Gedanke wäre, das schwer deutbare menschliche Wesen, das einmal da war, [...] wirklich dem Tod zu überantworten, und sei es der Vergessenheit..., – und die Werke ganz allein diesen schweren geheimen Kampf aufnehmen zu lassen mit den feindseligen nächstfolgenden Dezennien..."

So sind auch meine Gedanken über das Weiterleben der Werke Uwe Johnsons. Dennoch soll hier aus zwei privaten Briefen veröffentlicht werden. Das muß ich rechtfertigen:

Ende April 1980 erhalte ich einen Brief vom 21. April 1980 aus Sheerness. Es wird mir etwas aus England erzählt. Da hab' ich was zum mich daran freuen und darüber lachen. Zwei Monate später erhalte ich den Brief noch einmal, diesmal ist er abgedruckt in einer deutschen Zeitung. Nun ist es kein privater Brief mehr, nun ist er veröffentlicht, nun kann er auch zwölf Jahre später erneut veröffentlicht werden.

Entstanden freilich ist diese Geschichte über die alltägliche Nachbarschaft aus einem privaten Briefwechsel, mir wurde sie erzählt, und dafür, daß sie wenig später vielen erzählt wird, erhalte ich einen Entschuldigungsbrief, der auch wieder eine Geschichte enthält – ist sie zum Lachen, ist sie zum Weinen?

Wer kannte 1980 in der DDR Uwe Johnson? Wer konnte *Die Zeit* lesen, wer kam an Bücher von ihm, wer wußte überhaupt, daß es ihn gab?

Ich aber kannte ihn aus der Jugend, aus Leipzig, vom Studium, aus dem inzwischen legendär gewordenen Hörsaal 40. Und wie zu vielen Freunden in dem Land, aus dem er 1959 auszog, blieb auch zu mir eine Verbindung, kamen Lebenszeichen und der Wunsch, Orte wiederzusehen:

> „Denn was fehlt ist der Augenschein, dazu braucht man einen anderen Pass als den meinen..." oder:

> „Dazu brauchte ich jemand, den ich kennte in Anklam, und habe keinen. So geht es mir mittlerweile mit zu vielen Städten da; jetzt will ich aber doch nicht vergessen, mich zu bedanken."

Dank für Wanderkarten aus der Berliner Umgebung oder für Kursbücher der Deutschen Reichsbahn, Mangelware in der DDR und oft nur unter Mühen für einen normalen Bürger ohne Beziehungen zu Reichsbahnangestellten zu beschaffen. Dann aber war man stolz, wenn man doch ein

Kursbuch „erwischt“ hatte und es Uwe Johnson schenken konnte. Und so bekam ich eines Tages die schöne Geschichte vom „Danke schön“ erzählt.

Im Rückblick ist es sicher auch für den Leser bewegend, die kleinen Textabweichungen zwischen dem Brief und den „Mitteilungen“ in der *Zeit* zu vergleichen, etwa den Schluß.

Im Juni 1983 sprach Uwe Johnson zur Erinnerung an Werner Düttmann in der Akademie der Künste, im Februar 1984, wenige Tage vor seinem Tod schickte er uns diese Rede, und es sind Sätze darin, die hier auch über ihn selbst stehen dürfen:

> „Wie ein Mensch kaum wegen seiner Tugenden geliebt wird, sondern wegen des Gebrauchs, den er von ihnen macht, so kommt auch Zuneigung aus ohne auch nur annähernde Kenntnis des andern, ja, es scheint fast, als zöge einen der an, der sein Geheimnis zu bewahren weiß...“

Sheerness
21. April, 1980

Liebe Christine Jansen –

Gruss zuvor.

Sie geben mir als Adresse des Absenders eine Parterrewohnung in der leipziger [...]strasse, ich richte dies in ein zweites Stockwerk in der [...]strasse in Pankow. Wie komme ich dazu, mich so begriffstutzig zu benehmen? Schlicht meine bequeme Natur steckt dahinter, dass Sie es nur wissen. Denn, das werden Sie am Ende verstehen, es ist für mich leichter, sagen wir: angenehmer in der Vorstellung und Annahme, Ihre Kinder seien nunmehr von neuem gesund, wie es sich im übrigen gehört für die gut erzogenen unter ihnen, und demnach fähig gewesen zu einer Rückreise. [...] Rund gerechnet, was habe ich zu verlieren? Kann Ihr Mann Ihnen die Ankunft einer „Wanderkarte" melden, so wird er sicherlich gefällig genug sein, Ihnen dies nachzusenden. [...]

Erfreuliche Pfingstferien also wünsche ich Ihnen. [...]

Keineswegs will ich jenes Stichwort „Wanderkarte" überhört haben. Schon in frühen Jahren ist mir eingeprägt worden, auf jedes Geschenk von ausserhalb einen Bedank-ich-mich-auch-Brief anzufertigen. Von mir aus gesehen leben Sie ausserhalb, das wäre das eine, die Karte ist angekommen, das ist das andere, was folgt daraus? ein Brief.

Statt eines Fussfalls. Denn zwar will ich Ihnen der guten Ordnung halber den Stolzenhagener (was für ein Name nu wieder!) See zugestehen, muss Ihnen aber bescheinigen: Thema verfehlt. Denn was fehlt ist der Augenschein, dazu braucht man einen anderen Pass als den meinen, und gedenken etwa Sie den für mich zu beschaffen?

Dies in aller Höflichkeit.

Oh, seien Sie versichert, dass dieses England gearbeitet hat an meinen Manieren. Mein erster englischer Busschaffner stellte sich neben mir auf und sagte: Thank you, wo ich erwartet hatte: tickets, tickets! so dass ich es eben noch so lange gehört haben wollte, bis mir aufging, dass er sich im voraus bedankte für das Geld, das ich ihm entrichten würde für den Fahrschein, worauf er sich verabschiedete mit einem Thank you und ein wenig verwundert davonstieg, weil er von mir eine menschliche Regung vermisste, die hätte heissen sollen: Thank you.

Es war das letzte Mal, dass es daran gefehlt hat. Wenn ich mir gelegentlich eine Eisenbahnfahrkarte kaufe, so dankt mir der Verwalter des Schalters mit einem Thank you, wie ich ihm gegenüber meine Verpflichtungen anerkenne mit einem Thank you. Der Knipser nimmt die Karte entgegen mit einem Thank you, und weil er doch ein Stück davon abzwackt, sich einer Mühe unterzieht, seiner Arbeit nachgeht und obendrein mir den Ausweis zur Fahrt zurückgibt, darf er von meiner Seite eines Thank you sicher sein. Der Kontrolleur in London erkennt den Charakter meiner Fahrberechtigung als einen zur Rückfahrt, er besiegelt seine Prüfung mit einem Thank you, und weil er immerhin einen ganzen Blick verschwendet oder ausgegeben hat an meine Reise-Ausrüstung, versüsse ich ihm diese Sekunde mit einem Thank you und wende mich an jenen Bahnbenutzer, der mir seinen Überseekoffer aus dem Schrittweg räumt, mit einem entgegenkommenden, zivilisierten, unerregtem und dennoch gerührtem Thank you. Im Zug tritt manchmal eine Abart auf, indem ein Schaffner naht mit dem Ruf: Tickets, please! Der will aber keine verkaufen, der will die gekauften sehen, und jedem Passagier reicht er das seine zurück mit einem apologetischen Thank you, voller berechtigten Vertrauens darauf, dass sie ihm alle einzeln mit einem erleichterten, selbstgerechten Thank you die verlängerte Geltungsdauer des gesellschaftlichen Vertrages bestätigen. Der Mann an der Sperre von Sheerness sodann, er bedenkt alle dreiundsechzig abendlichen Rückkehrer, von den Halbwüchsigen an, mit einem speziellen Thank you, sofern sie ihm einen Fahrtausweis ausliefern; muss einer nachzahlen, so ist dies erst fällig im Moment, da Geld und Quittung die Hände wechseln, in diesem Falle, wie Sie erwarten, und zwar mit Recht: zweifach, von jeder Seite eines. Thank you.

Sie betreten ein Gemüsegeschäft. In der Schlange vor Ihnen hören Sie des öfteren wiederholt ein Wort, das kennen Sie nun schon. Thank you. An der Reihe, spricht die Madam Sie an mit einem Thank you. Denn immerhin haben Sie gerade diesen Laden für Ihre Bedürfnisse ausgesucht, Sie sind wahrscheinlich willens, hier Geld auszugeben. Zwei Pfund Cox-Äpfel wünschen Sie. Thank you! sagt die Madam, denn Sie haben ihr einen Auftrag erteilt; willkommen ist er ihr. Nun möchte sie noch wissen: von denen oder von denen? Thank you sagt die Madam, als Dank für Ihre Antwort, auch weil Sie die teureren gewählt haben. Jetzt aber sagen einmal Sie Thank you, denn sie tut Ihnen die Tüte in die Tasche. Jetzt hätten Sie gern noch ein Pfund Tomaten. Thank you sagt Ihnen die Madam aus Gründen, die Ihnen nun schon geläufig sind, und Thank you wenden Sie auf, weil sie Ihnen die empfindlichen Früchte so sänftiglich auf die härteren bettet. Zum Schluss fehlen Ihnen zwei Zitronen. Thank you sagt die Madam, es freut sie so recht die los zu werden, aber da ist eine Frage: lütte? oder nicht so lütt? Sie antworten, und erhalten Ihren Lohn dahin mit einem Thank you, für das Sie sich revanchieren mit einem Thank you, wie es angebracht ist, wenn einem zwei Zitronen überreicht werden. Das wäre nun alles. Thank you sagt die Madam, denn sie will sich für den ganzen Hergang, pauschal so zu sagen, erkenntlich erweisen, und nennt Ihnen den

Preis. Weil Sie ihr jedoch statt zweier Scheine die geforderte Summe umständlich in Kleingeld aus dem Portemonnaie herausfingern und ihr aushändigen, haben Sie sich extra angestrengt, die Ladenkasse flüssig zu halten, „nice money" haben Sie ihr gegeben, so dass Sie zumindest die mundartliche Vertraulichkeit eines „Thanks ta" erwarten. Das war ein wenig unbescheiden, so familiär werden Auswärtige (erinnern Sie Ihnen wohl) erst in zwanzig Jahren behandelt, und so werden Sie in zwar vollgültiger Doppelmünze, aber in hochenglischer Prägung verabschiedet: Much obliged.

Und sollten Sie tatsächlich bis hierher gelesen haben, was bin ich Ihnen da schuldig? Thank you.

Thank you ever so much. Thank you for letting me tell you this.

Wie, Sie sind noch der Varianten begierig? Ich sehe Sie auf Seite drei?

Nun denn. Weil Sie es sind.

Kleinere Handreichungen, das Ausborgen eines Bleistifts oder einer Streichholzschachtel, das Offenhalten einer Tür, das Anbieten einer Erfrischung ist unter Brüdern und anderen Freunden dies wert: ein beiläufig hingeworfenes Cheers. (Sie hatten gedacht an Cheerio, und ich glaube zu begreifen, auf welchem Wege Sie gelangt sind zu Cheerio. Man ruft es nämlich beim Verlassen einer Gesellschaft, eines Gastraumes, als Abschiedsgruss, und Sie vermuten da den Wunsch, allgemein Dankbarkeit zu bezeigen für die gemeinsam verbrachte Zeit. Das mag in Ihrem und in anderen individuellen Fällen so sein. Aber was fangen Sie an, wenn die zurückbleibenden Kerle und Gäste Ihnen nachrufen? Das tun die nämlich mit eben dem selben Cheerio, und nun heisst es: Glück auf den Weg! Mach's gut! Pass auf beim Weiterleben!) Dann gibt es noch ein anderes Cheers. Das sagen Sie dem, der Ihnen ein Bier stiftet oder was immer Sie sich von ihm wünschen werden auf seine Aufforderung hin, Tio Pepe nehme ich an (wie schon einmal). Sie haben noch ein fast volles Glas? Sie möchten den Abend mässig verbringen? Sie scheuen sich, die Börse des Einladenden zu belasten? Dann sagen Sie: Thank you very much, but I'm all right. Indeed. Ist Ihr Glas aber fast leer, trotzdem wollen Sie eine Weile noch so sitzen, so werden Sie um Entschuldigung bitten mit einem Thank you very much, but I must be off. Es bleibt nun noch, dass Sie annehmen. – Oh: sagen Sie lächelnd, überrascht und erfreut wie Sie sind: Thank you very much. Erst kurz bevor Sie die erneuerte Füllung an die Lippen setzen, wenden Sie sich an den Spender mit Ihrem getragenen, ehrlichen: Cheers. Die Orthodoxen werden Ihnen den Empfang dieses Ausrufs bestätigen mit einem feierlichen: Bless you, oder mit Good health! oder mit: All the very best! Frivole verlängern das letztere um den Zusatz: and all that jazz. Mehr nüchterne Naturen sagen etwas nebenbei: Well. Yes. Cheers.

Liegt Ihnen daran, empfangene Wohltaten zu vergelten, wenden Sie sich an den Urheber, sobald dessen Glas bedürftiges Ansehen angenommen hat mit einem Would you care to take wine with me? (Ausser in Weinstuben.) Diesem Einfall kann begegnet werden mit It certainly would be a pleasure. Thank you!

Gedenken wir auch der traurigeren Möglichkeit, Sie sässen da allein, und der Mensch hinter der Theke ist weggetreten in ein Gespräch oder gemeinsamen Gesang, ganz unempfindlich für die Leere in Ihrem Glase. Ein Mensch von ungeduldiger Wesenart bringt dann bittend vor: Yes please –? Die anderen warten ihre Zeit und erinnern an sich mit mild vorwurfsvollem: Thank you.

Dafür bekommen Sie ein Thank you, wegen Verbesserung der Auftragslage erst einmal, ein zweites Thank you beim Servieren, anlässlich der Erledigung der Bestellung, dem Servieren nämlich, und ein drittes, dies für die Auslieferung des Kaufpreises. Ihnen aber zu Gefallen ist das Bier gezapft und hingestellt worden, Ihnen zur Beruhigung wird Wechselgeld gegeben. Das macht Ihrerseits: Thank you. Und noch einmal: Thank you.

Schliessen will ich mit einer Dankesformel, die mir einmal zuteil wurde von einem, der das andauernde Schweigen schlecht vertrug: Thank you for your company!

Yours, truly, Uwe Johnson.

Sheerness
21. Juni, 1980

Liebe Christine Jansen –

einen erspriesslichen Sommer wünsche ich Ihnen! denn heute hat er angefangen.

Ganz wie Sie erwarten habe ich mich gestossen daran, dass Sie meinem Brief ein tröstliches Wesen nachsagen. Denn ich denke Sie ungern in einer Lage, da Sie des Trostes bedürften.

Und will nun hoffen, es ist vorbei.

Denn wer getröstet werden will, das bin ich! Denn ich habe mich in eine wacklige Lage gedacht. Nachdem ich den Brief an Sie auf den Weg gebracht hatte, fiel mir ein anderer ein, von einem Feuilleton an mich gerichtet mit dem Ansinnen, mit wieder einmal einem hochbrillanten Trick den Platz zu füllen, wo der guten Ordnung ein wenig Text erscheinen soll, als mit einer Antwort auf die Frage, welche Leute in meinem Alltag mich beschäftigen, vornehmlich in der Phantasie. Und unberaten, wie ich bin, rutschte ich in die Erwägung: Denen könnte man doch ... die wären vielleicht still, wenn ... dann wäre die Sache endlich vom Tisch. Ging hin und tat's. Das Ergebnis sehen Sie in der Beilage. Ich habe Ihnen den ganzen Brief noch einmal geschrieben.

Aber öffentlich. Und könnten Sie mir verzeihen? Hohes Gericht, solches ist mir hier zum ersten Male überhaupt unterlaufen. Es ist dabei auch verschwiegen, an wen jene phantastischen Mitteilungen denn gerichtet sind. Ich bitte um Pardon. Um Nachsicht. Um Gnade.

An mildernden Umständen wäre noch anzuführen, dass ich neulich beinahe überfahren worden wäre! Ging auf der eigens dafür aufgebauten Promenade so für mich hin, mit jenem tauben Blick auf die See, der das Erblickte augenblicklich vergisst, und wähnte mich sicher. Denn auf die Rampe steht aufgemalen, dass hier nur Fussgänger zugelassen sind, nie und nimmer Radfahrer, und den Autohaltern ist sogar das Parken verboten. Meine automatische Schallmesstechnik war demnach bloss eingestellt auf Leute auf Schusters Rappen, auf langsame Bewegungen, und es waren auch keine Dächer da, von denen jener Ziegelstein hätte fallen können. Schreckhaft aufgeweckt, fand ich mich in der Fahrbahn eines Kraftwagens, der mir mit geflissentlicher Eile entgegenkam. Auf dem Dach war ein Kasten aufgebaut mit den weissen Buchstaben POLIZEI, so dass es fast zu einer legalen Hinrichtung gekommen wäre. Im Sprung zur Seite erwischte ich gerade noch die beiden Uniformierten auf den vorderen Sitzen, hinter ihnen zwei zehnjährige Jungen, die bei einer ihrer beliebten Untaten aufgegriffen waren und nun einer Strafe zugeführt wurden, die sich mit weit aufgerissenen Augen vorstellten, schwankend zwischen Entsetzen und Seligkeit. Von mir aber wird es nunmehr heissen in Kreisen der Polizei: Der hat ja Angst vor uns, der springt vor uns an den Rand, der läuft vor uns weg: der wird was auf dem Kerbholz haben, den nehmen wir uns mal vor demnächst. Welche künftige Wolke mir drückend über der

Stirne hängt, und bitte ich Sie, dies milde in Betracht zu ziehen!

So ist es. Ich erdreiste mich eines zweiten Blattes.

Denn sonst fiele womöglich unter den Tisch, dass mein Versehen – du liebe Zeit, und „Vergehen" war was ich Ihnen hatte flüstern wollen! – nie an das Licht der Sonnen gekommen wäre ohne mein freiwilliges, mein freimütiges, wenn auch von den Erynnien gehetztes Geständnis. Ohne meine Lieferung der nötigen Materialien für eine Straf-Verfolgung. Mit der gebotenen Zurückhaltung ersuche ich, diese Mitarbeit zu berücksichtigen bei der Straf-Zumessung sowie auch zu erwägen, dass hier vielleicht schon jene tätige Reue am Werke ist, zu der Sie mich wohl mindestens verdonnern werden. [...]

Ihr [...] Uwe Johnson

Helen Wolff
Brief aus Hanover/New Hampshire

6. Juni 1991

Lieber Herr Berbig,

das Problem der Beantwortung Ihrer Frage nach Johnsons frühem Leben in der DDR ist für mich, daß er sich ja selbst darüber in direkter Form in dem Band *Begleitumstände. Frankfurter Vorlesungen*, den Sie gewiß kennen, geäußert und sie z.T. dort auch dokumentiert hat. Dennoch will ich versuchen, aus meiner Erinnerung an Gespräche mit ihm etwas hinzuzufügen.

Entscheidend, und mir mehrfach erzählt, war für den Elfjährigen, der das offenbar am Straßenrand beobachtet hatte, das Zurückfluten des geschlagenen deutschen Heeres und die Flucht von Bevölkerungsmassen. Er hätte, sagte er, bis zu diesem Augenschein alles geglaubt, was man in der Schule (und wohl auch im Elternhaus) von Deutschlands Unbesiegbarkeit und dem Feldherrngenie des Führers propagiert hatte. Nun kam er unter ein neues Regime, das mit dem alten den Anspruch auf Allmacht gemeinsam hatte – die Vorzeichen, Fahnen und Bilder waren verschieden, der Anspruch und seine Konsequenzen die gleichen; das hatte dieser kluge, scharf beobachtende Junge schnell heraus.

Vor Allem in der Schule wurde ihm die Verlogenheit und die Parallele Hitler/Stalin klar. Damals, so sagte er mir, habe sich bei ihm festgesetzt, daß man nur seinen eigenen Augen und Ohren trauen dürfe, und damit auch der zwingende Wunsch, die Außenwelt prüfbar und verläßlich kennenzulernen. (Die Geschichte mit den von Amerikanern durch Flugzeuge abgeworfenen Kartoffelkäfern hat er mir mit besonderem Eifer erzählt, und wie er herausgefunden hat, daß es für Kartoffelkäfer die falsche Jahreszeit gewesen sei.)

Von seiner Herkunft, seinen Eltern sprach er kaum – mein Eindruck war ein gestörtes Verhältnis zur Mutter, ohne Kommentar über die Hintergründe.

Er war wohl schon als Student mit seiner späteren Frau Elisabeth, geb. Schmidt, verbunden. Durch sein „aufsässiges" Verhalten und Abseitsstehen erteilte man ihm keine Lehrerlaubnis, während Elisabeth Unterrichtserlaubnis gewährt bekam. Zu den vielen Frustrationen gehörte wohl auch, daß er sich von ihr materiell unterstützen lassen mußte, da er weder lehren noch publizieren konnte – das war jedenfalls mein Eindruck. Ausschlaggebend für seine Übersiedlung in den Westen war die Unmöglichkeit, unbeaufsichtigt und unbeeinflußt zu produzieren. Darüber ist, nächst den *Begleitumständen, Das dritte Buch über Achim* am aufschlußreichsten.

Sehr stark empfand ich, bei ihm und bei seiner Frau, Heimweh nach der Landschaft der verlorenen Heimat, die er mit soviel geographischer Akribie beschreibt, Wind und Wetter eingeschlossen. Daß er sich, unwiederbringlich, exilieren mußte, als Unschuldiger den Kriminellen weichen, war ein ewiger Stachel.

Er wäre, hätte man ihm die Möglichkeit dazu gegeben, ein hervorragender Lehrer geworden – Lehrer spielen in seinem Leben und seinem Schreiben eine große Rolle – siehe besonders der Schluß der *Jahrestage*, aber auch die glänzende Schilderung, wie man Fontane zu lesen hat.

Es wäre für die für Sie so wichtige Zeit natürlich Frau Elisabeth Johnson der aufschlußreichste Zeuge. Eine andere in New York lebende Frau, Dr. Lotte Köhler, die selbst aus Mecklenburg stammt, und mit der Uwe befreundet war, mag über diese Zeit, die auch ihre Jugendzeit war, mit ihm gesprochen haben.

Es tut mir leid, daß dieser Brief so dürftig ausfällt. In unserem Zusammensein war Johnson meist der Fragende, und ich für ihn eine Geschichtsquelle, meines Alters wegen. Im Grunde wollte er anonym sein, ein Beobachter, kein Beobachteter. Davon hatte er genug. Und vor allen Dingen wollte er *frei* sein.

Mit guten Wünschen
Ihre Helen Wolff

Hans-Jürgen Schmidt
Brief aus Güstrow

Güstrow, 17. Juli '92

Sehr geehrter Herr Berbig,

erst heute, in der ersten Ferienwoche, komme ich dazu, Ihren freundlichen Brief vom 26. Oktober zu beantworten. Dabei hätte Ihr Anliegen es wahrlich verdient gehabt, daß ich Ihnen gleich geschrieben hätte. Aber ich befürchte, daß meine Erinnerungen an U. J. nicht ausreichen, Sie bei Ihrem Vorhaben zu unterstützen.

Meine Freundschaft mit U. J. war beschränkt auf ein bestimmtes Schuljahr, dasjenige von 1950/51: da war er in der 11. Klasse, ich in der 12. Klasse. In dieser Zeit sind wir allerdings fast täglich zusammengewesen. Am Ende dieser Zeit stand, in der ersten Ferienwoche, eine „Bäderreise" mit dem Pionierchor der, damals 12-klassigen, John-Brinckmann-Schule; er war dabei als „Conferencier" und „Schöpfer" der Zwischentexte, ich als Pianist. Wir fuhren nach Rügen (Göhren, Sellin), Usedom (Zinnowitz). Die letzte Station war Kühlungsborn. Über diese Reise verfertigte U. J. eine Art Reisebericht, den er mir in die Maschine diktierte. Vermutlich ist das seine erste literarische Arbeit überhaupt gewesen. Aus diesem Jahr des Zusammenseins erinnere ich noch einen freundschaftlichen Dienst, den mir U. J. leistete: Nach meinem Abitur im Juni '51 brauchte ich eine Beurteilung der FDJ-Leitung der John-Brinckmann-Oberschule für meine Bewerbung an der Hochschule. Der 1. Sekretär der

ZSGL (Zentrale Schulgruppen-Leitung der FDJ) war Fritz Möllendorf (in späteren Jahren SED-Korrespondent beim DDR-Fernsehfunk), der mich wohl nicht leiden konnte und mir eine negative Beurteilung schrieb, die mich sicher den Studienplatz gekostet hätte. U. J. war 2. Sekretär der ZSGL und schrieb für mich die Beurteilung neu, diesmal mit positiven Aspekten. Unsere Wege verliefen sich dann: ich studierte von 1951-53 in Rostock und traf U. J. ein- oder zweimal in seinem ersten Rostocker Studienjahr. Von 1953 bis 1955 studierte ich in Halle/Leipzig und besuchte U. J. in seiner Leipziger Studentenbude einmal, einem Zimmer, das vom Fußboden voller Bücher war. Ich schrieb ihm dann und wann nach Westberlin, er antwortete prompt und schickte mir auch seine ersten Werke (*Mutmassungen...* und *Das dritte Buch...*). Bei der ersten Möglichkeit kam er in die DDR, im Jahre 1972, besuchte zunächst Freunde in Rostock, kam dann mit seiner Tochter Katharina zu uns für drei Tage nach Schwerin. Von diesem Besuch stammen die Fotos, die ich von ihm machte, bei einem Spaziergang am Paulsdamm. Sie sind bisher nicht publik gemacht, und ich möchte sie Ihnen gern schenken, als „Unterstützung" Ihrer so wichtigen Arbeit. Die beiden ersten Bände der *Jahrestage* ließ er mir „auf Schleichwegen" zukommen. Im Sommer 1973 besuchte er uns im Bootshaus am Inselsee in Güstrow, in dem ich auch jetzt sitze und an Sie schreibe, mit seiner Frau Elisabeth & Katharina. Aus Sheerness schrieb vorzugsweise seine Frau an mich, die mir auch den dritten Band schickte, aber der Zoll der DDR erlaubte nicht, daß ich ihn erhielt! Von seinen letzten Jahren erfuhr ich erst später, nach seinem Tode. Leider ist auch die Verbindung zu Elisabeth Johnson abgerissen. Haben Sie zufällig ihre Adresse?

Als – nunmehr kurios anmutenden – Nachtrag möchte ich noch meinen Streit mit dem Postzollamt erwähnen, das mir nicht erlauben wollte, *Ingrid Babendererde* zu lesen, und sich nach der Wende weigerte, mir das widerrechtlich beschlagnahmte Buch herauszugeben... Und so begleitet mich U. J. auf allen meinen Wegen: ich lese begierig alle Veröffentlichungen über ihn, deren ich habhaft werden kann, und freue mich über die Maßen, daß man überall – auch bei „Opitz" in Güstrow – seine Bücher kaufen kann. Fast täglich gehe ich bei meinen Spaziergängen über die „Rodelbahn" im Heidberg, „welcher Anblick mir möge beschieden sein, in den Stunden meines ... Sterbens." Ich bin sehr gespannt auf Ihre Arbeit und wünsche Ihnen dabei guten Erfolg.

Seien Sie herzlich gegrüßt.
Ihr Hans-Jürgen Schmidt

Michael Jesse
Da war Einer, den hätte ich gern gekannt

I

ANDERERSEITS haben wir uns zusammengefunden ohne die Mühen besonderer Art, wie wir sie noch vor zwei Jahren zu dulden hatten und, das dürfen wir getrost erinnern, uns selbst jahrelang duldeten angesichts dessen, was wir dachten dulden zu müssen – aus welchen Gründen immer. Wir haben uns in Hannover zusammengefunden und brauchen keine besonderen Genehmigungen für einen besonderen Paß. Wir konsumieren zunehmend die gleichen Speisen gleicher Produzenten und bezahlen diese in der gleichen Währung, ohne an einen Umtauschkurs denken zu müssen. Wir brauchen keine besonderen Rechtfertigungen, warum die Einen hierbleiben und die Anderen fortgehen und kennen die Ängste nur noch von ungefähr: mein soeben gesprochenes Wort würde mit einer besonderen Akribie in einer besonderen Akte vermerkt werden, vielleicht von jenem Mann (oder jener Frau) neben mir sitzend, besonders unauffällig. Wir denken manchmal mit Grauen, oft auch schon mit Humor und viel zu viel überhaupt nicht mehr an die Zeit vor dem November 1989, an das Land und den Staat, mit dem wir uns straften, weil wir den Namen Deutsche Demokratische Republik gebrauchten (und es vergaßen), und an uns in dieser Republik, denn das war Gestern, ist das Vergangene, ist eine Zeit, die sich hinter uns gebracht hat. Wir können Uwe Johnsons Bücher in jedem Buchladen sorglos bestellen und kaufen und können darin lesen und darüber schwatzen in aller Öffentlichkeit. –

Wenn ich Sie heute einlade, mir zu folgen auf einer kurzen, fiktiven Reise von den Städten Rostock/Berlin über Moskau nach Tbilissi, dann nicht nur, weil ich im Gepäck als Reiselektüre anstelle etwa russischer oder georgischer Literatur zwei Romane von Uwe Johnson mitführte, sondern weil diese Reise durchaus auch eine *Reise wegwohin* war: es ist die Zeit des Sommers 1990, die Zeit des Nachdenkens darüber, warum Einer ein halbes Jahr lang keine deutsche Zeitung lesen mag und Deutschland als einen fremden, traurigen Ort empfindet und nach einer Angelegenheit sucht, die Andere Heimat nennen.

EINERSEITS aber ist meine Reise nach Tbilissi (da gibt es Leute, die für eine Deutschmark 10 Rubel freiwillig bezahlen und nur 200 Rubel im Monat verdienen) meine erste Begegnung mit Ingrid Babendererde und Klaus Niebuhr, mit Gesine Cresspahl, Dr. Jonas Blach und Jakob Abs. Die erste Begegnung mit Uwe Johnson fand schon im Herbst 1989 statt, allerdings damals sehr flüchtig, denn Namen, die man nicht kennt, bleiben auch vorerst nicht sehr freundlich im Gedächtnis ohne Hinzutun eines entsprechend eigenen Aufwandes und einer Möglichkeit: Ein Buch *Eine Reise wegwohin und andere kurze Prosa*, herausgegeben von Jürgen Grambow im Aufbau-Verlag, lag bei Jemandem zwischen Papieren auf dem Schreibtisch, mir schien es die Anthologie eines unbekannten skandinavischen Schriftstellers zu sein; die besagten Papiere hingegen, Manuskripte und Flugblätter, interessierten seinerzeit viel dringlicher. So kam es, daß ich erst im Frühsommer 1990 bei einem Freund in Hamburg in dessen Regal ein blaues Büchlein fand, das dieser mir wärmstens anempfahl: Da wird auch über einen Stasi-Offizier geschrieben... – Ein anderes Buch erstand ich einige Tage später in einem bremer Buchladen auf meine Anfrage Uwe Johnson betreffend mehr der Zufälligkeit wegen: es war nur dieses eine Exemplar vorhanden. Und so waren es

Ingrid Babendererde. Reifeprüfung 1953 und *Mutmassungen über Jakob*, die mit auf meine Reise kamen: terra incognita.

> *Sie sah auf das Schild „Warnemünde - Berlin" und sagte bedenklich: Also empfing Ali Baba den Ölhändler mit vieler Höflichkeit und Güte – da war es doch?*
> *- Wenn du das so nennen willst: sagte Klaus.*

Und schon während der Bahnfahrt durch die *sogenannte norddeutsche Tiefebene* werde ich mit Johnsonscher Freundlichkeit und Geduld begrüßt, und mein Blick geht hinaus auf das neblige Mecklenburg und sucht nach Ingrid, die *lächelte heimlich in ihren Augenecken.* – War es, daß ich plötzlich wieder lesen konnte über Deutschland und deutsche Geschichte und hier Jemand eine Sprache gefunden hatte, die so lange von mir, ungekannt und dennoch eigentümlich vertraut, vermißt wurde? *Wann hat Mecklenburg eigentlich aufgehört?*

Zwei Tage im Schlafwagen durch Polen und Belorußland erzählt mir, dem Einundzwanzigjährigen, ein neunzehn Jahre alter – oder wenn man so will – ein zweiundzwanzigjähriger Autor von einer Gegend, aus der ich stamme, und das ist mehr als nur die Erinnerung an Mecklenburg, an die eigenen Erfahrungen mit der Erweiterten Oberschule, der Jungen Gemeinde oder der DDR-Staatsmacht. *Reifeprüfung 1953* fordert nie so dringlich die Besinnung auf Reifeprüfung 1988, mit „gut" bestanden an einer rostocker Oberschule, die den durchaus allegorischen Namen eines von der Staatsmacht verehrten sowjetischen Kundschafters des Zweiten Weltkrieges trägt, oder auf die viel eigentlichere Reifeprüfung im Herbst 1989, der Vergleich ist erheblich.

Noch in Moskau vor der Botschaft der deutschen Bundesrepublik, um Einladungsformulare und Visa für georgische Freunde zu beschaffen, dort stehen täglich hunderte sowjetische Staatsbürger stundenlang wartend in einander bedingenden Schlangen vor dem Tor und vor einem deutschen Beamten mit Jackett und lässiger Sonnenbrille, rücklings abgeschirmt von moskauer Miliz, pochen auf eine deutsche Abstammung, harren mit anerzogener sozialistischer Geduld eines Papieres auf Arbeitserlaubnis oder der Genehmigung auf RÜCKGABE EINER STAATSBÜRGERSCHAFT mit der Bitte um eine andere, deutsche (manche sind Juden), und lassen einen seinen DDR-Reisepaß Schwingenden bereitwillig durch und vor. Noch in Moskau vor der Botschaft der deutschen Bundesrepublik also besitze ich wieder eine Ahnung von Heimatgefühl:

- Ah, Sie sind ein Deutscher. Kommen Sie!

- Da, ja ieß GDR.

ein Geheimnis, mein Geheimnis, der Mann im Jackett mit lässiger Sonnenbrille und gelangweiltem Kaugummi zwischen den Zähnen wird von Uwe Johnson sicherlich nichts wissen...

- Du musst jetzt aufstehen: sagte seine Stimme über ihr.

- Ja: sagte Ingrid. Sein Gesicht war höflich und aufmerksam im Licht.

- Du: sagte sie zu ihm hoch ohne sich zu rühren. Aber es brach dann wieder ab, und sie wartete lange.

- Du möchtest es vielleicht versuchen, du bist so ungeschickt stolz: sagte sie.

- Für den Stolz will ich mich nicht verbürgen: sagte Klaus. Um seine Lippen tanzte Spott in vielen kleinen Bewegungen.

- Ich möchte mit solchen Leuten nichts mehr zu tun haben: sagte er nachdenklich. Er starrte auf den hellen See in der Nacht.

- Und wenn du nicht durchkommst: sagte Ingrid. Klaus lachte leise.

– Du solltest man mehr Angst vor dem Chauffeur haben als um mein Durchkommen: sagte er lächelnd und strich mit seinen Händen die Angst aus ihrer Stirn.

- Hannover ist weit von Lübeck: sagte sie aber. Hannover war sehr weit von Lübeck.

- Wir werden ja sehen was an diesem ist: sagte Klaus. Sie würden ja sehen was an diesem war.

Nicht daß ich trauere darüber, daß Uwe Johnsons Roman *Ingrid Babendererde* erst im Frühjahr 1985 bei Suhrkamp veröffentlicht wurde, postum, also kurz nach Uwe Johnsons Tod und genau 28 Jahre nachdem er das Manuskript dem westdeutschen Verlag anbot, und ich wiederum weitere fünf Jahre später erst dieses Buch in aller Ruhe lesen kann, sondern es erfüllt mich eine Trauer und Wut, daß dieser Text – und alle weiteren Texte von Uwe Johnson – nicht zu einer Zeit vorhanden und nutzbar war, da ich ihn besonders dringend gebraucht hätte.

Siegfried Unselds Begründungen, die er anbrachte, um einer Veröffentlichung abzuraten, sind die Geschichte der ANDEREN Seite. Aber die Ablehnung durch den Aufbau-Verlag im Jahre 1956, trotz großen Lobes, und dann weiter folgend durch Hinstorff in Rostock, List in Leipzig, Mitteldeutscher Verlag Halle ist die EINE Seite und unsere Geschichte. Sicherlich war es nicht nur *Jakob,* der *immer quer über die Gleise gegangen* ist, *aber*

- aber warum konnte Uwe Johnson vor 1989 in der DDR nicht publiziert werden? Wie konnte es passieren, daß die von Jürgen Grambow herausgegebenen und sofort vergriffenen Texte auf jenem besagten Schreibtisch übersehen wurden, da man weder zu den wissenden Älteren, noch zu den beruflich oder privat Privilegierten gehörte, denen Uwe Johnsons Name wirklich ein Name war? Dieses Anfragen mag heute naiv erscheinen, aber es ist das, was mich mehrere 1000 Kilometer von Deutschland entfernt in den Bergen von Tbilissi sitzend und immernoch und jetzt und hier in Trauer, Wut und Scham versetzt: meine Reise wegwohin.

Von Tbilissi aus also denke ich an Deutschland und sehne mich nach Mecklenburg und weiß mit einer wortelosen Dankbarkeit, daß dies ohne Uwe Johnson nicht möglich wäre: Da war Einer, den hätte ich gern gekannt!

Zurückgekehrt in Rostock suche ich im Archiv der dortigen Universität nach was und finde drei Zettel, die bezeugen, daß die Fachrichtung Germanistik am 14. Juni 1954 keine Einwände gegen einen Hochschulwechsel des Antragstellers zu erheben hat und dessen Gesuch befürwortet und daß der Student der Germanistik, Herr Uwe Johnson, wenn auch der Delegation der DDR nicht angehörig, doch aber an der Tagung der Shakespeare-Gesellschaft teilnehmen möchte, mit ergebener Bitte des Direktors, Herrn Johnson eine Unterkunft zuweisen zu wollen, 15. April 1954, Universität Rostock, Stalinplatz.

36 Jahre später denke ich darüber nach, ob eine Geschichte REIFEPRÜFUNG 1989 zu Papier zu bringen wäre und ob diese auch jene niebuhrsche Distanz zu Ideologien und deren Instanzen erzählen könnte mit dem freundlichen Spott eines *gelassen auf einem Bein* stehenden Oberschülers, ein Segelboot ließe sich finden. Aber es würde eher, wenn überhaupt, die Fortführung und Ausleuchtung der Geschichte von Jürgen Petersen sein oder die dessen Sohnes. Vielleicht die Geschichte eines Sekretärs der Freien Deutschen Jugend, der sich auf den Weg zu einer Jungen Gemeinde und deren Pfarrer macht, weil die Obrigkeit anordnete, gegen die Gefahr einer Losung SCHWERTER ZU PFLUGSCHAREN zu kämpfen, und er kennenlernen möchte jene, die ihm als seine FEINDE IM EIGENEN HAUS von der Obrigkeit anbelehrt worden waren. Und für diesen jungen Mann, der ernsthaft was tun will für FRIEDEN und FREIHEIT und FORTSCHRITT, bricht von einem Tag zum anderen eine Welt zusammen, aber eine neue ist nicht da. Und dann, zerrissen wie er ist, tritt er doch den sogenannten Ehrendienst mit

der Waffe an, weil er immer noch nicht sich als Feind derer versteht, die er kritisiert und die ihn zum Feind erklären, indem er sich an Zitate des späten Lenin oder Rosa Luxemburgs klammert, sehr naiv, wie sich bald herausstellen soll. Und erst nach einer langen Odyssee kommt ihn eine Ahnung mit Gewißheit an, daß das Hierbleiben in diesem Staat eine Zusage an diesen Staat ist, dessen System verbrecherisch bleibt, wende man seine ausgeschriebenen Ideale und Utopien her und hin, wie man auch mag. Und ein Jahr später erst ist er fähig, sich von seiner selbstverordneten Unmündigkeit zu befreien, er zieht die Uniform aus und verweigert friedlich die weitere – und sei es potentielle – Mitwirkung am Krieg der Erwählten des Volkes gegen das Volk. Aber noch ist die Mauer geschlossen. Er wird plötzlich vorzeitig aus dem Wehrdienst entlassen, ohne daß man ihm ein Härchen krümmt – was man ruhig erfinden kann, was aber zu beschreiben wäre. Denn selbst einige seiner engsten Freunde werden ihn daraufhin der Zugehörigkeit zum Staatssicherheitsdienst bezichtigen, er dagegen wird niemals vergessen jene Stimme in sozialistischer Militärkluft, die ihn anzischte bei der Verweigerung: Man müßte dich erschießen, weil du deine Pflicht nicht erfüllst! – Und diese Stimme läuft heute noch wer weiß wo herum in deutscher Gegend.

Fortlassen allerdings müßte ich solche Johnsonschen Hinweise auf: *Der siebenunddreißigste Buchstabe hing schief*, denn die Losung *REINIGT WACHSAM UND UNERBITTLICH UNSERE REIHEN VON DEN FEINDEN UNSERER DEMOKRATISCHEN ORDNUNG* gibt es in der Zeit der Geschichte meines jungen Mannes nicht mehr, nur Wochen später bricht der Parteistaat und mit ihm die Staatspartei für alle unfaßbar und unwiderruflich zusammen. Uwe Johnson seinerzeit wußte mehr als meine zu erfindende Person von Archipel GULag, Schauprozessen, von KZ-ähnlichen Internierungslagern der Sowjets in der ostdeutschen Besatzungszone und von Witzen über Stalin, das muß man mal sagen! Aber meinem jungen Mann wird auch nach der Aktion mit der Mauer Deutschland genauso fremd vorkommen wie zuvor, und er wird vielleicht einen Blick in seine alte Oberschule werfen, wo noch immer der bereits erwähnte Name jenes berühmten Kundschafters – dieser Name kann nur durch das Ministerium für Staatssicherheit an verdienstvolle Kollektive oder betriebliche oder öffentliche Einrichtungen verliehen werden – über der Schultür prangt, und hinterm Sekretariat sitzt gemütlich derselbe Direktor wie vor Jahren, der nichts weiß und wußte von der Stasi in seiner Schule und in seinem Büro, und im oberen Flur hängen noch immer die polit-ideologischen Wandtafeln der Freien Deutschen Jugend und der paramilitärischen Gesellschaft für Sport und Technik unbekümmert und zeitlos in der Morgensonne: ein mündiges Land, dieses neue Land, und ich kann ohne zu lügen erfinden: es ist September 1990. Und ob Uwe Johnson die Bundeswehr gemocht hätte in der Nähe von Wendisch Burg oder Jerichow? Jedenfalls wäre meine Geschichte auf eine Überprüfung hin zu konzipieren, ob ein Jürgen Petersen sich zu einem Klaus Niebuhr oder Jakob Abs entwickeln könnte und wenn, wie das geschehen müßte, nur mutmaßlich natürlich. Oder woher haben Klaus und Jakob, Ingrid und Gesine ihren freundlichen Spott und diese nachdenkliche Gelassenheit, jene aufmerksame Verläßlichkeit und den höflichen Stolz, die *Unruhe in ihren Herzen*? Weil sie sind aus Mecklenburg und sprechen auch das Plattdeutsche? Oder weil man sagt, Uwe Johnson habe viel Philosophie gelesen? Oder weil Uwe Johnson Personen wie Klaus Niebuhr und Jakob Abs, Ingrid Babendererde und Gesine Cresspahl gut kannte oder sie nicht nur angelegentlich suchte, weil er sie brauchte und sie deshalb erfand, damit er und wir sie kennenlernen können? *Wer weiß*?

II

Wir hatten uns nicht die Hand gegeben; jeder hatte ja vom anderen gesehen dass er da war.

Lese ich seine Bücher, war Uwe Johnson kein Nihilist, der Realitäten zugunsten von real-sozialistischen, christlichen oder anderen apokalyptischen Utopien leugnete. Auch war er kein Idealist, der sich in Realitäten flüchtete, nur um ihre Veränderbarkeit und das Verlangen danach (und Ausbleiben) nicht wahrnehmen zu müssen. Und trotzdem sind seine Texte so utopisch wie realistisch, vielleicht gerade weil sie sich mit einer solchen Ausdauer und Genauigkeit auf Wirklichkeit beziehen, sie erfinden, zum Leben erwekken und so den Rahmen von Alltäglichkeit aufbrechen mit einem Auge, das sieht mehr als nur die beiden Deutschland: *Es ist eine Welt gegen die Welt zu halten.* Es ist der Riß der Geschichte, dem Johnson ins Gesicht blickt ohne Scheu, der Riß, der nicht nur die Landschaft der Politik, Ökonomie und Ideologie spaltet, sondern sich in das Soziale, Menschliche, Seelische eingeschnitten hat: *die Grenze: die Entfernung: der Unterschied* – eine klaffende Wunde, die man allzuschnell heilen zu können sich dünkt mit dem dreckverschmierten Mullverband EINIGUNGSVERTRAG DEUTSCHMARK BUNDESWEHR und sonstigen Errungenschaften der deutschen Bundesrepublik. Zu diesen Errungenschaften, der Gleichberechtigung wegen, gehört natürlich auch: Westdeutschland als Erfahrung einer ostdeutschen neuen Möglichkeit und umgekehrt. (Waren bekanntlich die meisten DDR-Bürger schon immer Bundesdeutsche, so ließe sich dagegen schwerlich eine ebensolche Anzahl Westdeutscher für eine identitätsreife DDR-Erfahrung lebenslänglich verbürgen..., aber.) Die neuen Erfahrungen sind aufzufinden und zu zählen in ihren Einzelheiten und zu überprüfen an der Verfassung der Wirklichkeit. Bleibt die Hoffnung, beider

Wirklichkeit, die *Entfernung zwischen beiden deutschen Gegenden (Obrigkeit, Gewerkschaften, Ernährungsweisen, Lebensarten, Schnapssorten, Automarken, Tabakmischungen)* verfasse sich als brauchbar in der einen einzigen: neuen: verbündet-deutschen, die leben wir.

III

In der Nachfolge seines literarischen Umgangs mit der Staatsmacht, mit einem uns bekannten Herrn Rohlfs vom Staatssicherheitsdienst, handelte sich Uwe Johnson eine deftige Portion Kritik ein. Denn es ist wahrlich schwer, über die in der Regel unsichtbaren „Diener" eines Machtapparates zu schreiben, ohne gleich der Apologie des Machtsystems zu verfallen oder selbigen Frevels gar beschuldigt zu werden, es geht über mancherlei kleinbürgerliche Demokratiegemütlichkeit weit hinaus und verstört den sittsamen Freidenker nicht nur in seinem unterhaltungsbedürftigen Vorstellungsvermögen einschlägiger Kriminal- und Spionageschriftstellerei, sondern erschüttert auch sein allgemeines Verständnis vom Bösen an sich erheblich. Aber es ist mir wichtig, ohne Jemandem nahe treten zu wollen, jenem Tenor in Uwe Johnsons Texten mit gebührender Aufmerksamkeit zu folgen, der jenseits einer Be- oder Entschuldigung irgendeines Systems steht, dessen Verhältnisse und Nachwirkungen eingeschlossen. Nicht weil absurde, verlogene, grausame, zerstörende und faschistische Momente des Staatssystems (und hier denke ich über die Bedeutung des Wortes *faschistisch* als *psychologisch* nach) nicht erkannt und abgeschafft werden sollen, sondern vielmehr, da der Gedanke, daß die Beschuldigung und Verurteilung eines Anderen zumindest immer auch potentielle Züge der eigenen Reinwaschung und somit, möchte ich behaupten, faschistische trägt, nicht einfach vom Tisch zu weisen ist und gerade heute eine besondere Aktualität durch die sogenannte AUFARBEITUNG DER DDR-VERGANGENHEIT und ABRECHNUNG MIT DEM STALINISMUS erfährt. Jedenfalls geht mit einer Beschuldigung mindestens potentiell eine moralische Bewertung einher, die Benennung eines schuldigen Anderen fordert zwangsläufig die eigene Benennung zum unschuldigen Selbst. So entsteht durch Moralisierung eine Distanz zwischen dem schlechteren Es und dem besseren Ich, was für mich die faschistoide Haltung eines Über-Ich, das sich nur durch das von ihm erklärte Vorhandensein des Unter-Es bestimmen kann, beinhaltet. Die Moral indessen, aus welcher Landschaft auch immer sie stammen mag, besitzt keine weitere Aufgabe als jene, die Beschuldigungen und Verurteilungen zu rationalisieren, um sie in Konvention bringen zu können. Sie ist nur eine Scheinmoral, da der Ankläger sich zugleich zum Richter erhebt. Wo es eher um genaue Tatbestimmung und konkrete Verantwortlichkeit geht, wird der Mentalität von Sieger & Verlierer gefrönt, man feiert die Beendigung eines Krieges, aber ein Frieden ist nicht in Aussicht, man beseitigt historische Meter von Stacheldraht und baut neue Mauern der Ungerechtigkeit, läßt Angst, Verzweiflung, Wut und Haß als soziales Krebsgeschwür zurück und wundert sich über Rechtsradikalismus und Neonazismus, Suizide und Molotow-Cocktails, als sei dies wirklich das „letzte bürgerliche Bildungserlebnis" (Heiner Müller).

Und Uwe Johnson schreibt 1959 herausfordernd so:

> *'Sie sind kein guter Verlierer' sagte Jonas gegen den Rücken von Herrn Rohlfs. Der wandte sich nicht um. Er schwieg auch, als der Assistent den Gefangenen barsch aufforderte er solle den Mund halten. Aber er dachte in seinem Herzen dass es nicht die Wahrheit sei. Dass er mit Jakob darüber sich hätte verständigen können. Wortlos, in einem kurzen unauffälligen Schweigen und Blickwechseln. Das Jakob gerechter gewesen wäre.*

IV

Erzählungen Manfred Bierwischs zufolge war Uwe Johnson stets überzeugt vom „Kleinen Mann" im Telefon, und wohl gerade deshalb forderte er sich und Anderen ein Verhalten ab, als würde die ständige Kontrolle durch einen die ganze Gesellschaft verschlingenden Machtapparat nicht zu befürchten sein, ja nicht einmal existieren: das eigene Angstverhalten etabliert gerade dadurch diejenigen, die Angst für die Erhaltung ihrer Macht und des Machtsystems brauchen.

Und Uwe Johnson reist von West-Berlin in die Stadt Leipzig, um Recherchen zu betreiben, trotz der Gefahr, die Staatsmacht könne ihn verhaften und verschwinden lassen. Und Uwe Johnson ruft 1961 aus Amerika in Berlin-Pankow an mit seiner tiefen, norddeutschen Stimme: Ich höre bei euch herrscht Terror..., sicher wissend, in welche Unannehmlichkeiten er seine Freunde bringen kann, und sicher war es nicht nur schwarzer Humor.

Das Verläßliche an Uwe Johnson ist, daß seine Arbeit sorgfältig utopisch bleibt, einmalig und unwiderruflich unbestechlich und damit ein freundlicher und geduldiger Begleiter beim Nachdenken über Deutschland, über ANDERERSEITS und EINERSEITS, über Grenzen, Stacheldraht, Geheimdienste, über Heimat, Hoffnung und Utopie, über Verlust.

Wenn sich heute einige Leute in gründlichdeutsche Vergeßlichkeit hüllen und ein neues deutsches Schweigen beginnen oder deutsche Zukunft mit narzistischer Arroganz in den schönsten schwarz-rot-goldenen Farben krächzend besingen oder verwässerte Tränen heulen wegen Betrug und Opfer und Ver-Führung, ist das durchaus deutsche Wirklichkeit, wenn auch eine fatale.

Aber: mit einem Satz: lese ich Uwe Johnsons Texte, *sah er nicht aus wie einer, der geweint hat; das wollen wir doch mal sagen.*

III

Uwe Johnson

Wenn er allein wäre, sagt er, würde er
Zwanzig Jahre lang nur zusehn.
Nicht auf der Seite seiner Prognosen, sondern
Neugierig. Mehr, sagt er, ist nicht übrig.
Sagt Warten dazu, sagt er.
Er weiss: Das ist kein Leben. Und er weiss:
Es gibt noch Wirklichkeit.

Ein Elefant, wird er nichts vergessen.

B. K. Tragelehn

Bernd Neumann
Leipzig, oder: die Schule der Modernität.
Uwe Johnson und William Faulkner

Uwe Johnsons Erfahrungen mit der DDR waren einerseits zweifellos die mit einer repressiven Diktatur, die den allzu selbständig Denkenden in den vier Jahren zwischen 1956 und 1959 faktisch mit Berufsverbot belegte. Hier sollte einer aus dem beruflichen und gesellschaftlichen Leben ausgesperrt werden, hier verordneten Lektoren des Aufbau-Verlags dem Mecklenburger eine „Gehirnwäsche". Formulierungen wie beispielsweise die Jürgen Grambows, dem zufolge Johnson „ohne Anstellung blieb", schminken den Sachverhalt eher rosig auf, als daß sie ihn korrekt benennen.[1]

Andererseits: Uwe Johnson, und das darf gerade auch in der heute so heftig aufgeflammten Debatte über die „Zurückgebliebenheit" der „Ossis" nicht vergessen gehen, hat sich seinerzeit nirgendwo anders als in der DDR zu dem exemplarischen Modernen gebildet, den er wie kaum ein anderer in der deutschen Literatur nach 1945 darstellt. Solche Entwicklung, solche Erfahrungen schienen möglich, wenn einer sie nur wollte; der Mecklenburger Uwe Johnson, der zum Herbstsemester 1954 aus der Rostocker Provinz in die sächsische Metropole reiste, hat sie gewollt.

I
Die Stadt

In *Einer meiner Lehrer*, Uwe Johnsons Erinnerungen an Hans Mayer, steht als Charakteristik Leipzigs zu lesen, es handele sich um die „wahre Hauptstadt der Deutschen Demokratischen Republik". Die „wahre Hauptstadt" also, und nicht erst die Novemberrevolution von 1989 hat diesem Mann in seiner Einschätzung recht gegeben. Bereits damals, Mitte der fünfziger Jahre, sprachen für das Urteil des aus Rostock Gekommenen die Vitalität geistigen Lebens, die Avanciertheit der Diskussion über Kunst und Literatur, wie sie in der gesamten DDR vielleicht einzig in Leipzig ihren Platz besaßen. Die Messe- und Buchstadt Leipzig stellte ein vives urbanes Zentrum in der damaligen „Demokratischen Republik" dar, mußte es umso mehr in den Augen eines sein, der soeben aus der norddeutschen, drögen Provinz kam, wie immer dieses Mecklenburg auch Johnsons wahre Heimat darstellen mochte.

In Güstrow hatte der angehende Intellektuelle und Schriftsteller Johnson noch 1952 über die ästhetisch hinterwäldlerischen (wenn auch vom *Neuen Deutschland* in Berlin zentral verbreiteten) Anti-Formalismus-Tiraden des Wilhelm Girnus handeln müssen. Lediglich drei Jahre später, in Leipzig, wird Uwe Johnson über Franz Kafka schreiben, dieser Schriftsteller existierte offiziell zu diesem Zeitpunkt noch gar nicht in der damaligen DDR. Statt lediglich über Deutsche Nationalliteratur, konnte der Güstrower nun bei einem hören, der war angestellt, um über „Weltliteratur", also um vergleichend über die Geschichte der Nationalliteraturen zu lehren. Die „Demokratische Republik" hatte sich in ihren noch nicht kompromittierten Anfängen Ende der vierziger Jahre eine illustre Reihe undogmatischer Köpfe ins Land geholt, in diesem Zusammenhang wären die Autoren Bertolt Brecht und Arnold Zweig, die Musiker Hanns Eisler und Paul Dessau, die Wissenschaftler Ernst Bloch, Hans Mayer und Werner Krauss zu nennen. Sämtliche drei letztgenannten lehrten an der Leipziger Universität.

Republikweit kursierten Bloch- und Mayer-Geschichten, gewürzt vom sarkastischen Widerspruchsgeist dieser Männer gegen die sozialistische Obrigkeit, festgehalten u.a. von Schriftstellern, die damals in Leipzig studierten, so etwa von Gerhard Zwerenz und auch von Uwe Johnson selbst.

Leipzig als Studienort erschien von daher damals attraktiver als selbst Berlin. Leipzig wurde vom Studenten Johnson nicht mehr seiner Nähe zu Güstrow willen, sondern wegen seines geistigen Klimas ausgewählt. Der Student Johnson meinte im Ernst, da hier Hans Mayer lehrte, müßten auch die politischen Verhältnisse andere sein als in Rostock, wo er seit seinem Zusammenstoß mit der FDJ als politisch-ideologisch suspekt galt, isoliert unter seinen Kommilitonen, ausgesetzt den Verhören (und vermutlich Anwerbungsversuchen) der dortigen Stasi. Leipzig mußte ganz anders sein. Und man kann in der Tat sagen, daß erst Leipzig als Studienort wirkliche Spuren in Johnsons geistigem Werdegang hinterlassen hat, u.a. eingegraben durch seine – eben auch persönliche! – Begegnung mit den großen Geistern des dortigen Universitätslebens. Die Germanistik, deren Studium Johnson, nun aber unter komparatistischem Blickwinkel, fortzusetzen beabsichtigte, sie wies neben Hans Mayer die anderen „großen Namen" Theodor Frings in der Linguistik und Hermann August Korff in der Literaturgeschichte auf. Sie alle koexistierten an Leipzigs Universität, übrigens ohne die hergebrachten Sicherungen des deutschen Beamtenrechts. Hier eröffnete sich der Horizont zur Weltliteratur, Johnson brachte nicht nur das Elisabethanische Zeitalter[2], sondern auch den Joyceschen *Ulysses* in seine Kenntnis.

Die Universitätsstadt Leipzig stellte stets auch eine Buch- und eine Messestadt dar. Das machte ihre Lebendigkeit aus auch unter den Verhältnissen des deutschen Sozialismus, der sich der „real existierende" nannte. Leipzig war zudem immer schon eine Literaturstadt gewesen. Insbesondere im

18. Jahrhundert gab urbs lipsi, der „Lindenort", die Stätte unerhört lebendigen literarischen Lebens ab; u.a. der junge Goethe hat hier, wie bekannt, studiert. In dieser Stadt wurde 1825 der Börsenverein des deutschen Buchhandels gegründet, später kam die Deutsche Bücherei dazu, in deren weitläufigen Lesesälen Uwe Johnson mit Behagen zuhause gewesen war. Ohne die Besonderheit Leipzigs als Buchstadt wäre, diese These kann man wagen, Uwe Johnsons rapide Aneignung der literarischen Moderne, die in die Leipziger Studienzeit fiel, nicht möglich gewesen. Für den Studenten Johnson und seinen Freundeskreis galt uneingeschränkt, was Hans Mayer in *Ein Deutscher auf Widerruf* festgehalten hat:

> „In den fünfziger Jahren wurde alles gelesen, was sich in unserer Institutsbibliothek an Neuem einfand. Besonders wenn der Ludergeruch bürgerlicher Dekadenz zu spüren war. Da ich mich auskannte bei den Leitern der großen westdeutschen Verlage, bekamen wir schöne Bücherpakete als Geschenk. Die Institutsbibliothek und die Deutsche Bücherei: da haben sich Uwe Johnson und seine Freunde planmäßig versorgt."[3]

Zusammen mit der Universitätsbibliothek (und dem Mayerschen „Giftschein", der Zugang auch zur „dekadenten" und „zersetzenden" Literatur eröffnete) ermöglichte die Bibliotheksstadt Leipzig jene umfassende Rezeption der modernen Kunst, und nicht nur in der Literatur, sondern auch in der Musik und Bildenden Kunst, die Uwe Johnson in seinen Leipziger Jahren zuteil geworden ist. Daß die Stadt mit ihrem das kulturelle Milieu dominierenden Bürgertum eher konservativ erschien, erwies sich in den Zeiten des Sozialismus von Vorteil. Kritische Marxisten wie Bloch und Mayer vermochten sich davon eine gewisse Schutzfunktion zu erwarten; wiederum im Lebensbericht des Zeitzeugen Hans Mayer lesen wir:

„Leipzig war niemals eine Freie Reichsstadt. Das Bürgertum galt als selbstbewußt wie nur eines in Deutschland: darin vergleichbar den norddeutschen Hansestädten, die jedoch Freie Reichsstädte geworden waren und Politik machten. Das Leipziger Bürgertum, kultiviert und musisch, erpicht auf Bücher und immer neue Werke der Tonkunst, gleichzeitig gewillt, das bereits Bekannte und Bewährte gutzuheißen, was Johannes Brahms ebenso erfahren mußte wie Brecht (bei der Leipziger Uraufführung der Oper *Mahagonny*), hielt sich, mit Thomas Mann zu sprechen, an die 'machtgeschützte Innerlichkeit'."[4]

Insgesamt erscheint Leipzig im Leben des jungen Schriftstellers Johnson als jener Ort phänomenaler „Modernisierung", wie sie zwischen der *Babendererde* als noch ansatzweise „traditionellem" Erzählwerk und dem dezidiert „nicht-aristotelischen" Roman *Mutmassungen* Ereignis wurde. Die avancierte Kunstdiskussion in der sächsischen Metropole mit ihrer Vielzahl von Bibliotheken und Verlagen, die für den bestehenden Sozialismus eigentlich nie zu kontrollieren gewesen ist, besaß immer noch, was die alte DDR nur allzu gern und stets mit anrührender Vertrotztheit beanspruchte: Weltniveau. Hier bewegte sich Johnson, der Erinnerung des Schriftsteller-Freundes Fritz Rudolf Fries zufolge, in einer zugleich sehr fremden und sehr vertrauten Weise:

„Johnson, der pfeiferauchend durch die Leipziger Innenstadt spaziert und sich alles ansieht wie ein zweiter Gulliver, verwundert, aber ein wenig geht ihn das alles nur auf seine Weise an. Johnson, der im Seminar mit behutsamer Rede verdecken möchte, daß er das schon alles weiß, aber in seiner norddeutschen Höflichkeit möchte er keinem weh tun."[5]

In den *Jahrestagen* wiederum findet sich jene zornige Erinnerung an die Sprengung der Leipziger Universitätskirche durch den Experten für sozialistische Kultur Walter

Ulbricht, die Johnson für seine „Person" Gesine aufgeschrieben hat und die uns ein abschließendes längeres Zitat wert sein soll:

> „In dem einen Deutschland haben die Kommunisten die leipziger Universitätskirche gesprengt, am Donnerstag, da war es bei uns vier Uhr morgens. Der Studentin Cresspahl war das Gebäude aufgefallen, weil es keine Ziegelsteine zeigte und gemacht war, zwischen anderen Häusern zu stehen, dem Augusteum und dem Bürgerhaus mit dem Café Felsche, das ganz weggebombt war. 1518 eröffnet, 1545 geweiht von Martin Luther, seit 1945 gemeinsam benutzt von Katholiken und Protestanten: lernte das auswärtige Kind auch von dieser Stelle Sachsens, sie wollte ja nicht gleich wieder weg. Nur zu einem Konzert war stud. phil. Cresspahl (erstes Semester) im Innern der Kirche gewesen, in einer Halle, der weder Schiffe noch Galerien zugeteilt waren, in einem bürgerlichen, fast wohnlichen Raum von zurückgesetzter Frömmigkeit, sehr hell, obwohl die im Dach wuselnden Fledermausfenster das Licht gar nicht nach unten abgaben. Nun war es nicht genug gewesen, den Dachreiter abzunehmen, oder bloß von der Spitze die Erdkugel mit dem Kreuz darauf, das Wendische Kreuz, es ging ohne Verhaftung einiger Studenten nicht ab, und nicht ohne Androhung von Verhaftung gegen die Leute hinter den Polizeikordons, falls sie 'Empfindungen gegen die Behörden hochpeitschten'. So scheint es schief übersetzt. Es hat da Architekten gegeben, die wollten die Kirche unterbringen im Neubau der Universität, aber der 'ostdeutsche Führer' sprach von alten Zähnen, die der Sozialismus zieht. Mr. U. is a native of Leipzig."[6]

Nicht nur gab „Mr. U" einen geborenen Leipziger ab; auch Uwe Johnson kam gewissermaßen in Leipzig neu zur Welt, indem er erst an diesem weltläufigen Ort sich endgültig von jenem hinterwäldlerischen „Marxismus" emanzipierte, den er als Abiturient noch mit ausgiebigen Zitaten aus einem Ulbricht-Artikel im *Neuen Deutschland* zu den

„Mondlandschaften“ und „faulen Fischen“ in der modernen Bildenden Kunst hatte erlernen und belegen müssen. Ausgerechnet die Geburtsstadt Walter Ulbrichts befreite Uwe Johnson von den spießig-dumpfen Kunstvorstellungen des ersten Staatschefs der DDR, in denen, als wollten sie Hannah Arendts Totalitarismustheorie für das Gebiet der Ästhetik bestätigen, so ausführlich und gern von der „Entartung“ die Rede geht.

II
Ursprünge der „Mutmassungen“

Die Bedeutung der sächsischen Metropole erweist sich – ironisch genug bei einem Schriftsteller, der wie Johnson zu recht als exemplarischer Mecklenburger gilt – im Falle des Erzählers Uwe Johnson als eigentlich gar nicht zu überschätzen. Innerhalb seiner Autoren-Biographie wurden die wichtigsten Weichen in Leipzig gestellt – und das geschah zudem im Gleichschritt mit dem Erwerb einer der emotional wohl bedeutendsten Beziehung in seinem gesamten Leben. Denn in Leipzig traf „Ossian“, wie er dann im neu erworbenen Freundeskreis in der Pleißestadt schon sehr bald heißen würde, auf einen Kreis kongenialer Gleichgesinnter. Dieser Kreis bestand aus Klaus Baumgärtner, Manfred Bierwisch, eben Uwe Johnson, Eberhardt Klemm und Joachim Menzhausen, also aus Linguisten, Literaturwissenschaftlern und je einem Musikwissenschaftler und Kunstwissenschaftler. Hier traf Johnson auch Elisabeth Schmidt, die erst seine Muse und Freundin, dann seine Frau und schließlich sein Schicksal, seine Melusine werden sollte.

Der Professor Hans Mayer stellte in den intellektuellen Kreisen der fünfziger Jahre in Leipzig eine dominierende Figur dar. Soweit das bei einer extrem selbständigen Person, wie Uwe Johnson sie allerdings bereits abgegeben hat, überhaupt möglich erscheint, ist die Signatur des literaturwissenschaftlichen Denkens, sind die hermeneutischen Erkenntnisinteressen des Lehrers zu einem gut Teil auf seinen Schüler übergegangen. Hans Mayer erweist sich daher mit einer gewissen Logik als der einzige, dem Johnson ein literarisches Denkmal gesetzt hat. Der Mecklenburger hat den Kölner nämlich eingehen lassen in die literarische Figur von Achims Vater im *Dritten Buch*. Hans Mayer „ist" Achims Vater, und er wußte das. Wie Achim bei seinem Vater das Fahrradfahren, in dieser Disziplin wird er es dann zum Champion bringen, lernte Uwe Johnson bei dem Gelehrten Mayer den interpretierenden Umgang mit Literatur als die Herrschaft auf dem Gebiet, auf dem er sich dann selbst zum Champion entwickelte. Der Gelehrte Mayer kam aus einem großbürgerlichen jüdischen Elternhaus und würde später, wie nur noch wenige neben ihm, die spezifische jüdisch-deutsche Geistigkeit verkörpern, aus der einmal die Leistungen von Freud und Marx und Einstein hervorgegangen sind. Wichtig, auch in der Ausstrahlung auf seinen Schüler, erscheint daran, daß Hans Mayer, auch als der Marxist, zu dem der Kölner Student sich bald schon entwickelt hatte, immer an der „bürgerlichen" Kunst als der am weitesten entwickelten und am facettenreich differenziertesten festgehalten hat. Nicht zuletzt seine Herkunft aus der Kulturwelt des 19. Jahrhunderts machte ihn immun gegen die Thesen, die die Verfeinerung der Kultur mit ihrer „bürgerlichen Dekadenz" gleichsetzten. Uwe Johnsons durchaus vorhandenes Interesse gegenüber dem fin de siécle, wie es vor allem in seinem Verlagsgutachten zu Peter Altenberg zum Ausdruck kommt, das wohl ja noch in der DDR und für den Aufbau-Verlag geschrieben wurde, es mag ebenfalls damit zu tun haben.[7] Der Professor Mayer, ein Kunst-Gourmet und selbst habiler Klavierspieler, ein Kenner nicht nur der deutschen Musik und Philosophie von Graden, er kam sozusagen geradewegs aus der kulturbeflissenen wagnerianischen Welt des bürgerlichen 19. Jahrhunderts in die DDR der sozialistischen Umgestaltung zu Beginn der fünfziger Jahre hinein. Da konnte man vieles lernen. Der Rostocker Student Johnson hatte nämlich bis 1954 vor allem den Chorgesang und allerdings auch bereits den Jazz, weiterhin die Romane von Feuchtwanger und Arnold Zweig gekannt und geschätzt. Der ehemalige FDJler traf insofern in dem „bürgerlichen Gelehrten" Hans Mayer ganz auf den Richtigen, seinen Horizont sehr schnell und aufregend zu erweitern.

Die Figur Hans Mayers gehörte auf diese Weise ebenso wie der Leipziger Freundeskreis zum Humus, aus dem die *Mutmassungen* wuchsen. Sämtliche „Ursprünge" der Johnsonschen Erstveröffentlichung liegen im Leipzig der Jahre 1955 bis 1957 vereint. Die sich im Freundeskreis versammelt hatten, gehörten einer Generation an (Klaus Baumgärtner hat dies in Gesprächen einleuchtend gemacht), die nach der kulturell-ideologischen „Stunde Null" des Kriegsendes zur unterdrückten, nun wiederzuentdeckenden Moderne der zwanziger Jahre zurückstrebten. Zu einer Moderne mithin, die durch die beiden totalitären Systeme auf deutschem Boden, von Hitler ebenso wie später von Stalins deutschen Statthaltern, unterdrückt worden war. Das Interesse an Döblin und Joyce etwa erweist sich dabei als generationstypisch, und es verband später beispielsweise auch die Freunde Johnson und Grass. In ihm lag zugleich erhebliches Oppositionspotential gegenüber der DDR-Gegenwart beschlossen. Die anti-modernistische, die anti-experimentelle, schließlich die anti-kosmopolitische Ausrichtung der offiziellen Kunstdoktrin der SED trat nahezu lückenlos kompatibel mit dem Kunstverständnis der Nationalsozialisten auf. Von solch unvermuteter Kongruenz spricht beispielsweise noch Uwe Johnsons Abituraufsatz sehr beredt; die anderen besaßen ähnliche Erfahrungen. Die die „Formalismus"-Debatte 1951 und 1952 hatten erleiden müssen, sie begannen sich gerade deshalb für die Formalisten und westlich „Dekadenten" zu interessieren. In Uwe Johnsons Fall lag solche Sensibilität zudem wesentlich in seiner Herkunft begründet: Ernst Barlach war – als Person, später mit seinem Werk – ein Verfolgter beider totalitären Systeme auf deutschem Boden gewesen, und der Verteidiger Barlachs Brecht stand immer in Gefahr, selbst des „Formalismus" angeklagt zu werden.

Man diskutierte folglich auch einen „gegen den Strich gebürsteten Marxismus", was dann – anders als noch in der *Ingrid Babendererde*, wo eigentlich nur die politischen Verkehrsformen kritisch dargestellt werden – seinen Niederschlag in der politisch-philosophischen Diskussion der *Mutmassungen* fand, wie sie vor allem im Umkreis um die Figur des Dr. Jonas Blach sich abspielt, auf Fragen des Zusammenhangs zwischen Individuum und Gesellschaft konzentriert.

Dr. Jonas Blach also: daß dieser Verfechter eines gerechten Sozialismus mit den Diskussionen der Leipziger Zeit – die ja ihrerseits zusammenfiel mit der Zeit des „Tauwetters", also der versuchten „Entstalinisierung" (XX. Parteitag der KPdSU) und des Ungarnaufstands – assoziiert auftritt, beweist die folgende biographische Einzelheit. Johnson bat nämlich das Mitglied des Freundeskreises Manfred Bierwisch, doch einen Essay über die Fragen zu schreiben, die Blach im Roman verhandelt. Mit Brief vom 8. August 1958 an Bierwisch forderte Johnson diesen „Bewusstseinsessay" dann ein („Du Trödeljahn"), erhielt ihn aber nie, wiewohl der Text allerdings halb fertig geschrieben existierte. Die Freunde wußten sich jedenfalls einig darin, daß der „Oktober 1956" zentral stehen sollte, und in genau diese Richtung ging auch Hans Mayers Anregung an Johnson vom Ende des Jahres 1956.

Der Leipziger Freundeskreis versammelte unter diesem Aspekt also ganz identische (Lebens-)Erfahrungen und daraus erwachsene Erkenntnisinteressen. Auf beides antwortete vor allem das entdeckerische Interesse an der „Kritischen Theorie“ Walter Benjamins und Theodor W. Adornos, wie es in diesen Jahren auch im Westen Deutschlands erst allmählich Fuß faßte. Die Bekanntschaft zwischen Klemm und Bierwisch, die länger zurückreichte als Johnsons Leipzig-Aufenthalt, sie war einst gestiftet worden dadurch, daß man Theodor W. Adornos *Minima Moralia* gegen dessen *Philosophie der neuen Musik* tauschte, was in diesen Jahren einem nicht ganz ungefährlichem Akt ideologischer Subversion gleichkam. (Wegen der Lektüre des *Monat* war Manfred Bierwisch 1952 im fahrenden Zug verhaftet worden, es geschah im Beisein Eberhardt Klemms, und es brachte dem Studenten sage und schreibe ein und ein halbes Jahr Gefängnis ein, aus dem ihn dann erst die im Zusammenhang mit dem 17. Juni 1953 verkündete Amnestie befreite). Es erwies sich also als eine eher riskante Handlung, wenn Klaus Baumgärtner sich vom Frankfurter Suhrkamp Verlag Adornos *Prismen* beschaffte, und Uwe Johnson selbst 1955 die gerade erschienene Werk-Ausgabe des Walter Benjamin, der dann sein literaturtheoretischer Eideshelfer werden sollte.

Im urbanen Leipziger Freundeskreis erschloß sich dem langen Blonden aus Mecklenburg endgültig die Welt der Moderne in Kunst und Philosophie; erschloß sich ihm unter den Bedingungen immerwährenden politischen Risikos, was die Freunde ihrerseits nur noch mehr zusammenschweißte. Baumgärtner wie Bierwisch wie Klemm offenbarte Johnson, was er dann ganz ähnlich auch Hans Mayer eröffnen würde, nachdem er diesen auf der Polizeiwache als selbst einen im Prinzip Verdächtigen erlebt hatte: daß er nämlich an einem Roman arbeitete, der glatt für einige Jahre Zuchthaus gut sein könne. Mit solcher Eröffnung gehörte der Mecklenburger, der bereits im Seminar den Freunden Baumgärtner und Bierwisch als ein interessanter Kopf aufgefallen war, zum Freundeskreis. Man diskutierte Literatur, die für die *Mutmassungen* und darüber hinaus für das Gesamtwerk Johnsons von Bedeutung sein würde: die Schriften Walter Benjamins etwa, soweit diese bereits erschienen waren. Aus dieser Quelle erfuhr des Erzählers Johnson Opposition gegen das Prinzip Photographie und Film, wie es bereits seinen Verlagsgutachten und auch den *Mutmassungen* ganz unübersehbar eingeschrieben erscheint, entscheidende Anstöße. Benjamins Hoffnungen aus den dreißiger Jahren auf den Film als emanzipative Massenkunst hat Uwe Johnson so wohl nie geteilt. Man wird weiterhin Adornos Resümee *Standort des Erzählers im zeitgenössischen Roman*, im fünften Heft des ersten Jahrgangs der *Akzente* 1954 erschienen und zugänglich im Lesesaal der Deutschen Bücherei, ebenso gekannt haben, wie man den Aufsatz Jean-Paul Sartres über den Zeitbegriff bei Faulkner diskutierte, auf den noch eingehender zurückzukommen sein wird.

Leipzig geriet dem Studenten derart zur Schule der Moderne in der Kunst, und diese Schule stellte sich zudem als eine ausgewiesen interdisziplinäre dar. Denn den Freundeskreis hielt ja das Interesse an der Moderne in Literatur, Musik, Malerei und der Philosophie zusammen, sei es die Musik Bartóks, Strawinskys, Weills oder Schönbergs, die (Kunst-)Philosophie Sartres und selbstverständlich die Blochs und Adornos, ferner auf dem Feld der Bildenden Kunst der Kubismus, Kandinsky und Picasso, oder schließlich, für Johnson von entscheidender Wichtigkeit, die Literatur der westlichen Moderne, insbesondere Hemingway, aber auch beispielsweise Kafka, Joyce und Alfred Döblins *Berlin Alexanderplatz*, zuallerst aber die Werke William Faulkners.

Diese Kunstrichtungen und Philosophien stellen sich als die großen Entdeckungen der Leipziger Jahre für den Schriftsteller Johnson dar, partiell vorbereitet durch seine Rostocker Beschäftigungen, und vor allem William Faulkner bezeichnete seinen Part innerhalb des Kreises. Johnson las den Freunden mehrere Abende lang in improvisierter Übersetzung aus Faulkners *The Sound and the Fury* vor. Faulkner gehörte seinerzeit durchaus zu den Autoren, die man nach der offiziellen Lesart, bestimmt durch Georg Lukács, der „spätkapitalistischen Dekadenz" zuzurechnen hatte. Doch befand sich der Amerikaner keineswegs an besonders prominenter Stelle im Fadenkreuz der machthabenden Literaturpolizisten. Joyce zum Beispiel galt als wesentlich gefährlicherer Geistesverderber; Lukács hatte nämlich nie über bzw. gegen Faulkner geschrieben; vielleicht daß er ihn überhaupt nicht intensiver rezipiert hatte. Die Entdeckung und subtile Durchdringung von Faulkners Gesamtwerk komplettierte Uwe Johnsons politisch-ideologische Emanzipation literarisch und literaturtheoretisch. In einem Brief vom 28. Januar 1970 an Sara Jane King Lennox hat Johnson bestätigt, daß er die Technik des Kursivdrucks aus *The Sound and the Fury* übernommen habe – eigentlich ja eher eine Belanglosigkeit und Johnsonsches understatement. Neben dieser handwerklichen Einzelheit teilte Johnson darüber hinaus mit, er habe zwischen 1955 und 1957 sieben der wichtigsten Romane Faulkners gelesen: neben *The Sound and the Fury* noch *Intruder in the Dust, Pylon* und *The Unvanquished* in Englisch; in Deutsch: *Absalom, Absalom!, Light in August (Licht im August)* und *Soldier's Pay (Soldatenlohn).* Daß gerade Faulkner in Kreisen der Leipziger literarisch-philosophischen oppositionellen Intelligenz um die Mitte der fünfziger Jahre diskutiert wurde, geht auch aus den Erinnerungen des Schriftstellers Gerhard Zwerenz hervor, der zu dieser Zeit (ebenfalls in Leipzig ebenfalls bei Ernst

Bloch) Philosophie studierte; er schreibt von einem damaligen Freund, dem Schriftsteller Erich Loest, dieser habe sich (neben Hemingway und Jamês Joyce) insbesondere William Faulkner als „literarischem Vorbild" verpflichtet gefühlt. Faulkner erschien also wichtig als Autor, der die „westlichen" literarischen Standards verkörperte; und eben, wie Johnson später im Interview mit Horst Bienek betonen würde, man konnte sich im damaligen Leipzig durchaus ein Bild machen von der westlichen Moderne, eigenes Interesse immer vorausgesetzt.

III
Ein Erzähler begibt sich unter seine Personen

Das alles fiel bereits in die Entstehungsgeschichte der *Mutmassungen*, deren eigentlicher Beginn bereits im Spätherbst 1956 liegt. Die Form des Buches wiederum wurde dann 1957 revolutioniert mit dem Fluchtpunkt auf das von Johnson lange gewünschte „erzählerlose Erzählen". Erzähltechnisch-formal bedeuteten die *Mutmassungen* gegenüber der *Ingrid Babendererde* ganz ohne Zweifel eine literarische Revolution. Johnson schrieb schon bald, im Sommer 1957 muß das gewesen sein, das oder die ersten, noch konventionell erzählte Kapitel der *Mutmassungen* um, in dem Sinn, den Wilhelm Johannes Schwarz nach einem Interview mit Johnson (und Bierwisch) referiert hat: „Ursprünglich war in diesem Werk geradlinig erzählt worden; die neue Form wurde dann tatsächlich polyphon, die Fabel unzählige Male durchbrochen."[8] Gerade für diesen Prozeß einer ästhetischen Umwälzung stellte der Diskussionsraum des Leipziger Freundeskreises einen hochwichtigen Resonanzraum bereit. Wenn man so will: die dialogischen, polyphonen Entstehungsbedingungen, konkretisiert in der Kunstdiskussion des Kreises, kehren im Werk als dessen charakteristisch dialogischer, polyphoner Erzählcharakter wieder. Dagegen hatte die *Babendererde* noch auf dem Papier entworfenes einstimmiges Erzählen dargestellt; nun herrschte hingegen die Diskussion, sie regte den Kopf des Verfassers ganz ausserordentlich an, der glich nun einem literarischen Stellwerk, in dem die Geschichte der *Mutmassungen* aus- und zuende gedacht wurde, bevor sie überhaupt zur Niederschrift gelangte.

Und Einigkeit herrschte weiterhin darüber, daß Jean-Paul Sartres Arbeiten kennen mußte, wer modern erzählen wollte. Sartre war offiziell verpönt, in Hans Mayers Erinnerungen kann man nachlesen, wie er im Gleichtakt mit der zunehmenden Intensität des „Kalten Krieges" im Lager des „real existierenden Sozialismus" exkommuniziert worden war. Uwe Johnson hat dies möglicherweise bereits im Deutschunterricht der Schule erfahren, findet sich doch im vierten Band der *Jahrestage* folgende Erwähnung des Franzosen und seines philosophischen Hauptwerks (das Bierwisch übrigens gelesen und gegenüber Johnson brieflich erwähnt hatte; seit 1952 lag es in deutscher Übersetzung vor):

> „Mit dem Denunzieren der kosmopolitischen Volksfeinde hatte Bettina ihre Mühe. Von Rainer Maria Rilke wußte sie, er sei ein volksfremder Lyriker gewesen; Stefan George nannte sie einen Säulenheiligen. Aber was anfangen mit Jean-Paul Sartre? Die Schülerin Cresspahl schlug vor: dieser Mensch habe ein Buch namens *L'Etre et le Néant* 1943 in Paris veröffentlicht, unter der nazideutschen Besatzung; eine Eins bekam sie. Ach, wie entbehrten wir Lockenvitz!"[9]

Lockenvitz als Johnsons selbstbiographische Spielfigur im vierten Band hätte nämlich über den Franzosen besser Bescheid gewußt, wir wissen nun, warum. Sartre spielte auch seine Rolle im Briefwechsel zwischen Johnson und Bierwisch, insbesondere in der allerersten Inkubationszeit der *Mutmassungen* von 1955 bereits bis dann zur Umschreibung 1957.

Die dargestellte Sartre-Diskussion spielte weiterhin hinein in die zentrale Frage nach der Rolle des Erzählers. Auch hierin trat Manfred Bierwisch als der bevorzugte Partner „Ossians" auf. Im Sommer 1957 las auch er den Joyceschen *Ulysses* und fand das Buch, dessen Kenntnis er da schon bei seinem „Kammerbruder" voraussetzen konnte, „ungeheuer wichtig". In diesen Sommer war bereits Johnsons endgültige Entscheidung gefallen, die *Mutmassungen* nicht-traditionell und also „modernistisch" zu erzählen. Zugleich wies Bierwisch auf die Arbeiten Sartres zur Literatur hin, vor allem auf den Aufsatz des Franzosen eben zu Faulkner. Der Hinweis wiederum stand in Zusammenhang mit Uwe Johnsons damaligen Plänen zur radikalen Abschaffung des Erzählers; der Güstrower wollte doch tatsächlich den „Schiedsrichter" „arbeitslos" machen, das Bewußtsein der Personen allein sollte ausreichen. So hatte es ja auch Faulkner gehalten; hatte Faulkner es wirklich so gehalten? Am Ende stand der rudimentär beibehaltene Erzähler der *Mutmassungen* und mithin ein „Sieg" der Bierwisch'schen Einsicht, daß die ganz konsequente Liquidierung des Erzählers ein Widerspruch in sich sei. (Manfred Bierwisch sah übrigens in Faulkners Erzählen ein Modell, dem Brechtschen „diametral" entgegengesetzt. Bei Bertolt Brecht seien fast immer zwei Abläufe nebeneinander gegeben, während Faulkners Erzählen, entsprechend der bei ihm gegebenen Zukunftslosigkeit, eine analytische und quasi schicksalshafte, eine aus der Vergangenheit heraus erzählte Schilderung nur eines einzigen Vorgangs biete. Hier hatte, scheint es, Bierwisch von Sartres Faulkner-Sicht gelernt.) Und gleiches würde auch Uwe Johnson tun, es erscheint verblüffend, daß zu registrieren ist bis in die Wortwahl seiner Rückerinnerung an diese Zeit hinein. Uwe Johnson nämlich hat, das Zitat steht in den

Begleitumständen neben der Photographie von Leipzigs Hauptbahnhof als dem Wahrzeichen des Metropolencharakters, geschrieben:

„Es mag sein, Genossen, ihr habt hier jemand kalt stellen wollen. Aber so einer steht auch beiseite, und hat Zeit. Das ist die Position des Beobachters. Er sieht sich an, was da ist, er zählt es. Und da ihr ihn habt unterrichten lassen über die Funktion der Vorsilbe 'er-' im Deutschen, wird er am Ende geraten ins Erzählen. Denn ihr umgebt ihn mit Vorfällen, die er beim besten Willen wahrnehmen muss."[10]

An diesem Zitat fällt bei unbefangenem Lesen das denn doch merkwürdige „Zählen" der Vorgänge durch den ErZähler ins Auge. Für die spätere Konzeption des *Jahrestage*-Epos ist sicherlich Döblins *Berlin*-Epos ebenso anregend gewesen wie Dos Passos' Thematisierungen der Megastadt New York (wie immer Johnson auch Dos Passos' Montageprinzip durch das der Benjaminschen „correspondances" ersetzen würde). Bei Dos Passos aber werden Vorgänge „gezählt", zusammengezählt, sie werden „addiert", jedenfalls wiederum nach Sartres Meinung. In seinem Aufsatz *Über John Dos Passos und „Neunzehnhundertneunzehn"* führt der Franzose zunächst einmal aus, daß das Vergangene noch „im Exil" den „Reiz der Gegenwart" bewahre, daß es bleibe, was es einst einen einzigen Tag lang war:

„unerklärbarer Tumult aus Farben, Tönen, Leidenschaften. Jede Begebenheit ist ein grelles, einsames Ding, das sich aus keinem anderen herleitet, sondern plötzlich auftaucht und sich mit anderen verbindet: ein Unreduzierbares. Erzählen bedeutet für Dos Passos addieren. Daher auch das lockere Gefüge seines Stils: 'und ... und ... und ...'"[11]

Das lockere Gefüge des addierenden (parataktischen) Satzstils wird dann auch, und eigentlich entschieden erst mit den *Mutmassungen* beginnend, das stilistische Kennzeichen Johnsons werden. Vor allem wird er Gedächtnis-Romane schreiben wollen, in denen sich ein autonomer, vom traditionellen Erzähler unabhängiger Gedächtnisraum eröffnet, eben der Erinnerungsraum der Personen selbst, was schließlich zu jener Autonomie von Erinnerung überhaupt führen kann, die durch die Polyphonie der sich erinnernden Personen die Objektivität des antiken, kommentierenden Chors erhalten kann. Ähnlich funktioniert der Kommentator in Brechts Epischem Theater. In Sartres Dos Passos-Aufsatz lesen wir weiter:

> „Oft jedoch fällt auch der Erzähler nicht mehr ganz mit dem Helden zusammen: was er sagt, hätte der Held nicht ganz so sagen können, und doch spürt man zwischen ihnen eine geheime Komplicenschaft; der Erzähler erzählt von außen, wie der Held gewünscht hätte, daß erzählt würde. Mit Hilfe dieser Komplicenschaft bringt uns Dos Passos dazu, unbemerkt den Schritt zu tun, den er anstrebt: Plötzlich sitzen wir im Innern eines schrecklichen Gedächtnisses, dessen einzelne Erinnerungen uns aufschrecken, das uns entwurzelt und das nicht mehr das Gedächtnis der Gestalten noch das des Autors ist: man hat den Eindruck, ein Chor erinnere sich, ein sentenzenreicher, mitwissender Chor."[12]

Genau dieser Vorgang: der Transport des Erzählerstandpunkts ins Innere des Werks selbst, die Eröffnung eines autonomen Erinnerungsraums für die Personen, so daß das Werk zum Ort, an dem die Diskussion vergangener Ereignisse vorgeht, daß es zum Gedächtnis selbst werden kann, macht die Differenz zwischen der *Ingrid* und den *Mutmassungen* aus. Genau dieser Vorgang: den Transport des Erzählerstandpunkts hinein in das Werk selbst, kennzeichnet die Überarbeitung der *Ingrid Babendererde*, wo diese auf Erzähltechnisches ging: nämlich in der Einführung des

„Zeugen" Erichson. Hier scheint der Ort, das exkursartig in Erinnerung zu rufen. Im Laufe der Überarbeitungsgeschichte des Erstlings mußte Johnson sich inhaltlich immer mehr auf die Notwendigkeit des Verlassens der DDR einlassen; erzähltechnisch aber experimentierte er vor allem mit dem „Zeugen" Erichson, der die Erzählung betritt und dann wieder verläßt. Die Tendenz der Überarbeitungen, darüber besteht Einmütigkeit, ging auch darauf, die Geschichte von eigenen Bewertungen des Erzählten freizumachen und sie also immer objektiver darzubieten. Zugleich will Johnson, was mit dieser Absicht in genauem Zusammenhang steht, den Erzähler selbst in die Welt der Erzählung hinein versetzen. Das epische Bewußtsein soll unter die Figuren selbst transportiert werden: deshalb reist der Student der Anglistik Erichson, wie Johnson selbst ein Sohn des Erich und mit dessen charakteristischen Utensilien Pfeife und Paddelboot ausgerüstet, zum Ort der Handlung selbst. Derart sollte die Erzählerposition Teil der Erzählung selbst werden; mit Brechtscher „Verfremdung", wie man das zuweilen lesen kann, hat dieser Vorgang also nicht unbedingt zu tun. Die Einführung des Zeugen Erichson leistet zunächst einmal im Prinzip das gleiche, was dann die *Mutmassungen* ausmachen wird: eben daß die Erzählerposition ein Teil der erzählten Welt selbst zu werden vermöchte. Sie scheiterte dennoch gründlich, weil Erichson der einzige Zeuge blieb. Einmal eingeführt, okkupierte er nämlich immer mehr Wissen und näherte sich selbst dem, was seine Einführung hatte bekämpfen sollen: dem auktorialen Erzähler. Auf diese Art wurde der Teufel mit dem Beelzebub ausgetrieben. Die unversehens hinter dem Rücken des Autors restituierte Gottähnlichkeit des Erzählers würde dann erst die kontroverse Pluralität der Zeugen, erstes erzähltechnisches Kennzeichen der *Mutmassungen*, wirklich verhindern können. Ohne diese Pluralität mußte das Experiment notwendig scheitern; als einziger drohte der „Zeuge“ Erichson am Ende den traditionellen Roman auf die gleiche Art wiederherzustellen, wie es, ein von Johnson selbst benanntes Beispiel anzuführen, der Zeuge von Leverkühns Leben in Thomas Manns *Dr.Faustus*, der Erzähler Zeitbloom, es allerdings tut. Um leisten zu können, was Johnson damals bereits intendierte: sich vom Guckkasten-Roman des Realismus zu verabschieden, bedurfte es mehrerer, zudem in ihren Erkenntnisinteressen pluralistischer Zeugen. Und es bedurfte des auch theoretisch diskutierten Wissens darüber, wie der moderne Roman eben nicht mehr aussehen sollte. Das aber hatte Johnson lernen können, als er am Englischen Seminar eine Veranstaltung zu Joyce' *Ulysses* besuchte, bevor man ihm dann das Zweitstudium als „bürgerliches Überbleibsel“[13] verbot. Er hat sich auch in sein Merkheft, in englischer Sprache, notiert, daß Kafka und Joyce in Westberlin zu beschaffen seien; das alles seien freilich keineswegs sakrosankte Vorbilder; doch könne der zeitgenössische Roman keineswegs so tun, als wäre Faulkners *The Sound and the Fury* von 1929 nicht geschrieben worden.

Die geforderten erzähltechnisch revolutionären Erneuerungen würden dann erst die *Mutmassungen* leisten können, und sie lassen sich übrigens auch beschreiben als Adaption Adornoscher Theorie des „modernistischen“ Erzählens einerseits, und Faulknerscher Praxis ebensolchen „modernistischen“, dialogischen Erzählens andererseits. Das Interesse des Freundeskreises galt der „Kritischen Theorie“ und neben Benjamin deren hauptsächlichem Ästhetiker Theodor W. Adorno. Sie werden in Adornos bereits erwähntem Aufsatz *Standort des Erzählers im zeitgenössischen Roman* gelesen haben, was der Frankfurter Gelehrte unter dem (für Uwe Johnson zentralen) Aspekt der „Stellung des Erzählers“ und ausgehend von dem Paradox: „es läßt sich nicht mehr erzählen, während die Form des Romans Erzählung verlangt", ausgeführt hatte:

> „Der traditionelle Roman, dessen Idee vielleicht am authentischsten in Flaubert sich verkörpert, ist der Guckkastenbühne des bürgerlichen Theaters zu vergleichen. Diese Technik war eine der Illusion. Der Erzähler lüftet einen Vorhang: der Leser soll Geschehenes mitvollziehen, als wäre er leibhaft zugegen. Die Subjektivität des Erzählers bewährt sich in der Kraft, diese Illusion herzustellen, und – bei Flaubert – in der Reinheit der Sprache, die sie zugleich durch Vergeistigung doch dem empirischen Bereich enthebt, dem sie sich verschreibt."[14]

Genau diesen Schritt, den implizit zu fordern Adornos Ausführungen kennzeichnet: daß nämlich der Leser nicht mehr vor der Bühne des Romans, sondern mitten auf der Szene, also zwischen den diskutierenden Figuren selbst zu stehen kommt, ihnen zuhörend – das sollte bereits die Einführung des „Zeugen" Erichson leisten, das leistete dann aber erst jene Dramatisierung und Dialogisierung der herkömmlichen Romanform auf wirklich überzeugende Weise, wie sie uns in den *Mutmassungen* vorliegt. Adorno benannte mithin einen Vorgang, der erzähltheoretisch im Zentrum der sich herauskristallisierenden *Mutmassungen* steht: eben die „Einziehung der epischen Distanz". Die konsequente Zurücknahme des Erzählers, Zurücknahme wohlgemerkt, nicht seine Liquidierung (und Adorno sprach ja auch von der „Einziehung", nicht etwa von der Abschaffung der epischen Distanz), sollte „negative Epopöen" schaffen anstelle des hergebrachten Romans. Einzig in „negativen Epopöen" sollte laut Adorno die Wahrheit der Epoche noch faßbar sein, und das ging nicht ohne Absage an den Ästhetiker vor sich, in dessen Einflußbereich „Ossian" und seine Freunde real lebten, wie wiederum Adorno es selbst verzeichnet hat:

> „Wenn Lukács in seiner 'Theorie des Romans' vor vierzig Jahren die Frage aufwarf, ob die Romane Dostojewskys Bausteine zukünftiger Epen, wo nicht selber bereits solche Epen seien, dann gleichen in der Tat die heutigen Romane, die zählen, jene, in denen die entfesselte Subjektivität aus der eigenen Schwerkraft in ihr Gegenteil übergeht, negativen Epopöen. Sie sind Zeugnisse eines Zustands, in dem das Individuum sich selbst liquidiert und der sich begegnet mit dem vorindividuellen, wie er einmal die sinnerfüllte Welt zu verbürgen schien. Mit aller gegenwärtigen Kunst teilen diese Epopöen die Zweideutigkeit, daß es nicht bei ihnen steht, etwas darüber auszumachen, ob die geschichtliche Tendenz, die sie registrieren, Rückfall in die Barbarei ist oder doch auf die Verwirklichung der Menschheit abzielt. [...] Die Einziehung der ästhetischen Distanz im Roman heute, und damit dessen Kapitulation vor der übermächtigen und nur noch real zu verändernden, nicht im Bilde zu verklärenden Wirklichkeit, wird erheischt von dem, wohin die Form von sich aus möchte."[15]

Dorthin, wohin die Form von sich aus möchte, wollte auch der Artist Johnson, als er sich an das „verfaulknernde" Umschreiben der *Mutmassungen* machte. Seine Intention wiederum vermochte aber nur mit Hilfe der Entdeckung realisiert zu werden (und die erscheint allerdings durch die Faulknersche Erzählpraxis vermittelt), daß man statt des einen (Erichson!) auch eine Mehrzahl von Zeugen verwenden konnte (Gesine versus Rohlfs), selbst wenn man dabei den objektiven, auktorialen Erzähler als koordinierende Instanz und also rudimentär beibehielt. Unter diesem Aspekt stellt sich das polyphone Erzählen der *Mutmassungen* als konsequente Weiterentwicklung des Experiments dar, das der Autor der *Babendererde* zuvor mit dem einen Zeugen Erichson unternommen und dann abgebrochen hatte. Und unter diesem Blickwinkel vermag auch die Bezeichnung, die Adorno für gültiges modernes Erzählen einzig noch wollte gelten lassen, ihr Zutreffendes für die *Mutmassungen* besitzen: eben eine „negative Epopöe" darzustellen.

Johnsons Erzähler wiederum, derart unter die Figuren versetzt, verlor aber auch deren Zukunft aus dem Blick. Diesen Vorgang hatte den Hauptgegenstand von Sartres Analyse des Faulknerschen Erzählens abgegeben, in das so einprägsame Bild vom Erzähler Faulkner gefaßt, der aus dem fahrenden Auto heraus den Blick ausschließlich noch nach rückwärts zu richten vermag. In den *Mutmassungen* wird dies Bild wiederkehren als die überaus faszinierte (und überaus faszinierende) Beschreibung des rasend schnellen Zurückbleibens der Signale und Geleise hinter dem blind in die Zukunft rasenden Zug, gesehen aus dessen allerletztem Wagen. Auf gleiche Weise wird Klees „Engel der Geschichte" vom Wind des Fortschritts in eine Zukunft geweht, die er gar nicht erblicken kann, was, wie bekannt, wiederum Walter Benjamin faszinierte. Ähnliches meint der bekannte Marxsche Ausspruch, demzufolge die Menschen ihre Geschichte zwar selber machen, aber ohne Bewußtsein. Und ebenso verhält es sich auch ganz wesentlich mit William Faulkners epischer Welt. Die spezifisch Faulknersche Zukunftslosigkeit, sie war es zudem auch, die aus dem hergebrachten Erzählen einen Vorgang des „Zählens" machte. Ohne das Integral der Zukunft zerfallen die erzählten Vorgänge in jeweils einzelne, die der Erzähler dann bündeln, „addieren" muß. Das bereits in Johnsons *Begleitumständen* nachgewiesene merkwürdige Wort taucht auch in Sartres Aufsatz *Die Zeitlichkeit bei William Faulkner* auf, wo wir lesen:

> „[...] die Gegenwart bei Faulkner ist ihrem Wesen nach etwas Katastrophisches, ein Ereignis, das über uns kommt wie ein Dieb, gewaltig, unausdenkbar, das über uns kommt und wieder verschwindet. Jenseits dieser Gegenwart gibt es nichts, da die Zukunft nicht ist. Die Gegenwart taucht plötzlich auf, man weiß

nicht woher, und vertreibt eine andere Gegenwart; sie ist eine ewig neu begonnene Summe. 'Und ... und ... und dann.' Wie Dos Passos, doch viel unauffälliger, macht Faulkner aus seinem Bericht eine bloße Aufzählung: auch die Handlungen, sogar in der Sicht des Handelnden selbst, zerspringen und zersplittern, sobald sie in die Gegenwart eindringen: 'Ich ging zur Kommode und nahm die Uhr, die noch mit dem Zifferblatt nach unten lag. Ich zerschlug das Uhrglas an der Ecke der Kommode, sammelte in der Hand die Splitter und legte sie in den Aschenbecher, dann drehte ich die Zeiger ab und legte sie in den Aschenbecher. Die Uhr tickte weiter.' Das zweite Merkmal dieser Gegenwart ist ihr *Versinken.* Ich gebrauche diesen Ausdruck in Ermanglung eines besseren, um die regungslose Bewegung dieses unförmigen Ungeheuers zu kennzeichnen. Bei Faulkner gibt es niemals ein Fortschreiten, nichts, was aus der Zukunft kommt."[16]

Uwe Johnson hat dies genauso gesehen (und hat auch einen sozialhistorischen Grund dafür benannt!), wenn er unter dem 23. April 1958 aus Leipzigs Sesenheimer Straße an seinen verehrten Englischlehrer Wilhelm Müller schrieb, in einem längeren Brief ausschließlich über Faulkner:

> „Faulkner hat keine Achtung für die Zukunft, da die Situation seines Lebens in Oxford/Mississippi ihm unausweichlich bestimmt ist als bedingende Erbschaft der Sezessionskriege."

Daß Uwe Johnson der Zeit-Aspekt des Faulknerschen Erzählens insgesamt interessierte, wird belegbar weiterhin darin, daß er sich in dem Band mit den gesammelten Gesprächen Faulkners, er besaß ihn in seiner Bibliothek, gerade jene Anmerkung des Amerikaners angestrichen hat (er, der nur in Ausnahmefällen mit dem Bleistift las), derzufolge der Erzähler zuallererst Herr über die Zeit sein müsse. Faulkners zukunftslose Welt: sie entsprach zudem gerade in der letzten Phase der Fertigstellung der *Mutmassungen* der besonderen Situation des mit Berufsverbot belegten Mecklenburgers. Eine Zukunft in der „ungehinderten Warenwirtschaft" konnte er sich immer noch nicht denken; aber eine Publikation der *Mutmassungen* in der DDR hielt er nach seinen Verlags-Erfahrungen mit dem Erstling für ganz und gar ausgeschlossen, leugnete 1957 das entstehende Manuskript sogar gegenüber dem ihm recht wohlgesonnenen Mitteldeutschen Verlag. Bereits die *Babendererde* erschien von Fassung zu Fassung immer konsequenter auf die endliche Flucht Klaus' und Ingrids hin angelegt. Andererseits: mit Jürgen Petersen blieb die am meisten selbstbiographisch unterfütterte Person in der „Demokratischen Republik" zurück; bei aller unerbittlichen Kritik war der Text denn doch geschrieben worden, auf daß die Verhältnisse sich bessern sollten. Seit der Publikation der Erinnerungen des Rostokker Zimmernachfolgers von Uwe Johnson, Klaus-Henning Schroeder[17], wissen wir, daß in Johnsons Bewußtsein die angestrebte Publikation der *Babendererde* einem Attentat auf den verdorbenen Leipziger Ulbricht glich. Von den *Mutmassungen über Jakob* dagegen kann dies so nicht mehr gesagt werden. Sie stellen einen analytischen Befund dar, auch ein artistisches Erzählstück; einmischen wollen sie sich eigentlich nicht mehr, auch wenn sie allerdings den Leser in seiner Rezeption freisetzen, ähnlich wie die Theaterstücke Brechts, und, vielleicht doch treffender, wie die „Lehrstücke ohne Lehre" des verehrten Max Frisch dies tun. Jakob andererseits, er wird als „Sozialist" bezeichnet noch in den *Jahrestagen*, kann offenbar im „zukunftslosen" Westen nicht leben. Er scheint von dessen „gesetzmäßig" bevorstehenden Untergang so überzeugt, wie schon der Prophet Jonas vom Untergang der Großen Sündigen Ninive. Jakob läßt sich gar auf eine Zusammenarbeit mit der Stasi ein, wie immer auch dazu gezwungen durch Gesines kompromittierende Einreise mit Pistole und Minikamera in den gefährlichen Zeiten des Ungarn-Aufstands. Die Lösung, Jakob in die DDR zurückkehren zu lassen, um dort weiter zu leben, Uwe Johnson hatte sie am Anfang erwogen und dann sehr schnell fallengelassen. Er selbst hat sich zwar bis zuletzt dagegen gewehrt, die DDR zu verlassen, bis hin zum Vorhaben, die *Mutmassungen* unter Pseudonym im Westen erscheinen zu lassen. Angedruckt unter dem Pseudonym Joachim Catt würden die Bögen zum Buch dann in Suhrkamps süddeutscher Druckerei zu liegen kommen, um nie gebunden zu werden. Jakobs Tod am Ende mag man auf diesem Hintergrund als eine (negative) Utopie entziffern. Sie erscheint in jedem Fall Lichtmeilen entfernt vom offiziell erforderten Aufweisen einer verklärten Zukunft. Darin gab gerade Faulkner ein Gegenmodell zum „sozialistischen Realismus" ab, und der unumgänglich geforderte positive Schluß stellte seinerseits das eine Herzstück dieser „Kunst"-Doktrin dar.

Schließlich das analytische Erinnerungserzählen, wie die *Mutmassungen* es praktizieren, ihre Nähe zum Detektivroman im Sinne Ernst Blochs, erscheint ja definiert durch mutmaßend-erzählendes Aufhellen dessen, was zuvor vorgefallen ist, also auch hierin durch den Blick „nach hinten". Die rückwärtsgerichtete, analytische Erzählerperspektive: sie stellte ihrerseits etwas dar, was Jean-Paul Sartre ganz zentral interessierte. In Sartres Aufsätzen über Literatur, *Situationen* überschrieben, die auch den Faulkner- und den Dos Passos-Aufsatz enthielten, können wir, nun auf Albert Camus und dessen Nähe zum „amerikanischen Erzählen" bezogen, lesen:

> „Dieses analytische Verfahren nun macht uns verständlich, warum sich Camus im Fremden der amerikanischen Technik bedient. Das ständige Gegenwärtigsein des Todes am Ende unseres Weges hat unsere Zukunft in Rauch aufgehen lassen, unser Leben

ist 'ohne Morgen', ist nur eine Aufeinanderfolge von Gegenwärtigkeiten. Was besagt das anderes, als daß der absurde Mensch seinen analysierenden Geist eben auf das Zeitliche richtet? Dort, wo Bergson eine unauflösbare Ordnung sah, sieht er nur eine Folge von Augenblicken. [...] Jeder Satz ist eine Gegenwärtigkeit; aber keine Gegenwärtigkeit ohne feste Umrisse, kein Klecks, der ein wenig in die folgende Gegenwärtigkeit überfließt. Jeder Satz ist klar, einfach und in sich abgeschlossen; er ist von dem ihm folgenden Satz durch ein Nichts getrennt, so wie bei Descartes jeder Augenblick vom nächsten getrennt ist. Zwischen jedem Satz und dem folgenden löst sich die Welt in nichts auf und entsteht wieder neu: jeder Satz ist jeweils eine Schöpfung ex nihilo, gleichsam eine Insel. Und so stürzen wir aus einem Satz in den nächsten, aus einem Nichts in das nächste. Um die Abgeschlossenheit jeder Satzeinheit noch zu unterstreichen, hat Camus für seine Erzählung das Perfekt gewählt. Das historische Perfekt ist die Zeit der Kontinuität: 'Er ging lange spazieren' (il se promena longtemps) – diese Worte weisen uns auf ein Plusquamperfekt und auf ein Futurum hin; hier ist die Realität des Satzes das Verb, die Handlung mit ihrem transitiven Charakter, mit ihrer Transzendenz. 'Er ist lange spazierengegangen' (il s'est promené longtemps) dagegen verwischt den verbalen Charakter des Verbs; es ist gespalten, auseinandergerissen."[18]

Soweit noch einmal Sartre, ein in jenen Tagen nicht nur im Leipziger Freundeskreis diskutierter Literaturtheoretiker. Manfred Bierwisch pflegte den Herold des Franzosen im Leipziger Diskussionszirkel abzugeben. „Er ist lange spazierengegangen" – beim Lesen dieser Hervorhebung Sartres erinnern wir uns des ebenfalls perfektivischen Satzes, mit dem die *Mutmassungen* beginnen (und mit dem sie, wenn auch einige Seiten vor ihrem tatsächlichen Schluß, dann eigentlich schließen): „Aber Jakob ist immer quer über die Gleise gegangen." Jakobs Tod mag eine Utopie setzen, doch er besiegelt gleichermaßen gründlich alle Hoffnungen auf noch zeitgenössisch erreichbare Veränderungen in der damaligen „Jetztzeit". Auch darin gleicht das Buch jener von Adorno theoretisch geforderten „negativen Epopöe". Dialektik waltet auch hierin, sie macht jene von Johnson selbst hervorgehobene Besonderheit des Buches als eines „literarischen Vexierrätsels" aus. Mit der Niederschlagung des Ungarn-Aufstands und der Suez-Invasion und dem anschließenden Sieg Walter Ulbrichts im internen Machtkampf der „Demokratischen Republik" erschien seit dem Herbst des Jahres 1956 alle Zukunft verbaut. Und dennoch darf dies nicht als zeitlos-existentialistische Konstellation ohne jede gesellschaftlich-politische Bedingtheit verstanden werden. Kein resignativer Friede mit unhaltbaren gesellschaftlichen Verhältnissen wurde darin geschlossen. Es herrschte, im Herbst 1956, vielmehr eine gesellschaftliche Situation, die nach Veränderung, Revolution schrie, in der aktuell aber keinerlei Veränderung mehr denkbar, alle Zukunft abgeschnitten erschien. Genau so aber hatte Sartre Faulkner gelesen; und genau so las es dann Uwe Johnson in seiner zukunftslosen Leipziger Situation bei Sartre, wiederum in dem Aufsatz über *Die Zeitlichkeit bei William Faulkner*:

> „Wie kommt es, daß Faulkner und so viele andere Autoren gerade diese Absurdität gewählt haben, die doch so wenig romangemäß und so wenig wahr ist? Ich glaube, wir müssen den Grund dafür in den gesellschaftlichen Verhältnissen unseres gegenwärtigen Lebens suchen. Faulkners Verzweiflung scheint mir älter zu sein als seine Metaphysik: für ihn, wie für uns alle, ist die Zukunft verbaut. Alles, was wir sehen, alles, was wir erleben, verleitet uns zu sagen: 'Das kann nicht so weitergehen!' Und doch ist eine Veränderung nur denkbar in der Form einer Katastrophe. Wir leben in der Zeit der unmöglichen Revolutionen, und Faulkner wendet seine außergewöhnliche Kunst daran, diese an Alters-

schwäche sterbende Welt und unser Zugrundegehen zu beschreiben. Ich liebe seine Kunst, aber ich glaube nicht an seine Metaphysik: auch eine verbaute Zukunft ist immer noch ein Zukunft."[19]

Darin aber liegt, wenn das Buch so etwas überhaupt enthält, die eine „Lehre" der *Mutmassungen*: daß durch das Gleichgewicht des Schreckens im damaligen „Kalten Krieg", beispielhaft zugegen durch das Nebeneinander von Niederschlagung des Ungarn-Aufstands und Invasion der Suez-Kanal-Zone, jede Veränderung des schlechten politischen Status quo nur als Weltkriegskatastrophe noch denkbar erschien. Alle Zukunft erschien in der objektiven, gesellschaftlich-politischen Realität ebenso abgeschnitten, wie in der subjektiven Lebensperspektive des arbeitslosen Absolventen, für den der Wechsel in den Westen dann erst mit dem Druck des Buches 1959 und nahezu gegen seinen Willen eben doch wieder zu einer Art Zukunft geriet.

IV

Die existentialistische Konzeption von Individualität versus die kybernetisch-marxistische Sicht auf die Persönlichkeit

Zum empfindsam-emphatischen Sturm-und-Drang-Stil des Briefwechsels dieser Jahre – man redete einander mit „Bruder" an, und Bierwisch wünschte den „weiten Ozean" Johnson, wünschte also die verschlossene, sich auch bewußt verrätselnde Persönlichkeit seines „Kammerbruders" „Ossian" zu erkunden – fügte sich die existentialistische Überzeugung von der „unaussprechlichen Eigenart des Subjekts" (6. Juni 1955) ganz ausgezeichnet. In die gegenseitige „Dunkelheit ihrer Existenz" (Bierwisch, 9. Juli 1955) wollen beide eindringen, eine Dunkelheit, die andererseits aber auch als ein „historischer Zustand" und als „Produkt zahlloser Formungsakte" verstanden wurde. Stets also erschien ein Existentialismus aktuell, der die Geschichtsbestimmtheit des menschlichen Daseins dennoch nicht unterschlug: Jean-Paul Sartre ließ grüßen. Bierwisch allerdings glaubte, daß die Aufhebung solcher Dunkelheit erreichbar wäre: „das wird schlagartig möglich sein nach Kenntnis Deiner Geschichte". Die Geschichte eines Menschen aber erscheint, gerade existentialistisch verstanden, als nichts anderes als seine Biographie. Die Biographie-Diskussion, wie man sie in diesen Jahren auch schon in den Büchern Max Frischs finden konnte, ragte also damals schon sehr bestimmend in die Diskussionen des Freundeskreises hinein. Doch trachtete „Ossian" danach, das Geheimnis seiner Persönlichkeit zu wahren; der „Bruder" Bierwisch schrieb ihm folglich am 17. Mai 1955: „Keiner der Freunde bleibt so geheim und persönlich wie Du". Der Adorno-Leser Bierwisch plädierte dafür, die historisch-gesellschaftliche Geprägtheit gerade im ganz Subjektiven wiederzufinden, denn einzig dort träte sie konkret in Erscheinung: „Es ist unser aller Anliegen, das Gesellschaftliche im Persönlichen zu fassen, denn nur dort wird es konkret". Darin liegt wiederum Stoff vom Stoff der *Mutmassungen* vor, wo dann die Frage nach der Einmaligkeit und Besonderheit des Individuums („Jedem sein eigener Blutkreislauf") so zentral wie ironisch diskutiert werden wird. Ganz wie im Buch die Diskussionspartner, waren auch die Freunde in Leipzigs Realität sich nicht einig in dieser Frage; Johnson vertrat zuweilen recht unbedingt die These von der „Einmaligkeit des hohen Subjekts" (17. September 1955), wie ihm Bierwisch als Sprecher der mehr „marxistisch" denkenden Freunde irritiert vorhalten konnte. Insofern entstammen die *Mutmassungen* mit ihrer „dunklen" Mittelpunktsfigur Jakob (von ihm existiert keinerlei Innensicht) allerdings der Sartre-Diskussion im Freundeskreis. Der Marxismus mit seiner These von der stringenten Ableitbarkeit der Persönlichkeit aus den gesellschaftlichen Umständen stand gegen die existentialistische Lehre von der sich selbst entwerfenden Persönlichkeit. Johnsons Roman erscheint, so gesehen, geradezu als ein Statement zu dieser Diskussion, und er wurde von den Freunden nach dem Erscheinen der *Mutmassungen* auch so verstanden.

Im Zentrum des Buches steht mithin das Gegeneinander von existentialistischem Begriff der sich „entwerfenden" Persönlichkeit einerseits, und kybernetisch-marxistisch gedachter Determiniertheit der menschlichen Entwicklung andererseits. In Sartres Konzept „entwirft" sich der Mensch in Freiheit, geht die „Existenz der Essenz voraus" (was übrigens in Widerspruch steht zu Sartres eigenem großen Biographiebuch über Flaubert mit dem Titel *Der Idiot der Familie*). Dagegen stand die Auffassung, seit den vierziger Jahren hatte sie sich immer dominierender herausgebildet, daß, im Zeichen des Siegeszuges von Norbert Wieners Kybernetik und Skinners Behaviorismus, selbst die menschliche Biographie als voraussehbar und programmierbar und Zufall und Spontaneität als ausschaltbar gedacht wurden. So gesehen, erscheint die Skinnersche Reflexmaschine Mensch als ein Komplementärstück zu den von Wiener entworfenen Mensch-Maschinen-Systemen. In dieser entscheidenden Frage, sie würde weit über die Konzeption des erstveröffentlichten Romans hinaus in Johnsons Verhältnis zur Biographie als dem Königsweg der möglichen Ergründung eines Menschen (und mithin auch gegenüber Elisabeth als dem potentiellen Objekt solcher Biographie) zentrale Bedeutung beanspruchen, stand „Ossian" gegen die „kybernetische Gang" der Freunde, insbesondere gegen Klaus Baumgärtner. Dachte man sich Biographie analog zum kybernetischen Regelkreis, so würde Biographie zu einem Gefängnis. Die eigene Biographie als Gefängnis und womöglich als Instrument der Herrschaft der anderen über einen selbst. Genauso aber tritt Biographie im *Stiller* auf, einem Buch, das Uwe und Elisabeth Johnson 1957 gelesen (und im Freundeskreis diskutiert?) haben. Hier liegt ein entscheidender Ursprung für das verborgene, gleichwohl dominierende Lebensthema dieses Mannes (und seiner Frau): die Möglichkeit, die Wünschbarkeit von (gemeinsam ausgestalteter, dem anderen eröffneter) Biographie, ihr Stellenwert im Verhältnis zweier Menschen zueinander, für die zu einem einzigen Gedächtnis zusammenzuschmelzen womöglich bedeutender erscheinen vermag, als im Liebesakt zu einem Fleisch zu werden. Die *Jahrestage* werden vor genau diesem Hintergrund als auch ein Versuch, die Biographie Elisabeths als die fiktive der Gesine zu schreiben, erscheinen. Der letzte Plan de Catts alias Joe Hinterhand in der *Skizze eines Verunglückten* wird darin bestehen, die Biographie von Mrs. Hinterhand zu verfassen. Damit aber führte Joachim de Catt das im Schilde, was auszuführen Elisabeth Uwe Johnson 1975 abschlagen würde, mit den Worten „Over my dead body" und in Gegenwart des großen Meisters des Biographie-Spiels Max Frisch, er war gerade zu Besuch in Sheerness. Im gleichen Jahr würde Johnson selbst, verzweifelt über die Zerstörung seiner Lebensillusion im Verhältnis zu Elisabeth, testamentarisch festlegen, daß er keine Biographie wünsche. Im Zuge der Wiedererringung seiner Schaffenskraft in den folgenden Jahren würde er dann immer weiter zu autobiographisch unterfüttertem Schreiben vorstoßen, mit den *Begleitumständen* als seiner „Selbstbiographie" und kulminierend im vierten Band der *Jahrestage*. Wir stehen also hier vor den „Ursprüngen" eines Lebensthemas im mehrfachen Sinn des Wortes.

Max Frischs Gesamtwerk bis hin zur explizit anti-kybernetischen Stoßrichtung des „Biographie"-Spiels kann man ja auch lesen als durchgehaltene Verteidigung der Sartreschen Kernüberzeugung, die Würde des Menschen verlange danach, daß er sich in Freiheit entwerfen und folglich zu immer erneutem Aufbruch bereit sein könne. Biographie konnte da allerdings als Gefängnis begriffen werden. Max Frisch, der dies in immer neuen Konstellation beschwor, schrieb um seine Freiheit, und, in einem übertragenen Sinne, durchaus um sein Leben. Wer nun ähnliches bei Uwe Johnson, dem gelegentlich spröden Beschreiber von Dingen und Regelabläufen, konstatiert, mag Überraschung hervorrufen. Und doch hat es einige Richtigkeit mit solcher Behauptung. Denn schaut man näher hin, so entdeckt man, daß die für Frisch zentrale Frage des (biographischen) Bildnis-Machens ja auch in Uwe Johnsons Werk verhandelt wird. *Das Dritte Buch über Achim* als die „Beschreibung einer Beschreibung", es kann legitim verstanden werden als eine ausführliche Diskussion der Möglichkeiten von Biographie. Folgerichtig erscheint auch die Lust aller Biographen dem biographisch so zögerlichen Uwe Johnson alles andere als fremd, in psycho-logischer Logik übrigens. In *Eine Reise wegwohin* kann man lesen:

> „Es machte Spass, einer bewussten Vergangenheit die tatsächliche zu finden, die Erinnerung einer Person mitzunehmen ins Vergessene, auch sie überrascht zu finden vor sich selbst."[20]

So muß sich schon James Boswell zu Ben Johnson verhalten haben, an die Ursprünge moderner Biographieschreibung zu erinnern. Der mit biographischen Informationen eher zurückhaltende Uwe Johnson, der zudem die von Lukács „biographisch" genannte Form des hergebrachten Romans aufsprengte im Geiste des polyphonen Erinnerungs-Erzählens des William Faulkner, als selbst ein biographischer Lusttäter? Es war immerhin Uwe Johnson, der, ansonsten die Höflichkeit in Person, bei den die Biographie Magret Boveris konstituierenden Gesprächen das inquisitorische

Wissen-Wollen und Hinterfragen bewußter Erinnerungen bis zur Unhöflichkeit konsequent praktizierte. Er und kein anderer war es, der darauf bestand, daß diese Zwischenfragen und kritischen Anmerkungen dann auch im Druck erschienen; Magret Boveri empfand das Unternehmen deshalb als eine „education" ihrer selbst. Johnson geriet das von ihm zusammengestellte Frisch-Lesebuch, Siegfried Unseld hat es ihm bestätigt und Frisch wehrte sich eben deswegen lange Zeit entschieden gegen diese Anthologie, zu nichts anderem als zu einer Biographie des Freundes. Diese Biographie-Version setzte Johnson mit allem nur denkbaren Nachdruck durch, ein kompromißloser Kämpfer wie nur je zuvor, der in diesen Tagen freilich mit einem noch frischen Herzinfarkt zu Bett lag. Uwe Johnson erwog, die Biographie Bertolt Brechts zu schreiben; da blockte Helene Weigel ab. Uwe Johnson war es, der die Biographie des verlegerischen Gründervaters Peter Suhrkamp verfassen wollte; da blockte dann Siegfried Unseld ab. Der gerade verstorbenen Ingeborg Bachmann wurde von Uwe Johnson mit nichts anderem als einer Art biographischer Rekonstruktion ihrer Jugendzeit in *Eine Reise nach Klagenfurt* voller nachgetragener Liebe gedacht. Dieses Unternehmen, geradezu handstreichartig ins Werk gesetzt, stellte sich, unter anderem, auch als eine postume Inbesitznahme der Klagenfurterin qua Biographie, durch Aneignung der primären Lebenswelt ihrer Jugend, dar. Denn an die Orte ihrer Kindheit, an den Ort des Lindwurmbrunnens und der Klosterschule, hatte die Dichterin zuvor nur einen einzigen Mann mitgenommen: Max Frisch. Bis hin zur *Hinterhand*-Skizze von 1981 (sie wurde für Max Frisch geschrieben) erstreckt sich dieser Themenstrang. Da dreht es sich dann schon explizit um das Eigentliche: daß jeder Dichter eigentlich immer nur an der Biographie der Frau schreibt, die er am meisten liebt, mit der er gelebt hat, und die sich seinen Beschreibungen immer wieder entzieht. Der Geschlechterkampf der Hinterhands erscheint, wie der der Johnsons, als ein Kampf um die authentische Darstellung des anderen in Form seiner Biographie. Mit dem vierten Band der *Jahrestage* kam nichts anderes zum Abschluß als die Biographie einer Elisabeth, die da schon lange als Gesine erfunden worden war, weil sie „direkt" als Elisabeth Schmidt biographisch nicht erfaßt zu werden vermochte.

Dieses dominierende Erkenntnisinteresse wiederum besaß seinen Ursprung in der Leipziger Zeit, in der Konzeptions-Phase der *Mutmassungen*. Es ist ja wahr: diese Art von Überlegungen spielen im Erstling *Babendererde* fast noch überhaupt keine Rolle. Sie stehen aber an wichtiger Stelle in den *Mutmassungen*. In diesem Buch wird, wenn man so will, die Diskussion Sartre/Frisch versus Skinner/Wiener/Marx implizit ausgetragen. Wir lesen Jakobs Konstatierung:

> „Wer auf die Welt kommt redet sich an mit Ich, das ist das Wichtigste für ihn, aber er findet sich mit mehreren vor zusammen, und muss sich einrichten mit seiner Wichtigkeit; niemand kann so frei sein etwa aus der Physik auszutreten für seine Person. Als soziales und natürliches Lebewesen (ich bin ein ...) weitgehend fest. Da ist wohl die Auffassung der Welt von einem Punkt Ich aus gemeint, 'dies sei aber nicht begriffen als Freiheit, solange man genau wie die Führung des Staates den Menschen (unsere Menschen, die Massen) beeinflussbar denke nach einem sehr schlichten Schema von Kausalität', da hätt er auch gleich von der Lage in der Landwirtschaft reden können. Denn er war immer in dem zweihälsigen Rahmen von Staatsmacht und Staatsbürger geblieben [...] mit seinem Unterschied. Und den Angelpunkt dieses Unterschiedes solle man vielleicht besser nicht Freiheit nennen (die Pawlowsche Reflextheorie) sondern eher die Halsstarrigkeit des Bewusstseins. [...] Was bedeutete 'Finalität'?"[21]

„Finalität" bedeutete das Ende der existentialistisch verklärten Freiheit des Menschen. Hier stand ein biographischer Determinations-Glaube marxistisch-kybernetischer Prägung gegen die fortdauernde Überzeugung auf Seiten Johnsons, daß Individualität zwar wichtig für den geschichtlichen Prozeß, doch daß sie weder planbar noch kausal ableitbar sei. Uwe Johnson hat das im Rückblick selbst festgeschrieben, wenn er unter dem 6. April 1974 in einem Brief an Manfred Bierwisch formulierte: er hätte die *Mutmassungen* seinerzeit geschrieben auch als Bekenntnis gegen die damalige Überzeugung der Freunde. Uwe Johnson hielt gegen die sogenannte „kybernetische Gang" an der Wichtigkeit des „subjektiven Faktors" fest, in dem er, mit Schillerscher Terminologie zu sprechen, Freiheit und Notwendigkeit unaufhebbar miteinander verschränkt sah. Darin aber erblicke ich zugleich die Position Theodor W. Adornos, dessen Auffassung nämlich, wonach das Gesellschaftlich-Geschichtliche einzig im Individuellen, Subjektiven konkret werde, und diese Adornosche Grundüberzeugung stand gegen die „Automatentheorie" des Max Bense, dieser Konsequenz des kybernetischen Denkens auf dem Gebiet der Poetik, der jedenfalls Klaus Baumgärtner in diesen Jahren ganz dezidiert anhing. Daß Adornos Denken sich als bedeutsam für den Freundeskreis darstellte, wurde bereits dargetan. Ihm wurde aber auch widersprochen, und dann gern mit den Argumenten aus dem anderen Lager des damaligen Szientismus, das fasziniert war vom positiven, anscheinend ganz objektiven Wissen innerhalb der Gebiete Mathematik, Kybernetik und überhaupt Automatentheorie. Im Freundeskreis gaben Adornos hermeneutischer Ansatz und Max Benses poetische Automatentheorie durchaus Gegenpositionen ab – wie sie es in der intellektuellen Welt jener Jahre ganz generell darstellten. Der Literaturwissenschaftler Helmut Kreuzer hat das beschrieben, in der Festschrift für Max Bense 1990, ohne dabei freilich an den Leipziger Freundeskreis zu denken, und dennoch mit zutreffender Relevanz auch für diesen. Seine Beschreibung gewinnt Lebendigkeit durch eigene Betroffenheit, gerät in unserem Zusammenhang zu einer Aussage von dokumentarischem Wert. Das mag ihre Länge rechtfertigen:

> „Aber wer unter den jungen Leuten, die sich vor oder um 1960 zu Intellektuellen mauserten, nicht in Versuchung kam, sich den regenerierten Konservatismus, den zentralistisch herrschenden Marxismus im Osten oder die klerikalen Positionen des Adenauer-Staates zu eigen zu machen, stieß, wenn ich recht sehe, rasch auf das kritische Denken Adornos und Benses, deren Positionen sich faktisch zu überlappen schienen. Beide waren Philosophen und Literaten zugleich; beide führten die Aufklärung im Munde, verstanden sich als intellektuelle Opposition im Lager der 'Linken' (und zwar einer Linken, die nicht mehr an das Proletariat, sondern an die Intellektuellen appellierte). Beide propagierten eine prononciert 'moderne' Literatur und Ästhetik (der eine mit dem Blick auf Literatur und Musik, der andere mit dem Blick auf Literatur und Bildende Kunst). Beide bedienten sich des Essays; beide waren genuine Repräsentanten der geisteswissenschaftlichen 'Kultur' (im Begriffssinn von C.P. Snow) und galten dennoch als aufgeschlossen für die 'andere Kultur' des Szientismus: Bense (mit Recht) dank seinem Lobpreis von Mathematik, Physik und Technik, Adorno (mit weniger Recht) dank der Nutzung empiristisch-sozialwissenschaftlicher Methoden bei der Untersuchung der 'autoritären Persönlichkeit'. (Daß die Anpassung an den Empirismus durch die amerikanischen Verhältnisse erzwungen war, wußte man in Deutschland zunächst noch nicht; die Abrechnung Adornos mit der amerikanischen Situation und dem 'Positivismus' wurde vielen nur sukzessive bewußt.) [...]
> Kunst als solche wurde von Adorno mit dem Nimbus höherer Wahrheit ausgestattet. Das erlaubte ihm nicht nur die ästheti-

sche Würdigung, sondern auch die politische Rehabilitierung der Dichtung politisch konservativer oder dezidiert esoterischer Autoren; und es ermöglichte die ästhetisch-politische Abwertung engagierter Literatur mit konkretem Wirkungsinteresse und einer Affinität zu technischen Medien. Nicht Brecht oder der Dokumentarismus repräsentierten für Adorno 'Literatur als Kunst' im Sinne seiner historischen Ortsbestimmung und seines ästhetischen Anspruchs, sondern Becketts *Endspiel* und dessen absurdistische Tradition, aufgefaßt als Beispiel für Esoterik, abgeschriebene Individualität und einen Verweigerungsgestus gegenüber allen Manipulations- und Verwertungsinteressen der Gesellschaft. Bense dagegen pflegte mehr seine Distanz von Marx als seine Nähe zu ihm zu betonen. Er konzipierte einerseits eine 'technologische Ästhetik', eine mathematisch fundierte 'Informationsästhetik' als Impuls für ein 'experimentelles' Handeln, das nach intersubjektiv handhabbaren Regeln, in wechselnden Versuchsanordnungen, auch mit Hilfe technischer Medien wie des Computers, das ästhetische Material der Künste explorieren sollte, im Fall der Literatur das sprachliche Zeichenrepertoire für die 'Programmierung des Schönen' und für die methodische Konstruktion von 'Texten' jenseits der Gattungsgrenzen von Roman-, Dramen- und Gedichtform. Bense unterstützte andererseits eine 'Provokationsästhetik', die durch formale wie inhaltliche Schocks die ästhetischen und sozialen Konventionen des status quo verletzt, erstarrte Wahrnehmungsmuster durchbricht und den Rezipienten innovativen Tendenzen und Experimenten aussetzt, wie es Benses *augenblick* im Untertitel ('Zeitschrift für Tendenz und Experiment') programmatisch forderte."[22]

Natürlich stand, gerade in der Frage nach der Bestimmbarkeit von Individualität, Adorno Marx wesentlich näher als Bense. Uwe Johnson hat sein Programm in diesen Jahre, es würde gelten von den *Mutmassungen* bis zum dritten Band der *Jahrestage*, in der Skizze von 1981 so festgeschrieben:

„Auch er habe einmal sich bemüht, einzelne Personen nur zu zeigen in ihrem Zusammenhang mit mehreren, in der Einrichtung der Gesellschaft, und sei Geschichten aus dem Wege gegangen, wenn sie ihm befangen schienen in nur einem Menschen, oder zweien, müßig, unverantwortlich, unstatthaft."[23]

Jedoch diese Auffassung vom Menschen als einem Gesellschaftswesen entsprang in Johnsons Fall stets dialektischem Bewußtsein. Deshalb wehrte er sich gegen die Determination („Finalität"), die er im Denken vor allem Klaus Baumgärtners zu erkennen meinte. Später, auf dem Höhepunkt der Studentenrevolte 1968 und anläßlich einer von Studenten erzwungenen Diskussion über des Stuttgarter Professors Klaus Baumgärtner Vortrag über Grammatik und Automatentheorie, stand Johnson geradezu auf Seiten der Studenten. Und am 6. April 1974 schrieb „Ossian" an „Jake", da war er auch diesem bereits ein Stück weit entfremdet:

„wir gedenken der Zeiten vor 15 Jahren da Du und Klaus als eine Art Rollkommando von mir das freudige Bekenntnis aufgesagt haben wolltest, jedes beliebige Individuum sei schon jetzt erkennbar bis zu dem Grade, dass man es nachbauen könnte."

In den englisch gehaltenen Erinnerungen an Manfred Bierwisch (eine deutsche Übersetzung befindet sich in diesem Band), die dieser dann nicht als Festschrift zu seinen Ehren haben wollte, steht:

„In Berlin Jake chaired, reluctantly, a continuation session in the course of which I was advised to leave the country for the area where my first book was published. It was a work of fiction that in a margin took the liberty to cast a slight doubt on the axiom according to which a human being is recognizable to the extent that her or his brain could be reconstructed as an electronic machine. I had discussed my writing step by step with the friends, but only when it was irrevocably printed they felt their arguments momentous enough to accuse me of having betrayed the ethics of science. At that time I used to think of our Berlin faction, Jake and James, as 'the cybernetics gang'. In the end we all had to conclude a peace treaty, the second article of which I still esteem a victory of sorts: 'Explicableness of a matter is not yet the matter explained.' Sorry, Jake; but I still treasure your signature to that."[24]

Der „Friedensvertrag" („peace treaty"), den Uwe Johnson hier erwähnt, nahm lebensgeschichtlich Gestalt an in Form des sogenannten „Gorbatschow-Vertrages", benannt nach dem russischen „Wässerchen" gleichen Namens, wie es bei Vertragsunterzeichnung sehr reichlich geflossen sein muß. Der Vertrag wurde abgeschlossen in Berlin-Friedenau am 27. Dezember 1959, da waren die *Mutmassungen* gerade erschienen. Gültig sein sollte das Schriftstück auch in Potsdam, denn dort wohnte Klaus Baumgärtner seinerzeit. Unterschrieben war er von Klaus Baumgärtner als „James" und von Uwe Johnson als „Ossian". Es gäbe, so lesen wir im Vertrag, die Kybernetik und den Behaviorismus, und beide machten den Menschen als Maschine erklärbar. Dem sei so; und dennoch sei es eine philosophische Entscheidung, ob man das Individuum für „erklärbar oder nicht" halte. Hier stehen nun in der Tat Sartre und Frisch gegen Skinner und Wiener. In seinem Roman aber bezog Johnson die Position Adornos und Sartres, während Baumgärtner schon bald aus Leipzig über Berlin nach Stuttgart zu Max Bense gehen würde. Der „Gorbatschow-Vertrag" fixiert die Positionen, die beide bereits in Leipzig als ihrer Schule der Modernität jeweils bezogen hatten, und die im Fall Uwe Johnsons einen wesentliche „Ursprung" der *Mutmassungen* nicht nur, sondern auch weiterführende Kraftlinien markieren, die dann sein Gesamtwerk bis hin zu den *Jahrestagen* durchziehen werden.

Greg Bond

Die Klassengesellschaft und die Dialektik der Gerechtigkeit

Uwe Johnsons DDR-Erfahrung und seine Lukács-Lektüre[1]

I
Die Ethik der ungenauen Fiktion

Für Uwe Johnson war, so die Legende, die Genauigkeit erste moralische Pflicht. Seine hartnäckigen Moralvorstellungen sind gelegentlich als Pedanterie ausgelegt und daher nicht immer gebilligt worden.[2] Was manchem eigensinnig und sogar nicht mehr menschlich vorgekommen sein mag, war aber auch ein hervorragender und herausfordernder Sinn für ethische Fragen, der die Stärke und die Bedeutung von Johnsons literarischem Werk erst ausmacht. Es wirkt nur auf den ersten Blick paradox, wenn Johnsons moralisch begründetes Genauigkeitsgebot den Mut zur Ungenauigkeit bedeutet. In Sachen, die wirklich empirisch verifizierbar sind, mag eine nahezu absolute Genauigkeit durch Fleiß zu erreichen sein, wenn es aber um Menschen geht, fällt diese eher schwer. So erfahren die Leser von *Mutmassungen über Jakob* nicht, ob es eine definitive Ursache für Jakobs Tod gibt, und viele andere Aspekte der Personen dieses Romans bleiben unerläutert. Und so ist es in Johnsons Gesamtwerk, in dem das nicht einfach Erklärbare, das Ungenaue an seinen Personen ebenso auffällt wie die Genauigkeit der Schreibweise oder, wie bei *Jahrestage*, die Exaktheit einiger historischer Forschungen. Die Erklärung für diese wohl nur scheinbar widersprüchliche Tendenz in seinem erzählerischen Werk hat Johnson 1961 in bekannten programmatischen Sätzen wie folgt formuliert:

> „Der Verfasser sollte zugeben, daß er erfunden hat, was er vorbringt, er sollte nicht verschweigen, daß seine Informationen lückenhaft sind und ungenau. [...] Dies eingestehen kann er, indem er etwa die schwierige Suche nach der Wahrheit ausdrücklich vorführt, indem er seine Auffassung des Geschehens mit der seiner Personen vergleicht und relativiert, indem er ausläßt, was er nicht wissen kann, indem er nicht für reine Kunst ausgibt, was noch eine Art der Wahrheitsfindung ist."[3]

Diese Sätze entstammen einem Vortrag, der Johnsons frühen und sehr einseitigen Ruhm als moderner Romancier mitbegründete, ein Vortrag, den Bruno Hillebrand 1972 „Uwe Johnsons bereits klassische Poetologie des heutigen Romans"[4] nannte. Aber *Berliner Stadtbahn* muß nicht primär als ein Manifest des modernen Romans mit einer modernen Auffassung der Undurchschaubarkeit der Welt gelesen werden, wie seinerzeit die westdeutsche Rezeption Johnsons erste veröffentlichte Romane, *Mutmassungen über Jakob* und *Das dritte Buch über Achim*, vorwiegend verstand. Johnsons Argumente in *Berliner Stadtbahn* weisen einen Respekt vor dem Menschen, vor dem Individuum, auf, der viel mehr mit den prägenden Erfahrungen des Autors in der DDR der fünfziger Jahre als mit einem theoretischen Bekenntnis zum modernen Roman zu tun haben könnte. Dem „Flüchtling", der mit der S-Bahn von Ost nach West „umzieht", kann man weder mit der ideologischen Sprache des Ostens noch mit der des Westens gerecht werden. Dieser Respekt vor der Erfahrung des Einzelnen – man könnte ihn auch Gerechtigkeitssinn nennen – bestimmt nicht nur die komplexe, keine endgültigen Entscheidungen zulassende Erzählform von Johnsons Romanen. Er ist auch Thema dieser Romane sowie das, was ich die Haltung von Johnsons

Gesamtwerk nennen möchte. Mein Vorhaben im dritten Teil dieses Aufsatzes ist, diesem Sinn für Gerechtigkeit in Johnsons Romanen der fünfziger Jahre nachzuspüren. Zuerst aber sollen einige Bemerkungen zu Johnsons Poetik gemacht werden, und zwar anhand der Beziehungen zwischen Uwe Johnson und Georg Lukács.

II
Ein Geschenk des Zufalls

Wer behauptet, Johnson habe mit Lukács etwas gemeinsam, muß wenig Sympathie und eher Unglauben erwarten, denn es scheint auf den ersten Blick so zu sein, daß Johnson nicht viel für Lukács übrig hatte. Während seiner auch in literarischer Hinsicht prägenden Leipziger Jahre ist Johnson mit Sicherheit auf Lukács gestoßen; zu dieser Zeit ist dies für einen Studenten der Germanistik in der DDR unvermeidbar gewesen. Von dem ungeheuer großen Einfluß, den Lukács' Schriften zwischen 1945 und 1955 in der SBZ und in der DDR ausübten, gibt es verschiedene Zeugnisse, darunter, zeitbedingt, sehr positive, wie sie in der Festschrift *Georg Lukács zum siebzigsten Geburtstag* von 1955 vorkommen.[5] Auch spätere Würdigungen von Lukács' Wirken in den Nachkriegsjahren sind vorhanden. Wichtig sind Franz Fühmanns Erinnerungen an die Begegnung mit Lukács' Arbeiten, da sie zu einer Zeit in der DDR veröffentlicht wurden, als Lukács immer noch als Folge seiner Beteiligung an den ungarischen Reformversuchen von 1956 persona non grata war.[6] 1975 erschien das Buch, das Lukács' „Rehabilitierung" eingeleitet hat, *Dialog und Kontroverse mit Georg Lukács*, herausgegeben von Werner Mittenzwei, der Lukács' wichtige Rolle in der DDR bis 1956 untersucht.[7] Nun gibt es aber genügend Gegenstimmen, die, wie beispielsweise Gerhard Zwerenz, Lukács' Einfluß in der frühen DDR als verheerenden „Kulturstalinismus" betrachten würden.[8] Es geht mir hier nicht darum, zu entscheiden, was Lukács' Einfluß damals wirklich bedeutet haben mag, sondern zu fragen, wie Uwe Johnson dazu stand, wobei, da keine unmittelbaren Äußerungen Johnsons zu Lukács übermittelt sind, ich nur vorsichtige Vermutungen anbieten kann.

Wie schon angedeutet, spricht vieles dafür, daß Johnson Lukács' Arbeiten und Theorien ganz und gar abgelehnt hat. In den fünfziger Jahren scheint Johnson sehr durch Schriftsteller beeindruckt und geprägt worden zu sein, die Lukács – außer Thomas Mann – entweder nicht beachtete, oder die für ihn zum dekadenten bürgerlichen Lager gehörten. So berichtet Hans Mayer, daß die Deutsche Bücherei und die Institutsbibliotheken in Leipzig durch Geschenke westdeutscher Verlage mit moderner Literatur gut ausgestattet waren, und daß Uwe Johnson und seine Freunde sich dort „planmäßig versorgt" hätten.[9] Johnson schrieb damals seine Diplomarbeit über Ernst Barlachs *Der gestohlene Mond*; man kann sich kaum einen anderen Roman vorstellen, der den Vorlieben Lukács' für realistisches Erzählen weniger entspricht. Es ist also nicht überraschend, daß sich in Johnsons 9000 Bände starker eigener Bibliothek, im Johnson-Archiv in Frankfurt am Main untergebracht, lediglich zwei Bücher von Lukács befinden, *Die Zerstörung der Vernunft* (Berlin 1954) und die zweite Auflage der Monographie *Gottfried Keller* (Berlin 1947). Dagegen sind die Lukács-"Gegner" Brecht, Bloch und Benjamin mit Gesamtausgaben und mehr vertreten.[10] In der Sekundärliteratur zu Johnson ist wiederholt von Brecht die Rede, obwohl eine eingehende Untersuchung der Beziehung Johnson-Brecht noch fehlt. Bloch und Benjamin sind beide auf fruchtbare Weise zur Deutung von Johnsons Werk herangezogen worden.[11] Was Lukács betrifft, ist Bernd Neumanns frühe Studie zu Johnsons Hauptwerken insofern wichtig, als er die ästhetische Struktur der frühen Romane als bewußt gegen Lukács geschrieben versteht, *Jahrestage* dagegen als einen Rückzug auf reaktionäre, Lukácssche ästhetische Positionen charakterisiert.[12]

Die Sache ist aber etwas komplizierter als dieser kurze Überblick der möglichen Gründe, Johnson und Lukács voneinander fernzuhalten, vermuten läßt. Schon vor dem Erscheinen einer Reihe unveröffentlichter Verlagsgutachten Johnsons aus den fünfziger Jahren hat Jürgen Grambow auf die darin zum Ausdruck gebrachte frühe Übereinstimmung Johnsons mit den Grundsätzen Lukácsscher Ästhetik hingewiesen.[13] Nun sind diese Gutachten als Buch vorhanden, und es mag ein jeder für sich entscheiden, inwiefern Johnson entsprechend den Vorstellungen und Wünschen seiner Auftraggeber oder nach eigener Überzeugung schreibt, wenn er immer wieder den mangelnden Realismus der von ihm begutachteten Texte kritisiert.[14] Die Wahrheit liegt wohl zwischen diesen Extremen – in den Texten und nicht in einem vorgeprägten Johnson-Bild, für das man nur die passenden Beweise sucht.

Es ist also ratsam, vorsichtig zu sein, und dies nicht nur wegen der komplexen Natur von Johnsons Lukács-Zitaten, die ich noch untersuchen will. Es ist vor allem zu einfach Lukács als Dogmatiker des sozialistischen Realismus abzutun, mit dem Johnson dann selbstverständlich nichts zu tun haben kann. Denn gerade zu der Zeit, als Johnson in Leipzig sein Studium der Germanistik zu Ende brachte, war Lukács dabei, sich von vergangener Dogmatik zu distanzieren, den vereinfachenden sozialistischen Realismus zu kritisieren *und* sich aktiv für eine neue Politik in Ungarn einzusetzen. Auf demselben IV. Schriftstellerkongreß in Ost-Berlin, über den Uwe Johnson 1956 eine Klausur schrieb, und den er immerhin wichtig genug fand, davon dreiundzwanzig Jahre später in seinen Frankfurter Vorlesungen ausführlich zu berichten[15], hielt Lukács den Vortrag *Das Problem der Perspektive*, in dem er die gesinnungsbedingte Vereinfachung der Wirklichkeit und das abstrakte „happy end" des sozialistischen Realismus scharf kritisierte.[16] Diese Kritik wurde dann von Lukács viel gründlicher dargelegt, aber das Buch, in dem, wie Walter Janka schreibt, Lukács „den Versuch [machte], sich von alten Thesen zu befreien"[17], durfte nicht mehr in der DDR erscheinen, weil Lukács inzwischen Minister in der kurzlebigen ungarischen Regierung von Imre Nagy gewesen war. Es wurde 1958 in Hamburg veröffentlicht und bedeutete also den Beginn einer westdeutschen Lukács-Rezeption, die dem jähen Ende von Lukács' Wirkungsmöglichkeiten in der DDR entsprach und die zur Werkausgabe bei Luchterhand und nicht bei Aufbau führte.[18]

Bedarf das Bild von Lukács in den fünfziger Jahren also vorsichtiger Differenzierung, so auch das von der möglichen Beziehung zwischen Johnson und Lukács. Es besteht kein Zweifel, daß Mitte der fünfziger Jahre ein Hauptinteresse Johnsons das sich anbahnende Tauwetter in der DDR war. Das wurde ja ein Thema von *Mutmassungen über Jakob*. Nicht nur in Ungarn, sondern auch an diesem ostdeutschen Tauwetter hat Lukács mitgewirkt, oder er hätte es gern getan: mit seinem Versuch, 1956 ein humanistisches Projekt zu entwerfen, das die klaren Fronten des Kalten Krieges überwinden sollte.

In seinem Werk erwähnt Johnson Lukács zweimal an wichtiger Stelle, zwar nicht namentlich, aber so, daß es nicht schwerfällt, den ungarischen Philosophen zu identifizieren. Johnsons Anspielungen auf Lukács scheinen nicht besonders schmeichelhaft zu sein, und sie mögen als weitere Beweise dafür genommen werden, daß Johnson sehr bewußt gegen Lukács gearbeitet hat. Dennoch ist höchste Vorsicht geboten, da trotz aller offensichtlichen Kritik an Lukács gerade hier der erste Blick täuschen kann. Ich werde zuerst das bekannte Lukács-Zitat bei Johnson diskutieren, das vor allem poetologische Bedeutung hat, und anschließend ein bislang unaufgezeigtes, das hinsichtlich der politischen Thematik von Johnsons Frühwerk wichtig zu sein scheint.

In *Jahrestage 4* widmet Johnson ein Kapitel der Beschreibung des Deutschunterrichts der Klasse 11 A 2 einer Oberschule im Nordwesten Mecklenburgs im Jahre 1950-51. Fontanes *Schach von Wuthenow* wird gelesen, langsam, genau und mit großem Gewinn, bis ein vorlauter Schüler den jungen Praktikanten dadurch verstimmt, daß er aus einem mitgebrachtem Aufsatz vorliest:

> „Was Lockenvitz anbrachte, gleich nach den Osterlämmern, war eine Zeitschrift aus der halben Hauptstadt, mit farbiger Bauchbinde, Form hieß sie, oder Sinn, die Botschaft der ostdeutschen Staatskultur an den Rest der Welt, darin schrieb der amtierende Fachmann für sozialistische Theorie in der Literatur, Heft 2, Seite 44-93 über Fontanes 'Schach von Wuthenow': die Erzählung sei ein 'Geschenk des Zufalls'. Die darin geübte Kritik am preußischen Wert sei 'absichtlos', sei 'unbewußt'."[19]

Das klingt wirklich nicht freundlich, aber es ist gefährlich, sich zu schnell mit dem verärgerten Lehrer Mathias Weserich zu identifizieren, bloß weil es sich in diesem Kapitel zweifelsohne um eine Kritik am überpolitisierten Unterricht in den DDR-Schulen handelt. Es lohnt sich, genau zu sein, so genau wie der Philologe Jonas Blach in Johnsons *Mutmassungen über Jakob*, und sich die Quelle anzuschauen, die Johnson hier gewiß nicht ohne Absicht, wenn auch sehr ironisch, angibt. Aus einem Vergleich mit dem Aufsatz *Der alte Fontane* in *Sinn und Form* ergeben sich beträchtliche Komplikationen.[20]

Ein Argument von Lukács ist wirklich, daß Fontane viel seiner Kritik am preußischen Bewußtsein dem Zufall zu danken habe, aber die Zitate, die bei Johnson diese These belegen, befinden sich nicht in der *Sinn und Form*-Version von *Der alte Fontane.* Der Aufsatz wurde in das Buch *Deutsche Realisten des 19. Jahrhunderts* aufgenommen und dabei durch einen die These der zufälligen Kritik erhärtenden Absatz erweitert. Erst dort ist von einem „Geschenk des Zufalls" die Rede und immer noch nicht davon, daß die Kritik „absichtlos" oder „unbewußt" sei.[21] Angenommen, daß Johnson, wie laut Mathias Weserich Fontane, „einem bloßen Zufall aus dem Wege gehe"[22], wenn er Lukács hier falsch zitiert, dann kann man dies als eine Einladung zu einer sorgfältigen Lukács-Lektüre auffassen. Der Aufsatz *Der alte Fontane* ist zutiefst widersprüchlich und gar nicht so grob in seiner Fontane-Kritik, wie Johnsons halb fingierte Zitate vermuten lassen. Denn im Grunde genommen lobt Lukács Fontane für seine Aufdeckung der Konflikte zwischen ethischem Anspruch und gesellschaftlichen Sein im damaligen Preußen. Er geht sogar so weit, den alten Fontane einen „sehr bewußte[n] Künstler"[23] und *Schach von Wuthenow* „Fontanes kleines Meisterwerk in dieser Kritik des historischen Preußen, ein[en] noch nicht in seiner vollen Bedeutung erkannte[n] einsame[n] Gipfel der deutschen historischen Erzählkunst"[24] zu nennen. Offensichtlich konnte Lukács es aber nicht bei seinem Lob des bürgerlichen Schriftstellers Fontane belassen. Er mußte die Rolle des Glücks in den gelungenen Werken dieses Autors behaupten, grobe Urteile fällen und seinen eigenen Text mit Widersprüchen beladen.[25]

In dem *Schach von Wuthenow*-Kapitel in *Jahrestage* gibt es eine zweite Einladung zur weiterführenden Lektüre, die durch ein Verbot ausgesprochen wird. Während Weserich den Schülern nicht erlaubt, „die Briefe Fontanes zu konsultieren"[26], werden die Leser dadurch dazu direkt aufgefordert, und dabei werfen sie einen Blick in die Werkstatt des

Schriftstellers Uwe Johnson. Was dann auffällt, ist, daß Johnson mehrere Briefstellen zu *Schach von Wuthenow* in dieses Kapitel eingeflochten hat, die wiederum einen Bezug zu Lukács' Fontane-Aufsatz herstellen. Die wichtigsten betreffen den Status der Details in der Fiktion. Weserichs Verlangen, daß die Schüler über die Bedeutung der Straßennamen nachdenken,[27] ist eine Anspielung auf Fontanes Brief an seine Frau vom 12. August 1882, in dem er sich über eine Bekannte beschwert, der seine Erzählung nur deswegen gefällt, weil sie alle Straßennamen erkennt.[28] Für Fontane reicht das nicht, ebenso wie es Weserich nicht reicht, seine Schüler mit der Topographie des alten Berlin vertraut zu machen. Wichtig an den Straßennamen ist nicht, daß sie bloß bekannt sind, sondern, daß sie etwas über den gehobenen gesellschaftlichen Stand der Figuren aussagen.

Ähnlich verhält es sich mit einem anderen Beispiel, das zeigt, daß die Wirklichkeitstreue der historischen Details nicht das Wesentliche an Fontanes Kunst ist, da es ihm viel mehr darauf ankommt, daß die Geschichte als Ganze seine Zeit glaubwürdig darstellt. Johnson läßt Weserich die Bedeutung der Kapitelüberschriften diskutieren:

> „Sie [die Überschrift] ist eine Höflichkeit gegenüber dem Leser; am Ende eines Kapitels soll er Luft holen und dann vorher wissen, wohin die Reise geht, zu Sala Tarone, nach Tempelhof oder Wuthenow."[29]

Ohne diese Auffassung der Funktion der Überschriften unbedingt in Frage zu stellen, produziert die hier versteckte Anspielung auf Fontanes Briefe eine zweite Sinnschicht von grundlegender, poetologischer Art. Für Fontane war es ärgerlich, daß die deutsche Presse ihn immer wieder auf seine Rolle als Verfasser von „märkischen Wanderungen" festlegen wollte und deswegen Wesentliches an seiner Fiktion vernachlässigte, wie er am 19. Januar 1883 an

Wilhelm Friedrich, den Verleger von *Schach von Wuthenow*, schrieb:

> „*Mein* Metier besteht darin, bis in alle Ewigkeit hinein 'märkische Wanderungen' zu schreiben; alles andere wird nur gnädig mit in den Kauf genommen. Auch bei 'Schach' tritt das wieder hervor, und so lobt man die Kapitel: Sala Tarone, Tempelhof und Wuthenow. In Wahrheit liegt es so: Von Sala Tarone hab ich als Tertianer nie mehr als das Schild überm Laden gesehn, in der Tempelhofer Kirche bin ich *nie* gewesen, und Schloß Wuthenow existiert überhaupt nicht, hat überhaupt nie existiert. Das hindert aber die Leute nicht zu versichern: 'ich hätte ein besondres Talent für das Gegenständliche', während doch *alles*, bis auf den letzten Strohhalm, von mir erfunden ist."[30]

Die Begeisterung für „das Gegenständliche" bei Fontane ging sogar so weit, daß, wie er in einem Brief vom 28. August 1882 an seine Frau notierte, ein „märkische[r] Geschichtsverein" eine „Fahrt über den See bis Schloß Wuthenow" ankündigte, „das neuerdings durch Th. F. eine so eingehende Schilderung erfahren hat"[31]. Das Schloß Wuthenow wurde aber von Fontane erfunden, und die Kapitelüberschriften zeigen nur insofern „wohin die Reise geht" als sie diese innerhalb der Fiktion und für das Leseerlebnis ansagen. Darauf will Uwe Johnson bestehen, der wie Fontane oft das fragwürdige Lob für die Detailtreue seiner Werke hören mußte, ohne daß der Zusammenhang der Details in seinem Schreibprojekt geschätzt wurde. (Was bei Fontane „Verfasser märkischer Wanderungen" hieß, nannte sich bei Johnson in den sechziger Jahren „Dichter der beiden Deutschland" und könnte heute verschiedene Namen tragen.)

In dem *Schach*-Kapitel von *Jahrestage* beschreibt Johnson den Prozeß, wie die Schüler der (erfundenen) Fritz-Reuter-Oberschule in der (erfundenen) Stadt Gneez durch die jedes Detail beachtende Lektüre von Fontanes *Schach von Wuthenow* unter der Leitung vom (erfundenen) Lehrer Weserich „das Deutsche lesen gelernt"[32] hatten. Johnson bespickt das Kapitel mit Anspielungen auf Fontanes Briefe – für ihn ist die Tempelhofer Kirche „die (erfundene) Kirche in Tempelhof"[33] – und lädt seine Leser dadurch dazu ein, die Kunst des Lesens für sich in Anspruch zu nehmen. Das ist aber nicht alles: die Vorführung des Status des Gegenständlichen in der Fiktion, die sich Johnson hier vornimmt, läßt sich unmittelbar auf seine Verwendung von Lukács' anders geratener Fontane-Lektüre beziehen.

Lukács teilt nicht Johnsons geduldige Art und nicht sein Auge fürs Detail, er neigt eher dazu, schnell und ohne Begründung seine Urteile zu fällen. Aber was Johnson und Lukács gemeinsam haben, ist wohl eine Grundauffassung der Vorzüge des kritischen, realistischen Erzählens. Während letzterer seine theoretische Verteidigung des Realismus mit der Ablehnung der formellen Erneuerungen der Moderne im 20. Jahrhundert verband, war der Pragmatiker Johnson offen gegenüber jeder Schreibweise, die für seine Zwecke taugte.[34] Diesen gewichtigen Unterschied sollte man natürlich nicht vergessen, wohl aber versuchen zu verhindern, daß Lukács' schlechter Ruf als „der amtierende Fachmann für sozialistische Theorie in der Literatur" einem den Blick für alles andere versperrt, wie es in Johnsons Fiktion Mathias Weserich passiert. Vielleicht war es in der DDR der fünfziger Jahre wirklich der Fall, daß die dogmatische Anwendung von Lukács' Theorie eine ähnlich verheerende Wirkung wie im Klassenzimmer der 11A 2 in *Jahrestage* hatte. Dies aber muß nicht das letzte Wort zu Lukács und gar nicht das Wesentliche an Lukács sein. Auf diese Tatsache macht Uwe Johnson – ob bewußt oder zufällig – aufmerksam, indem er den Aufsatz *Der alte Fontane* in seine Fiktion aufnimmt und ihn dabei durch nicht vorhandene Zitate erst recht fiktionalisiert. Vielleicht kommt es ihm nicht so sehr auf die Details als auf das Typische an, das hier die theoretisch und politisch bedingten Konflikte in den Schulen der frühen DDR sein könnte?

Auf das Typische kam es Lukács jedenfalls immer wieder an, darauf, daß ein Roman die wichtigen sozialen Kräfte einer Zeit kritisch zur Darstellung bringt, das Allgemeine vom Besonderen aussondernd. Und beim „alten Fontane" fand er diesen Anspruch exemplarisch erfüllt. Laut Lukács hat Fontane gezeigt, wie die bürgerliche Moral in der preußischen Gesellschaft zu einer Konvention erstarrt war, die sich weit stärker erwies als die Menschen, die darunter litten oder dagegen kämpften. (Daß dieser Grundkonflikt zwischen dem Individuum und der Gesellschaft auch Johnsons Thema ist, will ich im dritten Teil dieses Aufsatzes zeigen.) Die Darstellung dieses typischen menschlichen Schicksals seiner Zeit hat Fontane nicht zuerst seiner angeblichen Detailtreue zu danken, sondern dem Verfahren, das das Wesentliche erkannte und hervorhob. In diesem Kontext zitiert Lukács aus Briefen Fontanes, unter anderem einen, den Johnson für sein *Schach*-Kapitel benutzt. Lukács schreibt:

> „[Fontane spottet] über seine 'Verehrer', die die photographische und historische Treue seiner Detailbeschreibungen begeistert loben; so nach *Schach von Wuthenow*, als er in einem Brief über diese Details sagt, daß 'doch alles bis auf den letzten Strohhalm von mir erfunden ist'; ebenso zählt er in einem anderen Brief ironisch alle unrichtigen Details in seinen Berliner Romanen auf und fügt hinzu, daß diese dennoch in ihren wesentlichen Zügen realistisch seien. Fontanes schriftstellerische Tendenz ist also in der Hauptlinie realistisch, nicht naturalistisch."[35]

In diesem Sinn ist Uwe Johnsons Werk ebenso realistisch, denn um naturalistisch zu sein, ist es trotz aller Detailfülle viel zu erfunden, wie das Beispiel des *Schach*-Kapitels von *Jahrestage* zeigt, das mit erfundenen Zitaten abschließt. Die Details in Johnsons Romanen, insofern es sich um gelungene Stellen handelt, stehen nicht für sich und auch nicht unmittelbar für etwas, was außerhalb der Fiktion vorliegt. Letzteres tut nur die Fiktion als Ganzes, indem sie eine Stellungnahme zu und eine Deutung von der Welt vorlegt. Wie diese strukturiert sein sollte, zeigt auch Johnsons früher, als modern bekannt gewordener Aufsatz *Berliner Stadtbahn*, der vielleicht doch nicht so grundlegend mit der realistischen Romantradition bricht. Johnson schreibt da von der Gefahr einer naturalistischen Schreibweise:

> „[Der Verfasser] kann für allgemein halten, was einzeln ist. Er kann typisch nennen, was privat ist. Er kann ein Gesetz erkennen wollen, wo nur eine statistische Häufung erscheint. Unablässig ist er in der Gefahr, daß er versucht etwas wirklich zu machen, das nur tatsächlich ist."[36]

In diesen Sätzen des Realisten Uwe Johnson steckt auch der ethische Anspruch, durch genaue Überprüfung und Auswahl des Materials einer exemplarischen Gerechtigkeit nahezukommen.

III
Die Dialektik der Gerechtigkeit

Seine Maßnahmen zur Geheimhaltung der Existenz seines ersten Romanmanuskriptes beschreibt Johnson in seinen Frankfurter Vorlesungen von 1979, *Begleitumstände.* Sein erster Roman, *Ingrid Babendererde*, wurde zwischen 1953 und 1956 in der DDR geschrieben und befaßte sich mit dem heiklen Thema der Verfolgung der Jungen Gemeinde durch den Staat im Frühjahr 1953.[37] Um zu begründen, warum er seine Arbeit zu verbergen wünschte, führt Johnson eine „staatliche Beihilfe"[38] an:

„Abgesehen von Papier und Tinte, leistet der Staat dem Unternehmen Beistand in vielfältiger Form. So hat für ihn [Johnson] ein noch approbierter Literaturwissenschaftler des Marxismus die These aufgestellt, zwar am Beispiel eines Michael Kohlhaas, aber beliebig anwendbar, wonach ein Mensch subjektiv im Recht sein könne, objektiv jedoch im Unrecht, damit der Privatschreiber gründlich einsieht, dass es für die Obrigkeit ein anderes Recht gibt als für ihn, und dass das seine in der Regel das schwächere sein wird."[39]

Es bedarf keines großen detektivischen Könnens, diesen unbenannten Literaturwissenschaftler zu identifizieren. Georg Lukács war zu der Zeit, als Johnson *Ingrid Babendererde* schrieb, tatsächlich „ein noch approbierter Literaturwissenschaftler des Marxismus", dessen Werke in der DDR hohe Auflagen und viele Neuauflagen bekamen; in gewisser Weise waren seine Schriften auch als „staatlich" zu verstehen. Erst Ende 1956, nachdem Lukács einen Ministerposten in der ungarischen Reformregierung innegehabt hatte, kam es zum Bruch mit dem Staat DDR. Seine Bücher wurden eingestampft, 1960 erschien eine unfreundliche Anthologie, *Georg Lukács und der Revisionismus*[40], und Neuauflagen gab es über zwanzig Jahre lang nicht mehr.

Die Lukácssche These, die Johnson behilflich war, findet sich in dem Aufsatz *Die Tragödie Heinrich von Kleists*, geschrieben 1936 und aufgenommen in den Sammelband *Deutsche Realisten des 19. Jahrhunderts*. In seiner Diskussion von *Michael Kohlhaas* schlägt Lukács die politische Lesart vor, die Johnson auf sich selbst als Gefahr gemünzt sah:

„Das tragische Schicksal des Kohlhaas fügt sich organisch in die Reihe der bedeutendsten Dichtungen der Neuzeit ein: in die Reihe jener Dichtungen, die die in der bürgerlichen Gesellschaft unlösbare Dialektik der Gerechtigkeit zum Vorwurf haben, in denen die unauflösbare Widersprüchlichkeit der Legalität der Klassengesellschaft gewaltig gestaltet zum Ausdruck kommt. Diese Tatsache: daß es für die Klassengesellschaft typisch ist, daß der einzelne entweder sich widerspruchslos der Ungerechtigkeit und Gesetzlosigkeit der herrschenden Klassen zu unterwerfen hat oder dazu gedrängt wird, in den Augen der Gesellschaft, ja, nach seinen eigenen moralischen Anschauungen zum Verbrecher zu werden."[41]

In diesen Sätzen ist nicht nur Johnsons persönliche Lage in den Jahren, als er sich als Schriftsteller in der DDR zu etablieren versuchte, sondern auch ein Thema seiner Bücher zu erkennen. Denn, nehmen wir es ernst mit Johnsons Anspielung auf Lukács, so wird ersichtlich, daß Johnson die DDR-Gesellschaft als Klassengesellschaft in dem von Lukács genannten Sinn auffassen mußte, innerhalb deren Gesetzlosigkeit er als der Gerechtigkeit verpflichteter Schriftsteller nur zum „Kriminellen" werden konnte. So fürchtete er, der nichts anderes tat als „Subjektives schreiben", sich vor der objektiven Staatsmacht in Form der Staatssicherheit, und er hielt seine Tätigkeit weitgehend geheim. Der Roman, dessen Entstehung Johnson hier in *Begleitumstände* dokumentiert, *Ingrid Babendererde*, befaßt sich mit genau dieser Dialektik der Gerechtigkeit, mit Schülern einer mecklenburgischen Oberschule, die sich weigern, sich der gewaltsamen Kritik der Schulleitung an der Jungen Gemeinde anzuschließen, weil sie diese Kritik als unwahr und ungerecht empfinden. Als Folge ihres subjektiven Einsatzes im Namen der Gerechtigkeit werden Ingrid Babendererde und Klaus Niebuhr von der Schule verwiesen, denn mit ihrem moralischen Widerstand hat die Staatsmacht keine Geduld, so daß sie „objektiv" und gesellschaftlich gesehen tatsächlich im Unrecht sind.[42] Für sie gibt es schließlich keine Zukunft in der DDR, und sie verlassen das Land in Richtung Westen. 1959 mußte Johnson ihnen folgen, als für ihn feststand, daß er keine Veröffentlichungschancen in der DDR hatte und daß die Veröffentlichung seines Romans *Mutmassungen über Jakob* in der BRD wahrscheinlich strafrechtliche Folgen in der DDR haben würde. So wurde Johnsons Umzug, das Verlassen seines angestrebten Wirkungsgebietes, mit „staatlicher Beihilfe" seitens der Klassengesellschaft DDR vorbereitet. Inwieweit Johnson mit seiner Lukács-Lektüre in *Begleitumstände* recht hatte, wird durch Hermann Kants Worte über ihn verdeutlicht, wobei diese nur als ein – zugegeben besonders böses – Beispiel der unfreundlichen frühen Johnson Rezeption in der DDR zitiert werden:

> „Beide Bücher [*Mutmassungen über Jakob* und *Das dritte Buch über Achim*] befassen sich mehr oder minder mit einem Staat in dem Johnson aufgewachsen ist, in dem er studierte und den er schließlich auf schmähliche Weise verlassen hat. Er nennt letzteres einen 'Umzug', wodurch sich an seiner Tat soviel ändert wie an einem Diebstahl wenn man ihn als 'Erwerb' bezeichnet."[43]

Johnson hat Lukács in *Begleitumstände* nicht beim Namen genannt, und er wäre sicherlich niemals mit einigen der extremen Anschuldigungen des „preußischen Reaktionärs" Kleist einverstanden gewesen, die Lukács in dem von Johnson benutzten Aufsatz erhebt. Aber seine Lukács-Lektüre, wenn man die Spuren genau verfolgt, zeigt, daß Johnson durchaus in der Lage war, einen Nutzen aus den Arbeiten des marxistischen Literaturwissenschaftlers zu ziehen. Denn bei Lukács fand Johnson seine eigene Lage als Schriftsteller der DDR treffend charakterisiert. Hier ist vielleicht nicht nur Kritik an Lukács zu erkennen, sondern auch ein ironischer Respekt vor ihm, nicht zuletzt davor, daß er seinen guten Leumund in der sozialistischen Welt dadurch verspielte, daß er sich der ungarischen Reformbewegung von 1956 anschloß. Denn dadurch wurde Lukács das Opfer gerade der von ihm selber diagnostizierten „Dialektik der

Gerechtigkeit": Er befand sich nicht mehr im Einklang mit den objektiven Mächten.

Diese ungarischen Reformen und die Demokratisierungsversuche von 1956 in der DDR sind in Johnsons zweitgeschriebenem Roman direkt thematisiert. *Mutmassungen über Jakob* erzählt die Geschichte einiger Menschen in der DDR in Oktober 1956, darunter eines für Reformen plädierenden Universitätslehrers und eines Hauptmanns des Staatssicherheitsdienstes. Dieser Geschichte liegt die „Dialektik der Gerechtigkeit" zugrunde, wie sie Lukács in der bürgerlichen Gesellschaft für unauflösbar hielt. Die Menschen, die diese am eigenen Leibe erfahren, haben in jenem Roman auch Gelegenheit, sie miteinander zu besprechen. Sie leben in einer sich gerecht nennenden Gesellschaft, und ihr Sinn für Gerechtigkeit rührt nicht zuletzt daher, daß die Gesellschaft diese verheißt. Die Rechtfertigung der bloßen Existenz der DDR aber, sowie der alles Recht für sich beanspruchenden Staatsmacht, basiert zum großen Teil auf Negation, darauf, daß der Sozialismus nicht der Kapitalismus ist und deshalb einen Bruch mit der Vergangenheit bedeutet. Der Eisenbahner Jöche beschreibt dies so:

> „und warum ist der Aufbau des Sozialismus gerecht? weil der Kapitalismus ungerecht war. Das ist doch endlich mal eine Gerechtigkeit, die sich von selbst nicht versteht."[44]

Jöches Worte sind zweideutig: Er meint wohl, daß die sozialistische Gerechtigkeit ihr Selbstverständnis durch erlebtes Unrecht im Kapitalismus bezieht, aber bedeuten könnte sein Satz eher, daß diese Gerechtigkeit nicht selbstverständlich ist, sondern immer wieder hinterfragt werden muß. Letzteres tut Johnson in seinem Roman, indem er sich für die Stellung des Individuums in dieser angeblich gerechten, fortschrittlichen Gesellschaft interessiert. Dabei kommt heraus, daß die Staatsmacht, vorwiegend durch

Hauptmann Rohlfs verkörpert, wenig Respekt für das individuelle Subjekt aufweist. Rohlfs möchte Jakob für eine Arbeit bei der Staatssicherheit gewinnen, und es spornt ihn dabei an, daß er glaubt, in Jakob einen gerechten Menschen gefunden zu haben. Nach Jakobs Tod besprechen Rohlfs und Gesine Cresspahl, Jakobs Ziehschwester und Freundin, die nur Tage zurückliegenden Ereignisse. Rohlfs fragt Gesine, die vor drei Jahren die DDR verlassen hat, ob sie nichts von ihrer DDR-Erziehung behalten habe, worauf Gesine ihn auf den Unterschied zwischen subjektivem und objektivem, durch den Staat getragenem Recht hinweist:

> „- Das Wertgesetz war schon als Schulaufgabe und als pflichtmässige Vorlesung von Marxismus und Leninismus fremd, blieb gewiss so willkürlich: aber Sie verliessen es ohne es überwunden widerlegt zu haben; da war es die Erinnerung von Gerechtigkeit geworden.
> - Sie haben Jakob für einen Menschen von Gerechtigkeit gehalten; das war aber nicht die Ihre."[45]

Genau wie Gesine hier betrachten andere Hauptfiguren dieses Romans Rohlfs als typischen Vertreter der Staatsmacht. Aus ihrer Sicht kann Rohlfs sich nur wenig für die Rechte des Einzelnen interessieren, die er im Namen der großen Sache des Fortschritts unterdrücken muß. Es scheint in dieser Hinsicht einen wesentlichen Unterschied zwischen Rohlfs und dem „gerechten" Jakob zu geben:

> „[Jakob] wusste dass die Lebensumstände nichts zu tun haben mit einer Person (während Herr Rohlfs zu meinen schien dass der Lebenslauf oder die Biografie einen Menschen hinlänglich und jedenfalls bis zur Verständlichkeit erkläre)."[46]

Die Staatsmacht reduziert den Menschen auf ihre eigenen, einengenden, manchmal bestrafenden Kategorien (auf den Lebenslauf), und dagegen wehrt sich Johnson in seinem Roman. Er will die marxistische Grundthese der Gesellschaftlichkeit des Menschen keineswegs leugnen, wohl aber anklagen, daß diese These eine repressive Anwendung erfährt. Restlose Erklärungen von menschlichem Handeln und einfache, kausale Schlußfolgerungen darüber sperren den Einzelnen in ein falsches Bild ein. *Mutmassungen über Jakob* ist ein Roman, der solche Vereinfachungen zurückweist, so wie sie in Johnsons Werk durchweg zurückgewiesen werden, und insofern stellt dies Johnsons politische Variante von dem biblischen Bildnisverbot dar. „Du sollst Dir kein Bildnis machen", heißt, daß du die Menschen zu ihrem eigenen Recht kommen lassen sollst. Dies tut Uwe Johnson auch als Erzähler in der komplexen, aber schlüssigen Form von *Mutmassungen über Jakob*.

Über diese Erzählform ist viel geschrieben und reflektiert worden.[47] Für die erste Rezeption in der BRD, insofern diese Johnsons Roman nicht für unverständlich erklärte, galt *Mutmassungen über Jakob* dank der formellen Erneuerungen als exemplarischer Roman der Moderne, der dazu beitrug, dem jungen (west)deutschen Roman den Durchbruch zum Niveau der Weltliteratur zu verschaffen. Als Folge dessen hat die spärliche, frühe DDR-Rezeption, die es ohnehin mit Johnson nicht gut meinte, die westlichen Kategorien übernommen, aber die Werturteile umgedreht, so daß Johnson als reaktionärer, „modernistischer" Effekthascher dargestellt wurde, für den gesellschaftliche Belange ohne jegliche Bedeutung waren. So entstand die groteske Situation, daß ein Vergleich von Johnsons Werk mit dem von James Joyce (ein ohnehin weit hergeholter Vergleich) im Westen höchstes Lob, im Osten dagegen scharfe Kritik meinte.[48] Noch grotesker ist es freilich, daß damit fast gar nichts über Johnsons Roman gesagt war. Das Versagen der vor allem feuilletonistischen Kritik vor diesem schwierigen Werk hat Eberhard Fahlke als Produkt einer vorherrschenden Ideologie des kalten Krieges überzeugend aufgezeigt.[49]

Ohne Zweifel hat *Mutmassungen über Jakob* seinerzeit der zeitgenössischen Literatur neue Maßstäbe gesetzt, aber diese müssen nicht das Produkt von Johnsons Modernismus gewesen sein. Eine einfachere Erklärung, die der damaligen westdeutschen Rezeption aufgrund des Bedürfnisses, Johnson von jeglicher Nähe zur ostdeutschen Literaturtheorie und Wirklichkeit fernzuhalten, versperrt blieb, liegt auf der Hand. Johnson hat selber 1979 im Rückblick auf seine schriftstellerische Karriere eine glaubwürdigere, wenn auch – theoretisch gesehen – vielleicht etwas naive, Erklärung der Genese von *Mutmassungen über Jakob* geliefert. Er habe den Roman zuerst mit einem allwissenden Erzähler schreiben wollen, sagte Johnson in Frankfurt, und dabei erfahren, daß „seine Personen" dagegen aufbegehrten. Jakob Abs, zum Beispiel, „wollte weder bei seiner Arbeit noch beim Schreiben davon jemand so sprechen lassen, als ahne er seine Gedanken"[50]. Auf diese Weise erlernte Johnson die Geduld und das Zuhören, empfand sich als „Führer des Protokolls"[51], der das niederschrieb, was seine Personen von sich zu hören gaben. Laut Johnson entstand die Form von *Mutmassungen über Jakob* durch nichts weiter als

> „die Situation des Alltags, das Zuhören bei einem Gespräch anderer in einem Coupé der Eisenbahn, am Nebentisch im Krug von Jerichow"[52].

Daraus wurde ein Roman mit einer schließlich klaren Handlung, die aber nicht ohne weiteres geradlinig zu erzählen war. Rohlfs möchte über Jakob Abs Gesine Cresspahl für eine Spionagetätigkeit im NATO-Hauptquartier Mönchengladbach gewinnen. Heinrich Cresspahl, Gesines Vater, und ihr Freund Jonas Blach werden mit einbezogen. Am Ende wird Jakob bei einem nicht aufgeklärten Eisenbahnunglück getötet, das Stasi-Vorhaben wird aufgegeben, Blach aber von Rohlfs verhaftet. Erzählt wird jedoch vom Ende der Geschichte her, mit Jakobs Tod als Ausgangspunkt. Drei Erzählgesten sind vorhanden: Dialoge zwischen den Hauptakteuren, die versuchen, einen Sinn in Jakobs Tod zu finden; erinnernde Monologe von Gesine, Rohlfs und Jonas; und die Erzählung eines mehr oder weniger unbeteiligten, unbenannten Erzählers. Meinungen und Handlungen werden dabei immer wieder von neuem und aus anderer Sicht beleuchtet und revidiert. Jede Wiederholung bringt neue Erkenntnisse aber auch neue Zweifel mit sich. Hier wird in den Dialogen und Monologen der beteiligten Personen eine nahe, aber kaum noch bestimmbare Vergangenheit mimetisch rekonstruiert, einer „Hermeneutik des Alltags" gemäß, nach welcher laut Michail Bachtin viel Fremdes zitiert wird und kaum etwas endgültig feststeht:

> „Man kann ohne weiteres sagen, daß im alltäglichen Leben zumeist darüber gesprochen wird, was andere sagen. Fremde Worte, Meinungen, Behauptungen und Mitteilungen werden wiedergegeben, in Erinnerung gebracht, abgewogen und erörtert; man ereifert sich über sie, stimmt mit ihnen überein, stellt sie in Frage, beruft sich auf sie u.a.m."[53]

Diese dialogische Erzählform kennzeichnet *Mutmassungen über Jakob* als einen Roman, in dem der Respekt vor dem Individuum mehr zählt als jede von außen auferlegte, „objektive" Entscheidung darüber, was richtig ist: kurz gesagt, einen Roman, in dem die Leute reden. Hier erfährt nicht nur die Erfahrung der fiktiven Personen eine exemplarische Behandlung im Sinne der Gerechtigkeit, geschätzt wird auch die Leseerfahrung der einzelnen Leser, die eingeladen werden, keine Geschichte mit vorgefertigter Moral anzunehmen, sondern ihre eigenen Stimmen denen des Romanpersonals hinzuzufügen. Damit stellt sich Johnson in die Reihe derjenigen, die für Walter Benjamin die alte und ehrwürdige Tradition des Erzählens aufrechterhielten, Johann Peter Hebel oder Nikolai Leskow. Anläßlich seiner Ausführungen zu letzterem schrieb Benjamin:

> „Es ist nämlich schon die halbe Kunst des Erzählens, eine Geschichte, indem man sie wiedergibt, von Erklärungen freizuhalten. Darin ist Lesskow Meister [...]. Das Außerordentliche, das Wunderbare wird mit der größten Genauigkeit erzählt, der psychologische Zusammenhang des Geschehens aber wird dem Leser nicht aufgedrängt. Es ist ihm freigestellt, sich die Sache zurechtzulegen, wie er sie versteht."[54]

Auf diese Weise schreibt auch Uwe Johnson, zwar genau, aber mit größtem Respekt vor der Psychologie seiner Personen und vor der Unabhängigkeit seiner Leser, und sein *Mutmassungen über Jakob* ist erst recht eine außerordentliche Geschichte. Wenn Benjamin über Leskow schreibt, daß es von ihm „eine Reihe legendärer Erzählungen" gibt, „deren Mitte der Gerechte darstellt, selten ein Asket, meist ein schlichter und tätiger Mann, der zum Heiligen anscheinend auf die natürlichste Art von der Welt wird"[55], oder daß bei Hebel „der Gerechte die Hauptrolle auf dem theatrum mundi"[56] einnimmt, dann könnte man hier fast eine Beschreibung des sozialistischen Realismus hineinlesen, der auf seine eigene Art und Weise doch recht geläufige Heiligenbilder schuf. Ganz stimmen würde der Vergleich aber nicht, denn gerecht kann nur der Erzähler sein, der nicht genau zu wissen scheint, welche Moral aus seiner Geschichte gewonnen werden sollte. Uwe Johnson war ein solcher Erzähler, und er war es unter anderem aufgrund seiner Erfahrungen in der DDR der fünfziger Jahre und sicherlich auch mit der DDR-Literatur und Literaturtheorie dieser Zeit.

Die dialogische Erzählform von *Mutmassungen über Jakob* hat sehr viel mit dieser DDR-Erfahrung zu tun, mit einer Ablehnung des sozialistischen Realismus sowie mit dem hoffnungsvollen und wieder enttäuschenden politischen

Ereignissen des Jahres 1956. Im allgemeinen aber hat *Mutmassungen über Jakob* etwas von einem Wunschbild, sowohl im toten Jakob, der für die sich erinnernden Gesine, Jonas und Rohlfs zu einer Art Schlüsselfigur wird, auf den sie alle ihre verschiedenen Hoffnungen setzten, als auch in der eigenartig und eindrucksvoll offenen Form. Denn so offen die Leute in Johnsons Roman reden, so gerecht versuchen sie, miteinander umzugehen und einander zuzuhören. Nur ist dies dank der „politischen Physik“[57] kaum möglich: Die Wirklichkeiten des Staates DDR im Jahre 1956 sind einer solchen Offenheit eher abträglich. Jakob Abs möchte arbeiten und sich wenig um die Politik kümmern müssen, vergeblich, wie die Geschichte zeigt. Für Hauptmann Rohlfs bleibt das Politische, der Klassenkampf, maßgeblich, so daß er nicht umhin kann, sich mit Jonas Blach zu verfeinden. Genau wie Jakobs Tod am Anfang der Geschichte feststeht, sind die Konflikte und ein trauriges Ende des Versuches einer Annäherung so verschiedener Leute vorbestimmt. Insofern leistet *Mutmassungen über Jakob* eine Rekapitulation der Ereignisse in der DDR im Jahre 1956, die mit einer Verhaftungswelle und dem Niederschlagen der sich regenden Opposition endeten. In seinem Roman tut Johnson etwas, was in der DDR-Gesellschaft damals kurze Zeit möglich schien und doch kaum möglich war: Er hört zu, er läßt reden. Er versucht sogar, einem Hauptmann beim Staatssicherheitsdienst dadurch gerecht zu werden, daß er ihn als einen Menschen mit eigenen Sorgen, mit dem Wunsch, andere zu verstehen, und dem ehrlichen Verlangen nach Gerechtigkeit darstellt. Nur ist Rohlfs Gerechtigkeit, wie gesagt, nicht dieselbe wie die der anderen Figuren, dafür ist sie im Einklang mit dem objektiven Gesetz. Subjektiv aber ist Rohlfs trotzdem gescheitert, denn er hat von Jakob nichts mehr als das Bild eines Toten behalten. In dieser Dialektik der Gerechtigkeit kommt am Ende niemand zu seinem Recht.

Margund Hinz/Roland Berbig

„Ich sehe nicht ein, daß die Mauer in Berlin ein literarisches Datum gesetzt haben sollte…"[1]

Uwe Johnson im politischen Diskurs 1961

I

Uwe Johnsons postume gesamtdeutsche Bekanntheit, die die Orte seines Lebens in Pilgerstätte verwandelt hat und ihm unversehens den Status eines Klassikers der neueren deutschen Literatur verleiht, beeinträchtigt den ungehinderten Blick auf den konfliktreichen, steinigen Weg zu diesem alles in allem zweifelhaften Ruhm. Zweifelhaft nicht zuletzt deshalb, weil er ihn zu dem formt, was er nie sein wollte: „Dichter beider Deutschland", oder aber – auch das hätte ihm kaum gelegen – „erster Schriftsteller der Republik [gemeint ist die DDR]"[2]

Es mag mit der Freude, Johnson umfassend anerkannt zu wissen, zusammenhängen, daß auf der sachkundigen Ausstellung des Hessischen Rundfunks, 1991 „Uwe Johnson. 'Es ist eine Welt gegen die Welt zu halten'" ein Vorfall eher beiläufig behandelt wird, der an sich nicht leichthin in den Werdegang des Schriftstellers zu fügen ist. Im November 1961 war Johnson in eine öffentliche Kontroverse um *das* politische Ereignis jenes Jahres, den Mauerbau, geraten. Die kolportierte Wiedergabe seiner Antworten auf Fragen einer Pressekonferenz in Mailand, was er von der Teilung Deutschlands halte, löste eine Welle der Empörung aus, die die gerade erworbene Anerkennung mit den *Mutmassungen über Jakob* wegzuschwemmen drohte. „Übrigens sei die Mauer quer durch Berlin keineswegs unmoralisch", legte der skandalträchtige Bericht Johnson in den Mund.

„Die Mauer sei notwendig gewesen. Drei bis vier Millionen seien aus dem Osten in den Westen geflohen, darunter unerläßlich notwendige Elemente. Das konnte die Deutsche Demokratische Republik nicht mehr dulden. Also mußte sie die Mauer bauen, und das sei gut, vernünftig und sittlich"[3].

So stand es auf der Titelseite der *Welt* am 25. November 1961 zu lesen, vorgeblich Johnsons Bemerkungen indirekt zitierend. Für nicht wenige bedeutete der heftige Presserummel, der alle entscheidenden Zeitungen und Zeitschriften der Bundesrepublik zu Meinungsäußerungen veranlaßte, die erste Begegnung mit dem Namen des 1959 aus der DDR gekommenen Schriftstellers. Über mehrere Wochen stand Johnson in den Schlagzeilen nicht nur der Kultur- und Feuilletonseiten. Der Rummel und seine Auswirkungen trugen wesentlich zum Bild bei, das sich die Öffentlichkeit in den Folgemonaten und darüber hinaus von ihm machte. Es verglich, um eine drastische Variante zu wählen, ihn mit einem neuzeitlichen „trojanischen Pferd"[4], das die westliche Front mit scheinheiligem Bekenntnis überwindet, um von dort um so erfolgreicher gegen sie vorzugehen, oder es definierte ihn als „Wanderer zwischen Ost und West"[5]. Obwohl Johnson die Widerlegung und prüfbare Richtigstellung des von ihm in Italien Gesagten mit Hilfe von Tondokumenten gelang, signalisierte die kurz darauf folgende Reaktion des Vorsitzenden der CDU/CSU-Fraktion, Heinrich von Brentano, die verhängnisvollen Nachwirkungen. Er attestierte den ungeprüften Meldungen über Johnsons Mauer-Sätze Wirklichkeit und zögerte nicht, das vor dem Hohen Hause im Bonner Parlament auszusprechen, verbunden mit der Aufforderung, ein Johnson zuerkanntes Stipendium zu streichen. Damit hatte, wie es in einer Tageszeitung hieß, die Bundesrepublik „ihren literarischen Skandal"[6].

Was damals solchermaßen Staub aufwirbelte, verlor indes über die Jahre der Gewöhnung an die deutsche Teilung und durch Johnsons literarische Entwicklung an Aufmerksamkeit. Es wäre ganz vergessen, hätte Johnson 1979 nicht die unrichtige Darstellung der Vorgänge in einem Katalog der Deutschen Akademie für Sprache und Dichtung, Darmstadt zum Anlaß genommen, um aus ihr unter Protest auszutreten und den Gesamthergang peinlich genau in seiner Poetik-Vorlesung an der Frankfurter Goethe-Universität zu dokumentieren und zu referieren. Diese Beschreibung und Johnsons heutiger Rang haben dazu geführt, daß dem Kontrahenten, der den „Fall Johnson" damals verursachte, nicht viel mehr als eine profillose Bösewichtrolle zugekommen ist. Daß Hermann Kesten, denn um keinen Geringeren handelte es sich, damit unzureichend beschrieben ist, liegt nahe. Nahe liegt auch, dieser Vermutung durch Recherchen eine stabile Grundlage zu verschaffen, die die Johnson-Forschung für den Fall bislang vermissen läßt. Daraus leitet sich die Notwendigkeit ab, beide Beteiligten, ihre Strategien und den Kontext ihrer Beziehungen neu zu prüfen. An Johnsons Verurteilung Kestens wird es auch nachträglich nichts zu rütteln geben. In der Darstellung der Fallgeschichte ist es jedoch ratsam, eine Ausgewogenheit anzustreben, die weder 1961 noch 1979 in Johnsons Absicht lag. Vielleicht lassen sich auf diesem Wege Antworten für bislang ungeklärte Fragen finden:

– Warum zog Hermann Kesten mit dieser, den Wahrheitsgehalt vernachlässigenden Schärfe gegen Johnson zu Felde? Welche Interessen verfocht er, was ließ ihn vor Lügen nicht zurückschrecken?

– In welchem Verhältnis standen Johnsons Äußerungen über die Teilung Deutschlands und den Mauerbau zu seinen damaligen Erfahrungen mit der DDR und der Bundesrepublik? Ist es denkbar, daß selbst die richtige Wiedergabe

des von ihm Geäußerten in der Bundesrepublik öffentliches Ärgernis erregt hätte? Wenn ja, warum? Und:
– Welche Rolle spielten beim öffentlichen Austragen der Kontroverse die beteiligten Medien, und welche die Formen, die die Kontrahenten wählten, um in den Medien Wirkung zu erzielen? Wie verhielt sich die bemüht individuell intendierte Erklärung Johnsons zum politische Diskurs des Mauerbaus Ende 1961?

Bei der Darstellung von Johnsons Entwicklungsgang läßt sich ein roter Faden markieren, der zum „Fall" und Johnsons Stellung in ihm führt. Schwieriger wird es bei Kesten, der bereits einen weiten Weg zurückgelegt hatte, als er seinen Generalangriff gegen den Autor der *Mutmassungen* unternahm. Beginnen wir mit Johnson.

II

Johnson war im Herbst 1961 27 Jahre alt. Als Kind hatte er in Pommern unter nationalsozialistischem Regime gelebt, bis die deutsche Kriegsniederlage neue Grenzen zog. Er hatte sich im nahen Mecklenburg-Vorpommern (so hieß es bis 1947) an eine widersprüchliche Wertung des aufgenötigten Ortswechsels gewöhnen müssen: bei den Einheimischen hatte er verächtlich als „Flüchtling", bei den Behörden ordnungsgemäß als „Umsiedler" gegolten. Diese sprachlich markante gegensätzliche Wertung ein und desselben, überdies unverschuldeten Umstands wird Johnson gegenwärtig bleiben. Sein DDR-Erleben war geprägt durch die fünfziger Jahre in Schule und Universität, also in Institutionen, denen Bildung und Bindung sozialer Auftrag waren. Als die besatzungsrechtlich geregelte Regionalität zielstrebig gegen eine neue, sozialistische Staatlichkeit ausgewechselt wurde, war Johnson, ungefragt nun „Staatsbürger der DDR", in Konflikt mit dem FDJ-organisierten Universitätssystem geraten. Er hatte die erste Gelegenheit genutzt, nach Sachsen zu ziehen, an die Leipziger Universität, deren Ruf durch Ernst Bloch, Hans Mayer und Theodor Frings frei von Provinzialismus und grenzüberschreitend gewesen war. Über Johnsons Studieren und Schreiben in dieser Zeit unterrichten jüngste Veröffentlichungen.[7] Liest man Johnsons Darstellungen seiner Studentenzeit, wird spürbar, in welchem Maße er die sozialen Kontakte in einem sächsisch dominanten Freundeskreis als Gewinn politischer und persönlicher Souveränität wertete.[8] Seine Sozialisierung war deshalb relativ emanzipiert von den normierenden Vorgaben erfolgt, umso mehr, weil die soziale Gruppe zu hoher intellektueller und politischer Selbständigkeit nicht nur befähigt war, sondern auch zu befähigen verstand. Ihr war es zu verdanken, daß Johnson die Jahre der Arbeitslosigkeit nach dem Studium überstanden und erste schriftstellerische Erfahrungen nicht in der Isolation, sondern im konzentrierten Gedankenaustausch gesammelt hatte. Der Vorgang einer staatlich verantworteten Ausgliederung aus dem Gemeinwesen, dem Johnson, da er ihm widerfahren war, nicht nur abstrakt politische, sondern existentielle Aufmerksamkeit geschenkt hatte, gehörte zu den nachwirkenden Erfahrungen mit der DDR. Zu leben „unter dem Existenzminimum" sei die

> „amtliche, wie immer unausgesprochene, Einladung zum Weggehen [gewesen], was denn endlich den Anlaß gegeben hätte für eine Bezeichnung als 'Verräter'. Da mir aber gelegen war an der Natur dieser öffentlichen Sache, dieser res publica und Republik, weiterhin an dem Deutschen und dem Demokratischen dabei, lebte ich weiter im ehemaligen Mecklenburg und im ehemaligen Sachsen"[9]

> „[W]äre es nach mir gegangen, ich wäre ganz gern in der DDR geblieben, die mir damals erschien als ein Land, in dem sich etwas verändern wird. Aber meine Freunde meinten, wenn der

Staatssicherheitsdienst mindestens so tüchtig ist, wie ich ihn in dem Buch *Mutmassungen* dargestellt habe, dann hat er mich nach ein paar Monaten"[10]

Damit waren die Erfahrungen *in* der DDR beendet, *mit* ihr jedoch keineswegs. Den Westen Berlins hatte Johnson nicht im Flüchtlingslager kennenzulernen. Aber er

„war abermals ein 'Flüchtling', nämlich im Verständnis der zuständigen Organe der D.D.R., weil ich versäumt hatte, sie zu ersuchen um eine Erlaubnis zum Umzug. 'Kein Flüchtling' war ich in Westberlin, denn ich war gekommen mit einer Zuzugsgenehmigung der Stadt"[11]

Das immer wieder beschworene und von ihm nicht unbedacht gepriesene „Glück mit seinem Verleger"[12] hatte ihm die Lager-Prozedur erspart, und es war wesentlich beteiligt, ihm den Westen zu erschließen: von der freundlichen Seite, mit oder ohne Hintergedanken, jedenfalls generös. Der Verlag war Johnson behilflich bei der Wohnungssuche gewesen, hatte ihm ein finanzielles Einkommen (das ihn moralisch, nicht juristisch unter latenten, aber erträglichen Druck setzen sollte) gesichert und Reisemöglichkeiten eröffnet – da es „etwas aber fehle an den Kenntnissen dieses Autors von der Welt"[13]. Damit war Johnson offiziell Schriftsteller des Suhrkamp Verlages: mit allen Rechten (sogar mit etwas mehr, als „gewöhnlichen" Autoren gewährt wurde) und allen Pflichten. Wo zuvor der Freundeskreis gewirkt hatte, stand nun eine Institution, die persönlich, nicht bürokratisch mit ihm umging und ihn mit Bedacht und höflicher Vorsicht zu Dankbarkeit verpflichtete. Sie nahm ihm ab, was soziale Erfahrungen gebracht hätte, und sie konzentrierte ihn auf sein Schreiben, das dem zurückgelassenen Land galt. Die Planung an der Person des Biographen im nun entstehenden *Das dritte Buch über Achim* , die Wolfgang Strehlow in seiner Dissertation *Ästhetik des Widerspruchs.* Versuche über Uwe Johnsons dialektische Schreibweise,[14] aus den Archivunterlagen zu rekonstruieren gelang, kennzeichnet die literarische Arbeit als Ergebnis individualpsychologischer Wirklichkeitsbewältigung. Aus der Gestalt des ursprünglichen DDR-Journalisten wurde Karsch, der Westdeutsche, der, in Mailand wohnend, auf unterschiedliche Weise dem west- und dem ostdeutschen Leben gegenüber fremd war. Eine Person, die sich Johnson schuf, um die neuen Erfahrungen in Einklang mit Erzählabsichten und Publikumserwartungen zu bringen. Der Umstand der gewechselten sozialen Bindung (vom Freundeskreis auf den Verlag: während ersterer institutionalisierte Züge erkennen läßt, tendierte die Institution zur Personifikation, wie Johnsons Sätze über Peter Suhrkamp oder sein persönliches Verhältnis zu Siegfried Unseld bezeugen) ist bis jetzt kaum angemessen auf Johnsons Aneignung und Einübung westlichen Alltags bezogen worden. Die Verlagseinbindung wies Johnson einen Status zu, für den er persönliche und soziale Voraussetzungen mitbrachte, ohne daß es ein uneingeschränkt wünschenswerter war: den des Beobachters. Jene Bindung zum Buchverlag sicherte ab, wonach die DDR-Erfahrungen für Johnson verlangten.

> „Es mag sein, Genossen, ihr habt hier jemand kalt stellen wollen. Aber so einer steht auch beiseite, und hat Zeit. Das ist die Position des Beobachters. Er sieht sich an, was da ist, er zählt es. Und da ihr ihn habt unterrichten lassen über die Vorsilbe 'er-' im Deutschen, wird er am Ende geraten ins Erzählen. Denn ihr umgebt ihn mit Vorfällen, die er beim besten Willen wahrnehmen muß."[15]

Nach 1959, dem gefeierten Jahr der bundesrepublikanischen Literatur, wurde er literarisch einrangiert neben Günter Grass, der ihm in West-Berlin eine gewisse Zeit nahe sein wird, und neben Heinrich Böll. Die offizielle DDR hatte nicht verabsäumt, ihm böse Sätze nachzurufen, die von Johnson alle registriert wurden, um abrufbar zu bleiben. Und die inoffizielle DDR, die Freunde?

> „[I]ch hatte mir den Teil des Westens gewählt, der den Freunden am nächsten war, das andere Berlin, und zum ersten Mal lebten wir als Nachbarn. Die Wochenenden an meinem Wohnort waren zu einer Institution geworden“[16]

Berlin war ihm „der Ort in Deutschland“, der „ein[en] Vergleich zwischen zwei unterschiedlichen Lebensarten“[17] ermöglichte (obwohl ihm auch das in einem Gespräch, am 10. September 1961 mit Arnhelm Neusüss[18], zweifelhaft war), er testete ihn in engem Verbund mit den Freunden, im Auftrag des Verlages für ein neues Buch, und so gesehen also schreibend, als Schriftsteller. Die Einbeziehung in den Westberliner und westdeutschen Literaturbetrieb geschah durch die Kontakte zur „Gruppe 47“ erstaunlich unkompliziert.

Resümiert man diesen Werdegang mit Blick auf die August-Ereignisse des Jahres 1961 und Johnsons November-Statements, läßt sich folgendes festhalten:

– Johnson lebte in einem zerbrechlichen sozialen, politischen und rechtlichen Raum zwischen den beiden deutschen Staaten und den beiden Städten Berlin.

– Dieser Raum wurde von den beiden deutschen Staaten unterschiedlich definiert, was prägenden Einfluß auf das Befinden der in Berlin Lebenden hatte. Auch auf Johnson. Nach westlicher Regelung war er Bürger der Stadt Berlin (West) und deutscher Staatsbürger, nach östlicher Republikflüchtling und Bürger der Deutschen Demokratischen Republik. Er sah sich konfrontiert mit zwei grundsätzlich verschiedenen Systemen, die eine Wirklichkeit nicht nur entgegengesetzt deuteten, sondern mit ihren sprachlichen Regelungen eine jeweils andere Wirklichkeit zugrunde legten und ihr Handeln von ihr aus organisierten.

– Seinen Lebensort hatte Johnson danach gewählt, wo er schreiben und wo sein Geschriebenes in Buchform vertrieben werden konnte. Seine sozialen Kontakte (Freunde in Ost-, Schriftsteller in West-Berlin und Verlag in Frankfurt) bewahrten sich ein Spezifikum, das seine Situation von vergleichbaren unterschied. Ihm blieben Anpassungspraktiken, sieht man von denen zum Verlag ab, erspart, was seine Absichten, mit dem gelernten analytischen Instrumentarium Erfahrenes literarisch aufzuarbeiten, begünstigte.

III

Den Verlust dieses an das West-Berlin vor dem Mauerbau gebundenen Status, der Johnson gemäß gewesen war, erlebte der 27jährige von Amerika aus, wo er einen Vortrag gehalten hatte, der sich eben mit Berlin befaßt hatte. Dessen ursprünglicher Titel lautete: *Berlin, die Grenze der geteilten Welt, als ein Platz zum Schreiben*[19]. Er versäumte die Bilder, die seine Schriftstellerkollegen und -kolleginnen zu heftigen, aber sehr unterschiedlichen Reaktionen veranlaßten – oder genauer: Er nahm sie aus einer anderen Perspektive wahr. Und wieder war es die des – zwar hochgradig beteiligten – aber doch Beobachtenden. Diese Tonlage hatte schon die Interviews vor dem Mailänder Pressegespräch im November 1961 geprägt; sie war in der Regel verbunden mit dem Widerstand, ein Bekenntnis zu Westdeutschland abzugeben, oder doch zumindest in den westdeutschen Verhältnisse eine Alternative zu den ostdeutschen zu sehen.

„NEUSÜSS: [...] Im Moment könnte man auf den Gedanken kommen, daß man tatsächlich dagegen sein muß und daß der Westen doch eine handfeste Alternative ist...
JOHNSON: Da bin ich nicht so zuversichtlich! Die amerikanische Börse notiert dann die höchsten Punkte, wenn die Berlinkrise auf dem Höhepunkt ist."[20]

Er wolle sich nicht über ideale Gesellschaftsformen verbreiten und sich lieber „an das halten, was es gibt, an das Vorhandene"[21].

Mit dieser Auffassung stand Johnson scheinbar zwischen den Fronten. Er tauchte nicht auf in der von Hans Werner Richter, dem Initiator der „Gruppe 47", herausgegeben Sammlung *Die Mauer oder Der 13. August*[22]. Sie vereinte Ost- und Westautoren und wollte Zeittexte unverzüglich verfügbar machen, so z. B. den Schlagabtausch zwischen Wolfdietrich Schnurre und Hermann Kant, auch den *Offenen Brief* Günter Grass' an Anna Seghers, in dem sich der Satz findet: „nur heißt der Kommandant des Konzentrationslagers heute nicht mehr Fahrenberg, er heißt Walter Ulbricht und steht Ihrem Staat vor."[23] Aufgenommen wurde aber auch die Reaktion von Stephan Hermlin. Er sei „ein Anhänger des Miteinanderlebens", aber „gebe den Maßnahmen der Regierung der Deutschen Demokratischen Republik meine uneingeschränkte ernste Zustimmung. Sie hat mit diesen Maßnahmen, [...] den Antiglobkestaat gefestigt" und habe einen weiteren Schritt vorwärts getan, „den gefährlichsten Staat der Welt, die Bundesrepublik, auf ihrem aggressiven Weg zu bremsen."[24] Neben Hermlin ließ Richter ebenfalls die Äußerungen von Paul Wiens, Hans Marchwitza und Bruno Apitz drucken. Auch unter dem *Offenen Brief* 22 deutscher Schriftsteller an den Präsidenten der UNO mit Beteiligung von Heinrich Böll über Günter Grass und Walter Jens bis Martin Walser setzte Johnson seine Unterschrift nicht, weder sogleich noch später wie Luise Rinser, Wolfgang Hildesheimer und andere. Er zählte – bis zum Mailänder „Skandal" – zu den „schweigenden Schriftstellern"[25], die von Georg Ramseger öffentlich in der *Welt* angegriffen wurden. Übrigens fehlt Kesten in der Sammlung gleichfalls. Die Sonderstellung, die sich aus den skizzierten Umständen der Entwicklung Johnsons ergeben und zu einer abwägenden, sich auf die schriftstellerische Arbeit konzentrierenden Existenz geführt hatte, gewann im politischen Ausnahmezustand beinahe unfreiwillig Konturen mit scharfem Profil. Die waren dazu angetan, Hermann Kesten hören zu lassen, was er hören wollte, nicht was Johnson tatsächlich sagte. Ihr Bedachtsein auf Abwägen, ihre Urteilsscheu und die ihr eingeschriebene Verweigerung, die Rolle des aus Ostdeutschland geflüchteten Dichters anzunehmen, verfing sich in die eifernde Gewißheit der Öffentlichkeit, der offenbares Unrecht im Vorgehen der DDR-Regierung außer Zweifel stand. Wo sie klärend, auch erklärend wirken wollte, beförderte sie die Frontenbildung, deren Konsequenzen sie aufrieb.

Kommen wir nun zu seinem Opponenten, kommen wir zu Hermann Kesten.

IV

Wer vermutet, daß Hermann Kesten, der sich bei seiner Kampagne gegen Johnson mit dem Blatt *Die Welt* des Springer-Verlages verbündete, dem rechten Parteiflügel der damaligen CDU/CSU-Regierung der Bundesrepublik zuzurechnen gewesen wäre, sieht sich angesichts der Stellung Kestens im öffentlichen Leben und seinem literarischen Engagement rasch eines anderen belehrt. Kesten war ein Mann von einiger Bedeutung, dessen Lebensgeschichte Hochachtung abnötigen konnte. Als „Moralist und Fanatiker“[26] charakterisierte Franz Lennartz den 1900 in Nürnberg geborenen Kesten, und als „nonkonformistischen Kosmopoliten“[27] weist ihn immerhin das in der DDR 1972 erschienene Schriftstellerlexikon aus und sieht ihn wie einen seiner Helden „zwischen Russen und Amerikaner[n], Kapitalisten und Kommunisten, zwischen Orient und Okzident“[28].

Wenn es Johnson an „Weltkenntnis“ mangelte, so hatte Kesten davon reichlich. Viele Daten und Umstände seines Lebens waren dazu angetan, bei Johnson neidvollen Respekt hervorzurufen. In den zwanziger Jahren war Kesten Lektor beim legendären Kiepenheuer-Verlag gewesen, zu dessen Autoren Dichter wie Brecht und Benn gehörten, aber auch die damals gerade entdeckte Anna Seghers. An Brecht und Benn wird sich Kesten wieder und wieder reiben. Sie spielen auch in der Mailänder Debatte eine Rolle. Im März 1933 hatte sich Kesten aufgrund seiner jüdischen Herkunft zur Emigration entschließen müssen. Mit ihm emigrierte ein Mann, der nicht zu Unrecht als einer der erfolgreichen Schriftsteller der Weimarer Republik gegolten hatte. Zwischen 1933 und 1940 war Kesten in der deutschsprachigen Abteilung des Allert de Lange Verlags in Amsterdam beschäftigt, ein Verlag, der sich der editorischen Betreuung exilierter Autoren annahm.[29] Die politisch zurückhaltende Konzeption des Verlages empfand er wohl in keiner Weise als Einschränkung. Während dieser Jahre kam es allerdings zu einer Radikalisierung seiner Auffassung, daß wie der Nationalsozialismus so auch der in der Sowjetunion praktizierte Kommunismus als Diktatur verabscheuungswürdig sei. Die Schauprozesse in Moskau 1936 - 1939 und der Hitler-Stalin-Pakt waren gegebene Anlässe, sich in diesem Urteil bestätigt zu finden. Als Resümee, in Erinnerung an den Pariser Internationalen Kongreß zur Verteidigung der Kultur des Jahres 1935, schrieb er 1959:

> „Ich ging zu den Sitzungen dieses Kongresses, obgleich ich nicht an ihm teilnahm. Ich war nicht blind genug, um gegen die Diktatur von Hitler, Mussolini, Salazar aufzutreten, die Greuel im Dritten Reich anzuklagen, und gleichzeitig die Augen vor den Greueln in Sowjetrußland zu schließen."[30]

1940 mußte Kesten Europa verlassen, er flüchtete in die Vereinigten Staaten, deren Staatsangehörigkeit er 1949 – sicher nicht zufällig im Gründungsjahr der beiden deutschen Staaten – erwarb und von wo aus er sich im „Emergency Rescue Committee" „für die Rettung vieler Emigranten aus Europa einsetzte."[31] Ruhelosigkeit bezeugen die vielen Ortswechsel nach Kriegsende: Rom, New York, München, Wien, später Basel. Trotz seines offensichtlichen Abgeneigtseins, wieder in Deutschland zu wohnen, zögerte Kesten nicht, seinem Einfluß im Literaturbetrieb der entstehenden Bundesrepublik Geltung zu verschaffen. Dabei half ihm seine Bekanntschaft mit zahlreichen Schriftstellern ebenso wie der vor und im Exil erworbene Lektorenruhm. Er „fand einige alte Freunde wieder" und dazu Verleger, schreibt Manès Sperber,

> „denen er seine früheren und seine neuen Werke anvertrauen konnte. Man druckte ihn in Zeitungen und Zeitschriften, man hörte ihn in öffentlichen Veranstaltungen und im Rundfunk recht oft."[32]

Er war gleichsam öffentlich präsent, wenn auch zu keinem Zeitpunkt unumstritten. Sperber benannte das Bild, das die Öffentlichkeit von Kesten bekam, vorsichtig: ihr präsentiere er sich als „ein unbequemer Mahner, ein Spielverderber", der eine „ethische Ästhetik"[33] verfocht, ein unbedingter Moralist. Für die „Gruppe 47" beispielsweise war er Anfang der fünfziger Jahre eben mehr „ein väterlicher Mentor, Berichter von Vergangenem"[34], kaum ein Innovator oder gar Literaturpapst. Seine Bewertung der deutschen Gegenwartsliteratur orientierte sich an einem Ideal, dem die Moderne nicht weniger ungeheuer war als der stalinistisch geprägte Realismus. Neben den Moralisten, Rationalisten und Satirikern habe es nach dem zweiten Weltkrieg

> „dem Anschein nach nur die Formalisten, die Formalisten in der Bundesrepublik *und* die Formalisten in der Deutschen Demokratischen Republik [gegeben]. Denn ein so einheitlich durchrationierter Realismus, mit so strengen Forderungen, die alle The-

men, alle Inhalte, alles Äußere, alle politischen Tendenzen vorschreiben, ist ja nur ein ins realistische Kostüm gekleideter Formalismus, ist ein Scheinrealismus, der zum Superformalismus verführt."[35]

Da standen dann drei Dichternamen nebeneinander, die gewöhnlich kaum in einem Atemzug genannt werden:

„Benn, Brecht und Jünger, drei Panegyriker der mörderischen Diktatoren Hitler und Stalin, waren [...] die Verführer der unreifen dichtenden Jugend, bald nach der finstersten Periode Deutschlands."[36]

Er wünschte sich eine humanistische Dichtung, die sich nicht im Experimentellen und Artifiziellen verlor. Kunstbesessener Ästhetizismus war ihm Inbegriff des Menschenfeindlichen. Ihn bekämpfte er mit einer Schonungslosigkeit, die nicht nur den Literaturkritiker der *Zeit* Marcel Reich-Ranicki kopfschütteln ließ.[37] Dieses von außerliterarischen Gesichtspunkten eingefärbte Literaturverständnis wird sich nachhaltig in seine rückhaltlose Attacke gegen Johnson einzeichnen.

Mit den Essaybänden *Dichter im Café* (1959), *Der Geist der Unruhe* (1959) und *Filialen des Parnaß* (1961) lenkte er die Aufmerksamkeit in der Bundesrepublik auf sich, blieb aber nur deren Besucher und in gewissem Sinne immer Exilant. Er sei bald wieder überall heimisch geworden, heißt es bei Sperber, „aber er fühlte sich nicht wieder beheimatet."[38] Kesten selbst schreibt 1964, „für die Mehrheit des deutschen Volks" sei der ehemalige Exilierte „noch der Fremde, der Verdächtige, jener, der im Gegensatz zum Volk recht gehabt und recht behalten hat"[39]. Aus der wieder und wieder in Angriff genommenen vergleichenden Analyse der „vier verschiedenen Systeme Deutschlands"[40], die er erlebt hatte, und ihrer Literaturen, bezog er sein Material für die politische und literarische Abrechnung mit beiden deutschen Staaten. 1961 nahm er in seinem Band *Filialen des Parnaß* den Artikel *Quo Vadis Germania?* auf, in dem er wünschenswert deutlich seine Vorbehalte gegen die ost- *und* westdeutsche Entwicklung vorbrachte:

> „Die Mehrheit der Deutschen fühlt sich schon zum drittenmal behaglich, ja glücklich, unter Konrad wie unter Wilhelm und Adolf. [...] In halb Europa saßen Deutsche als Minorität, als wären sie Juden. Kaum kam Hitler, fühlten sich die Volksdeutschen als die Herren Europas. Bald trieb man sie aus, und die Bundesrepublik verdaute sie, verdeutschte sie, verBonnte die Verbannten. [...] [E]in paar Mark für ein Menschenleben, einige Mark für ein Jahr in der deutschen Hölle, dem KZ. Den hohen Nazimördern, soweit die Alliierten sie nicht hängten, gab man aus vollem Herzen und mit vollen Händen das Hundertfache, man ehrt sie, man liebt sie. Ein Globke regiert, ein Oberländer erhält die volle Ministerpension."[41]

Nicht anders als im Mailänder Vortrag galt sein Hauptinteresse primär der deutschen Literatur, an die er auch ein durch jüdisch-deutsche Erfahrungen begründetes ethisches Maß legte. Die Reflexion seines Lebensweges gab ihm den Rückhalt, der seinen Anspruch, urteilssouverän zu sein, untermauerte, obwohl ihn Mehrheiten nicht stützten. Sein Sonderstatus, von dem sich sprechen läßt, trieb ihn an, stets an mehreren Fronten ohne Scheu zu kämpfen. Während sein literarischer Ruhm zu schwinden begann, gewann sein Einfluß auf die literarisch-politische Öffentlichkeit an Bedeutung, begünstigt durch seine kritische Haltung gegenüber der bundesrepublikanischen Restauration jener Jahre.[42] Von Marcel Reich-Ranicki stammt eine Charakteristik von Kestens Rolle in der Öffentlichkeit, die, geschrieben im Umfeld des Streites mit Johnson im November 1961, beziehungsreich ist. Reich-Ranicki monierte die verhaltene Kritikbereitschaft seiner Kollegen gegenüber dem Werk von Kesten aus Angst vor dessen publizistischer Aggressivität. Kesten sei „ein heftiger Diskutant" und

> „in literarischen Fehden ein starker und gefährlicher Gegner. [...] Es mag riskant sein, einen so harten Boxer herauszufordern, dem zuweilen auch Tiefschläge unterlaufen."[43]

Das waren deutliche Worte, die besonders als Zeitzeugnisse bedacht sein wollen. Peter Mertz hat die Art und Weise, wie Kesten verfuhr, daher als problematisch beschrieben:

> „Er [Kesten] vereinfacht sehr komplizierte politische Vorgänge, vergleicht Unvergleichbare – etwa Jünger, Brecht und Benn –, reduziert auf einige Zitate, um eine Grundtendenz, die Restauration in beiden deutschen Staaten, angreifen zu können."[44]

Mertz zielt damit kritisch auf die literarische Praxis Kestens, die nicht nur im „Fall Johnson" weit über die Stränge schlug und mit dem Verlust von Redlichkeit bezahlt wurde. Mitunter, hatte schon Reich-Ranicki geschrieben, trenne bei Kesten „die legitime publizistische Vereinfachung vom demagogischen Kunstgriff" „nur ein kleiner Schritt"[45].

Zusammengefaßt ergibt sich:

– Hermann Kesten stand, darin Johnson nicht unähnlich, beiden deutschen Republiken distanziert gegenüber. Sie waren ihm als politische Gebilde fremd, er wollte und konnte in ihnen nicht zu Hause sein. Daraus zog er die persönliche Konsequenz, sogar seinen Wohnort außerhalb Deutschlands zu wählen.

– Er beeinflußte das literarische Leben in der Bundesrepublik Deutschland, ohne dort ansässig zu sein. Aus der Erfahrung des ins Exil getriebenen deutschen Juden, der in dem einen Deutschland ehemalige Nazigrößen in politische und staatliche Ämter zurückkehren und in dem anderen eine fremdbestimmte Diktatur errichtet sah, agierte er im Bewußtsein umfassender Legitimation, die keiner populistischen Mehrheiten bedarf.

– Sein Hauptargumentationsfeld war die literarische Entwicklung in Deutschland, die ihm nicht nur eine der Bücher, sondern in gleichem Maße eine der Autoren war. Er stilisierte Schriftsteller wie Brecht oder Benn, um an ihnen modellhaftes und verwerfliches Verhalten mit dem Gestus des warnenden Aufklärers zu exemplifizieren. Unstimmigkeiten riskierte er, wenn der Zweck, den er verfolgte, es zu rechtfertigen schien. Amoralischer Ästhetizismus wie sozialistischer Realismus waren ihm zwei Seiten einer Medaille, gegen die er ein humanistisches, moralbetontes, aber nicht dogmatisches Literaturkonzept hielt.

V

Ein Blick auf die seinerzeit umstrittene Veranstaltung in Mailand empfiehlt sich, ehe die nötigen Schlüsse aus dem Ermittelten gezogen werden.

Johnsons Erinnerungen teilen seine *Begleitumstände* mit:

> „Für den Abend des 11. November [1961] war angesetzt ein 'table ronde' im Circulo Turati. Dieser kulturelle Arbeitskreis, im eigenen Verständnis sozialistisch, ist die Stiftung einer Gruppe von Intellektuellen und Industriellen, die sich bemüht, der kommunistischen Casa di Cultura in Milano das Wasser ein wenig abzugraben. Auf dem Programm stand vor der Aussprache eine Rede von Hermann Kesten. Er hatte sie bereits einmal gehalten, für einen Anlass in Darmstadt; nun ärgerte es ihn schon am Nachmittag, dass der Veranstalter um örtlich passende Änderungen bat, und am Abend machte er das Publikum ungeduldig, indem er um eine dreiviertel Stunde zu spät kam. In seiner lange währenden Ansprache nannte er Bertolt Brecht einen 'servitore', einen Diener der Diktatur. Teile des Publikums erhoben sich und riefen: Buh! [...] Als Hermann Kesten endlich aufhörte, wurde

ihm widersprochen. Dem Publikum gefiel das, Hermann Kesten missfiel das; nach einer Weile übersah Feltrinelli seine Wortmeldungen und bat ihn auf einem Zettel, davon abzusehen. Offenbar trug er es tapfer, denn bei einem Abschied in freundlichem Ton bat er um einen Besuch in Rom."[46]

Der Bericht, den *Die Welt* sechs Tage später, also am 17. November, veröffentlichte, ließ noch nicht ahnen, was Kestens Artikel (am 21.11. in der Münchner *Abendzeitung* und am 25. in der *Welt*) auslösen sollte. Monika Zitzewitz schlug einen Plauderton an, um mit ihm ein Porträt Johnsons zu zeichnen, das „den strohblonden, baumlangen deutschen Schriftsteller" mit dem „gemächlich pommersch-mecklenburgischen Tonfall" als gefeiertes „literarisches Ereignis"[47] in Italien hinstellte. Beschrieben wird Johnson als einer, der „gute Miene zu der lästigen Aufgabe, ein Star zu sein"[48], machte. Die offensichtliche Anerkennung erlaubte ihm, schon ganz in seiner Art aufzutreten. Ihr war eine „nicht zu übersehende Sehnsucht" anzusehen, „nämlich, ganz still an seinem Schreibtisch zu sitzen."[49] Von Kesten oder von einem Eklat kein Wort. Die einzige Äußerung Johnsons, die im ungefähren Wortlaut wiedergegeben wurde:

„Ich berichte von Menschen in einem zweigeteilten Land, in dem man weder auf der einen noch auf der anderen Seite mit gutem Gewissen leben kann."[50]

Unerwähnt blieb auch die Rede von Hermann Kesten. Die Kenntnis ihrer Argumentationsreihe jedoch ist unerläßlich, sucht man nach Aufklärung für die wenige Tage später ins Rollen kommende Lawine. Johnsons Satz:

„Ich sehe nicht ein, dass die Mauer in Berlin ein literarisches Datum gesetzt haben sollte insofern, dass die deutsche Literatur von einem postfaschistischen Stadium in ein humanistisches Stadium übergegangen sein sollte"[51], war eine Replik auf die Hauptaussage der Ansprache Kestens. Sie markierte die Schnittstelle, an der die literarische Kontroverse in eine vehement politische umschlug. Kestens Rede stand unter der Überschrift *Neues zur neuen deutschen Literatur* und war ein eigenwilliges Kapitel zeitgenössischer Literaturkritik, das auf Grundsätzliches zielte. Ihm war die Mauer eine Zäsur, die verhängnisvolle, ja abartige literarische Entwicklungen in beiden deutschen Staaten, die ihre problematische Existenz der verhängnisvollen NS-Zeit verdankten, beendete.

„Eine gevierteilte, enthauptete, dezimierte, im Exil beispiellos heroische, zu Hause beispiellos gedemütigte und halbtot gepeitschte Literatur flüchtete im ersten Moment der halben Befreiung zum einen Teil in eine neue Sklaverei, welche die endgültige soziale Freiheit verhieß, zum anderen Teil inmitten eines wachsenden wirtschaftlichen Wohlstands in einen amoralischen, wenn nicht unmoralischen Ästhetizismus, in ein transkontinentales Geschmäcklertum, in Formspiele aus dritter Hand."[52]

Die Mauer habe mit einem Schlag „die oberflächlichen Literaturmoden hüben wie drüben entwertet"[53] und habe zum Vorschein gebracht, „daß der Formalismus gewisser junger deutscher Autoren nur eine Maske war."[54] Satirische Moralisten und Humoristen seien aus den Neuerern und Experimentalschüler von gestern erwachsen. Kesten nannte die Namen von Wolfgang Koeppen, Heinrich Böll, Hans Magnus Enzensberger, Günter Grass und Wolfgang Hildesheimer, und er fügte eine Reihe von Schriftstellern der vorangegangenen Generation hinzu: Erich Kästner, Golo Mann, Hermann Hesse und Hermann Broch. Kesten schloß ab mit der Quintessenz seiner Erläuterungen:

„Immerhin glaube ich, daß wir aus der schmerzlichen und peinlichen Epoche der moralischen Indifferenz in die Epoche der Moralisten, der Satiriker, der Humanisten gelangt sind und daß die deutsche Literatur nach so vielen Formalismen wieder eine humanistische Literatur wird."[55]

Sieht man sich nach diesen prononcierten Aussagen, die mehr mit gewünschten als mit tatsächlichen literarischen Wirklichkeiten zu tun hatten, die Äußerungen Uwe Johnsons an, fällt deren politische Kontradiktion auf. Unter Vernachlässigung der literarischen Seite der Diskussion beschränkte sich Johnson auf die politische. Bis in die gewählten Formulierungen hinein schien es Johnson gelegen, das Paradebeispiel eines Schriftstellers abgeben zu wollen, der Moral, Geschichte und Literatur voneinander getrennt sehen wollte. Einige Sätze Johnsons, die das Tonband festgehalten hat, bezeugen das nachdrücklich. Sie verdeutlichen, aus welchem Bewußtsein heraus Kesten sein Recht zu Empörung und Gereiztheit ableitete.

„Diese Mauer ist nur ein Ereignis, ein wirkliches Ereignis, das die Menschenrechte verletzt, wie sie in einer westlichen Konvention festgelegt sind, die von dem Ostblock nicht anerkannt wird."[56]

Wer davon ausgeht, daß es prinzipiell gültige, unteilbare Menschenrechte gibt, für den bedeutet Johnsons Aussage eine Beschneidung dieser Auffassung. Seine Aussage impliziert, daß Menschenrechte in nicht geringem Maße eine Sache des jeweiligen Blickwinkels sind. Damit billigte er dem „Ostblock" eine eigene Definition von Menschenrecht zu.

„Die ostdeutschen Kommunisten haben, als sie diese Mauer zogen, nicht die Absicht gehabt, unmoralisch zu handeln, sondern sie befanden sich in der Notwehr. Ihre Maßnahmen mussten, da sie den Sozialismus gewaltsam und nicht mit der Zustimmung der Bevölkerung einführen konnten, Unpopularität erwecken. Der Sozialismus in Ostdeutschland wurde nicht in einem geschlossenen

Lande eingeführt, sondern in einem halbgeteilten. Da die Grenze offen war, war die natürliche Folge, dass vier Millionen Leute weggingen, weil es ihnen nicht gefiel. Dies stellte die ostdeutschen Behörden einem Arbeitskräftemangel gegenüber, den sie nicht länger aushalten konnte. Darum versperrten sie alle Fluchtwege, denn sie wollten weiterleben."[57]

Wer die DDR als Diktatur begriff, in der „die russische Armee die Freiheit" beschlagnahmte und den Stalinismus „lieferte"[58] – eine Auffassung, die heute mehrheitsfähig ist –, interpretiert Wendungen wie „nicht die Absicht gehabt, unmoralisch zu handeln" oder „befanden sich in Notwehr" als verständnisvolle oder doch verstehende Verteidigung. Er konnte mit einem vorherrschenden Empfinden in der Bevölkerung rechnen, das das Augenscheinliche der Berliner Mauer über jedes politische Kalkül setzte. Die Diskrepanz zwischen tatsächlichen politischen Aktionen der Bundesregierung und der Westmächte und dem Umgang der Medien mit der Mauer, die heute jedem ins Auge fällt, blieb daher gegenstandslos.[59]

Und wer überdies – wie es Kesten ja tat – Moral und Literatur in einem Bedingungsgefüge sieht, dem sind Sätze wie die folgenden ein Greuel und ein Affront gegen die eigenen Grundüberzeugungen, der nicht unerwidert bleiben kann:

„Und hier von Immoralität zu sprechen [im Anschluß an das oben Zitierte], heisst Geschichte mit moralischen Vorwürfen zu vermengen, heisst implicit zu sagen, der Kommunismus wäre immoralisch. Ich meine nicht, dass die Aufgabe der Literatur wäre, die Geschichte mit Vorwürfen zu bedenken."[60]

Symptomatisch ist, daß Johnson mit dieser Position ganz auf der Linie der nicht-öffentlichen Politik lag[61], hingegen beängstigend konträr zum psychischen Befinden der Betroffenen, besonders der Westberliner, die von der „Wucht und Bedrohlichkeit der Ereignisse“[62] überwältigt waren.

Daß Kesten auf diese Abfuhr reagieren mußte, wollte er nicht als prinzipienschwach gelten, war keine Frage. Er erfaßte die Äußerungen als Attacke auf seine ethisch-politischen Überzeugungen, die er vor der Bestätigung durch die große Geschichte wähnte. Und der Angriff erfolgte von einer Seite, aus der er ihn nicht erwartet hatte: Von einem, der in mancherlei Hinsicht ein ihm verwandtes Schicksal trug und der ihm nun entgegentrat, hochaufgeschossen und strohblond, in der Gestalt des scheinbar emotionslosen und kaltargumentierenden Intellektuellen... Persönliche, tiefsitzende Ängste gesellten sich zur selbstlosen Wahrnehmung allgemeinen Rechtssinns und provozierten ein Verhalten, das schwer berechenbar wurde.

VI

„Mir ist bekannt, dass Herr Kesten sich freut an öffentlichem Streit. Mit mir wird er das Vergnügen nicht haben, sondern mit der Tonbandaufzeichnung der Veranstaltung.“[63]

Mit dieser Stellungnahme vom 25. November 1961 reagierte Johnson auf den ersten Angriff Kestens gegen ihn, der in der Münchner *Abendzeitung* vier Tage zuvor erschienen war. Am selben Tag verbreitete *Die Welt* Kestens Mailand-Bericht noch einmal – überregional. Mit ihm war die eigentliche Kampagne eröffnet. In einer Vorbemerkung, die Johnson in *Begleitumstände* unerwähnt läßt, distanzierte sich die Redaktion der *Welt* von Kestens „Bewertung der Johnsonschen 'Mutmaßungen'“, die „der unseren widerspricht“, maß dem Bericht aber grundsätzliche Bedeutung zu.[64] Kestens Text war ein kümmerliches Zeugnis seines Zorns, dessen eigenartige Berechtigung einmal beiseite gelassen. Er enthielt Verzerrungen, Entstellungen und Unrichtigkeiten, so daß Johnson mit Fug und Recht auf der Suhrkamp-Pressekonferenz am 5. Dezember sagen konnte: „Ich sehe keinen Grund für elegante Umschreibungen. Hermann Kesten hat gelogen. Ich nenne Hermann Kesten einen Lügner."[65]

Kesten baute seinen Artikel um das Wort „Mutmaßungen" auf, das er aus dem literarischen in den politischen Kontext verlagerte und gegen seinen poetischen Schöpfer wendete. Johnson habe in Mailand „derartige Monstrositäten" gesagt, „daß ich zu den merkwürdigsten Mutmassungen über Uwe Johnson verführt wurde."[66] Er stellte den Bezug zu seiner These von der beginnenden humanistischen Literaturperiode her, zu der er von den jüngeren Autoren auch Johnson gerechnet habe, „da stand Uwe Johnson auf und widersprach."[67] Ohne erkennbare Skrupel kolportierte Kesten Johnsons Äußerungen und konzentrierte sie auf Ungeheuerliches: auf ein Bekenntnis zu einer von moralischen Erwägungen freien Literatur und auf eine verständnisvolle, ja gutheißende Beschreibung der Berliner Mauer.

> „Also hat Johnson nur Mißbrauch mit einem großen Thema getrieben, mit dem zerrissenen Deutschland? Also hat er nur einen Bestseller aus den Leiden des Volkes machen wollen, nur ästhetische Zwecke verfolgt?"[68]

Damit war Johnson nach Kestens Kategorisierung das Schlimmste: ein „Ästhetizist wie Benn"[69]. Diesem Urteil fügte sich scheinbar zwanglos die stilistische Analyse, deren Resultate Kesten in allem Bestätigung waren. Johnson habe dem russischen Realismus „die artifiziellen Stilexperimente der letzten fünfzig Jahre in Westeuropa" aufgepfropft, er erhebe die Unsicherheit und Gesinnungslosigkeit zum Stilprinzip, sei ein „hilfloser Supermanierist", der die deutsche Sprache soweit verfremde, „daß man immer wieder glaubt, eine Rohübersetzung aus dem Kaschubischen zu lesen oder Parteibroschüren aus der DDR", und er fingiere,

> „gleich andern epischen Experimentatoren, gar nichts zu wissen, [...] nur Mutmaßungen über seine ganze epische Welt zu haben, und will selbst nur ein Objekt für Mutmaßungen sein."[70]

In den Äußerungen Johnsons zu Brecht sah Kesten den Versuch, „aus Brecht eine armselige Karikatur jenes Uwe Johnsons zu machen"[71], der fehlende politische Moral ästhetisch ummünzt und verbrämt.

Hatte sich während der Mailänder Diskussion das Interesse auf politische und faktische Urteile zum Mauerbau konzentriert, so erneuerte Kesten in seinem Artikel den literaturpolitischen Kontext, aus dem sie erwuchsen. Mit großer Klarheit spiegelte der Bericht das Konzept Kestens und seine Zuordnung Johnsons. Der aus der DDR kommende Autor verkörperte für ihn einen Rückfall in die von Realismus und Ästhetizismus geprägte Literatur der fünfziger Jahre, ja er bildete eine virtuose und deshalb besonders gefährliche Mischform beider. Dessen außerordentlicher Erfolg, wie er sich in Mailand augenscheinlich abzeichnete[72], gefährdete für Kesten die ästhetische und ethische Klarheit, auf die es gerade jetzt ankam. Johnsons Bekanntheit und die ihm bescheinigte Kompetenz in deutsch-deutschen Fragen waren Kesten Anlaß zur Sorgnis, aber auch Garant dafür, daß sein Angriff Wirkung zeitigen würde. Daß er dabei allen nötigen Anstand ablegte und Lügen nicht ausschloß, bleibt so unentschuldbar wie am Ende unverständlich. Durch diesen Tatbestand wurde, wie Carl E. Buchalla im *Kölner Stadt-Anzeige*r am 7. Dezember 1961 schrieb, das Streitgespräch zum Skandal.[73] Die Resonanz, auf die Kesten hoffte, ließ nicht auf sich warten, wenn sie auch nicht zu dem Ergebnis führte, auf das er zugearbeitet hatte.

VII

Was auf dem Spiel stand, zeigt der Aufwand, mit dem der Suhrkamp-Verlag auf Kestens Vorwürfe reagierte. Eine Pressekonferenz mit kompletter Medienbeteiligung anzuberaumen hatte Spektakuläres, ebenso das umständliche Bemühen, die Tonbandaufnahmen aus Italien heranzuholen. Johnson bekam die uneingeschränkte Chance, seine Richtigstellung der breitest möglichen Öffentlichkeit mitzuteilen. Durch den Tatbestand, daß Heinrich von Brentano vor dem Bonner Parlament die Berechtigung von Johnsons gewährtem Villa-Massimo-Stipendium genau einen Tag nach der weithin beachteten Pressekonferenz[74] in Zweifel zog, gestützt auf nichts als die persiflierte Berichterstattung Kestens, war die Dimension des Falls um einen entscheidenden Bereich erweitert. Förderte die Bundesrepublik einen literarischen Sympathisanten des Mauerbaus? Verlegte der Suhrkamp-Verlag einen verkappten Kommunisten, der sich zum Verteidiger der ostdeutschen Diktatur aufwarf, der, mit den Worten Kestens, sprach, „als wäre er Ulbricht“[75]?

Diesen Mutmaßungen, deren denkbare Auswirkung auf das öffentliche Ansehen der Beteiligten gar nicht drastisch genug ausgemalt werden kann, begegneten Verlag und Johnson daher mit äußerster Entschlossenheit, um nicht die Spur eines Kollaborationsverdachtes auf dem Ostdeutschen im öffentlichen Bewußtsein sitzen zu lassen. „Nichts ist verblüffender als die Wahrheit“, überschrieb Roland H. Wiegenstein seinen Bericht über die Veranstaltung im Westdeutschen Rundfunk und Südwestfunk vom 8. Dezember. Die Pressekonferenz blieb hinter den Erwartungen, die man an sie knüpfte, kaum zurück. Weder vorher noch nachher hat Johnson ein so klares Bekenntnis zu einer nicht-kommunistischen Weltsicht abgegeben wie bei dieser Gelegenheit:

„Ich gedenke Hermann Kesten beizubringen, dass es ein vertanes Lebenswerk ist, jemanden gegen seinen Willen zu Kommuni-

> sten zu machen. Wenn er prokommunistische Äusserungen zu hören wünscht, mag er sie selber tun."[76]

Andererseits ging er nicht ab von seiner Haltung, objektive Sachverhalte als zweckvolle Mitteilung zu bevorzugen. Er verzichtete eigensinnig auf Sätze, die seinen persönlichen Verlust durch die gewaltsame Grenzziehung berührt hätten und gewiß medienwirksam gewesen wären. In der Frankfurter Vorlesung 18 Jahre später reicht er sie nach, nunmehr sicher, daß sie historisch und nicht privat genommen werden:

> „[A]uch ich hatte mit dem Bau der sichtbaren Mauer zwischen den Städten Berlin Personen verloren, an denen ich mein Leben hängen glaubte. Was sich vorerst ausnimmt wie eine private Mitteilung, wird später kenntlich werden in seinem Bezug zu einer Sache."[77]

Es kennzeichnet die damalige Situation hinlänglich, wenn Johnson in *Begleitumstände* die taktierende und im Zweifelsfall Kesten zuneigende erste Reaktion der *Zeit* erinnert, die ihm den Abdruck einer Richtigstellung versagte. Und es kennzeichnet Johnson, wenn er rückblickend den Verzicht auf jenes persönlich motivierte Argument mit traurig stimmender Verhaltenheit begründet:

> „(Der einzige, der unschlagbare und überzeugende Grund, war für die Benutzung gesperrt: es war der private Umstand, dass der angebliche Befürworter der Mauer durch sie Leute verloren hatte, die er benötigte.)"[78]

Dieser öffentlich unbenannt gebliebene Verlust ließ sich für Johnson nicht mehr kompensieren.[79] Die Debatte, in der er es ablehnte, seinen Schmerz dem Verdacht der Instrumentalisierung auszusetzen, entschied er zu seinen Gunsten – ohne ein Anzeichen von Freude oder Triumph. Wenn er ein skeptisches Bild von der Bundesrepublik hatte, die Auseinandersetzung mit Kesten unter Beteiligung Heinrich von Brentanos war nicht geeignet, es zu korrigieren. Seine über den Verlag geregelte Einbindung in das soziale System der Bundesrepublik, wie sie eingangs beschrieben wurde, kanalisierte die neuen Erfahrungen, die Ideologeme des Kalten Krieges zu bestätigen geeignet waren.[80] Mag sein Befremden über die Presse in der Bundesrepublik, von dem er in der Presseerklärung sprach, auch rhetorisch gemeint gewesen sein, es gab eine neue, von ihm so noch nicht gemachte Erfahrung wieder. Er hatte erlebt, daß sein Romantitel *Mutmassungen* durch den Wechsel in einen anderen Diskurs zu einer Handhabe oder doch zu einer Verfahrensweise gegen ihn selbst geworden war. Die Rolle des Beobachtenden, die ihm zugewachsen war, ohne daß er ihr je Seelenfrieden abgewann, wurde unter Kestens Regie in einen Objektstatus verkehrt. Über dieses Objekt beabsichtigten die, denen Johnsons mangelndes Anti-Mauer-Pathos eine Gefährdung öffentlichen Rechtsbewußtseins war, „Mutmaßungen" anzustellen. Konnte man dem toten Jakob Abs seine Wahrheit nicht mehr entreißen, dem lebenden Johnson verlangte man sie ab. Die daraus entstandene Notsituation forderte von Johnson den Nachweis seiner Glaubwürdigkeit als Schriftsteller und den seiner Integrität als Person. Er gelang ihm um den Preis zunehmender Vereinsamung.

Johnson hätte, wären politische Verhältnisse offene und wäre der Diskurs über die Mauer kein hegemonial geprägter gewesen, für seine nüchterne Beschreibung von Sachverhalten einen nicht in Anspruch zu nehmenden Gewährsmann gehabt: den deutschen Bundeskanzler. Der nämlich hatte wenige Tage nach Mauerbau und in Reaktion auf Axel Springers Klage, „nicht die presse hat die nervositaet in die bevoelkerung getragen, sondern das ausbleiben einer klaren und schnellen stellungnahme ihrer regierung", was zu einem „alarmierenden wandel in der oeffentlichen meinung"[81] geführt habe, während des Kanzler-Tees mit einem Plädoyer für Besonnenheit und Nervenkraft angesichts der Mauer geantwortet:

> „[V]ersetzen Sie sich mal in die Lage von Ulbricht, dem seine Untertanen laufengehen – und das ist für den ganzen Kommunismus eine Riesenblamage in der ganzen Welt. Und daß der Ulbricht da drängt und drängt – ich muß zumachen, das geht so nicht weiter! –, das ist doch klar."[82]

Solchen Äußerungen war der Weg in die Öffentlichkeit freilich mit der Formel „Streng vertraulich!" verlegt, wenngleich das latent abwiegelnde Agieren Adenauers der emotionalisierten Bevölkerung nicht verborgen blieb und ihm bei den Westberlinern schlechte Noten einhandelte.[83]

Johnson mußte der weitere Diskussionsverlauf lehren, daß die Außenperspektive, die er für sich reklamierte, nicht zum Wertungsmuster paßte, das die öffentliche Meinung der Bundesrepublik beinahe uneingeschränkt regulierte und dominierte.[84] Es erklärte jede „über den Zinnen" der Mauer stehende Position als verwerflich und trachtete, sie zu isolieren. Kesten ging im Bewußtsein, Repräsentant und Anwalt dieser öffentlichen Meinung zu sein, noch weiter, indem er aus der objektiven Beschreibung des Mauerbaus deren Gutheißung fälschte. Als Schlagzeilen las sich die Verbindung Kesten - Brentano - Johnson im schlimmsten Fall dann so: „Kein Staat darf Menschen einmauern. Brentano: Johnson hat eine ganz miserable Auffassung."[85] Sein Sonderstatus suggerierte Johnson, den von Günter Kunert für Exilierte verbindlich angesehenen „Zwang zum Konformismus und die dem mißlingenden Zwang folgende psychische (und manchmal auch physische) Erniedrigung"[86] vernachlässigen zu dürfen. Dabei war er ebenso „hautlos und permanent verletzlich"[87] wie andere aus der DDR weggegangene Schriftstellerinnen und Schriftsteller.

An diesem Befinden änderte die zwingende Widerlegung Hermann Kestens überhaupt nichts. Die Wunden, die nicht zum geringsten dem Kalten Krieg zuzuschlagen sind, zu dessen Gefechten das zwischen Johnson und Kesten gehörte, schlossen sich nicht: Die *Begleitumstände* sind dahingehend beredt. Daß sie sich nicht schlossen, mag mit der Tatsache zu tun haben, daß Kestens denunziatorische Verleumdung und ihre öffentliche Bloßlegung nicht zur Einbuße seiner Gesellschaftsfähigkeit und Reputation geführt haben.[88] Was Kesten Genugtuung gewesen sein muß, blieb Johnsons bei elementaren Verletzungen unerbittlichem Gedächtnis schmerzender Stachel im zu Erinnernden.[89] Das erklärt, warum er die Darmstädter Katalogmitteilung 1978 nicht mit der Beiläufigkeit behandelte, die man dergleichen zu schenken pflegt. Der „Versuch [...], meine Glaubwürdigkeit und Vernunft in Verdacht zu bringen bei allen Leuten, an die meine Arbeit sich wendet"[90], *konnte* nicht unwidersprochen bleiben, wollte Johnson nicht rückwirkend an der Entstellung seiner eigenen Lebensgeschichte und deren Überlieferung beteiligt sein.

Wie nun reagierte Kesten auf den Gang der Ereignisse, die ihn nicht als Sieger, aber genauso wenig als Verlierer dastehen ließen? Bekannt ist keine klare Entschuldigung Kestens gegenüber Johnson, zu der es Brentano indirekt immerhin brachte[91]. Vorliegt indes ein literarisches Bubenstück von ihm, wie es selbst in der keineswegs zimperlichen Literaturgeschichte eine Rarität von bedrückendem Rang ist.

VIII

1962 veröffentlichte Hermann Kesten eine Novelle mit dem Titel *Nikolaus Stern*. Sie beginnt mit dem Satz:

> „Am 28. Januar 1962 wurde der zweiundsechzigjährige Buchdrucker Nikolaus Stern nahe der Heinrich-Heine-Straße von drei Volkspolizisten erschossen, als er den Versuch machte, um 04.59 die Mauer auf der Ostberliner Seite an einer schadhaften Stelle zu übersteigen, um seine in Westberlin lebende Mutter Luise Stern an seinem Geburtstag zu besuchen."[92]

Der jüngste Volkspolizist hat einen bürgerlichen Beruf. Er ist Germanist und hat in Leipzig studiert, bei einem Professor, der „hieß Mayer"[93]. Und als der ältere Polizist angesichts des blutgetränkten Kuchens, den der Tote für sein Geburtstagsfest eingepackt hatte, Mitleid empfindet, weist ihn „der zur Vopo beförderte Germanist" zurecht:

> „'Er starb in Konsequenz der Notwehr unserer Behörden, die weiterleben wollen.' 'Du redest wohl gerne Quatsch, was?' fragte der älteste. 'Das ist ein Zitat', sagte der jüngste Vopo. 'Also Ulbricht hat es gesagt?' 'Das hat ein Lump gesagt.'"[94]

Keine Frage, wer hier auf das Folterbrett literarischer Gerechtigkeit gespannt werden soll. Ungeschützt arbeitet sich Kesten an einer Handlungskonstruktion ab, die zum Äußersten greift, um jenen in der Kunstwirklichkeit ins Unrecht zu setzen, dem in der Lebenswirklichkeit nicht beizukommen gewesen war: Das Geburtsdatum des erschossenen Juden Stern, das auch zu seinem Todesdatum wird, ist in Jahr, Monat und Tag identisch mit dem Hermann Kestens.

Es ist nicht überliefert, ob der „Lump", der dem skrupellosen Grenzpolizisten das Wort für den staatlich gebilligten Mord auf den Weg gibt und Teile seiner Biographie dazu, von diesem bösen Dokument unkontrollierten Hasses wußte. Allem Anschein nach nicht.

Es wäre ihm nicht zu wünschen gewesen.

Uwe Johnson
Kommentar zu Bertolt Brechts *Me-ti / Buch der Wendungen*

Unter den vielen Mappen mit Typoskripten, die in dem Nachlass Bertolt Brechts aufgefunden wurden, waren sechs gleichartige, die auf den ersten Blick sich ausnahmen wie Teile einer Übersetzung aus dem Chinesischen. Me-ti hiessen die Leute, von denen darin erzählt wurde, Mi-en-leh, Ni-en, in anscheinend altertümlichen Situationen, zusammen mit Pflugschmieden und Fürsten. In einer der Mappen lag ein Titel obenauf, *Buch der Wendungen*, und hatte vielleicht etwas zu tun mit dem *Buch der Wandlungen*, einem Weisheitsbuch der Konfuzianer aus dem 7./6. Jahrhundert vor unserer Zeitrechnung, das 1924 in einer deutschen Übersetzung bekannt wurde. In einer anderen Mappe, mit Blaustift auf angerissenes Papp-Papier hingehauen, fand sich der Titel *Me-ti*, der Name der Figur, die in allen Mappen im Mittelpunkt steht, lehrend, erklärend, mit Auskünften und Ratschlägen beschäftigt. Beim Vergleich der Texte stellte sich heraus, dass *Buch der Wendungen* eine Abschrift von Teilen der anderen Mappen war und wahrscheinlich die endgültige Form des geplanten Werkes andeutete. Da dieser Rahmen aber nur zu etwa einem Drittel ausgeführt wurde, ist das Fragment unter beiden Titeln, als *Me-ti / Buch der Wendungen*, im Herbst 1965 im Suhrkamp Verlag in Frankfurt am Main herausgegeben worden.

Diese Ausgabe stellt die Texte aus der Mappe *Buch der Wendungen* voran und beginnt wie sie mit einem Vorwort, das sich akkurat und wissenschaftlich gibt und mit biederer Stirn behauptet:

> Das *Buch der Wendungen* ist unter Benutzung einer englischen Übersetzung aus dem Chinesischen von Charles Stephen ins Deutsche übertragen worden. Es gehört nicht zu den klassischen Büchern der chinesischen Antike, wenngleich sein Kern von *Mo Di* stammt. (7)

(Mo Di ist ein alter Name für Me Ti.) Und später heisst es im Vorwort:

> Vom streng wissenschaftlichen Standpunkt aus sind Werke wie das *Buch der Wendungen* nicht unbedenklich. Der Leser aber, der sich weniger an den Echtheitsstempel als an den Inhalt hält, wird trotz der eklektischen Züge das Buch mit Gewinn lesen. Gerade die Einfügung moderner Gedankengänge und die teilweise recht amüsante Wahl der Vergleiche aus der modernen Geschichte für die Grundgedanken eines alten chinesischen Philosophen wird manchen Leser erfreuen. (8)

Die Katze, die da halbwegs aus dem Sack gelassen war, gibt sich auf einem anderen Blatt zu erkennen, einem Namensverzeichnis, das den chinesischen Namen andere gegenüberstellte, Ni-en war ein Zeichen für Stalin, Mi-en-leh bedeutete Lenin, Su war die Sowjetunion, Ga oder Ge-el standen für Deutschland, und mit den unangenehmen Lautzusammenstellungen Hi-jeh, Hu-ih, Hui-jeh, Ti-hi war Hitler gemeint, der freilich auch unter der Berufsbezeichnung Anstreicher vorkommt, und nicht nur die Leute in Deutschland, die im zweiten Weltkrieg ihre sogenannten Spinnstoffe bei der sogenannten Volkswohlfahrt ablieferten, werden in der folgenden Bemerkung die Zeit des Buches leicht bestimmen können:

> Als der Hu-ih sein Heer gegen Su schickte, ohne es für den kalten Winter in Su warm einzukleiden, und eine Bitte an das Volk richten mußte, den Soldaten Wollsachen zu schicken, schickte das Volk Wollsachen und vergaß darüber den verbrecherischen

Leichtsinn des Regimes für einige Zeit. Die Verbindung zwischen Volk und Regime wurde in diesem Unglück eher enger. (150)

Notiert sind solche Beobachtungen auf einem Papier von sehr dünner, fester Qualität, nicht von den Massen der deutschen Industrienorm A 4, sondern 21,4 mal 33,8 Zentimeter, einem in Dänemark üblichen Format, wo der Emigrant Brecht seit Ende 1933 sich aufhielt. In einem Brief an den Philosophen Karl Korsch, der wahrscheinlich im Jahr 1937 geschrieben ist, nennt er den Plan „ein Büchlein mit Verhaltenslehren" und erwähnt den Vorsatz, es bald abzuschliessen. Dann fielen die Nazitruppen in Dänemark ein, es kam das Exil in Schweden, das Exil in Finnland, das *Me-ti*-Buch trat hinter anderen Plänen und Arbeiten zurück, nur zu nennen *Leben des Galilei, Der gute Mensch von Sezuan, Verhör des Lukullus, Svendborger Gedichte, Herr Puntila und sein Knecht Matti*, auch Finnland wird jetzt von deutschem Militär bedroht, 1941 reist Brecht mit seiner Familie im Sibirien-Express über Moskau nach Wladiwostok, von dort nach Kalifornien in den Vereinigten Staaten von Amerika. Erfahrungen beim Aufenthalt in Moskau formuliert noch einmal Me-ti, Philosoph in chinesischer Manier, Lehrer, Erklärer, der die Partei nicht Partei nennt sondern Verein:

Besser Fehler zu billigen als Fehler zu rechtfertigen

Als Me-ti durch Su fuhr, erwartete das Land einen großen Krieg. Zahlreiche Verhaftungen waren durchgeführt worden, da der Verein spürte, daß Feinde in seinem Innern am Werk waren. Me-ti hob lobend hervor, daß beinahe niemand Leute schon deshalb für schuldig hielt, weil sie verhaftet worden waren. Dagegen billigten es viele, daß man auch nur Verdächtige verhaftet hatte. Daß die Behörden nicht imstande waren, die Schuldigen herauszufinden, wurde als Fehler betrachtet; jedoch billigte man es, daß sie, außerstande, zu prüfen, doch wenigstens im plumpen gegen das Übel vorgingen. Die guten Chirurgen lösen den Krebs vom gesunden Fleisch, die schlechten schneiden gesundes Fleisch mit heraus, wurde gesagt. Me-ti fand die Haltung des Volkes bewundernswert und sagte: Sie behandeln ihre Polizei als schlechten, plumpen, dummen Diener, das ist schon etwas. (150-151)

Neben den dänischen Blättern finden sich im Manuskript noch einige vom amerikanischen Format, genannt foolscap, 16 mal 13 Zoll, und nur noch einmal nach dem Krieg erscheint Me-ti mit einer Bemerkung auf dem Papier der deutschen Norm A 4, einem der holzigen, ungleichmässigen Blätter jener Zeit, und festgehalten ist dort auch ein Kommentar zu einem Streit, der damals von neuem begann:

Parteilichkeit und Objektivität

Me-ti wurde gefragt: Wie könnt ihr verlangen, daß jemand zugleich objektiv und parteiisch sei? Me-ti antwortete: Wenn die Partei objektiv das Richtige ist, besteht kein Unterschied mehr zwischen objektiv und parteiisch. (79)

Dann waren die Mappen *Buch der Wendungen* und *Me-ti* längst verschwunden unter neuen Arbeiten, dem *Antigonemodell, Tage der Kommune, Geschäfte des Herrn Julius Cäsar, Buckower Elegien*, der Theaterarbeit im Berliner Ensemble. Was Brecht 1956 aus seinen Jahren 1934 bis 1937 hinterliess, ist das nun mehr als ein zeitgeschichtliches Dokument in chinesischer Verkleidung?

Die Antwort auf diese Frage kann beginnen mit einer neuen Frage, der Frage nach der Figur im Zentrum des Fragments, nach Me-ti, der da Philosoph genannt wird, auch Lehrer, über dessen Leben aber wenig gesagt ist, ausgenommen einiger Massen loyale Beziehungen zur Kommunistischen Partei, dem Verein, der keine andere Person bedeutet. Wer ist dieser Me-ti?

Im Jahre 1922 erschien in den Mitteilungen des Seminars für Orientalische Sprachen an der Friedrich-Wilhelms-

Universität ein gewichtiges Buch von über 600 Seiten, unter dem Titel *Me Ti, des Sozialethikers und seiner Schüler philosophische Werke,* zum ersten Male vollständig aus dem Chinesischen übersetzt und kommentiert von dem Professor Alfred Forke. Ein Exemplar dieses Buches, mit vielen Anstreichungen und Bemerkungen von der Hand Brechts, befindet sich in seinem Nachlass. Das Interesse Brechts für die Möglichkeiten des chinesischen Stils rührt schon aus den zwanziger Jahren, in seiner Bibliothek standen die Übersetzungen des berühmten Sinologen Richard Wilhelm, auch *I-ching*, das *Buch der Wandlungen*, und seine Aufmerksamkeit für die Lehren des Philosophen Mo Ti oder Me Ti könnte begonnen haben bei dem Umstand, dass der Herausgeber das Werk eines Sozialethikers aus dem chinesischen Altertum in Dankbarkeit der Deutsch-Asiatischen Bank widmete, weil sie zu den Druckkosten beigetragen hatte, mit der zusätzlichen Bemerkung, dass die „hohen Ideale der allgemeinen Menschenliebe und des Völkerfriedens leider heute noch ebenso weit von ihrer Verwirklichung" seien „wie vor zweiundeinhalbtausend Jahren".

Über das Leben des historischen Me Ti ist wenig bekannt. Sein Name bedeutet Tusche (Me) und Fasan (Ti). Wahrscheinlich um 470 vor unserer Zeitrechnung im chinesischen Fürstentum Lu geboren, ist er wahrscheinlich um 400 gestorben. Gearbeitet hat er als Hofbeamter, auch als Gesandter und Ratgeber. Einmal liess ihm der König von Yüeh ein Lehen anbieten, was Me Ti aber ausschlug, im Zweifel, ob der König die von ihm vorgeschlagenen Reformen auch tatsächlich durchführen werde. „Wenn ich meine Grundsätze wie Reis verkaufen will", soll er gesagt haben, „so kann ich das auch in China, und ich brauche nicht nach Yüeh zu gehen". Gearbeitet hat Me Ti als Lehrer, er hatte eine Schule, aber er unterrichtete im Gegensatz zum Lehrsystem des Konfuzianismus, lehnte ausdrücklich dessen Ritualismus ab, auch die Musik und das Bogenschiessen. Was ihm als Verdienst um die chinesische Philosophie angerechnet wird, ist die Einführung der logischen Beweisführung und des systematischen Denkens. Lao-tse und Konfuzius erklärten ihre Äusserungen nicht, gaben sie als Inspiration aus; Me Ti versuchte seine Behauptungen zu belegen. Sehr schlagfertig, benutzte er gern Beispiele aus dem Alltag, war auf dialektische Wirkungen aus. Gearbeitet hat er als technischer Erfinder und Festungsbaumeister, angeblich auch als Stratege, doch sind die Nachrichten darüber dürftig und widersprüchlich. Später wurde er als Ketzer gebrandmarkt, und seine Lehren verschwanden für fast zweitausend Jahre.

Nicht nur die Figur des umherziehenden Weisen und Lehrers mag Brecht brauchbar erschienen sein für eine chinesische Version des zwanzigsten Jahrhunderts, auch viele seiner Lehren waren aktuell und entsprachen dem Verhalten, das Brecht brauchbar erschien für Unternehmungen gegen den Faschismus, zu Gunsten einer kommunistischen Weltordnung. Zwar nicht Me Tis Metaphysik, seine Himmelsfrömmigkeit, seine Verdammung der Musik aus Gründen der Nützlichkeit, auch nicht die unverhältnismässigen Ermahnungen zu Masshalten bei Ausgaben für Luxus und Begräbnisse, wohl aber solche Kapitel wie: *Bevorzugung der Tüchtigen*, waren Brechts Auffassung von praktischem Marxismus nahe und liessen sich in die Erörterung der Zeitgeschichte nützlich einbauen. In dem Versuch des Herausgebers Alfred Forke, das Lehrsystem des historischen Me Ti wiederherzustellen, in dem Kapitel *Bevorzugung der Tüchtigen*, heisst es zum Beispiel:

> Die heutigen Könige, Fürsten und Herren [...] verstehen es nicht, die Tüchtigen emporzuheben und die Fähigen in ihren Dienst zu nehmen [...] Diejenigen, welche sie mit Reichtümern und Ehren überhäufen, sind alle ihre Blutsverwandten, die unverdienter-

massen Reichen und Vornehmen. [...] Müssen nun diese deswegen auch Intelligenz besitzen? Wenn [...] man sie trotzdem zur Regierung des Staates verwendet, so kann man voraussehen, dass Staat und Familien in Verwirrung geraten werden.

Oder es heisst, in dem Kapitel über die *Gleichmässigkeit der Menschen*:

Wie kommt es, dass jetzt die Höhergestellten die ihnen Untergebenen nicht regieren können, und dass die Untergeordneten den Höheren nicht dienen wollen? Die Oberen und Unteren fügen sich gegenseitig Übel zu. Was ist der Grund davon? Ihre Ansichten stimmen nicht überein. Wenn Meinungsverschiedenheiten herrschen, bilden sich Parteien. Wenn dann die Herrschenden irgend jemand wegen seiner Tugend belohnen, so mag er wohl die Belohnung seiner Vorgesetzten erlangen, aber er entgeht nicht dem Verdammungsurteil des Volkes, deshalb kann, wer Gutes tut, durch die Aussicht auf Belohnung nicht ermuntert werden.

Und so fort. In dem Kapitel *Einigende Liebe* heisst es:

Wenn im Reiche sich alle gegenseitig liebten, die Staaten sich nicht untereinander bekriegten, die Familien nicht einander zerrütteten, wenn es keine Diebe und Räuber gäbe, Fürsten und Untertanen, Väter und Söhne Liebe und Zuneigung zueinander zeigten, so würde das Reich in wohl geordnetem Zustand sein. Warum sollte daher der Weise, dessen Angelegenheit die Verwaltung des Reiches ist, nicht den Hass verhindern [...]?

Der historische Me Ti hatte vor mehr als zweitausend Jahren zu tun mit Sorgen von heutzutage. In seiner *Verdammung des Eroberungskrieges* argumentiert er:

Das Töten eines Menschen gilt als ungerecht, und es steht darauf eine Todesstrafe. Führen wir diese Erwägung weiter, dann ist die Tötung von zehn Menschen eine zehnfache Ungerechtigkeit [...] und die Tötung von hundert Menschen ist eine hundertfache Ungerechtigkeit und verdient hundert Todesstrafen. Die Edelen des Reiches verstehen das sehr wohl und nennen es Ungerechtigkeit. Kommen wir nun aber zu der Ungerechtigkeit im Grossen, nämlich dem Angriff auf einen Staat, dann verurteilen sie diese nicht mehr, im Gegenteil, sie rühmen sie und nennen sie gerecht. Sie verstehen die Dinge nicht und wissen nicht, was Gerechtigkeit ist.

Und auch des historischen Me Ti Warnung vor dem Sich Schicken und Ergeben in die Verhältnisse wie sie einmal sind mutet zeitgenössisch an, im Kapitel *Verdammung des Fatalismus*:

> Wenn man jetzt den Worten der Fatalisten folgt, so kümmern sich die Herrscher nicht mehr um die Regierung, und ihre Untertanen vernachlässigen ihre Beschäftigung [...] so werden Justiz und Verwaltung zerrüttet [...] so tritt Mangel an den Verbrauchsgegenständen ein [...] (so kann man nicht mehr) die Hungrigen speisen, die Frierenden kleiden und die Alten und Schwachen verpflegen. Also nützt das Schicksal in der oberen Sphäre nicht dem Himmel, in der mittleren nicht den Geistern und in der unteren nicht den Menschen [...] der Fatalismus ist ein Verderben für das Reich. Deshalb wird er vom Meister (Me Ti) verurteilt.

Jener Me-ti, den Brecht zweieinhalbtausend Jahre später als seinen Zeitgenossen erfindet, lebt in einer Welt, in der es mit den „hohen Idealen der allgemeinen Menschenliebe und des Völkerfriedens", die im Vorwort zu den Werken seines Vorläufers erwähnt werden, immer noch nicht weit her ist: Me-ti ist ein Flüchtling. Ein gewisser Hui-jeh hat ihn aus dem Lande Ga gejagt. In dem Lande Ga bestimmen ein Schriftleitergesetz und eine Reichsschrifttumskammer, wer schreiben darf. Ga ist aus dem Völkerbund ausgetreten, der Reichsverteidigungsrat hat die wirtschaftliche Kriegsvorbereitung beschlossen, die allgemeine Wehrpflicht ist eingeführt, die Gegner des Regimes werden wie in alten

Zeiten verfolgt, misshandelt, eingesperrt, ermordet, die Diktatur versucht sich in Österreich festzusetzen, sie schickt Militär ins Rheinland, unterstützt den Putsch gegen die gewählte Regierung in der Republik Spanien, am 5. November 1937 erklärt Hitler in der Reichskanzlei seinen Generalen in einer geheimen Besprechung seine Vorstellungen vom kommenden Weltkriege: das ist die Zeit, in der das neue Buch *Me-ti* geschrieben wird, die „Zeit der grossen Unordnung", wie Me-ti sie nennt, und folgerichtig bemüht er sich, eine Ordnung vorzubereiten, indem er versucht, die Wahrheit über das Regime herauszufinden und unter die Leute zu bringen, wie es an die Macht kam, wie es die Macht missbraucht:

> *Zu wenig verlangen kann zuviel verlangen sein*
>
> Me-ti sagte: Das Land Ga hatte einige Jahre lang eine Volksregierung. Sie tat zweierlei für das Volk. Sie machte nach außen eine Politik des Friedens und erhöhte nach innen die Einkünfte der arbeitenden Schichten. Sie änderte aber nichts am Handel und an der Art, wie die Fabrikation vonstatten ging. Die herrschende Fabrikationsweise entfesselte nicht alle Kräfte, sondern knebelte sie. So wurde nicht mehr hervorgebracht als früher, aber mehr verteilt. Und Krieg war so nötig, wie er früher gewesen war, er wurde aber nicht mehr vorbereitet. Das Land geriet in Verfall, und die Volksregierung wurde verjagt. (169)
>
> *Aussprüche des Anstreichers*
>
> Als der Anstreicher den Ausspruch tat „Gemeinnutz geht vor Eigennutz", schien Vielen ein neues Zeitalter angebrochen. Man könnte auch sagen: gerade den Vielen schien ein neues Zeitalter angebrochen, denn der Satz wurde von ihnen so ausgelegt, als ob das Gemeinwohl das Wohl der Vielen sei und nunmehr vor dem Wohl der Wenigen gehen solle. So gewann der Satz ein prächtiges Aussehen. Man erwartete allgemein, daß es dem Anstreicher nicht ganz leicht fallen würde, ihm Geltung zu ver-

schaffen. Es fiel ihm aber, wie es sich bald zeigte, nicht so schwer. Er forderte nämlich nicht von den wenigen Wohlhabenden allein oder besonders, sie sollten den Nutzen der Vielen über ihren eigenen setzen, sondern er forderte es gerade von den Vielen, sie alle sollten, jeder einzelne von ihnen sollte den Gemeinnutz vor seinen Eigennutz setzen. Der Arbeiter sollte auf ausreichenden Lohn verzichten und Straßen für die Allgemeinheit bauen. Der kleine Bauer sollte auf ausgiebige Viehpreise verzichten und der Allgemeinheit billiges Vieh liefern usw. So sah also der Satz schon weniger prächtig aus. Es stellte sich heraus, daß die Nation in einem Zustand war, in dem ein wirklicher Nutzen von jemandem nur dadurch gewonnen werden konnte, daß er andere schädigte, und der Nutzen war desto größer, je mehr andere er schädigte. Je größer die Fabriken waren, desto mehr wurde durch sie verdient. All das blieb, an all dem änderte der prächtige Satz nichts. Nötig für die Vielen wäre nämlich nicht dieser prächtige Satz gewesen, sondern eine solche Umänderung aller Besitzverhältnisse, daß es den Einzelnen unmöglich gewesen wäre, aus den Vielen einen Nutzen zu ziehen. Das wäre geschehen, wenn der Anstreicher alle die Geschäfte und Fabriken und Mietshäuser und Äcker, aus denen Nutzen gezogen werden kann, den Einzelnen weggenommen und den Vielen übergeben hätte. In einer Nation, die solches macht, befindet sich der Nutzen des Einzelnen nicht mehr im Gegensatz zu dem Nutzen Vieler. Je größer dann der Nutzen des Einzelnen wird, desto größer ist der Gemeinnutz. Aber in der Nation des Anstreichers ist und bleibt das umgekehrt, trotz aller Ermahnungen und prächtigen Sätze. (31-32)

Über die Tarnung staatlicher Verbrechen

Die furchtbaren Verbrechen der Regierenden nehmen, sobald sie in den *Alltag* eingehen, sogleich ein unscheinbares und unauffälliges Aussehen an. Der Apparat besorgt, außer seinen Verbrechen, auch alle anderen, notwendigen und unaufschiebbaren

Geschäfte, d.h. er hat sich auch das Vorrecht gesichert, das Nützliche zu tun. Außerdem besteht er, wie es sich gegen Abend, wenn er aufgehört hat zu funktionieren, zeigt, aus Menschen. Wir sind mit ihm verwandt, verschwägert, befreundet. Der Richter wäscht sich seine blutigen Hände unter allen andern, die ihre Hände waschen, am Abend, um sie von den Spuren der Arbeit zu reinigen. Er wäscht sie an der gleichen Wasserleitung. Wenn er seine Pfeife anzündet, ist er nicht der Verbrecher, der nach getaner Schandtat sein Pfeifchen schmaucht (was zynisch aussehen würde), sondern ein Raucher hat ein Verbrechen begangen (was zu bedauern ist). Was beim Aufziehen der großen Schauprozesse, wie wir es in Leipzig gesehen haben, zunächst, während des Prozesses, unangenehm auffiel, die Geschäftigkeit der Behörden, überallher irgendwelches Material gegen die Angeklagten zu häufen, das trägt sich nach dem Prozeß aus: Die Arbeit wird als Arbeit erkannt, die Früchte getragen hat. Als als Zweck der Materialauswahl noch die Verurteilung erschien, waren wir mißtrauisch. Nun ist der Zweck erreicht, das Urteil gefällt, und es gab genügend Material, um uns zu beruhigen. (123-124)

Die Lehre des Hi-jeh und die Jugend

Die Jugend ist in den Händen des Hi-jeh; er sagt, die Jugend ist die Zukunft eines Volkes, in zwanzig, dreißig Jahren wird das ganze Volk seine Lehre aufgenommen haben, berichtete ein Verzweifelter dem Me-ti, der in der Verbannung lebte. Welche Lehre? fragte Me-ti. Daß es keine Klassen gibt und daß die Ordnung, wie sie besteht, eine gerechte ist, antwortete der Verzweifelte. Me-ti sagte: In zwanzig, dreißig Jahren werden diese Jugendlichen zweifellos merken, daß es Klassen gibt, denn sie werden für wenige alle Lasten zu tragen haben und dies ungerecht finden. Wenn die Jugend nicht mehr die Jugend sein wird, wird der Hi-jeh sie nicht mehr in der Hand haben. Die Jugend bedeutet die Zukunft eines Volkes, aber erst wenn sie erwachsen ist. (165)

Die Bedingungen, unter denen Brecht in der Haltung des Me-ti die Tricks und Verbrechen der Nazis notiert, sind schwierig. Er lebt als geduldeter Gast in einem fremden Land. Ende 1933 hatten dänische Nationalisten seine Deportation verlangt. Die Arbeitsstätte ist ein ausgebauter Pferdestall, ein langer Tisch mit einer Schreibmaschine, an der Wand der gerettete Rundfunkapparat, in dicken Mappen werden Zeitungsausschnitte gesammelt, Beweise für die Untaten des Hitlerregimes. Die Wahrheit ist schwer aufzuspüren. Die Zeugenberichte Davongekommener sind lückenhaft, die Emigrantenpresse ist zerrüttet und schwach, die Presse der bürgerlichen Länder erweist dem Nazireich widerwilligen Respekt, aus den Zeitungen Deutschlands ist nur etwas über die Technik der Lüge zu erfahren. Daneben die anderen Arbeiten, die Stücke *Furcht und Elend des Dritten Reiches*, *Die Horatier und die Kuriatier*, der *Dreigroschenroman*, das beharrlich weitergeführte Tagebuch. Unermüdlich werden die Warnungen und Erklärungen Me-tis aufgezeichnet, bis zu drei Mal neu geschrieben, durchsucht nach möglichen Korrekturen, die die Wahrheit fasslicher, handlicher machen könnten, immer im Bewusstsein der Schwierigkeit, gehört und verstanden zu werden. Bei diesen Beispielen wie oft bei anderen benutzt Brecht die Formel „Meti sagte", nach dem Vorbild des historischen Vorgängers, in dessen Werk auch die Schüler verlorengegangene Texte des Lehrers so zitieren:

Me-ti sagte:

Wenn ein Reich durch Banden, die sich der Regierung bemächtigt haben, in den Abgrund geführt wird, finden diejenigen, die das Ende voraussagen, aus folgenden Gründen wenig Glauben: Große Reiche haben schon ihrer Größe wegen etwas Dauerhaftes an sich. Das Leben im kleinen geht ja auch in gewohnter Weise weiter, die Bäcker verkaufen Brot, er werden Bücher gedruckt, es erscheinen Zeitungen, es werden Ehen geschlossen, die Toten werden begraben, man baut Häuser. In dem allem ist noch Vernunft tätig. Der Betrachtende hofft nun, ohne sich darüber besonders Rechenschaft zu geben, diese große Summe von Vernunft, dieses ausgeprobte Handeln wie sonst müsse doch den wahnwitzigen Zügen der Herrschenden begegnen. Diese wahnwitzigen Züge bekommen davon einen Anschein von Möglichkeit, ja von Vernunft. (179-180)

Me-ti sagte:
In den Zeiten, wo das Elend alles überschwemmt, wissen wenige die Quellen des Elends. Wenn die Überschwemmungen zeitweise zurückgehen, machen diese sich lächerlich, wenn sie auf die versiegenden Quellen zeigen. Es scheint alles besser zu gehen. Die Verwaltung, die zur Zeit der Besserung eben am Ruder war, wird ihrer Tüchtigkeit wegen gelobt. Selbst kleine Erleichterungen werden als ungeheuer empfunden, wo äußerstes Elend geherrscht hat. Die Freunde der Elenden aber werden als Hetzer verfolgt. Sie gleichen Leuten, die während einer Windstille von der Brüchigkeit des Schiffsbodens sprechen. (179)

Das einzige Land, in das Me-ti Vertrauen setzt, in dem die „grosse Ordnung", wenngleich unvollkommen, eingeführt wurde, ist das Land Su, die Sowjetunion, und während viele Anhänger und Mitläufer des Kommunismus Stalins Bemühungen um Verträge mit den bürgerlichen Staaten nicht mehr verstanden, fällt es Me-ti leicht, an diesen Versuchen Ni-ens, Stalins, geradezu Vorzüge zu entdecken:

Über mögliche Kriege
Um in den drohenden großen Kriegen nicht allein zu stehen, nutzte Ni-en die Uneinigkeit der Ausbeuterstaaten aus und schloß Bündnisse mit einigen Ausbeuterstaaten. Einige Philosophen, welche gegen die Ausbeutung waren, verlangten aber, daß auch die Arbeiter jener Staaten, die mit Su verbündet waren,

sogleich gegen ihre Regierungen kämpfen und so ihre Kriegführung an der Seite Sus verhindern sollten. Sie sagten, auch diese Kriege seien Ausbeuterkriege.

Me-ti sagte: Diese Philosophen haben nichts von der *großen Methode* verstanden und führen die Ausgebeuteten irre. Dreimal schon standen Kriege in Aussicht und ich bemerkte, daß sie alle drei Male, obgleich die Konstellationen jedesmal anders waren, gegen die Beteiligung der Ausgebeuteten am Kriege predigten. Sie kümmern sich gar nicht um die Umstände. Wenn heute ein Krieg gegen Su unternommen wird, müssen die Ausgebeuteten Su beistehen. Sie müssen es, indem sie die Bekriegung Sus verhindern in den Staaten, die gegen Su kämpfen, und indem sie den Krieg unterstützen und verlangen in den Staaten, die an der Seite Sus kämpfen. Werden die Staaten, die Su bekämpfen, geschlagen, dann werden dort die Ausgebeuteten befreit. Wird diese Befreiung durch die Staaten, die an der Seite Sus kämpfen, verhindert, so müssen die Ausgebeuteten dieser Staaten ihre Regierungen bekämpfen und sich zu diesem Zweck mit den Ausgebeuteten der geschlagenen Staaten vereinigen. Werden Su und seine Verbündeten geschlagen, dann müssen die Ausgebeuteten der geschlagenen Staaten gegen ihre Regierungen, die geschwächt sind durch die Niederlage, aufstehen und den Kampf für Su weiterführen. Die Stellungnahme der Ausgebeuteten kann sowieso erst im Verlauf des Krieges und nicht an seinem Beginn entscheidend werden. Wie sollte ein Krieg, der zur Befreiung von Ausgebeuteten und zur Verteidigung von Su geführt wird, irgendwelchen Ausgebeuteten schaden können? Ein solcher Krieg ist in seinen Zwecken begrenzt und birgt alle Möglichkeiten für die Ausgebeuteten. (17-18)

Das Land Su und seine Entwicklung war im öffentlichen Bewusstsein verstellt von den Versionen der bürgerlichen Presse, die Propaganda des Antikominternpaktes begann zu wirken. Das Buch *Me-ti* versucht an einzelnen historischen Beispielen, in der chinesischen Manier vereinfacht und zusammengefasst, die Entwicklung und die Verhältnisse dieses Landes erst einmal bekannt zu machen und zu erklären, im Folgenden bei Gelegenheit der Landwirtschaftspolitik nach der Revolution, die auch viele Arbeiter nicht verstanden, weil auf die Verteilung des Grundbesitzes an die armen Bauern dann doch die Wegnahme des Grundbesitzes folgte; Mi-en-leh ist der Name für Lenin:

Mi-en-leh beim falschen Argumentieren ertappt

Als nach der großen Umwälzung Mi-en-leh den armen Bauern Land gab, entstand ein großes Kopfschütteln unter den Theoretikern der *großen Ordnung* in den Ländern außerhalb Sus. Alle waren einig, daß man den Bauern das Land geben mußte, aber Mi-en-leh hatte nicht vorgehabt, Bauern Land zu geben. Das Ziel war eine Wirtschaft im Großen, gemeinsames Bebauen des Lands durch alle, nicht die Vermehrung kleiner Eigentümer. Mi-en-leh, auf die Organisation der großen Wirtschaft zunächst verzichtend, gab lediglich den Wünschen der großen Bauernmassen nach, um sie für sich zu gewinnen. Viele sprachen damals von einem Betrug und beschuldigten ihn, er habe das Land nur gegeben, um es bei der ersten Gelegenheit wieder wegzunehmen. Man warf ihm auch vor, er habe einem andern Verein, der immer Land für Bauern verlangt hatte, das Programm gestohlen, um diesen Verein auszustechen. In Wirklichkeit machte er lediglich den nächsten möglichen Schritt. Es ist aber interessant, daß er, in seinem eigenen Verein die Notwendigkeit einer Programmänderung begründend, nur von politischen Argumenten Gebrauch machte. Auch er scheint nicht gesehen zu haben, daß die Organisation der großen Wirtschaft schon ökonomisch nicht gegangen wäre zu diesem frühen Zeitpunkt, denn sie erforderte nicht nur eine politische, sondern auch eine industrielle Revolution. Ohne Maschinerie war die gemeinsame Bestellung des Lands kein Fortschritt gegenüber der individuellen, und die Maschinerie war noch manches Jahr nicht geschaffen. So tat Mi-en-leh gut, die Wünsche der Bauern zu beachten, und fand genügend Argumente dafür. (112-113)

Viele Züge des Buches gehen zurück auf Gespräche mit dem Philosophen Karl Korsch, bei dem Brecht sein Studium des Marxismus begonnen hatte. Karl Korsch, 1886 in Tostedt bei Hamburg geboren, 1961 in den USA gestorben, war der Verfasser von *Marxismus und Philosophie* 1923 und 1930 veröffentlicht, als Mitglied der KPD seit 1921 im Thüringischen Landtag; 1926 wurde er wegen seiner oppositionellen Haltung aus der Partei ausgeschlossen. Von 1924 bis 1933 hielt er Vorträge über den Marxismus in Berlin, an der Karl-Marx-Schule in Neukölln, unentgeltlich. Unter seinen Hörern waren Alfred Döblin und Bertolt Brecht. „Lehrer sind Sie lebenslänglich" schrieb Brecht ihm 1945, und bis zu seinem Tode lief ein Briefwechsel mit Korsch, mit Respekt vor den Kenntnissen und Argumenten des einstigen Lehrmeisters, oft im Widerspruch, immer aber interessiert, von der Kritik des Andersdenkenden zu lernen. Von Mitte 1935 bis Ende 1936 war Korsch in Dänemark und arbeitete mit Brecht „fast jeden Morgen mehrere Stunden" in dem Bauernhaus bei Svendborg, und das folgende Beispiel für *Gespräche über Su* mag auf eine tatsächliche Auseinandersetzung zwischen Brecht und Korsch zurückgehen. Korsch erscheint hier als Ko, Kin-jeh ist ein Name für Brecht:

Gespräche über Su

Kin-jeh erzählte Ko von einer Gerichtsverhandlung, die er in Su gesehen hatte. Ein Bauer war in die Stadt gekommen, um in den Schmiedewerkstätten zu arbeiten. Eine Familie hatte ihn in ihre Wohnung aufgenommen, da der Sohn eben verreist war, so daß ein Platz vorhanden war. Er versprach wegzuziehen, wenn der Sohn zurückkehrte. Aber als der Sohn zurückkehrte, zog er nicht weg, denn es war schwer, eine Wohnung zu finden. Die Verwal-

tung des Hauses klagte nun gegen den Mann. Das Gericht erließ aber kein eigentliches Urteil. Es trug der Hausverwaltung auf, eine Wohnung für den Mann zu suchen, und versprach auch selber, auf die Suche zu gehen. Kin-jeh lobte, daß das Gericht erkannt hatte, aus einer Wohnung ausziehen müsse bedeuten, in eine andere Wohnung einziehen. Ko sagte: Es wäre schön, wenn es so wäre. Wir hätten dann einen Staat vor uns, wie ihn die Meister gefordert haben. Ich weiß aber, daß sehr viel nicht nach den Forderungen der Meister gemacht werden kann in Su, deshalb glaube ich diese Geschichte nicht. Bedenke doch, was für Zustände entstehen würden, wenn die Angelegenheiten auf so lässige Art betrieben würden! Kin-jeh antwortete: Anscheinend werden sie auf so lässige Art betrieben. Vielleicht entstehen auch die Zustände, von denen du sprichst. Was weiter?
Ko hatte gesagt: Ich glaube die Geschichte nicht. Kin sagte: Ich habe es gesehen. Dann hat man dir etwas vorgespielt, antwortete Ko hartnäckig. Einzig weil du anwesend warst, hat man so entschieden. Kin sagte: Selbst wenn es nur einmal und nur meinetwegen geschehen wäre, dann wäre es doch eine große Leistung gewesen, einen so vernünftigen Spruch zu finden. Wenn du hören würdest, es gäbe irgendwo einen Mann, der schneller als alle anderen laufen kann, er tue dies aber nur, wenn du dabei stündest – wäre es dann nicht immer noch eine große Leistung? (13)

Das Urteil Brechts und Me-tis über das Land Su, die Sowjetunion war jedoch nicht reverent; daran hinderte ihn seine Distanz zum Parteikommunismus, auch die aus eigenen Kräften und individuell erworbene Auffassung des Marxismus. Brecht wandte sich zwar gegen eine grundsätzliche Beschimpfung der Sowjetunion wegen der ungerechten und verarmenden Auswirkungen ihrer Politik auf die Bevölkerung; er forderte dazu auf, sie genauer zu betrachten, die Widersprüche in ihrer Entwicklung zu benutzen als „Lehrmaterial" zum Verständnis des historischen Vorgangs.

Die folgenden Stücke befassen sich mit den Vorwürfen, die Stalin damals von seinen Gegnern wie von seinen enttäuschten Anhängern gemacht wurden, wegen des Machtmissbrauchs, wegen der Zerrüttung des Landes, wegen der gefälschten Schauprozesse von 1936 bis 1938, auch weil er sich „den Grossen" nennen liess. Stalin heisst hier Ni-en, Trotzki To-tsi:

Aufbau und Verfall unter Ni-en

Unter der Führung Ni-ens wurde in Su die Industrie ohne Ausbeuter aufgebaut und der Ackerbau kollektiv betrieben und mit Maschinen versehen. Aber die Vereine außerhalb Sus verfielen. Nicht die Mitglieder wählten die Sekretäre, sondern die Sekretäre wählten die Mitglieder. Die Losungen wurden von Su verfügt und die Sekretäre von Su bezahlt. Wenn Fehler gemacht wurden, bestrafte man, die sie kritisiert hatten; aber die sie begangen hatten, blieben in ihren Ämtern. Sie waren bald nicht mehr die Besten, sondern nur mehr die Gefügigsten. Einige Gute blieben die ganze Zeit durch, weil sie, wären sie gegangen, nicht mehr mit den Mitgliedern hätten sprechen können, aber bleibend konnten sie ihnen nur sagen, was sie für falsch hielten. Dadurch verloren auch sie das Vertrauen der Mitglieder und zugleich ihr eigenes. Unter diesen Umständen erschien keine einzige gute Darstellung der Lage mehr, die planmäßiges Handeln gestattet hätte, und wurde von denen, die die Lage wenigstens aus Erfahrung kannten, nichts getan, was jene nicht vorher billigten, die die Lage nicht kannten. Die Auftraggeber in Su selber erfuhren nichts mehr, weil die Sekretäre nichts mehr berichteten, was unerwünscht sein konnte. Angesichts dieser Umstände verzweifelten die Besten. Me-ti beklagte den Verfall der *großen Methode*. Meister Ko wandte sich von ihr ab. To-tsi leugnete alle Fortschritte in Su, selbst die auffälligsten. Diejenigen, die außerhalb von Su gegen Ni-ens Einfluß auf die Vereine kämpften, sahen sich bald allein, die in Su gegen ihn kämpften, sahen sich umringt von

Verbrechern und begingen selber Verbrechen gegen das Volk. In Su wurde alle Weisheit auf den Aufbau verwiesen und aus der Politik verjagt. Außerhalb Sus machte sich jeder der Bestochenheit verdächtig, der Ni-ens Verdienste lobte, selbst die unleugbaren, in Su jeder des Verrats, der seine Fehler aufdeckte, selbst wenn es die waren, unter denen er selber litt. (142-143)

Ni-ens Ruf

Me-ti sagte: Ni-ens Ruf ist durch schlechtes Lob verdunkelt. So viel Weihrauch, daß man das Bild nicht mehr sieht und man sagt: Hier soll etwas verborgen werden. Dieses Lob schmeckt nach Bestechung. Freilich, wenn Lob nötig ist, dann muß es wo immer beschafft werden. Damit sie eine gute Sache loben, müssen schlechte Leute bestochen werden. Und damals war viel Lob nötig; denn der Weg war dunkel, und der führte, hatte keine Beweise. Hungrigen Leuten, welche noch nie eine Saat hatten aufgehen sehen, wurde geheißen, zu säen. Sie mußten glauben, man wolle sie zwingen, das Korn mit vollen Händen wegzuwerfen und die Kartoffeln unter der Erde zu verstecken. (60)

Die Verehrung des Ni-en (2)

Me-ti sagte: Einige wissen, daß Ni-en in manchem ein nützlicher Mensch ist. Das bedeutet viel bei ihnen. Einige wissen, daß er ein genialer Mensch ist, der größte der Menschen, eine Art Gott. Das bedeutet bei ihnen vielleicht nicht soviel, wie das andere bei den anderen. (139)

Die Widersprüche in Su

Me-ti sagte von Su: Der Entschluß des Vereins in Su, die *große Ordnung* zu verwirklichen, liegt wie ein Alpdruck auf dem Volk von Su. Die fortschrittlichen Tendenzen bringen die Leute zum Stolpern. Das Brot wird mit solcher Wucht ins Volk geworfen, daß es viele erschlägt. Die segensreichsten Einrichtungen werden von Schurken geschaffen, und nicht wenige tugendhafte Leute stehen dem Fortschritt im Wege. (126-127)

Aber für die Auffassung der Intellektuellen, der Kopfarbeiter, die bürgerliche Gesellschaft könne mit ihren eigenen Mitteln verbessert werden, etwa durch Entschlüsse des Parlaments, bringt Me-ti kein Verständnis mehr auf. Anders als sein Vorläufer im fünften Jahrhundert vor unserer Zeitrechnung, der die Mächtigen noch um kleine Reformen anging nach den Forderungen von Anstand und Sitte, sieht der Me-ti des zwanzigsten Jahrhunderts als einzige Möglichkeit die Revolution, den Umsturz der Gesellschaft, und die schwer ausrottbare Angst der Intellektuellen vor der Unfreiheit in der „grossen Ordnung", das Beharren auf einer vagen, wechselhaften Freiheit tut er ab als unpraktisch.

Die Volksvertretung in der bürgerlichen Welt

Die Volksvertretung, sagte Me-ti, ist ein großer Betrug. Sie hat nichts zu tun mit der Produktion. Als Produzierende haben die Staatsbürger keine Vertretung. Die Ärzte haben keine Vertretung als Heilende, die Baumeister keine Vertretung als Bauende, die Ingenieure keine Vertretung als Erfindende, die Textilarbeiter keine Vertretung als Kleidermachende, die Bauern keine Vertretung als Viehbetreuende, Kornpflanzende. Alle wählen ihre Vertretung nur als Klassen, die sich feindlich gegenüberstehen. Einige Politiker, Handlanger der Besitzenden, haben freilich solche Korporationen vorgeschlagen; sie wollten sie begründen, als ob es keine Klassen gäbe, aber dadurch ist der Betrug noch größer, da es eben Klassen gibt und solche Korporationen aus Leuten zusammengesetzt wären, die ganz entgegengesetzte Interessen haben, aus verschiedenen Gründen, zu verschiedenen Zwecken, mit verschiedenen Ansprüchen produzieren. Auf diese Weise würde die herrschende Klasse nur umso leichter die Produktion aller so einrichten können, daß sie nur für die wenigen Besitzenden Vorteile bringt. Solange die Produktion nur Profit für wenige bringen soll, nützen dem Volk Vertretungen nach dem Beruf gar nichts, diese würden nur eben jenes System, das durch Drosselung der Produktion Profit erzeugt, befestigen helfen. Sind jedoch die Klassen abgeschafft, dann können die produzierenden Vertretungen als Produzierende wählen und die Produktion so ordnen, daß sie, statt Profite für die Wenigen, Vorteile für Alle bringt. (131-132)

Die Unfreiheit in Su

Me-ti sagte: Ich höre, in Su, wo die *große Ordnung* aufgebaut wird, herrscht Unfreiheit. Die Menschen sollen dort nur zu einem frei sein: nämlich die *große Ordnung* aufzubauen. Aber selbst in dieser Art und Weise, wie sie aufgebaut werden soll, gibt es keine Freiheit. Was ist dazu zu sagen? Ist die *große Ordnung* nicht die Grundlage der Freiheit? – Solange man glaubte, daß die Freiheit unabhängig sei von der Art, wie die Menschen das zum Leben Notwendige hervorbringen, in welcher Art von Zusammenarbeit sie das tun, konnte man auch glauben, durch gewisse Freiheiten, Erlaubnisse, dies oder das nach eigenem Gutdünken zu tun, könnten Menschen frei sein. Aber sie wurden nicht frei auf solche Weise. (139)

Die Richtlinien, nach denen man für den Umsturz arbeiten und die „grosse Ordnung" aufbauen soll, sind die der „grossen Methode". Das ist Brechts Fassung der Hegelschen Dialektik, der Lehren von Marx und Engels, die Me-ti als die Klassiker bezeichnet, sicherlich im strikten Gegensatz zu der „grossen Erklärung", die im Werk seines historischen Vorgängers als „ein Buch der früheren Herrscher" zitiert wird. Wie ist die grosse Methode entstanden, und wie kann man sie definieren, und wie kann man sie auf Begriffe anwenden?

Wann entstand die große Methode?"

Me-ti sagt:

Als die Menschen sahen, daß zwei Klassen über die Stillung aller Bedürfnisse entschieden, aber beide nicht arbeiteten, um die Bedürfnisse zu stillen; daß diese beiden Klassen nicht die Interessen der übrigen Klassen vertraten, aber beide auch entgegengesetzte Interessen hatten; daß die Bedingung des Reichtums der einen das Elend der andern war; daß was in bestimmter Hinsicht als Fortschritt bezeichnet werden konnte, in anderer Hinsicht als Rückschritt auftrat; daß die Vorbedingung des Staates als einer Einheit die Uneinigkeit der Klassen war, aus denen er sich zusammensetzte; daß Haufen von Menschen, die sich zur Wahrnehmung bestimmter Interessen bildeten, beim Auftreten anderer Interessen sich sofort teilten und in ihnen Kampf ausbrach; daß ein Besitz jeden Tag eine Schuld werden konnte; daß alles, womit man keinen Menschen ausnützen konnte, wertlos war; daß Voraussagen über das Verhalten großer Gruppen unsicher waren, wenn man nicht ihre Zusammensetzung erkannte und ihre Interessengegensätze wußte; daß man über zu lange Zeitläufte nicht bestimmen konnte; daß viele Begriffe, wie Militär, Staat, Arbeiter, Geld, Gewalt, usw. ohne nähere Bestimmung z.B. der Zeit und des Ortes und der betreffenden Gesellschaftsordnung gelassen, nicht handhabbar waren; daß es seltener gleiche Situationen [gab], bei denen dasselbe Handeln richtig ist, als man angenommen oder als es früher gegeben hatte; als die Menschen solches und anderes sahen, entstand die *große Methode*. (157-158)

Die große Methode

Die *große Methode* ist eine praktische Lehre der Bündnisse und der Auflösung der Bündnisse, der Ausnutzung der Veränderungen und der Abhängigkeit von den Veränderungen, der Bewerkstelligung der Veränderung und der Veränderung der Bewerksteller, der Trennung und Entstehung von Einheiten, der Unselbständigkeit der Gegensätze ohne einander, der Vereinbarkeit einander ausschließender Gegensätze. Die *große Methode* ermöglicht, in den Dingen Prozesse zu erkennen und zu benutzen. Sie lehrt Fragen zu stellen, welche das Handeln ermöglichen. (69)

Über die Begriffe

Wieviele Erfahrungen vereinheitlichen wir in eine einzige, wenn wir den Begriff *Freiheit* machen. Das Zimmer ist voll Gestank und Rauch, der Tyrann befiehlt, die Mutter fleht, der Schuh drückt. Da sind immer Maßnahmen geboten. Man muß vor die Tür gehen, man muß den Aufstand organisieren, man muß Geld schaffen, man muß den Schuh ausziehen. Man muß viel, wenn die Freiheit ruft! Man muß sich vielleicht dem Gestank und Rauch unterwerfen, wenn man den Tyrannen stürzen will, aber man muß sich vielleicht vom Flehen der Mutter retten, wenn man den drückenden Schuh los sein will. Einen so zusammengesetzten und allgemeinen Begriff wie *Freiheit* handhabend, muß man vorsichtig sein, in gewissem Sinne kleinlich.

Um ein Ding zu erjagen, muß man es kalt machen. Um es sich einzuverleiben, muß man es wieder aufkochen. Wenn ich feststelle, daß eins gleich eins ist, habe ich ein Ding festgestellt – jetzt ist es gleich sich selber, gleicht nur sich, tut nichts sonst – es ist nun aber nicht mehr lose in meinem Bewußtsein. Wohl aber ist es in der Wirklichkeit lose, nämlich beschäftigt, alliiert, in gefährliche Unternehmungen verstrickt, sich in Kompromissen bewegend, verräterisch, ausgesetzt, bedroht, eigensüchtig usw. Wenn ich fortschreite zu der Betrachtung dieser seiner Eigenschaft, betrachte ich eine Eigenschaft, die darin besteht, daß sich Eigenschaften ändern, daß sie abnehmen oder zunehmen bis zur Unkenntlichkeit.

Die *große Methode* begreift man am besten, wenn man sie als eine Lehre über Massenvorgänge auffaßt. Sie läßt die Dinge nie einzeln, sondern sieht sie in einer Masse sowohl ähnlicher oder verwandter als auch andersgearteter Dinge und außerdem löst sie sie selber in Massen auf.

In der *großen Methode* ist die Ruhe nur ein Grenzfall des Streits. (136-137)

Nach dieser Methode sollen die Schüler des Me-ti sich verhalten, verhält sich sein Freund, der Dichter Kin-jeh, und zwar nicht nur in der unmittelbaren politischen Arbeit. Das Buch *Me-ti* beschreibt auch Verhaltensarten alltäglicher Natur, gewöhnliche Vorfälle, aus denen unverhofft eine Lehre entspringt, jedoch nicht als Moral, sondern als unterhaltsame Pointe. In den folgenden Stücken ist zu sehen, dass das Buch nicht geplant war als eine blosse Erneuerung des Sozialreformers Me Ti aus dem 5. Jahrhundert vor unserer Zeitrechnung und eine neue Wendung seiner Lehren, sondern ein Bild der Welt in diesem Jahrhundert, zusammengesetzt aus Einsichten und Geschichten, und weiterhin, dass die chinesische Manier nicht nur geeignet ist zum Vereinfachen und Überhöhen, sondern auch fähig zu poetischen und anmutigen Wendungen, die dem Leser Spass am Aufnehmen und Begreifen bereiten kann.

Über den Fluß der Dinge

Und ich sah, daß auch nichts ganz tot war, auch nicht das Gestorbene. Die toten Steine atmen. Sie verändern sich und veranlassen Veränderung. Selbst der totgesagte Mond bewegt sich. Er wirft Licht, sei es auch fremdes, auf die Erde, bestimmt die Laufbahn stürzender Körper und verursacht dem Meerwasser Ebbe und Flut. Und wenn er nur einen erschräke, der ihn sieht, ja wenn ihn nur einer sähe, so wäre er nicht tot, sondern lebte. Dennoch, sah ich, ist er in bestimmter Art tot; wenn man nämlich alles zusammengetragen hat, worin er lebt, ist es zu wenig oder gehört nicht her, und er ist also im Ganzen tot zu nennen. Denn wenn wir dies nicht täten, wenn wir ihn nicht tot nennten, verlören wir eine Bezeichnung, eben das Wort tot und die Möglichkeit, etwas zu nennen, was wir doch sehen. Da er aber doch, wie wir ebenfalls sahen, auch nicht tot ist, müssen wir eben beides von ihm denken und ihn so behandeln wie ein totes Nichttotes, aber doch mehr Totes, in gewisser Hinsicht Gestorbenes, in dieser Hinsicht ganz und gar unwiderruflich Gestorbenes, aber nicht in jeder Hinsicht. (25)

Über Verbrecher

Kin-jeh zeigte eine gewisse Schwäche für Verbrecher einfacher Art, wie Diebe, Raubmörder, Fälscher und Gewalttätige. Er sagte: Sie brechen die Sitte nicht mit der gleichen Begründung wie die Meister sie für das Brechen der Sitte vorschlagen, aber aus dem gleichen Grund: weil Hunger herrscht und von der Gewalt Gewinn gezogen werden kann. Man kann sagen: sie vergehen sich aus Eigennutz gegen den Eigennutz. Immerhin brechen sie eben doch die schlechten Gesetze. Das Volk liebt sie deswegen. Unzählige Bücher verherrlichen sie. Diese Verbrecher wissen keine Lösung der schwierigen Aufgabe, aber sie verlangen eine solche. Sie sind einzeln und stehen doch nur scheinbar gegen die Allgemeinheit, d.h. gegen alle andern. Eigentlich stehen sie gegen Wenige, welche sich aber den Anschein der Allgemeinheit zu geben wissen. Viel gefährlicher sind diejenigen, welche sie verfolgen und von welchen sie verfolgt werden, denn diese handeln als ein Haufen, wenn sie ihre Verbrechen begehen, und nennen sie sittliche Taten. Die kleinen Verbrecher haben den Glauben daran verloren, daß Menschen selbstlos handeln könnten, und das ist angesichts unserer Zustände, welche das selbstlose Handeln zu einer Tat der Selbstzerstörung machen und die Massen mit Gewalt dazu zwingen, ihr eigenes Interesse zu vernachlässigen, eigentlich nur ein Zeichen von realistischem Verstand. Jedenfalls sind sie weit klüger als jene, die selbst bei ihren Verfolgern [an] Selbstlosigkeit glauben. Unsere Zeit hat kein Recht, selbstsüchtige Menschen zu verdammen, so lange sie nicht Zustände schaffen will, die Selbstlosigkeit zu einer guten, d.h. für den Selbstlosen guten Tat machen. Die kleinen Verbrecher verletzen nur die Spielregeln der Selbstsüchtigen. Diese Spielregeln sind aber das Verdammungswürdigste. (26-27)

Über die gestische Sprache in der Literatur

Me-ti sagte: Der Dichter Kin-jeh darf für sich das Verdienst in Anspruch nehmen, die Sprache der Literatur erneuert zu haben. Er fand zwei Sprachweisen vor: Eine stilisierte, welche gespreizt und geschrieben klang und nirgends im Volk, bei der Erledigung der Geschäfte oder bei anderen Gelegenheiten, gesprochen wurde, und eine überall gesprochene, welche eine bloße Imitation des alltäglichen Redens und nicht stilisiert war. Er wandte eine Sprachweise an, die zugleich stilisiert und natürlich war. Dies erreichte er, indem er auf die Haltungen achtete, die den Sätzen zu Grunde liegen: Er brachte nur Haltungen in Sätze und ließ durch die Sätze die Haltungen immer durchscheinen. Eine solche Sprache nannte er gestisch, weil sie nur ein Ausdruck für die Gesten der Menschen war. Man kann seine Sätze am besten lesen, wenn man dabei gewisse körperliche Bewegungen vollführt, die dazu passen, Bewegungen, welche Höflichkeit oder Zorn oder Überredenwollen oder Spotten oder Memorieren oder Überrumpeln oder Warnen oder Furchtbekommen oder Furchteinflößen bedeuten. Oft kommen innerhalb eines bestimmten Gestus (wie Trauer) noch viele andere Gesten vor (wie Allezuzeugenanrufen, Sichzurückhalten, Ungerechtwerden usw.). Der Dichter Kin erkannte die Sprache als ein Werkzeug des Handelns und wußte, daß einer auch dann mit andern spricht, wenn er mit sich spricht. (49-50)

Zitat

Der Dichter Kin sagte:

Wie soll ich unsterbliche Werke schreiben, wenn ich nicht berühmt bin?

Wie soll ich antworten, wenn ich nicht gefragt werde?

Warum soll ich Zeit verlieren über Versen, wenn die Zeit sie verliert?

Ich schreibe meine Vorschläge in einer haltbaren Sprache
Weil ich fürchte, es dauert lange, bis sie ausgeführt sind.

Damit das Große erreicht wird, bedarf es großer Änderungen. Die kleinen Änderungen sind die Feinde der großen Änderungen. Ich habe Feinde. Ich muß also berühmt sein. (57-58)

Über den Zauber des Schwerverständlichen

Das Schwerverständliche übt einen gewissen Zauber aus. Die Kopfarbeiter lieben es oft, wie die Bergsteiger den schwer bezwingbaren Gipfel, der ihnen die Möglichkeit gibt, ihre Kunst zu zeigen oder sie zu entwickeln. In schlecht funktionierenden Gemeinwesen scheinen die Kopfarbeiter beinahe am nützlichsten, wo sie absurde Prinzipien für die besten erklären. Sogar der unbesteigbare Gipfel ist nicht ganz unbesteigbar: So und so hoch kommt man doch hinauf. So ist es auch mit den ganz unverständlichen Sätzen mancher Philosophen: So und so viel davon ist doch irgendwie sinnvoll. Der Kopfarbeiter weiß außerdem, daß er beim Denken möglichst viel berücksichtigen muß, sozusagen allerhand in möglichster Breite mit sich führen muß, was nicht ganz klar ist, sich auch durch die Masse verwirrt, welcher breite, unklare Troß aber seinem Denken eine gewisse Stabilität verleiht. Der kleine Mann wiederum, der ins allgemeine Denken gerät, stellt nicht ungern fest, daß alles so sehr verwickelt ist, daß Denken nicht allzu viel hilft. Die Unordnung, die in seinem Kopf herrscht, ist ja auch die Unordnung, die in der Welt herrscht. Gerade von seinem Standpunkt aus ist die Welt oft am schwersten zu ordnen. Wie sollen da seine Gedanken zu ordnen sein? (59-60)

Über den Ehebruch der Frau

Me-ti wurde gefragt, ob es gegen die gute Sitte verstoße, wenn eine Ehefrau ihrem Mann untreu wird. Er sagte: In einem Land, wo der Mensch alles kaufen muß, die Tasse Tee und das Bett und das Buch und den Geschlechtsteil einer Frau, darf man ihm nicht verwehren, wenn er das Gekaufte für sich beansprucht. Wenn ich in einem Haus eine Wohnung gemietet habe, darf dann der Wirt auch andere in dieser Wohnung beherbergen? Es ist unsittlich, wenn die Frau, die das Geld nimmt für die Vermietung ihres Geschlechtsteils, diesen dann auch anderweitig vermietet, ausgenommen, es ist ausgemacht. Allerdings findet die Frau in solchen Ländern auch keinen Bissen zu essen, noch eine Lagerstatt, wenn sie nicht ihren Geschlechtsteil vermietet, so daß ein Betrug von ihr eigentlich nur einen unsittlichen Vertrag bricht. Hat sie doch nichts, schamhaft ihre Blöße zu verdecken, wenn sie diese nicht verkauft! Ich meine: in einem Land wie dem unsrigen ist alles unsittlich, sowohl der Ehebruch wie die Ehe. (68)

Me-tis Strenge

Als ein Schüler ihm seine Strenge vorwarf, antwortete ihm Me-ti mit den Zeilen des Ki-en-leh:

Wenn ich mit dir rede
Kalt und allgemein
Mit den trockensten Wörtern
Ohne dich anzublicken
(Ich erkenne dich scheinbar nicht
In deiner besonderen Artung und Schwierigkeit)
So rede ich doch nur
Wie die Wirklichkeit selber
(Die nüchterne, durch deine besondere Artung unbestechliche
Deiner Schwierigkeit überdrüssige)
Die du mir nicht zu erkennen scheinst. (97-98)

Kin-jeh hat Schwierigkeiten, zu schreiben

Wie soll ich Lai-tu noch schreiben? fragte Kin-jeh. Sie schreibt mit dem Kaugummi im Mund, ich schreibe mit Zittern. Ich weiß, ich habe unrecht, aber sie schreibt, sie hat recht. Ich bin traurig, daß etwas Wertvolles zerbrochen ist, sie erklärt, warum es zerbrochen ist. Immer wenn ich ihr schrieb, konnte ich kühl schreiben, jetzt müßte es feurig sein. Ich war gewohnt, zu ihr zu schreiben als zu einer Liebenden. Liebende sind große Leute. (116)

Lai-tus Fehler

Lai-tu hatte einen Mann und lebte schlecht mit ihm, weil es ihr nicht gefiel, mit ihm zu schlafen, und sie außer einiger Sympathie nichts an ihn band. Sie zog Gewinn aus Me-tis Belehrung über die dritte Sache, indem sie ihrem Mann vorschlug, für die Unterdrückten zu arbeiten, für die sie selber auch arbeitete. Ihr Mann ging darauf ein und Lai-tu schlief weiter mit ihm. Me-ti tadelte sie deswegen und sagte: Was hat es für einen Wert, eine dritte Sache zu finden, die euch eint, und eine andere dritte Sache beizubehalten, die euch veruneinigt? Das heißt: Ein Stück Brot zu bekommen und es mit Gift hinunterzuspülen. (158)

Über das Lesen von Büchern

Viele, sagte Me-ti, sehe ich Bücher lesen, eine schwierige Kunst, die sie niemand gelehrt hat. Ihre Vorkenntnisse reichen weder aus, die Schwächen, noch die Stärken von Büchern zu erkennen. Ich will nicht von wissenschaftlichen Büchern reden, die fast immer so geschrieben sind, daß Wissen nötig ist, um Wissen zu erwerben. Aber auch die Erzählungen sind schwer lesbar. Meist erreicht der Verfasser im Handumdrehen, daß der Leser sich mehr für die Welt seines Buches interessiert, als sein Buch sich für die Welt interessiert. Er macht den Leser die Welt vergessen über dem Buch, das sie beschreiben soll. Mit einigen leicht erlernbaren aber schwer durchschaubaren Tricks wird eine Spannung erzeugt, die den Leser vergessen macht, was vorgeht, indem sie ihn neugierig macht, wie es weitergeht. Um weitere Lügen zu erfahren, schluckt er die schon erfahrenen. Ein Schriftsteller, der so schreibt, daß sein Leser imstande ist, das Buch ab und zu wegzulegen, um das Gelesene zu überdenken und die Gedanken des Verfassers mit den eigenen zu vergleichen, gilt als [ein] wenig schwach. Es heißt von ihm, er könne mit seinem Leser nicht anfangen was er wolle. Nach der landläufigen Ästhetik müssen die Gedanken der Verfasser überhaupt versteckt sein, möglichst schwer ausziehbar. Außerdem soll sich der Leser fragen: Was hat der Schreiber von dem was er gewollt hat, erreicht. Nicht [ob] es richtig war zu morden, sondern ob richtig gemordet wurde, soll untersucht werden. In Wirklichkeit müssen die Bücher gelesen werden als die Schriften von Verdächtigen, die sie sind. Wie anders als mit dem äußersten Mißtrauen soll man die Erzählungen von Leuten hinnehmen, die entweder mithelfen, Hilflose in gewaltigen Mengen in blutige Kriege zu treiben, oder selber hilflos hineingetrieben werden? Die das Getreide verfaulen und die Menschen verhungern lassen? Die treten oder sich treten lassen? (173-174)

Kin-jeh über die Liebe

Ich spreche nicht über die fleischlichen Freuden, obgleich über sie viel zu sagen wäre, noch über die Verliebtheit, über die weniger zu sagen ist. Mit diesen beiden Erscheinungen käme die Welt aus, aber die Liebe muß gesondert betrachtet werden, da sie eine Produktion ist. Sie verändert den Liebenden und den Geliebten, ob in guter oder in schlechter Weise. Schon von aussen erscheinen Liebende wie Produzierende, und zwar solche einer hohen Ordnung. Sie zeigen die Passion und Unhinderbarkeit, sie sind weich ohne schwach zu sein, sie sind immer auf der Suche nach freundlichen Handlungen, die sie begehen könnten (in der Vollendung nicht nur zum Geliebten selber). Sie bauen ihre Liebe und verleihen ihr etwas Historisches, als rechneten sie mit einer Geschichtsschreibung. Für sie ist der Unterschied zwischen keinem Fehler und nur einem Fehler ungeheuer – welchen Unterschied die Welt ruhig vernachlässigen kann. Machen sie ihre Liebe zu etwas Außerordentlichem, haben sie nur sich selber zu danken, fallieren sie, können sie sich so wenig mit den Fehlern des Geliebten entschuldigen wie etwa die Führer des Volks mit den Fehlern des Volks. Die Verpflichtungen, die sie eingehen, sind Verpflichtungen gegen sich selber; niemand könnte die Strenge aufbringen in Bezug auf die Verletzungen der Verpflichtungen, die sie aufbringen. Es ist das Wesen der Liebe wie anderer großer Produktion, daß die Liebenden vieles ernst nehmen, was andere leichthin behandeln, die kleinsten Berührungen, die unmerklichsten Zwischentöne. Den Besten gelingt es, ihre Liebe in völligen Einklang mit anderen Produktionen zu bringen; dann wird ihre Freundlichkeit zu einer allgemeinen, ihre erfinderische Art zu einer Vielen nützlichen, und sie unterstützen alles Produktive. (187)

Das *Buch der Wendungen*, das Buch von Me-ti ist nicht fertig. Wie die Schüler des historischen Me Ti verhalten sich sehr wenige des modernen Me-ti nach seinen Lehren. Das Werk ist unvollständig, voller Lücken, wie die jahrhundertelang unterdrückten Schriften seines Vorläufers; es sind die Bruchstücke, die das Ausmass des Plans andeuten. Dennoch ist die Figur des Lehrers Me-ti, über dessen Person wir fast nichts erfahren, deutlich geworden, schlicht durch Beispiele seines Verhaltens.

Was Me-ti nicht liebte

Me-ti liebte es nicht, Neujahr zu feiern, Abschied zu nehmen, zum Geburtstag zu beschenken, Unglückliche zu sehen, Zukunftspläne zu machen, Erfolge zu genießen, Niederlagen zu beklagen, kurze Minuten auszukosten, Reden zu improvisieren, ohne Themen zu sprechen und auf Naturschönheiten aufmerksam gemacht zu werden. Er sagte: Es ist schwer genug, die wirklichen Wendepunkte zu erfassen. (117)

Erdmut Wizisla
„Aus jenem Fach bin ich weggelaufen"
Uwe Johnson im Bertolt-Brecht-Archiv – die Edition von *Me-ti. Buch der Wendungen*

Editionen entstehen nicht im geschichtslosen Raum. Immer haften ihnen Spuren der Umstände an, unter denen Quellen aufgefunden und bearbeitet, eine Auswahl getroffen, Begleittexte verfaßt werden. Selten jedoch war die Lösung einer literaturwissenschaftlichen Aufgabe an Voraussetzungen gebunden, wie sie Uwe Johnson in den *Frankfurter Vorlesungen* schilderte:

> „Wenn ein Westberliner im Jahre 1965 den Auftrag erhält, eine Arbeit aus Brechts Nachlass zu edieren, wird er sich durch Vortäuschung eines westdeutschen Hauptwohnsitzes einen Personalausweis der Bundesrepublik erschleichen, damit die Posten in den Kellern des Bahnhofs Friedrichstrasse ihn auch durchlassen zu dem Archiv an der Chausseestrasse. Wird das Brecht-Archiv geschlossen, kann es schade sein um den Abend. So kommt es zu Unterhaltungen mit lebenden Schriftstellern, die das Wohlwollen der von ihnen gewählten Behörden noch besitzen, etwa über das Projekt, einander auszutauschen, für den ostberliner eine Woche in Westberlin und vica versa, bei Haftung für Leib und Leben. Es heisst dann, für so etwas sei es noch zu früh."[1]

Erschlichene Papiere und ein halblegaler Grenzübertritt sollten hier nicht den Weg zur Geliebten oder zu einem konspirativen Treff ebnen, sondern zu den Nachlaßpapieren eines toten Schriftstellers, um eine Reihe beschriebener Seiten erstmals zum Druck zu bringen. Uwe Johnsons Edition von Bertolt Brechts „Büchlein mit Verhaltungslehren" *Me-*

ti. Buch der Wendungen[2] entstand in Abhängigkeit von politischen Vorgängen, unter Begleitumständen, die für Johnsons Erfahrungen als Schriftsteller exemplarisch sind. Es ist kaum Zufall, daß Johnsons Anstrengung gerade diesem Text Brechts, den philosophisch-politischen Fragmenten im chinesischen Gewand, galten. Und es ist kein Zufall, daß die Ausgabe zu einem Musterstück von Johnsons Arbeitsweise wurde.

Mitte der sechziger Jahre war die Brecht-Ausgabe der DDR ins Stocken geraten. Der Aufbau-Verlag, der bis dahin die bei Suhrkamp erschienenen Brecht-Bände gleichzeitig oder mit geringer Verspätung (und dann teilweise mit Verbesserungen) übernommen hatte, bremste. In den Unterlagen des Verlages sind zwei Objekte des Mißtrauens genannt: Band 7 der *Gedichte*, worin ausschließlich Brechts Gedicht zum 17. Juni, *Die Lösung*, auf Widerstand stieß, und Band 5 der *Prosa*. Es gehörte kein politischer Scharfsinn dazu zu wissen, daß nicht nur Brechts Text, sondern auch der Bearbeiter des Bandes für Suhrkamp, Uwe Johnson, dem Aufbau-Verlag Kopfzerbrechen bereitete. Johnsons Ausgabe ist *nicht* übernommen worden.[3] Erst nach dem VIII. Parteitag (1971), der kulturpolitische Öffnungen versprach, „wagte" der Verlag den Vorschlag, in der DDR *Me-ti* zu publizieren, selbstverständlich mit einem anderen Bearbeiter. Es war Werner Mittenzwei, der 1973 ein Gutachten[4] und 1975 seine Edition[5] vorlegte, zehn Jahre nach der Frankfurter Ausgabe.

Daß die Übernahme auch Johnsons wegen scheiterte, lassen jetzt in wünschenswerter Klarheit Unterlagen erkennen, die im Archiv des Aufbau-Verlages und im Parteiarchiv der SED aufbewahrt werden. Der Fall beschäftigte die Kulturpolitiker bis in das Politbüro hinein.

Der Aufbau-Verlag zeigte sich überrascht, als Suhrkamp den Prosaband mit Johnson als Bearbeiter ankündigte. In einem Brief des Aufbau-Lektors Günter Caspar an Helene Weigel vom 10. August 1965 heißt es:

> „Ausgesprochen unangenehm ist für uns, erst aus Suhrkamps Ankündigung den für Band 5 vorgesehenen Bearbeiter zu erfahren. [...] Gegen Uwe Johnson als Redakteur des Bandes 5 hätten wir schwerwiegende Bedenken geltend gemacht und müssen eben das nun im nachhinein tun. [...]
> Sie wissen sicherlich nicht, daß unser Verlag Uwe Johnson eine zeitlang als freien Mitarbeiter beschäftigte und daß ich ihn in dieser Periode, nämlich zwischen seinem Diplom und seiner Republikflucht, sehr gut kannte und seine damalige Arbeit als Germanist einzuschätzen weiß. Da Johnson seit seiner Übersiedlung nach Westberlin meines Wissens nicht mehr wissenschaftlich tätig war, ausschließlich Belletristik schrieb, kann ich mir nicht vorstellen, daß er sich in ein so kompliziertes Gebiet, wie es die Textologie allgemein und die Herausgabe Brechtscher Nachlaßschriften im besonderen darstellt, zur Genüge habe einarbeiten können. Schließlich darf ich Ihnen nicht verhehlen, daß meiner Meinung nach Johnsons politische Qualifikation ebensowenig ausreicht.
> [...] Ich habe die ernste Sorge, daß nicht nur die Person Uwe Johnsons für den Aufbau-Verlag als Redakteur eines Brecht-Bandes schwer tragbar ist und bleiben wird, ich habe auch, wie gesagt aus Kenntnis früherer Arbeiten, die Befürchtung, daß er sich der editorische Aufgabe nicht gewachsen zeigen wird."[6]

Caspar war mit seiner unverhohlenen Ablehnung keineswegs isoliert. Es ergibt sich der Eindruck einer *Allianz* aus Aufbau-Verlag und Zentralkomitee gegen Johnson, Weigel und den Suhrkamp Verlag. Das Votum von Klaus Gysi, dem Leiter des Aufbau-Verlages, klingt nicht freundlicher als Caspars Brief. In einem Schreiben an die Wissenschaftsabteilung des ZK vom 30. August 1965 klagte Gysi:

> „Die Problematik ist doppelter Art. Sie liegt einmal in der Person des Herausgebers; weiter kommt hinzu was man ihm an Aufwertung durch diese Verbindung zu Brecht schafft, und sie liegt auch in der Thematik dieses Prosabandes selbst. In diesem Band versucht Brecht, bestimmte ideologische Klärungen in Diskussionen zwischen chinesischen Personen, die jeweils mit ihrem Namen für Marx, Engels, Rosa Luxemburg, Stalin, Lenin, Korsch usw. stehen. Das Buch hat den Titel *Buch der Wendungen*, sein eigentliches Thema ist die Auseinandersetzung Brechts mit dem Marxismus. Ausgerechnet dieser Band wird durch Uwe Johnson bearbeitet und herausgegeben. Ich weiß auch noch nicht, was wir in dieser Situation machen."[7]

Gysis Brief landete mit einer SED-Hausmitteilung auf dem Schreibtisch von Kurt Hager:

> „Um uns vor Überraschungen wie im Falle Uwe Johnson zu schützen, wäre es m.E. notwendig, von Helene Weigel die Zusicherung zu erhalten, daß der Aufbau-Verlag zumindest vor Abschluß solcher Herausgeberverträge bzw. Zusammenstellung von Ausgaben konsultiert wird."[8]

Der Plan, Uwe Johnson mit der Herausgabe des *Me-ti*-Konvolutes zu beauftragen, ging – wie Bernd Neumann berichtet – auf das Jahr 1962 zurück, als Johnson in Rom lebte. Wie er zu dem Auftrag[9] kam, läßt sich gegenwärtig mit letzter Klarheit noch nicht sagen. Kontakt zum Bertolt-Brecht-Archiv hatte Uwe Johnson über Klaus Baumgärtner und Hans Bunge, den Baumgärtner in den Freundeskreis eingeführt hatte, wohl schon vor seinem Weggang aus der DDR, sicher jedoch vor dem Bau der Mauer.[10] Johnsons Erfahrung mit abgeschriebenen und weitergegebenen Texten – eine Grunderfahrung all jener in der DDR, die sich nicht mit der geistigen Dürre abfinden wollten – fällt kaum auf die Zeit nach 1959:

„Denn wie aus dem Nachlass Bertolt Brechts nun Abschriften geschmuggelt wurden, heimlich vervielfältigt und weitergegeben, zum Missvergnügen der Genossen im Ministerium für die Kultur [...].“[11]

Hans Bunge, der mit Johnson befreundet war, schied als Vermittler zu Helene Weigel aus, weil zwischen Bunge und Helene Weigel schon das tiefe Zerwürfnis bestand; als Anreger bleibt er gleichwohl denkbar. Die Brecht-Herausgeberin Elisabeth Hauptmann nannte die Kombination von Brechts *Me-ti* und Johnson eine „Lieblingsidee“ Siegfried Unselds;[12] auf eine bloße Geste für seinen Verleger läßt sich die Ausführung des Auftrages aber nicht reduzieren. Zunächst arbeitete Johnson mit Arbeitskopien des Bertolt-Brecht-Archivs, „die dem Suhrkamp Verlag von den Erben Brechts zur Publikation übergeben wurden“[13].

Uwe Johnson hatte damit rechnen müssen, daß ihm die Einsicht in die Originaltyposkripte für die Edition verwehrt bleiben könnte. Als er an die Aufgabe ging, bestand für ihn striktes Einreiseverbot in die DDR. Manfred Bierwisch erinnert sich, daß Johnson die Übernahme des Auftrages zunächst mit der Hoffnung begründete, auf diese Weise in die DDR einreisen zu können. (Brecht sollte, symbolhaft beinahe, für Uwe Johnson mit dem Versuch, in die DDR einzureisen, verbunden bleiben: Unter den Glasrahmen des Brecht-Photos, das in seiner Wohnung hing, hatte Johnson ein unausgefülltes Formular geschoben; es ist ein „Antrag auf Erteilung einer Genehmigung für den besuchsweisen Aufenthalt in der DDR“.[14])

Zunächst erwirkte die Verlagsverpflichtung jedoch nicht die erhoffte Einreisegenehmigung. Die Ablehnung ist – wie selten in solchen Fällen – begründet worden; es ist ungekürzt mitteilenswert, was Kurt Hager auf eine Bitte Helene Weigels antwortete:

„SOZIALISTISCHE EINHEITSPARTEI DEUTSCHLANDS
ZENTRALKOMITEE
MITGLIED DES POLITBÜROS
- Kurt Hager -

[...] Berlin, den 28. Mai 1964

Werte Genossin Weigel!

Sie haben sich wegen einer Aufenthaltsgenehmigung für Herrn K i p p h a r d t und für Herrn Uwe J o h n s o n an mich gewandt. Obwohl es 'nicht nach dem Protokoll ist' – denn solche Fragen werden von den staatlichen Organen bearbeitet – möchte ich Ihnen auf Ihre Fragen antworten. Ich halte es nicht für möglich, dieser Bitte zu entsprechen. Beide Herren haben die Deutsche Demokratische Republik ohne staatliche Genehmigung verlassen. Die gegnerische Presse hat seinerzeit diesen Schritt begrüßt und gegen uns ausgenutzt. Weder Herr Kipphardt noch Herr Johnson haben meines Wissens seitdem ihre Republikflucht als falsch bezeichnet und bedauert. Ich bin auch nicht darüber unterrichtet, daß sie zur DDR heute einen anderen Standpunkt einnehmen als zur Zeit ihrer Republikflucht. Es liegt daher meines Erachtens kein Grund vor, jetzt so zu tun, als ob nichts geschehen sei.

Ich bedauere also, Ihnen in dieser Sache nicht helfen zu können.

Mit besten Grüßen

[gez.] Kurt Hager"[15]

Erst im Jahr darauf, im April 1965, als die Ausgabe schon weit gediehen war, arbeitete Uwe Johnson an sechs Tagen im Bertolt-Brecht-Archiv.[16] Mit Hilfe des westdeutschen Passes, vielleicht auf Intervention des Suhrkamp Verlages, war die Einreise schließlich doch möglich geworden. In dieser Zeit muß Johnson Ruth Berlau begegnet sein; Berlaus Hinweis, in Kopenhagen läge noch eine *Me-ti*-Mappe, nahm er ernst.[17] Seine Arbeit beendete Johnson im Sommer 1965. Das Typoskript der Nachbemerkung trägt den Vermerk „168-65 bfn", es ist also in Berlin-Friedenau geschrieben und auf den 16. August 1965 datiert.[18]

Hat sich Uwe Johnson nun der editorischen Aufgabe gewachsen gezeigt? Der eben skizzierte Hintergrund zeigt, daß Johnsons Arbeit rein philologisch überhaupt nicht zu beurteilen ist.

Ich war anfangs davon überzeugt, daß im Falle der *Me-ti*-Edition ein Autor, dessen Qualitäten unbestritten sind, als Editor dilettiert habe. Meine Arbeitsthese beruhte auf der Annahme, daß qualitative Gründe die Erarbeitung der beiden *Me-ti*-Ausgaben nach Johnson – von Klaus Völker (1967) und von Werner Mittenzwei (1975) – notwendig gemacht haben. Ein erster Blick in seine Arbeitsunterlagen schien es zu erlauben, Johnsons auf die Germanistik bezogenes Selbstbekenntnis auf die Arbeitsweise an der Brecht-Ausgabe zu übertragen: „[A]us jenem Fach bin ich weggelaufen“[19].

In der Absicht, Bestätigung zu finden, fragte ich mich: Wie ging Johnson bei der Arbeit vor? Was hat er benutzt? Wie ist das Ergebnis zu bewerten?

Es ist ein Glücksfall, daß sich Johnsons Arbeit ziemlich genau rekonstruieren läßt: In einem vierundzwanzigseitigen Papier zur Edition von *Me-ti* hat Uwe Johnson erste Überlegungen festgehalten. Das Papier – ich nenne es mit Elisabeth Hauptmann *Memorandum* – legte Johnson nach Durchsicht der Kopien im Frühjahr 1964 vor. Er umriß darin editorische Grundsätze, fixierte, welche Texte im Suhrkamp Verlag abgeschrieben werden sollten, und notierte Fragen, die im Bertolt-Brecht-Archiv zu klären wären. Auf Bitten Helene Weigels äußerte sich Elisabeth Hauptmann zu Johnsons *Memorandum*. Die Mitarbeiterin und Herausgeberin Brechts stimmte „weitgehend überein“ mit der von Johnson vorgeschlagenen „Beurteilung, Auswahl und Anordnung der Me-ti-Texte“, und sie konzedierte Johnson „Vorsicht und Energie“: „[V]om Verständnis, von der Gründlichkeit und der Behutsamkeit her, wäre er – immer in Zusammenarbeit mit dem Brecht-Archiv und bei Einsicht der Originale – sehr wohl zu einer solchen Herausgabe imstande."[20] (Bedenken hatte aber auch Elisabeth Hauptmann wegen der Person; dem Aufbau-Verlag gegenüber gab sie sich über die Wahl Johnsons „empört bzw. unglücklich"[21].) Weigels vergeblicher Versuch, über Hager Johnsons Einreise zu erwirken, war die unmittelbare Reaktion auf Hauptmanns Urteil.

Brechts Fragment ist ohne eine nachweislich auf den Autor zurückgehende Gliederung überliefert. Die Texte liegen z.T. in verschiedenen Fassungen vor, einzelne sind abgebrochen oder lediglich entworfen. Eine Edition dieses Materials stellt selbst den erfahrenen Philologen vor außerordentliche Schwierigkeiten.

Tatsächlich enthält Johnsons *Memorandum* höchst problematische Vorschläge: So sollten Texte, die insgesamt oder in handschriftlichen Zusätzen für Johnson unleserlich waren, nicht in die Ausgabe genommen werden. (Dabei ist es nur zu einem Teil geblieben.[22]) Befremdlich finde ich ferner die Erwägung des Herausgebers, Texte auszusondern, die ihm „zu intim" oder „sentimental" erschienen. (Die Texte, die Johnson dabei im Auge hatte, gingen jedoch in die Ausgabe ein; Johnson korrigierte sich.[23])

Eine im Bertolt-Brecht-Archiv erhaltene Notiz versetzt uns in die Lage zu sagen, welche Originale Johnson im April 1965 vorgelegt worden sind. Interessant ist vielleicht, daß sich Johnsons Klage, man habe ihm etwas vorenthalten – Eberhard Fahlke erinnert sich an eine solche Äußerung – nicht bestätigen läßt. Die Bestellnotiz enthält fast alles, was das spätere Bestandsverzeichnis des Bertolt-Brecht-Archivs zum *Me-ti*-Komplex aufführt. Von etwa 850 Blatt fehlen dreizehn; sie enthalten zumeist unrelevante Bruchstücke und Fassungen.

Ins Schwanken geriet mein Verdacht, die Ausgabe sei ein rasch entstandenes Nebenprodukt, im Uwe Johnson-

Archiv: Das Typoskript der Ausgabe, das in Frankfurt aufbewahrt wird, erweckt einen anderen Eindruck als das ein Jahr zurückliegende *Memorandum*. Johnson hat die Arbeit, die ihm schwergefallen ist, ernstgenommen, und er hat sie beherrscht. Jeder Schritt des Herausgebers läßt ein Selbstverständnis der Arbeit erkennen, das auch Johnsons Schreiben geprägt hat. Er ging gründlich und interessiert am Detail vor; seine editorischen Entscheidungen und Eingriffe machte er kenntlich und überprüfbar. Johnsons Nachbemerkung ist so akurat, daß ein Kritiker mokant bemerkte, „Brechts Manuskripte [seien] beschrieben und behandelt, als wären sie Papyri aus dem Wüstensand"[24]. In mancher Hinsicht ist Johnsons Typoskript sogar genauer als das daraus entstandene Buch. Im Druck verlorengegangen sind z.B. handschriftliche Randglossen Brechts, die Johnson für mitteilenswert gehalten hatte.

Heiklen Fragen im Umgang mit der Überlieferung ist Johnson nicht ausgewichen:

> „Mögliche Bedenken wegen der Klarheit und Offenherzigkeit in der Behandlung politischer Vorgänge in der Sowjetunion galten nicht als Gründe für eine Aussonderung."[25]

Das mag eine Selbstverständlichkeit sein, deren ausdrückliche Erwähnung eine Nachwirkung von Johnsons Studium in der DDR ist und Johnsons Annahme voraussetzt, die Ausgabe werde auch im Aufbau-Verlag erscheinen. Eine persönliche Frage war problematischer: Ohne Johnson wären die Lai-tu-Geschichten, die sich Brechts Beziehung zu Ruth Berlau verdanken, nicht in den Band eingegangen. Erst ein Brief Johnsons an Helene Weigel bewegte die Witwe des Dichters, die von ihr zurückgehaltenen Texte freizugeben.

> „Wie Herr Unseld mir mitteilte, haben Sie Bedenken, in diesem Band solche Geschichten oder Gedichte gedruckt zu sehen, in

denen eine fiktive Person 'Lai-tu' vorkommt, wegen der darin festgehaltenen privaten Beziehung des Verfassers. Bitte, erlauben Sie mir, Ihnen meine Gründe für die Aufnahme dieser Texte vorzutragen.
Zwar hätte gegen das Prinzip der Vollständigkeit gerade bei diesem Band einiges gesprochen. Wahrscheinlich hätte Brecht bei einer eigenen Edition die Texte noch verändert, zum Beispiel das Zeitengemisch aus chinesischem Altertum und zwanzigstem Jahrhundert bereinigt, oder die durch den Mangel an Information entstandenen Irrtümer in der Darstellung des politischen Kampfes berichtigt, und so ist auch möglich, dass er die Blätter, auf denen 'Lai-tu' vorkommt, nicht aufgenommen hätte. Jedoch wäre es nicht angemessen, diese nicht bekannte Entscheidung Brechts auf eine mutmassende Weise nachzuvollziehen; einem späteren Herausgeber steht nur zu, das Werk in dem Zustand zu publizieren, in dem es aufgefunden wurde, ohne Eingriffe und Unterdrükkungen. [...]
Sehr verehrte Frau Weigel, bitte verzeihen Sie, dass ein Unzuständiger den Gegenstand Ihrer Bedenken erörtert; es geht mir nur darum, diese Ausgabe so gut wie möglich zu machen. Ich bin überzeugt, dass man dem von Ihnen befürchteten Geschwätz gerade mit der Unterdrückung von Texten zu viel Ehre antut, und ebenso bin ich überzeugt, dass man von Ihnen keine anderen als literarische Rücksichten erwartet. Ich wäre Ihnen sehr dankbar, könnten Sie sich entschliessen, auch die 'Lai-tu'-Texte zum Abdruck freizugeben, dem Buch zuliebe."[26]

Die *Me-ti*-Edition zeigt, daß der aus seinem Fach Weggelaufene seinem Germanistikstudium, wie Johnson selbst sagte, wirklich „eine Vorliebe für das Konkrete" verdankte, „eine geradezu parteiische Aufmerksamkeit für das, was man vorzeigen, nachweisen, erzählen kann".[27] Der Impuls des Studiums blieb lebendig, auch wenn Johnson philologische Fertigkeiten kaum bei Frings, Korff, Mayer und wohl überhaupt nicht an der Leipziger Universität erworben hatte. Johnson besaß ein Gespür für den Umgang mit Texten, das in der eigenen schriftstellerischen Arbeit wurzelte, und er hatte Respekt vor dem Nachlaß eines Kollegen – Haltungen, die eine akademische Schulung kaum vermitteln kann. Johnsons Fähigkeiten verdankten sich weniger der Universität als etwa der Gutachterpraxis auf Honorarbasis, die Exposés zur Herausgabe von Werken Frank Wedekinds, Franz Werfels, Peter Altenbergs einschloß.[28] In einem *Lebenslauf* vom März 1958 hatte Johnson diese Arbeitserfahrungen benannt:

> „Der Mangel an festen germanistischen Arbeitsplätzen verwies mich nach dem Examen auf Honorar-Arbeiten für Verlage. Ich konnte so zusätzliche Kenntnisse in der gewöhnlichen Technik der Edition erwerben und nebenher wissenschaftlich mich fortbilden."[29]

Unmittelbare Herausforderung für Johnsons Gutachtertätigkeit, namentlich für die editorischen Überlegungen, muß der Austausch mit philologisch arbeitenden Freunden wie Klaus Baumgärtner gewesen sein. Baumgärtner, der an der Akademie-Ausgabe von Goethes Werken arbeitete, hatte an Sitzungen der Arbeitsgruppe „Historisch-kritische Ausgabe der Schriften Bertolt Brechts" teilgenommen und kam 1958 auf Wunsch von Helene Weigel für eine gewisse Zeit an das Bertolt-Brecht-Archiv, um dort mit Hans Bunge Editionsmodelle zu entwickeln. Auf diese Weise fanden texttheoretische Diskussionen ihren Platz in der Kommunikation des ehemals Leipziger Freundeskreises.[30]

Uwe Johnsons *Me-ti*-Edition wurde rasch abgelöst, obwohl sie der Kritik im wesentlichen standgehalten hatte. Klaus Völker, der *Me-ti* für die 1967 vorgelegte Ausgabe der *Gesammelten Werke* besorgte, beschränkte sich auf geringfügige Veränderungen. Er schied Texte aus, die ihren Platz an anderer Stelle der Werkausgabe gefunden hatten. Merkwürdigerweise ließ er jedoch in der von ihm verantworteten Edition Einwände unberücksichtigt, mit denen er Johnsons Arbeit selbst begegnet war.[31] Johnson scheint seine Ablösung als „ordentlicher" *Me-ti*-Herausgeber mit gemischten Gefühlen verfolgt zu haben, wie sein Brief vom 10. Januar 1967 an Siegfried Unseld zeigt:

> „Demnach nehme ich an dass ihr und Herr Voelker fuer die neue Ausgabe von *Me-ti* geradestehen wollt, und es ist mir unter diesen Umstaenden recht. Allerdings, mit mildem Interesse, sehe ich der Kunst entgegen, mit der ihr jene Geschichte zerschneiden werdet, in der Me-ti und Herr Keuner gemeinsam vorkommen, so dass dann Me-ti an seiner neuen Stelle einen Vorfall ohne Ergebnis berichtet und Herr Keuner, eingesperrt in das ihm zustehende Gefaengnis, auf eine Frage antworten muss, die ihm gar nicht gestellt wurde."[32]

Keiner wußte besser als Johnson selbst um die Geschichtlichkeit dieser Arbeit: „Fast zwei Jahrzehnte nach der Veröffentlichung des *Me-ti* [sei die] Erstausgabe zum Dokument geworden"[33], beginnt er sein Nachwort zur unveränderten Neuausgabe des Buches 1983. Auch der Aufbau-Verlag war gut beraten, Uwe Johnsons Edition von *Me-ti. Buch der Wendungen* zehn Jahre nach ihrem Erscheinen nicht ohne Veränderungen zu übernehmen. Die Ergänzung fehlender Stücke war 1975 ebenso notwendig geworden wie die Streichung von Texten, die mittlerweile in andere Bände der Brecht-Ausgabe aufgenommen worden waren. Eine redaktionelle Überarbeitung hätte dem jedoch Genüge getan. Statt dessen versuchte Werner Mittenzwei, das Konvolut völlig neu in fünf Bücher zu gliedern. Die Idee ist zweifellos anregend; sie ist jedoch nicht von der Überlieferung gedeckt und bleibt dadurch in hohem Maße angreifbar. Die Abfolge der fünf Bücher, die Mittenzwei vorschlug, konstruiert eine aufsteigende Linie: Mittenzweis *Me-ti* hebt an mit dem *Buch der Großen Methode*, führt über das *Buch der Erfahrung*, das *Buch über die Unordnung* und *Buch der Umwälzung* und gipfelt im *Buch der Großen Ordnung*. Brechts *Me-ti* büßt in Mittenzweis Gestalt ein gehöriges Maß an dialektischer Spannkraft ein. Ein solcher Gang der Geschichte mußte insbesondere unter DDR-Bedingungen affirmativ wirken.[34]

Johnsons Edition basierte auf einer bescheideneren, kollegialen Haltung; Bestandteile, die von Brecht ohne Gliederung überliefert sind, ließ der Herausgeber in der Ordnung des Nachlasses. Diese „mechanische Reihenfolge [habe] zumindest den Vorteil, den Zustand zu beschreiben, in dem das Fragment aufgefunden wurde".[35] Indem Johnsons Ausgabe das, wie er im *Memorandum* sagt, „Arbeitsmässige und Diskursive"[36] von Brechts Fragment erhielt und durchsichtig machte, ist sie brauchbarer als Mittenzweis Idealkonstruktion und zuverlässiger als viele der ersten Brecht-Ausgaben aus dem Nachlaß.

Schließlich vertraute Uwe Johnson mehr als Werner Mittenzwei auf die Denkfähigkeit der Lesenden. Während Mittenzwei im Nachwort „Fingerzeige" für notwendig erachtete, „damit der Leser des Genusses teilhaftig wird, den das Werk bereit hält"[37], hielt Johnson die Beschränkung auf eine Nachbemerkung für denkbar:

> „Ein Nachwort scheint zur Erklärung nicht nötig, da die Bedingungen und Verhältnisse dieser Texte sehr leicht aus der losen chinesischen Verkleidung zu schälen sind."[38]

Wie nah muß Johnson in den Kellern des Bahnhofs Friedrichstraße Brechts Text gewesen sein! Das taktierende Verhalten an der Grenze, zu dem ihn die Abriegelungspolitik der DDR zwang, machte den Herausgeber zu einem betroffenen Benutzer des „kasuistischen Lehrbuches" (Wolfgang

Fritz Haug)[39]. Me-tis Bestreben, „die wirklichen Wendepunkte zu erfassen"[40], dürfte Johnson nicht fremd gewesen sein. Den entwürdigenden Prozeduren an der Mauer zum Trotz hieß es in Johnsons *Memorandum, Me-ti* stelle dies und das vorige Jahrhundert „als ein Zeitalter der Umwälzung [dar], das notwendig und gerecht auf die Errichtung und Verbesserung des Sozialismus zuläuft"[41]. Brechts *Me-ti* bewegte Gedankengut, das Uwe Johnson zwangsläufig auf seine politische Prägung und auf seine Erfahrungen in Ostdeutschland verwies: Gemeint sind Brechts Nachdenken über die „Große Ordnung" als Alternative, sein Mißtrauen gegen Machtmißbrauch, die Erkenntnis, die „Große Ordnung" – oder später besser: die „Große Produktion" – trage als das Neue notwendig das Alte noch in sich, die Ambivalenz von Demokratie und Diktatur, Brechts originärer Umgang mit der marxistischen Theorie, sein Drängen auf Erkenntnis der Wirklichkeit, auf Aneignung von Denkfähigkeiten, oder die Anweisung zum Ausharren und Überleben.[42]

Und wäre nicht auch bei einem Text wie *Vorsicht bei der Verwahrung von Erfahrungen* an Uwe Johnson zu denken?

> „Me-ti sagte: Unsere Erfahrungen verwandeln sich meist sehr rasch in Urteile. Diese Urteile merken wir uns, aber wir meinen, es seien die Erfahrungen. Natürlich sind Urteile nicht so zuverlässig wie Erfahrungen. Es ist eine bestimmte Technik nötig, die Erfahrungen frisch zu erhalten, so daß man immerzu aus ihnen neue Urteile schöpfen kann."[43]

Ende 1965 stellte Uwe Johnson in einer Rundfunksendung des SFB/NDR seine Edition vor. Johnson beschrieb mit profunder Sachkenntnis den philosophischen Hintergrund des *Me-ti*-Fragments, seinen Charakter und seinen Platz im Werk Brechts. In seiner Interpretation verließ Johnson die Zurückhaltung der editorischen *Nachbemerkung*. Ganz im Sinne Brechts prüfte er dessen Fragment auf die Verwertbarkeit. Die Affinität Johnsons gründete sich auf Brechts „aus eigenen Kräften und individuell erworbenen" „praktischen Marxismus", auf dessen „Distanz zum Parteikommunismus". Johnsons Lesart suchte Verständnis für das Fremde, für das scheinbar nicht Assimilierbare von Brechts Text zu erwecken. Der Herausgeber zeigte Haltungen des Flüchtlings Me-ti – die Wendung gegen den Fatalismus, die Wahrheitssuche –, die dem Emigranten Brecht die chinesische Vorlage „aufblitzend aktuell" erscheinen ließen. Unausgesprochen schien Johnson solche echten Analogien auch den Leserinnen und Lesern von 1965 zu wünschen.

> „Das *Buch der Wendungen*, das Buch von Me-ti ist nicht fertig. Wie die Schüler des historischen Me Ti verhalten sich sehr wenige des modernen Me-ti nach seinen Lehren. Das Werk ist unvollständig, voller Lücken, wie die jahrhundertelang unterdrückten Schriften seines Vorläufers; es sind die Bruchstücke, die das Ausmass des Plans andeuten."[44]

Me-ti lehre Verhaltensweisen des Überlebens in Zeiten der Unterdrückung, heißt es. Daß derlei auch von Brecht zu lernen war, hielt Uwe Johnson am 11. November 1961 in Mailand Hermann Kesten entgegen, als dieser Brecht „einen Diener der Diktatur" gescholten hatte.[45] Uwe Johnson behauptete an diesem Abend von sich, „wirklich kein Experte für Brecht" zu sein;[46] sein kluger Einsatz im Streit mit Kesten bewies jedoch eher das Gegenteil. Johnson nannte es ein „Mißverständnis", Brechts Drama *Leben des Galilei* für ein autobiographisches Werk zu halten. Brecht zeige dort die Situation eines Wissenschaftlers in einem vergangenen Jahrhundert und nicht seine eigene. Um seine Sympathie zu *Haltungen* zu begründen, die Brecht mitgeteilt oder selbst eingenommen hatte, führte Johnson aus dem Nachlaß Brechts zwei der *Geschichten vom Herrn Keuner* an: *Von den Trägern des Wissens* und *Vom Überstehen der Stürme*.[47]

Johnson hatte die Texte tatsächlich im Bertolt-Brecht-Archiv gefunden; nur die Geschichte *Von den Trägern des Wissens* wäre – im ersten Heft der *Versuche* von 1930 – zugänglich gewesen. Nahezu wörtlich, aber aus dem Kopf, gab Johnson die zweite Geschichte wieder, wobei er für die Geschichte den Titel *Todeskapitel* benutzte, den er nur aus den Handschriften des Archivs kennen konnte:

> „Was die persönliche Seite angeht, so habe ich eine andere Geschichte in Brechts Nachlaß gefunden. Sie heißt *Todes-Kapitel* und ist so: Als der Denkende in einen großen Sturm kam, saß er in einem großen Wagen und nahm unverhältnismäßig viel Platz ein. Das erste war, daß er den Wagen verließ, das zweite war, daß er seinen Mantel auszog, das dritte war, daß er sich flach auf den Boden legte, so überstand er den Sturm in seiner kleinsten Größe. Als der Denkende dies las, sagte er, man muß sich die Ansichten der anderen über einen selber zu eigen machen, sie verstehen einen sonst nicht. Beachten Sie bitte, daß diese Geschichte die Überschrift trägt *Todes-Kapitel*, und ich finde, daß Brecht uns ein Beispiel des Überlebens geboten hat, auf das es mehr ankommt als auf kurzfristige moralische Entscheidungen."[48]

Uwe Johnsons Interesse ist symptomatisch für nicht wenige seiner ostdeutschen Landsleute, die gegen den Versuch, Brechts Werk auf das *Lob der Partei* – und seinen Autor auf ihr Sprachrohr! – zu reduzieren, den bissigen, undogmatischen und antistalinistischen Brecht stellten – gleich, ob sie ihm damit gerecht wurden oder nicht.

Natürlich ist es nicht nur folgerichtig, daß Johnsons Mühewaltung dem *Me-ti*-Material, sondern auch, daß sie einem Werk *Brechts* gegolten hat. Angriffe konservativer Feuilletonisten, die Johnsons Äußerung im Kesten-Streit hervorgerufen hatte, konnten sich wiederholen; Johnson hätte sie mit Stolz getragen. Die Bedeutung Brechts für Johnson ist groß; es steht noch aus, sie zu reflektieren. Dabei dürfte nicht ausgespart werden, daß der Schüler Uwe Johnson Dramaturg werden wollte, wie sein Biograph Bernd Neumann zu berichten weiß – es hätte natürlich bei Brecht sein müssen. Klaus Niebuhrs Inszenierung von Kleists Lustspiel *Der zerbrochene Krug* in der elften Klasse kann als Anspielung auf des Meisters Kleist-Bearbeitung am Berliner Ensemble gelesen werden.[49] In *Ingrid Babendererde* bringen die Abiturienten ihre Deutschlehrerin mit Brechts *Studie Über Schillers Gedicht „Die Bürgschaft"* aus dem Konzept.[50] Brechts Stück *Der gute Mensch von Sezuan* näherte sich der zu Examinierende in einer Klausur bei Hans Mayer am 10. Juli 1956 mit unbefangener Achtung. Johnson entwickelte dabei, wie Bernd Neumann gezeigt hat, eine ungewöhnliche Lesart, die *Sezuan* als Aneignung von Goethes Ballade *Der Gott und die Bajadere* versteht.[51]

Immer wieder stößt man in Johnsons Leben und Schreiben auf Brecht. Für Heinrich von Brentanos fatalen Vergleich von Brecht und Horst Wessel, aber auch für Brentanos Einspruch gegen Johnsons Aufenthalt in der Villa Massimo, fertigte Johnson dem Außenminister scharfzüngig Quittungen aus: 1980 in den *Begleitumständen* und bereits 1961 in *Das dritte Buch über Achim*.[52]

Uwe Johnson trug sich im Spätsommer/Herbst 1966 mit dem Gedanken, die Biographie Bertolt Brechts zu schreiben. Helen Wolff unterstützte das Vorhaben, das schließlich an Helene Weigel scheiterte. Sie hatte als Biographen schon einen jungen Regisseur im Kopf der Brechts Theaterarbeit besser kannte[53] – das muß Klaus Völker sein.

Mit Hannah Arendt stritt sich Johnson 1968 wegen der harten Kritik in ihrem Brecht-Essay.[54]

1975 wählte Uwe Johnson *Drei Gedichte von B. Brecht* aus für einen von Autoren zusammengestellten Band *Gedichte von Brecht*, dem ein Geleitwort von Ernst Bloch vorangestellt war. Mit List erweiterte Johnson den Auftrag der Anthologie, *drei* Gedichte auszuwählen, er nannte oder zitierte schließlich dreizehnmal soviel. Wieder geht es gegen die DDR-Schule, diesmal gegen den Mißbrauch von Literatur; dort habe man Gedichte Brechts „gehabt",

> „nämlich unter dem Vorwand von Literatur, als illustrierte Ideologie, als das vorläufig letzte Wort zur zeitgenössischen Umgebung, mit großem Patent und Siegel der Staatsmacht".[55]

Johnson hielt dagegen einen unmittelbaren, in der DDR gängigen, Umgang mit Dichtung, der sich offenkundige Parallelen nicht relativieren läßt durch den Hinweis, ein Gedicht beziehe sich auf etwas historisch anderes.

Ganz in diesem Sinne galt vier Jahre später ein knapper Kommentar dem Gedicht *An die Gleichgeschalteten*; die Zeilen wendeten sich an die, „die einer Macht die Unwahrheit nach dem Munde reden"[56], meinte Johnson.

Die Verweise, Anklänge und Bezüge im Werk sind komplex: Johnsons Text *Über eine Haltung des Protestierens* nimmt Brechts *Lied über die guten Leute* auf.[57] Das *Lied über die guten Leute* besaß Johnson in einer der aus dem Bertolt-Brecht-Archiv „geschmuggelten" Abschriften[58], auf gelblichem Durchschlagpapier. In *Jahrestage* zitiert Johnson mehrfach Brecht; das Gedicht *Das Nachtlager* etwa ist ohne Nennung des Verfassers in den Bericht eingegangen. Selbst die Bezeichnung Stefan Georges als „Säulenheiliger" scheint noch auf Brecht zurückzugehen.[59]

Uwe Johnsons Bibliothek spricht im Wortsinne Bände über Johnsons Neigung für Brecht. Brechts Bücher enthält sie nahezu komplett, zum Teil in entlegenen Ausgaben und frühen Erstdrucken. Die Literatur über Brecht ist beachtlich: Selbst das vierbändige *Bestandsverzeichnis des literarischen Nachlasses* von Herta Ramthun, mehrere Jahre nach seiner Edition erschienen, hatte sich Johnson zugelegt; die *Me-ti* betreffenden Seiten wurden allerdings nie aufgeschlagen.

Bunges Gespräche mit Eisler sind hingegen völlig zerlesen. Eine umfangreiche Sammlung von Zeitungsausschnitten und Abschriften von Brecht-Texten, von denen nicht nur das *Lied über die guten Leute* aus dem Bertolt-Brecht-Archiv stammt, belegt Johnsons anhaltende Aufmerksamkeit für Brecht. Ans Herz gewachsen war Johnson die Ausgabe der Bibliothek Suhrkamp *Bertolt Brechts Gedichte und Lieder*, die Peter Suhrkamp besorgt und Johnson wohl auch selbst geschenkt hatte.[60] Brechts Andenken im Hause Johnson diente nicht nur die erwähnte Brecht-Photographie, sondern auch ein Abguß der Totenmaske Brechts, den Johnson Hans Bunge zu verdanken hatte.[61]

Die *Me-ti*-Edition war kein Auftrag, mit dem einer nebenbei etwas dazuverdiente. Johnsons Tätigkeit als Herausgeber ist – wie im Falle der *Stichworte* von Max Frisch und der Autobiographie Margret Boveris, *Verzweigungen* – verknüpft mit den innersten Antrieben von Johnsons schriftstellerischer Existenz.

„[E]s tut mir leid, das kann ich nicht mehr", äußerte Uwe Johnson 1973 auf die Annahme, man könne von ihm eine „philologische oder sonst wie wissenschaftliche Auslegung" Thomas Manns verlangen. „[A]us jenem Fach bin ich weggelaufen"[62]. Formal trifft das ja zu: Johnsons Bemühungen, eine seinem Studium entsprechende Anstellung zu finden, sind vergeblich geblieben – das gilt übrigens auch für eine Bewerbung im Bertolt-Brecht-Archiv. Nur die Zeit als Schulbuchlektor in New York entsprach im engeren Sinne seiner Ausbildung. Aber Johnson kokettierte: Die handwerklichen Tugenden der Literaturwissenschaft hatte der Germanist als Autor nicht vergessen. Daß der Autor als Germanist ungeschmälert über sie verfügte, belegt die *Me-ti*-Ausgabe.

Roland Berbig
Eine Bürgerin der „D.D.R.“ namens Gesine Cresspahl erzählt
Beobachtungen zu der DDR in Uwe Johnsons *Jahrestage*

„aber wer heimatlos ist, dem welken alle Wege
wie Schnittblumen hin –“

„An Stelle von Heimat
halte ich die Verwandlungen der Welt –“

„Ein Fremder hat immer
seine Heimat im Arm
wie eine Waise
für die er vielleicht nichts
als ein Grab sucht.“

Nelly Sachs[1]

Gesine geht am Meer entlang, Marie und der alte Lehrer sind zurückgeblieben. Das Wasser schlägt hart ans Ufer und holt sich, Welle für Welle, was der Sand hergibt. Der Wind weht durch Gesines Haar, sie will nicht denken und nicht erinnern und spürt doch: Alles gerät ihr zum Gleichnis. Jene Welt, der sie Bilder von ihrer entgegengehalten hat, gibt es nicht mehr. Die Spur, die sie eben im Sand entdeckt hat, die sie Marie gezeigt und erklärt hat, kümmert sie nicht länger – sie vergißt sie in einer Geschwindigkeit, mit der nicht zu rechnen und die nicht zu richten ist. Die Länder, auf die sie sich berufen hat über die Jahre, ohne die ihr Erzählen lustlos geworden wäre, haben ihre Grenzen verschoben und tauschen sie ein gegen etwas, was Gesine nicht kennt. Und was sie nicht mehr kennenlernen möchte. Die *New York*

Times, oder war es der *Tagesspiegel?*, bleibt an den Dünen zurück, nur angeblättert, als hätten Kriege ihren Reiz verloren auf den, der in ihnen nicht umkommt, und Sandkörner bedecken das Papier.

Gesine geht am Meer entlang. Es ist viel geschehen. Wem soll sie erzählen, und was? Marie weiß, daß die Juden in den Vernichtungslagern wie Stroh brannten, und sie weiß, daß der Brandgeruch auch vom Meereswind, selbst wenn er Sturm würde, nicht hinfortgeweht wird. Und Gesine sieht, wie Marie ein Photo betrachtet, und stellt sich vor, was das Bild zeigt: Da treibt ein Mann, der könnte so alt sein wie Jakob, „Es ist meine Seele, die liebet Jakob"[2], da treibt also einer jenseits der 60 Jahre vermummte Kahlgeschorene an, die ein Haus unter Feuer setzen und schwarze Stiefel tragen. Und daneben steht eine Frau, die könnte sein wie Gesine und auch so reden, ihre hilflosen Hände an hilflosen Armen rufen dem Mann zu, einzuhalten – aber dessen eifernder Zorn wird verbraucht und gebraucht von denen, die Steine werfen auf Menschen, die nicht Juden und doch Juden sind.

Der Schaum der Wellen umschließt Gesines Fuß und die Erinnerung, der sie nicht mehr nachgibt.

> „Cydamonoe war ein Ort, nur durch die Luft zu erreichen. Die Reise begann in dem Moment, da es dunkel wird im Kopf und das Kind am ganzen Leibe sich schlafen weiß. [...] In Cydamonoe gab es Windmühlen noch und noch. [...] Die Wache läßt sich den Paß zeigen und rechnet aus, ob die Menge der Stempel beweist, daß der Ankömmling ein Bürger der Republik Cydamonoe ist. [...] Die Kinder sind in Cydamonoe allein, oder in Gesellschaft, wie sie es wünschen. Weggehen aus Traurigkeit allerdings ist nicht gestattet. Wenn ein Kind genug allein war und ist nun davon satt, braucht es sich bloß zu den anderen zu wünschen. Das geht in Gedanken, mit einem leisen Pfiff."[3]

Was ist mit den Stempeln Gesine Cresspahls, Bürgerin zweier Staaten, deren Existenz vom Gedächtnis der sich Erinnernden abhängt? Wohin geht die Frau dort am Wasser?

I

„Dichter beider Deutschland" – wie ein Fluch verfolgt Uwe Johnson dieses Etikett. Der Tote muß dulden, wogegen der Lebende sich mit genauen Argumenten zur Wehr setzte. „Peinlich", sagte Johnson in einer seiner Poetik-Vorlesungen an der Goethe-Universität in Frankfurt am Main,

> „setzt in solcher Berufsbeschreibung der gute Wille sich durch, der damit ja jemanden loben will und ehren für seine Beschäftigung mit dem 'gespaltenen' Deutschland, als wäre das ein Verdienst. Tatsächlich ist es bloss das Ergebnis einer Biographie, die einem Schriftsteller für seinen Fall gerade zwei verschiedene Erfahrungen zugewiesen hat, als sein Material."[4]

Nicht zuletzt sah er das Unrichtige darin erwiesen, daß die Lektüre seiner Bücher in dem anderen Teil Deutschlands durch Druckverbot stark behindert sei. Den biographischen Umstand indes, auf den er hinwies, nutzte er für die Thematisierung seiner Bücher ausgiebig. Das deutsche Thema bestimmte die *Mutmassungen über Jakob* (1959) ebenso wie den Roman *Das dritte Buch über Achim* (1961), das den erfolglosen Versuch einer Lebensschilderung eines ostdeutschen Rennfahrers durch einen westdeutschen Journalisten beschreibt – Beschreibung einer Beschreibung. „Achim oder Die Grenze" lautete der von Johnson abgelehnter Titelvorschlag, den Hans Magnus Enzensberger[5] unterbreitet hatte. Das Erscheinen von *Zwei Ansichten* dann (1965) war sogar geeignet, diesen schillernden, aber marktförderlichen Ruf Johnsons zu erhärten. Der Titel ergänzte das Klischee um das dem Schriftsteller lobend oder tadelnd bescheinigte Objektive.[6] Die in der Zwischenzeit entstandenen Geschichten, gesammelt im Band *Karsch, und andere Prosa* (1964), tangierten ebenfalls mehr oder weniger direkt die Sonderentwicklung der beiden Deutschland und die Folgen der Grenzschließung. Geltung verschaffte sich dabei Schritt für Schritt der westdeutsche Blickwinkel auf die DDR-Verhältnisse, wenngleich er – wie im Fall von Karsch – von einem Mann eingenommen wurde, der dem bundesrepublikanischen Leben nicht weniger fremd gegenüberstand als dem in Leipzig oder Ostberlin. Mit der Aufnahme der Arbeit an *Jahrestage*, so schien es, setzte eine thematische Abwendung oder doch Rückstufung ein: Gesine Cresspahl, die Hauptperson, lebt mit ihrer Tochter Marie seit 1961 in New York, und die Geschichten, die in einem merkwürdigen Bündnis von Gesine und einem Autor erzählt werden, spielen zu großen Teilen in den Jahren vor 1945 oder 1949. Aus deutsch-deutschen Geschichten der Nachkriegszeit wurde eine Familiensaga, die bis zum Jahrhundertbeginn zurückreichte. Die DDR und die Bundesrepublik fügten sich in einen großen Geschichtszusammenhang, ihre Wurzeln waren die Wurzeln der deutschen Katastrophen.

Dieses ausgeweitete Erzählinteresse wird verschiedene Ursachen gehabt haben. Die deutsche Geschichte, deren fortwährende Veränderungen Johnsons erstes Autorenjahrzehnt beschäftigt hatten, war in eine Ruhephase getreten. In ihr beschleunigte sich die Entfernung der beiden deutschen Staaten voneinander, während die akute Bedrohung und Gefahr des europäischen Friedens zurückgeschraubt werden konnte. Anläßlich der Sozialdemokratischen Wählerinitiative sprach Johnson 1972 die daraus sich ableitenden persönlichen Empfindungen aus:

> „Seit ich hier wohne, war Westberlin ein riskanter Ort. [...] Das ist vorbei. Die Regierung hat mit der Umgebung Westberlins eine Sicherheit verabredet. Früher waren wir getrennt von unseren

Freunden in der D.D.R. Jetzt dürfen wir sie besuchen. Auch die Sache mit den Trümmerresten des Krieges konnte in Ordnung gebracht werden. Die Landkarte sieht nun friedlicher aus."[7]

Diese Situation und Johnsons Wohnortwechsel, der gleichzeitig ein Wechsel des Kontinents war – nämlich von Westberlin nach New York – haben der Gegenstandserweiterung zugearbeitet. Die Geschichte, die Gesine ihrer Tochter mit der nun schon Zitatlexikon[8] reifen Wendung „für wenn ich tot bin"[9] erzählt, endet in den Jahren, in denen Johnson sich zu einem Schreibenden erzog. Leslie Wilson gegenüber benannte Johnson 1982 präzis den Anlaß, der seitdem mehrfach bestätigt wurde:

„Das war im Winter 1953. Ich hatte mir über die Kirchenverfolgung in der DDR einige Blessuren zugezogen. Ich sollte zum Beispiel wegen meines Eintretens für die verfassungsmäßigen Rechte der Kirche relegiert werden. Das wurde nach dem 17. Juni rückgängig gemacht, aber stillschweigend. Ich habe versucht, diese Sache in einer Vorstufe von 'Die Reifeprüfung' zusammenzufassen."[10]

Kaum zufällig werden in *Jahrestage* die Wege Gesines, nachdem sie die DDR „panisch vor einer Heimlichkeit des realen Sozialismus"[11] verlassen hatte, eher andeutungsweise und grobmaschig geschildert. Die Bundesrepublik taucht, wie Reinhard Baumgart bemerkt hat, „nur in eilig vorbeihuschenden Szenen"[12] auf.

Heute weiß man, daß Johnsons Aufmerksamkeit für die Vorgänge in der DDR zu keinem Zeitpunkt seines Lebens nachließ. Die brieflichen Kontakte zu sehr unterschiedlichen Bekannten rissen nie ab. Mit Literatur über die DDR versorgte er sich umfassend.[13] Sobald es ihm wieder möglich war, besuchte er das Land seiner Jugend- und Studienzeit. Er scheute dafür auch keine Risiken. Ein letztes Mal reiste er 1983 mit einer britischen Reisegruppe nach Mecklenburg. Er habe sich während dieser letzten Reise in die Region, die er seinem Werk anverwandelt hat wie bislang kein anderer Autor, eigenwillig „gänzlich englisch gegeben und erwartete, auch von anderen englisch, nicht norddeutsch als 'Mr. Johnson' angesprochen zu werden."[14] War das ein Abschied des Fremdgewordenen oder ein Rollenspiel, gebraucht für die nächsten Seiten, die er über das Land, das jetzt die DDR war, zu schreiben plante? Er nahm eine Holzschindel nach Sheerness-on-Sea mit, auf die ein fiktiver Ort und ein präzises Datum gezeichnet wurden: „Jerichow 9.8. 1983".[15] Lohnend ist, diesen Tag im mitgeteilten Leben von Gesine Cresspahl nachzuschlagen. Für jenen Tag verzeichnen die *Jahrestage* zwei Zeitebenen, die sich auf die DDR und auf diesen Ort beziehen:

> „Sie haben es aber doch erwogen und geplant, die Ostdeutschen. Mitte Juli haben sie eine Teilmobilmachung ausgerufen für die 650 000 Mann der N.V.A.-Reserve, für eine Invasion der Tschechoslowakei. Vor drei Wochen wäre es beinah los gegangen."

Und übergangslos fährt der Erzählgang fort:

> „Es war ein Ausflug. Und wie machen wir einen nach Mecklenburg? Den besorgt für uns Anita."[16]

Authentische Beobachtungen Jerichows aus der Gegenwart des Erzählens folgen. Sie tragen zusammen, wie die DDR auf eine wirken konnte, die das Land für einen bildreichen und Charakteristisches festhaltenden Erlebnisbericht aufsuchte. Der 9. August klingt mit häufig zitierten, weil anspielungsreichen Sätzen aus:

> „Das war zu Himmelfahrt. Das militärische Sperrgebiet, das schwingende Land, es hat geleuchtet aus der Ferne. (- ANITA.)"[17]

Die Forschungsliteratur über die *Jahrestage* hat längst ein beachtliches Ausmaß erreicht. Ein Ende des Interesses ist noch nicht abzusehen. Neben einer ganzen Reihe Untersuchungen zur Erzählanlage stehen geschichtsphilosophische Arbeiten, die immer überraschendere Einsichten mit sich bringen. Bis zum Zusammenbruch der DDR war deren Thematisierung kein bevorzugtes Forschungsfeld. Das kippte in den letzten Jahren ins Gegenteil um, ohne daß bereits von einer gültigen Analyse des DDR-Bildes gesprochen werden kann.[18] Erste Versuche, der DDR in Johnsons Romanen nachzugehen, hat Jörg Burkhard am Beispiel von *Das dritte Buch über Achim* unternommen. Er bescheinigt Johnsons Beschreibung Objektivität, die durch die Erzählstruktur nicht zwingend relativiert werde:

> „Trotz dieser verschiedenen und teilweise sich überlagernden Erzählperspektiven gehe ich davon aus, dass der Autor eine Darstellung der DDR-Gesellschaft aus seiner Sicht und nicht in erster Linie die Subjektivität der verschiedenen Auffassungen der Welt zeigen möchte."[19]

Für die *Jahrestage* läßt sich das so ohne weiteres nicht behaupten, obwohl diese Auffassung mit großer Entschiedenheit vertreten worden ist.[20] Die umständliche Ausdauer, mit der Johnson auf die Erzähllage pochte, die er wieder und wieder beschrieb, warnt vor einer Logik, die gleichsam auf der Hand liegt. 1972 erklärte Johnson, um ein Beispiel anzuführen:

> „Ich habe ja eine Person [gemeint ist Gesine], und diese Person hat ein Bewußtsein. In diesem Bewußtsein geht etwas vor, und das ist für mich die Möglichkeit, Vergangenes wieder heraufzuholen; daher auch der Titel *Jahrestage*. Nein, ich habe die Person, und in der Person ist ihre bisherige Geschichte enthalten [...]."[21]

Und im November 1973:

> „Dieses Mecklenburg, das ist nicht unser gemeinsames Mecklenburg, die [gemeint ist Gesine] würde mich schön angucken, wenn ich behaupten würde, wir hätten Mecklenburg gemeinsam! Keineswegs. Nein, sie hat durchaus ihr eigenes Land, ihr eigenes Leben, ihre eigenen Leute und natürlich auch ihre eigenen Worte."[22]

Zu nachdrücklich und häufig hat Johnson dieses Verhältnis zwischen sich und Mrs. Cresspahl betont, als daß dieser besonderen Beziehung mit ihren Konsequenzen für die dargestellte Wirklichkeit und ihrer Bewertung nicht Rechnung zu tragen ist. Sollte man sich nicht doch entschließen, Johnson in dieser scheinbaren Sonderlichkeit wenigstens probehalber nachzugeben und sich auf seine Wahrhaftigkeit einzulassen? Trotz Wolfgang Emmerichs berechtigtem Hinweis auf die „unterirdischen Verbindungen von Johnsons magnum opus zur DDR, zu seinen Erfahrungen in diesem Land und zu ihrer Literatur"[23] erfordert der Blick Gesines eben doch gleiche ernsthafte Aufmerksamkeit.

Die Wirklichkeit Gesines geht der Leserin und dem Leser nicht aus dem Sinn. Sie wirkt mit einer ungewöhnlichen Ausstrahlung auf das Bewußtsein des Erzählers und seiner Leser. Er soll und er will alles mobilisieren, was ihn Gesine Cresspahl nahebringt – und das sind die Erinnerungen und Begebenheiten, die sie gemeinsam haben könnten. Da ist das Erleben „DDR", das sich ihnen eingezeichnet hat, von dem sie sich lösen wollen, und zu dem sie doch wieder und wieder mit Verstand und mit einfühlendem Erinnern zurückkehren. Einige unverwechselbare Stellen, in denen „DDR" dem Erzählen einverleibt wird, zeigen, was geschieht, wenn sie ins Spiel hineingenommen wird, und was das zur Wertbarkeit des jeweilig Erzählten beiträgt. Nicht zu Unrecht erkennt Norbert Mecklenburg in *Jahrestage* den Charakter

„einer Vor- und Frühgeschichte der DDR als episierter 'oral history'"[24]. Von den vier Gesellschaftsordnungen, die sich an Gesine ausprobiert haben,[25] ist die DDR – oder, wie Johnson schreibt, die D.D.R. – die in ihren Folgen kompliziertteste. „Ich finde, daß gerade das Leben einer so alltäglichen und nicht berühmten Person exemplarisch sein kann", sagte Johnson in einem der vielen Gespräche über Gesine:

> „Es haben schließlich verschiedene Gesellschaftsordnungen sich bemüht um sie und haben versucht, sie ihren jeweiligen Forderungen und Bedürfnissen gemäß zu verändern, das hinter läßt seine Spuren bei jemand, der 35 Jahre alt ist."[26]

Gesine verbindet mit DDR existentielle Verluste: den der landschaftlichen Heimat, den der mundartlichen Sprache und den ihres sie liebenden Geliebten, Jakob. Es kann sein, auch den der Utopie.

II

Am 13. Dezember 1978 las Johnson nach einer mehrjährigen Pause einen Text aus *Jahrestage* und schickte der Lektüre eine Einführung voraus. Zu Gesine sagte er: Sie sei nach dem Krieg „Eingeborene der sowjetischen Besatzungszone [...] und wenige Jahre später eine Bürgerin der Deutschen Demokratischen Republik" geworden, und er fügte hinzu, „beides, ohne daß man sie das gefragt hatte."[27]

Damit ist der etwas ominöse Titel des vorliegenden Aufsatzes erklärt. Gesine wie Johnson waren nach damaliger DDR-Gesetzgebung „Bürger der Deutschen Demokratischen Republik". Eine Änderung dieses abstrusen Gesetzes wurde erst 1972 vorgenommen. Sie wie Johnson verließen das Land, dessen staatlicher Rahmen mit den drei Buchstaben fixiert war. Und mit Johnson teilte sie gleichfalls die Vorbehalte gegenüber dem neuen staatlichen System, in das sie sich aber ganz anders als er integrierte: als Sprachmittlerin im Amt für Manöverschäden der NATO in Mönchengladbach.

„Was dabei [bei dem Weggang aus der DDR] noch nicht sehr auffiel, war, daß sie die Heimat verlor, das heißt also, das Plattdeutsch, mit dem sie aufgewachsen war und mit dem sie sich verständigt hatte mit den Leuten, die zu ihr gehörten."[28]

Zu reden mit Leuten, die zu ihr gehörten und gehören, ist eine wesentliche Intention des Erzählens bei Gesine. Dabei beschwört sie das, was unerreichbar ist und immer wieder und jeweils individuell nach Bestimmung drängt – „etwas, das allen in die Kindheit scheint und worin noch niemand war: Heimat."[29] Das Heimat-Thema, schreibt Mecklenburg, durchziehe das ganze Buch, „das voll ist von Heimatlosen."[30] Dieses Ergreifende und sich ohne Ansehen der Person Entziehende war verbunden mit Gesines Jerichow, dem der Vor-, aber beinahe noch entschiedener dem der Nachkriegszeit. In diese Zeit verlagerte Johnson den zentralen Drehpunkt der *Jahrestage*, der Gesine und die Personen, mit denen sie umging, auf geheimnisvolle und dauerhafte Weise verknüpfte. 1973 formulierte Johnson das so:

„Was [...] sie [Gesine] da sieht in ihrem britisch-sowjetischen Mecklenburg ist die Einführung der sozialistischen Ordnung von oben. [...] G. Cresspahl geht später weg aus einem Staat der Arbeiter und Bauern, [...] weil [...] Arbeiter Aufstand machen gegen solchen Staat; jene frühe Erziehung im Sozialismus sitzt fest in ihr, sie hat ja auch das Schwimmen nicht verlernt und nur mit ausführlicher Beschreibung des Anfangs werde ich zeigen können, wie sie es, im Alter von 35 Jahren, doch noch einmal versuchen will mit dem Sozialismus, nach reichlich Enttäuschungen mit dem, der in der Tschechoslowakei fast ein halbes Jahr dauerte."[31]

Jenem frühen Teil widmete Johnson wesentliche Partien der Lieferungen 3 und 4 der *Jahrestage*. Sie umfassen die

Jahre 1945 bis 1953 und schildern mit den Lebenswegen von Menschen im westlichen Mecklenburg den Übergang von der SBZ (Sowjetische Besatzungszone) in die DDR. Ein anschauliches Beispiel für die Verklammerung von großer mit lokaler Geschichte gibt eine Erzählpassage wie die folgende:

> „Denn dieser Herbst 1949 war eine Jahreszeit der Versammlungen in der Fritz-Reuter-Oberschule. Aus dem Dritten Volkskongreß [...] hatte sich ein Deutscher Volksrat bestimmt, aus diesem eine Volkskammer, die erklärte am 7. Oktober das Gebiet der sowjetischen Besatzungszone zu einer Deutschen Demokratischen Republik und die darin wohnhaften Leute zu Angehörigen dieses Staats, mit der Verfassung, Regierung und vorläufig dem herkömmlichen Adler auf Schwarz/Rot/Gold; was alles zu begehen war mit Festakten in der Aula, zwei Unterrichtsstunden lang oder einen Vormittag."[32]

Die DDR-Gründung erscheint als ein Installierungsakt, der die Leute, denen dieser Akt widerfuhr, als Instrumente oder Objekte vorfand und sie auch danach behandelte. In jüngster Zeit ist über die Passagen im Buch viel nachgedacht worden. Ehe in diesem Rahmen Überlegungen zu jenen Kapiteln beigesteuert werden, sollen einige der anderen, an sich nicht weniger bemerkenswerten Stellen berührt werden, die die DDR erwähnen.

Das führt wieder direkt zu Gesine. Sie beginnt aus der amerikanischen Gegenwart des 20. August 1967 ihre mecklenburgische Vergangenheit zu erzählen, wobei ihr ein Erzähler behilflich ist, in ihrem Auftrag. Bald werden daraus Berichte für die zehnjährige Tochter Marie. Gesine und der Erzähler erfinden Personen und Geschichten, aus denen sich die Biographie Gesines entfaltet, zu der sich Marie aneignend oder abwehrend verhält. „Oft finde ich schrecklich", sagt Marie zu ihrer erzählenden Mutter,

„wie du glauben kannst, daß alle diese Leute in Jerichow dich gemacht haben; daß du heute bist wie du bist, weil sie waren wie sie waren!"[33]

Gesine benötigt aber auch, um zu erzählen, wo sie her ist, Bilder aus der Gegenwart der Orte. Die staatliche und politische Gegenwart dieser Orte heißt DDR. Unkenntlich gemacht sei Früheres; wo sie, Gesine, her sei, das gebe es nicht mehr.[34] Gewiß – aber was läßt sich aus dem heutigen Zustand für den vergangenen filtrieren? So fragt Gesine, und sie entwickelt Taktiken, um zu bündigen Informationen zu gelangen, die an ein Filtern erst denken lassen.

III

Eine besondere Form, weil sie die Distanz zwischen der amerikanischen Gegenwart der sich Erinnernden und der DDR-Wirklichkeit des Jahres 1967 im Medium überbrückt, probt Gesine zu einem frühen Zeitpunkt des Erzählens. Sie schreibt mit der Bitte um eine Auskunft nach Rande, dem Badekurort an der Ostsee. Wissen will sie, „wieviele Sommergäste jüdischen Glaubens vor dem Jahr 1933 in Rande gezählt wurden"[35]. Besonders ist aber nicht allein die Form. Die ganze Frage hat es in sich, berührt sie doch den heikelsten Punkt der Beziehung zur DDR, zu den Deutschen: nämlich den Antisemitismus. Der durchzieht die *Jahrestage* als ein immer dominanter werdendes Thema, und seine schmerzhafte Erkundung wird auch der DDR nicht erspart. Das statistische Interesse in der Fragestellung täuscht nicht darüber hinweg, daß die Gemeindeverwaltung in Rande, an die sich die Anfrage richtet, einem Test ihres politisch-ethischen Verhaltens ausgesetzt wird. Die Antwort mußte, egal wie sie ausfiel, den aktuellen Umgang mit dem Antisemitismus spiegeln. Eine Art Offenbarungseid war unausweichlich. Auf dem Spiel stand mehr als eine graphische

Kurve, gezeichnet mit Angaben zufriedenstellender Verläßlichkeit. Es ging um nicht weniger als um eine Erneuerung oder Revidierung von Gesines Urteil über die DDR.

Das Antwortschreiben, vorgetragen im Wortlaut, charakterisiert den Absender hinlänglich. Es gibt zu erkennen, wer in Rande das Sagen und was er zu sagen hat. Die formelhafte Sprache, angesiedelt zwischen Worthülsen öffentlicher Reden und Proklamationen und einer Fülle sinnentleerter Wendungen, kann und will nicht verdecken, daß es um Wahrnehmung von Macht geht. Das amtliche Schreiben, dessen tatsächliche Existenz denkbar ist, steht als Beispiel für ein politisches Selbstverständnis, dem Gesine entflohen ist, und für dessen ungebrochenes Fortwirken.

Die Gemeindeverwaltung reagiert auf die sachliche Anfrage persönlich, indem sie die Biographie der Fragestellerin als ihr bekannt und in ihrer wesentlichen Entscheidung als verurteilenswert verwirft:

„Wir können nicht umhin, die Beantwortung Ihres Schreibens mit der Feststellung zu beginnen, daß uns bekannt ist, daß Sie eine Bürgerin der Deutschen Demokratischen Republik sind." In gleichem Atemzug wird Gesine als eine, „die nicht nur ihr Heimatland verlassen hat, [...] sondern auch den Sozialismus verraten hat", über jenen Staat belehrt, den sie sich ausgesucht hat und der „einen gnadenlosen Ausrottungskrieg gegen das tapfere vietnamesische Volk führt." Politische Formeln wie die vom „einzigen sozialistischen Staate deutscher Nation", in dem sich die Menschen „einem menschenwürdigen Leben gegenübersehen", leiten die Frage nach Gesines Beweggründen ein. Warum stellt Gesine Cresspahl, wohnhaft in New York und „in das Lager des Klassenfeindes desertiert", eine solche Frage? Heimweh und private Erinnerung werden als zu erwägende Gründe ausgeschlossen. Hingegen wird die Vermutung geäußert, daß die scheinheilige Frage nichts anderes bezwecke, als die

„Lüge vom latenten Antisemitismus in der Deutschen Demokratischen Republik" aufgrund möglicher Mitwirkung heute in der DDR lebender Menschen am damaligen Rückgang jüdischer Badegäste zu erneuern, Menschen immerhin, „die [...] die bisher höchste Lebensform, den Sozialismus aufbauen". Um diesen Gesine unterstellten Vorwurf gänzlich vom Tisch zu wischen, wird auf die Gleichberechtigung aller Minoritäten in der DDR verwiesen, eine Haltung, die sich nicht zuletzt beispielhaft am „unnachsichtigen Abwehrkampf" der DDR gegen den Zionismus gezeigt habe, „wie er erst vor einem halben Jahr im Nahen Osten sein tückisches und blutiges Haupt erhoben hat".[36]

Kein anderes Beispiel ist für Gesines DDR-Erfahrung auf der gegenwärtigen Ebene so bezeichnend wie dieses. Kein anderes Beispiel kennzeichnet das Licht, das das Erzählen auf das staatliche Gebilde DDR für und mit Gesine wirft, so genau wie dieses (mögliche) amtliche Dokument. Und kein anderes Beispiel bereitet der deutenden Lektüre so viel Mühe, nicht eingleisig zu werden. Das Selbstbild, das die DDR in der Maske provinzieller Biederkeit hier gibt, zeichnet vornehmlich problematische Züge aus:

1. Die DDR akzeptiert keine Verantwortlichkeit für Ereignisse, die während der nationalsozialistischen Zeit in Deutschland geschehen sind. Menschen, die damals schon lebten, werden nicht als mehr oder wenig schuldhaft Beteiligte behandelt. Die deutsche NS-Geschichte stellt sich ihr als gänzlich getrennt von der eigenen Staatsgeschichte dar. Sie hat die selbstbescheinigte Unschuld verinnerlicht, reagiert aber weithin gereizt und aggressiv auf kleinste Anzeichen möglichen Zweifels an dieser deklarierten Unschuld.

2. Gleichzeitig bedient sie sich im Urteil gegenüber der zionistischen Politik des israelischen Staates völlig unreflektiert einer Sprache, die der des „Dritten Reiches" ähnelt, wenn nicht gleicht. Zwischen Antisemitismus und An-

tizionismus unterscheidet sie absolut. Antisemitisch kennzeichnet in diesem Verständnis ein mit der Hitler-Zeit in Verbindung gebrachtes, (rein menschlich gesehen) negatives Verhalten gegenüber einer Minderheit, die in der DDR kaum noch vorhanden war; antizionistisch kennzeichnet ein (rein politisch gesehen) positives Verhalten gegen eine Spielart aggressiver imperialistischer Politik.

3. Die DDR erhebt den Anspruch, in der Menschheitsgeschichte auf der am weitesten fortgeschrittenen Stufe zu stehen. Wer sich aus ihr fortbegibt, verläßt die Seite des sozialen und menschlichen Fortschritts und bekennt sich, mehr oder minder, zu einem menschenfeindlichen System. Den Weggegangenen begegnet sie im Ton Erklärung einfordernder und abstrafender Eltern.[37]

Diese im Antwortbrief dokumentierte Haltung der DDR-Behörden, die unaufgefordert nach einem Sich-Mitteilen drängt, stößt – natürlich ohne es zu ahnen – auf *den* neuralgischen Punkt in Gesines Geschichte. Diese vorgeführte DDR-Haltung ist in ihrer Selbstgewißheit und -gerechtigkeit unfähig, sich eine ernstzunehmende Auffassung vorzustellen, bei der Antisemitismus und Antizionismus verwandte Erscheinungen sind, die nicht leichtfertig und willkürlich voneinander geschieden werden können. Gesines Empfindlichkeit, die nicht vorbehaltlos geteilt werden kann, aber als unbedingt gerechtfertigt scheint, spricht sich in *Jahrestage* bezeichnenderweise im Wechsel zwischen erster und dritter Person aus. Der Erzähler versteht hier ganz und gar, ohne das Zwiespältige der Konsequenzen aus Gesines „Schock“ leugnen oder verkleinern zu wollen:

> „Das Schockmittel war eine Fotografie, die die Briten im Konzentrationslager Bergen-Belsen gemacht hatten und abdruckten in der Zeitung, die sie nach dem Krieg in Lübeck laufen ließen.

Die Wirkung hat bis heute nicht aufgehört. Betroffen war die eigene Person: ich bin das Kind eines Vaters, der von der planmäßigen Ermordung der Juden gewußt hat. Betroffen war die eigene Gruppe: ich mag zwölf Jahre alt sein, ich gehöre zu einer nationalen Gruppe, die eine andere Gruppe abgeschlachtet hat in zu großer Zahl (einem Kind wäre schon ein einziges Opfer als Anblick zuviel gewesen). Der Schock kann nachgewiesen werden an der Verkrüppelung von Reaktionen: Die Studentin Cresspahl 1952 in Halle ertrug die Vorlesungen eines Professors Ertzenberger, solange sie aus ihrem Gedächtnis wegdachte, daß er einer der überlebenden Juden war. (Inzwischen erschienen die Juden zuverlässig in der Mehrzahl.)"[38]

In diese Liste der Schockfolgen reiht sich auch das Ereignis, das die „Republikflucht" einleitet, die die DDR der Briefschreiberin urteilsbesessen vorhält, ohne den nachtragenden Vorwurf mit der gestellten Frage in Verbindung zu bringen und auf die eigene selbstherrliche Sicht zu beziehen:

„Sie [Gesine] schaltet das Vertrauen zur ostdeutschen Republik ab, nur weil die Anstalten machte, Stalins Ärzteprozess vom Januar 1953 zu übernehmen, und so ein ungefähres antifaschistisches Versprechen brach."[39]

Die Gereiztheit, mit der die DDR-Behörde auf den möglichen Hintersinn in der Frage Gesines reagiert, stellt für diese eine erneute Verbindung zu eigenen Erlebnissen in dem zurückgelassenen Land her. Ihr ist, als wolle die Behörde die verwirrende und untilgbare Erinnerung Gesines bestreiten, in der Anfang 1953 einem jüdischen Hochschullehrer durch seine Hochschulkollegen der Gruß verweigert worden war, nachdem die Meldung von Stalins Prozeß gegen jüdische Ärzte über den Funk gekommen war.[40] Dieses Erlebnis, dessen tiefe Nachwirkung registriert, nicht diskutiert werden kann, erscheint überdimensional. Es erneuert das mit Auschwitz verbundene Verbot, in deutscher Sprache über die Politik des Landes zu richten, dessen Entstehung und Fortgang aus dem Holocaust begründet ist. Der Brief der Gemeindeverwaltung Rande richtet – ist man bereit, ein Verbot dieser Art zu akzeptieren – sich selbst durch die Sprache, die er benutzt.

Was verbirgt sich hinter der Ausschließlichkeit, mit der Gesine die DDR an ihrem Verhalten zu Israel mißt? Warum verabsolutiert sie dieses Verhalten und deutet es als ein unerledigtes und gestörtes Verhältnis zur jüdisch-deutschen Geschichte in der DDR, das deren Reputation gefährdet und Integrität zerstört? Warum wird Gesine gerade dann helfend aktiv, als sie die Geschichte von einem jungen jüdischen DDR-Bürger hört, der von dort weg will, weil ihm die gegen Israel gerichtete DDR-Politik unerträglich ist?

> „Möchte es nun in der Tat so sein, daß euer Neunzehnjähriger die antiisraelische Propaganda der D.D.R. nach dem Junikrieg nicht aushielt und sich verquatschte, daß er aus der Fachschule flog und nun der Sicherheitsdienst ihn auf dem Kieker hat. So jemand muß raus, und sei es, damit er sich wundert."[41]

Das ist unsentimental gesagt und schließt mit dem bitteren Satz: „Möchte es nicht etwas sein mit Liebe." Gesine wird in ihrer Aufmerksamkeit für die DDR 1967 nicht müde, das große tragische Kapitel der jüdischen Massenvernichtung neben kleine und beinah unscheinbare Vergehen antisemitischen Charakters zu stellen, um auf dieselbe Quelle zu weisen. Die Seuche der Quelle ist für sie weder heilbar noch ist die Quelle zu entgiften. Natürlich kann sie Auschwitz von Fünfeichen unterscheiden, aber sie will es nicht – schon gar nicht leichthin. Schuld wird ihr nicht geringer, wenn die Tatfolgen weniger ungeheuerlich ausfallen. Episoden, wie die des jungen Juden, der aus der DDR fliehen will, sind dafür symptomatisch. Hat das mit dem deutschen

Schriftsteller zu tun, der 1967 bei einer Lesung des „Jewish American Congress" im Ballsaal des Hotels Roosevelt in New York auf sonderbare Weise „zu einem bürgerlichen Hemd eine Jacke aus schwarzem Leder"[42] getragen hatte? Hat es zu tun mit der Erfahrung, die er gemacht hatte vor zwei Stativen mit Mikrophonen vor dem Hotel Roosevelt und den wartenden Menschen, die „Überlegungen, Offenlegungen Johnsons"[43] hören und nicht hören wollten.

> „Und sie sagten: Meine Mutter. Theresienstadt. Meine ganze Familie. Treblinka. Meine Kinder. Birkenau. Mein Leben. Auschwitz. Meine Schwester Bergen-Belsen. Mit siebenundneunzig Jahren. Mauthausen. Im Alter von zwei, vier und fünf Jahren. Maidanek."[44]

Diese Szene, in der Gesine und der Erzähler unaufhaltsam aufeinanderzugleiten, obwohl sie noch nicht miteinander sprechen,[45] in der Westdeutschland und die kurz erwähnte „East German Republic, also known as D.D.R."[46] in eins fallen und auf den stürzen, der den Opfern Erklärungen zumutet, will mir eine der entscheidenden Passagen des Buches sein. Ihr ordnet sich Gesines Verhalten zur DDR wie zur Bundesrepublik zu, ihr ist der verpflichtet, der mit dem „Schriftsteller Johnson"[47] den Namen teilt und der sich eine „waschechte, lichtechte, luftdichte Lüge"[48] leisten muß, um in die Schreibeinsamkeit zurückzukehren, die sein einziger Platz ist.

Gesines Brief an die Gemeindeverwaltung Rande löste dort Aufsehen aus und kam in den Rang eines Tagesordnungspunkts auf der nächsten Parteisitzung. Daß und wie Gesine davon erfuhr, erweiterte ihr Bild vom gegenwärtigen Zustand der Stätten ihrer Kindheit erheblich und auf originelle Weise. Die Informantin, Leslie Danzmann, eine Freundin von Gesines Mutter, schildert in einem bewegenden Brief, was nach Gesines Anfrage hinter den Parteikulissen passierte und warum der Antwortbrief, diktiert vom Rander Schullehrer – „er wollte den ländlichen Genossen wohl mal vorführen wie man das so in seinen Kreisen anstellt, Auge in Auge mit dem Klassenfeind"[49] – plötzlich ein Problem geworden ist.

„Methfessel [Sohn von August Methfessel, der im Konzentrationslager „als lebensunwertes Leben nach Führerbefehl zu Tode gespritzt"[50] wurde] sagt: Nach solchem Brief käm ich nicht zurück nach Jerichow.
Sie wollen dich aber da haben. Du solltest nach Jerichow kommen Gesine! All die sechstausend Kilometer, und dann noch über die Grenze. So für zwei Tage. Und warum, das weiß ich. Das glaub ich nicht."[51]

Leslie Danzmann hat allen Grund zum Zweifel. Denn Gesine, die Republikflüchtige, die Verräterin, ist mit einem Mal und gleichzeitig die Tochter des Widerstandskämpfers Heinrich Cresspahl, der für die Briten Spionage betrieben hat, Kundschafter war, wie es jetzt hieß.

„Der Ziegeleiweg soll umbenannt werden. In Cresspahlweg. Und an euer Haus soll eine Tafel, Bronze, und der Kindergarten, den sie darin untergebracht haben, der soll Heinrich-Cresspahl-Kindergarten heißen."[52]

Gesine fehlt der Sinn für Komik, der solchen Vorgängen auch abzugewinnen ist. Sie muß die Nachrichten dieses Briefes als einen erneuten Beweis für die Unselbständigkeit und den Untertanengeist in den DDR-Verhältnissen lesen. Zumal Leslie Danzmann auf die beziehungsreiche Parallele hinweist: Die Sowjetunion habe ihren Richard Sorge ausgegraben – und nun braucht Jerichow etwas Vergleichbares.[53] Da erinnert sich die Gemeinde Jerichow an ihren Heinrich Cresspahl.

„Stell dir vor, du enthüllst hier ein Straßenschild und eine Gedenktafel!

> Womöglich Ehrenbürgerin von Jerichow, wie kämst du dir vor! Das tust du nicht, und ich weiß es."[54]

Nein, das tut Gesine nicht.

IV

Zwei weitere Informantinnen liefern Gesine Neuigkeiten aus der DDR: Anita Ganslik und die *New York Times*. Daß Anita für Gesine nach Jerichow und Gneez reist, wurde bereits erwähnt. Welche Beobachtungen sammelt sie? Was wählt Gesine aus?

Anita, die Freundin aus der Schulzeit und nach 1961 eine, „die privaten und natürlichen Personen heraushilft aus der D.D.R."[55], fährt also im Mai 1968 nach Gneez und Jerichow. Als Vertraute Gesines zeichnet Anita ein Wahrnehmungssinn aus, der dem von Maries Mutter ähnelt. Mit Gesine teilt sie auch den Wunsch nach größter Genauigkeit, die im Detail die Wahrheiten entdeckt. Gesine gibt die Episoden und von Anita zusammengetragenen Bilder an die Tochter weiter, kaum kommentierend und ganz im Hintergrund bleibend. Zwar ist alles auf sie gemünzt, bewahrt sich aber durch die Bindung an Anita und deren authentische Art Eigengewicht. Da, wo das Leben Gesines tief in die Schilderung der vertrauten Orte ihrer Kindheit hineindringt, Orte, wo die Toten wohnen, mit denen Gesine Umgang hat, legt sie das Berichten ganz in Anitas Hand:

> „Im Friedhofsamt gibt man auch Ortsfremden die Hand. Heißt Bereich Landschaftsgestaltung, Abteilung Bestattungswesen. Die Buchstaben auf deines Vaters Stein, sie haben ihn verschmiert mit Ausscheidungen von Rost. Die Bepflanzung, als müßte der Etat einer Gemeinde dafür herhalten; Maiglöckchen. Deiner Mutter Kreuz, das Gußeisen, es blättert in Flocken ab; mit zwei Fingern kann man hindurchfassen, so verdorben ist es nun. Jakobs

Tafel steht da wie ein Preisschild; der Rosenstock 1964 ist gesund angewachsen. Dein Platz ist noch unbelegt, Gesine."[56]

Die zahllosen Verfremdungen, die Anita schildert, werden gegen die Vertrautheit dieser Räume in den Erinnerungen Gesines gestellt, ohne daß es zu einer vermittelnden Auflösung kommt. So klar die Passagen unmittelbarer Jerichow-Wirklichkeit des Jahres 1967/68 Gesines Wunsch, dort zu sein, fühlen lassen, so unbezwingbar ist das Abschlußbild der *Jahrestage*: Gesine, an der dänischen Küste, die den letzten Schritt hinüber nach Mecklenburg nicht gehen wird.

Anita nennt die Dinge streng bei ihrem gegenwärtigen, nun ähnlich anachronistisch klingenden Namen: Karstadts Landkaufhaus heißt „Magnet", die Rede ist von gesellschaftlichen Bedarfsträgern, registriert wird ein Veteranenclub der Volkssolidarität (in Gesines Haus), auch die Abkürzung K.W.V. (für Kommunale Wohnungsverwaltung), selbst Losungen und amtliche Mitteilungen fehlen nicht und werden im Wortlaut festgehalten:

„Auf dich kommt es an, deinen Rat, deine Tat. Das Militärpolitische Kabinett ist geöffnet von bis. Mädel und Jungen; lebt und handelt wie Revolutionäre von heute! Die Übungen des Fanfarenzuges finden ab sofort."[57]

Anita erlebt die desolate Situation des alltäglichen Lebens, die auf angestrengte und hilflose Weise den Abgrund zwischen Wort und Wirklichkeit zu ignorieren bemüht ist. Alle Anzeichen werden aufmerksam notiert, die bezeugen, wie die reale sozialistisch sich verstehende Gegenwart, vielfach geformt aus Zwang und Unselbständigkeit nach sowjetischem Vorbild, die Physiognomie des über Generationen gleich gebliebenen Alltags verzeichnet haben. Verdeckte Renitenz der Bevölkerung gegenüber der sozialistischen

Macht wird von der Besucherin aus dem Zustand der Strassenzeichen und Häuser abgelesen:

> „Die zumeist einstöckigen Häuser manchmal neu verputzt, mit verbreiterten Fenstern, auch neuen Türen versehen. Trägt eines aber den Vermerk 'K.W.V.', das Zeichen des Staatseigentums, können da nackte Steine aussehen wie seit Jahrzehnten vom Meerwind bloß gelegt und abgenagt, die äußeren Fensterrahmen grau gescheuert vom Regen. Gefährliche Bäuche im Fachwerk. Inwärtig jedoch feinster Farbanstrich, Blumentöpfe, makellose und dicht gereihte Dederon-Gardinen. [...] Von dem Namen 'Straße der nationalen Einheit' sind noch die Spuren der Einheit zu sehen. Sonst ist sie nach dem ersten Staatspräsidenten benannt und führt immer noch nach Schwerin."[58]

Anita spricht nicht nur einmal von „deinem Mecklenburg"[59] und meint Gesines, aber sie weiß, das Mecklenburg, das sie hier aufsucht, hat Gesine vergessen: „Gesine, kein Mensch würde dich kennen in Jerichow."[60]

Aus der zweiten Informantin, der *New York Times*, holt sich Gesine 32 Meldungen über die DDR in das Erzählen für Marie. 17 davon thematisieren die DDR-Politik im Zusammenhang mit dem „Prager Frühling". Diese Meldungen, die unmittelbar mit Gesines Vorhaben, für ihre Bank in Kreditverhandlungen nach Prag zu fliegen, verknüpft sind, zeigen die DDR als verläßliches Land im Warschauer Militärvertrag. Ganz im Fahrwasser der sowjetischen Politik teilt sie uneingeschränkt die Auffassung, daß die Erneuerung der sozialistischen Praxis, wie sie die ČSSR anstrebt, eine Bedrohung des gemeinsamen Bündnisses darstellt.[61]

Gesines Wahrheitsliebe, die Heinrich Cresspahl ihr erzog, ist die empörte ostdeutsche Zurückweisung unerträglich, man beteilige sich keinesfalls an einer militärischen Aktion gegen die ČSSR, die durch die Wirklichkeit des gemeinsamen Truppenaufmarsches Lügen gestraft wird. In der politischen Gegenwart wiederholt die DDR das, was eine der bittersten Erfahrungen Gesines mit ihr war: den Anspruch und die Genehmigung unter, jeweils bestimmten Situationen lügen zu dürfen. „Wir logen wie gedruckt", heißt es im viel zitierten Bericht über die Schulzeit, „wir arbeiteten für das Abitur."[62] Alle taktischen und strategischen Wendungen, die die DDR laut Berichterstattung der *New York Times* vollführte und die Gesine in den Erzählgang integriert, waren gerichtet gegen den tatsächlichen Versuch, mit einem sozialistischen Land anzufangen, wo „ein Tod nicht von Staates wegen rechtens ist", „zu einem Mord ein Mörder gehört" und „die Toten wenigstens ein Recht haben auf die Wahrheit ihres Todes":

> „es könnte ja ein Sozialismus anfangen, mit einer in Kraft gesetzten Verfassung, mit der Freiheit zu reden, zu reisen, über die Verwendung der Produktionsmittel zu bestimmen, auch für den Einzelnen."[63]

Die anderen Meldungen aus der *New York Times* über die DDR lassen sich zwanglos nach Gruppen unterteilen:
- Berichte über Abgrenzungen von der Bundesrepublik (9 Meldungen),
- Berichte aus dem sozialen Leben (8 Meldungen),
- Berichte, die im weiteren Sinne sich auf Gesines Biographie beziehen (8 Meldungen),
- Berichte aus der Welt der Spionage, die DDR betreffend (6 Meldungen).

Eine letzte Form, wie Gesine mit Hilfe ihres Schriftstellers über die DDR der Erzählgegenwart Informationen sammelt und mitteilt, ergibt sich aus ihrer Schilderung des Besuches bei einer Veranstaltung der „Amerikanischen Gesellschaft für das Studium der Deutschen Demokratischen Republik", die unter der Hand für die Anerkennung der DDR wirbt und in der sich Gesine als Fremdkörper empfindet.

Die Gesellschaft hatte sich einen ungarischen Gastredner, Dr. Laszlo Pinter, eingeladen, den Gesine als aalglatt und langweilig beschreibt. Interessanter als Pinter ist für Gesine der Charakter der Gesellschaft, die das Bild der DDR in den Vereinigten Staaten aufbessern will. Bei dem Vortrag stört Gesine, daß das Demagogische die Sachverhalte, auf die es ihr ankommt, unterdrückt. „Für alle diese Tatsachen", die „von diesem zuständigen jungen Mann, der schon so viele Jahre fertig ist, und es bleiben wird", vorgetragen werden, „kann ich eine Gegentatsache anführen."[64] Dieser mißglückte Versuch positiver Selbstdarstellung der DDR bewirkt daher das Gegenteil und verfestigt Gesines politisches DDR-Bild, das kümmerliche und gefährliche Züge in sich vereint und in dem Unglaubwürdigkeit dominiert.

Zusammengefaßt zeigt sich bei der Prüfung der DDR-Nennungen auf der Gegenwartsebene ein aus verschiedenen Textsorten und Erzählformen mosaikartig erstelltes Bild, das erstaunlich komplett wirkt. Die differenzierten Formen – Zeitungs- und Erlebnisberichte, Briefe amtlich-offizieller und privater Natur, Reiseschilderung, Selbstpräsentation der DDR – zeigen den Ernst, mit dem die DDR auch auf dieser Ebene in das Erzählen eingefügt wird. Der Erzähler hat Informationen unterschiedlicher Quellen und Qualität zur Verfügung gestellt, aus denen Gesine ausgewählt hat und denen sie ihre Sicht der Dinge, meist mit Vorsicht und bedachtsam, einzeichnet. Gesine schreibe das Buch ja nicht, erklärte Johnson 1971,

> „[d]as Buch schreibt der Verfasser. Er versucht sozusagen ihr Bewußtsein des Tages darzustellen. [...] [D]ie Recherchen unternimmt der Verfasser für sie. Er kann ihr dann eine Version anbieten, er kann sehen, ob es zu ihrer Biographie, zu ihren Haltungen, zu ihren Bedürfnissen paßt. Wenn es paßt, kann er weiterschreiben."[65]

Für das umfassende Erkenntnisinteresse Gesines, das Johnson mit den Worten beschrieb: „Woher komme ich, und was hat mich zu dem gemacht, was ich bin“[66], wird das Material über die DDR mit gewohnter und erwarteter Gewissenhaftigkeit geprüft und verwertet.

V

Reinhard Baumgart hat für das Erzählte der vierten Lieferung der *Jahrestage* die schöne und zutreffende Wendung „von einer Narbe, die wieder eine Wunde werden möchte“[67], gefunden. Diese Narbe meint Gesines Verlust einer sozialen Utopie, bezeichnet auch als Heimat, den sie in ihrer Jugend erlitt. Nach der unabwendbaren Einsicht einer Verbindung zwischen ihr und der Massenvernichtung der Juden erlebte Gesine in den Jahren nach 1945 die schrittweise Zurücknahme einer emphatisch, aber ungenau proklamierten Gesellschaftsänderung. Ort der erfahrenen Preisgabe: Ostdeutschland unter wechselnden politischen Verwaltungsstrukturen.

Gesines Erinnern, begleitet von den Stimmen der Toten, den Fragen ihrer Tochter und der alltäglichen Wirklichkeit New Yorks, kreist um das Wirken jener „objektiven Mächte, die die individuelle Existenz bis ins Verborgenste bestimmen“[68] Die zu verstehen, ist nach Adorno für die „Wahrheit übers unmittelbare Leben“[69] unerläßlich.

Wendet man sich der DDR auf jener Vergangenheitsebene zu, verstärkt sich die Bitterkeit, die das Erzählen dunkel einfärbt. Auf der Gegenwartsebene weiß Gesine räumliche und persönliche Distanz zu jener DDR, die ihr in den Artikeln der *New York Times* wie etwas Fremdgewordenes begegnet. In der Nachkriegsvergangenheit wird sie jedoch zur Beteiligten, die den objektiven Beweggründen zwar auf die Spur kommen will, die aber als Betroffene, deren Lebensweg sich damals entschied, kein offenkundiges Unrecht durchgehen läßt. „[...] [I]ch bin mit ihr jetzt in den Jahren nach dem Krieg", erklärte Johnson 1973.

> „Zu der Zeit ist sie 12, 13, 14. Da fängt es deutlicher an mit einem Menschen. Was aber sie da sieht in ihrem britisch-sowjetischen Mecklenburg ist die Einführung der sozialistischen Ordnung von oben. [...] [M]it einem Mal ist sie selbst dabei, spürt die Tücken von Wahrheit und Wirklichkeit am eigenen Leibe, mit eigenen Augen. Mehr noch, sie wird ihre Beteiligung daran nicht los."[70]

„Genauigkeit, Härte und mitschwingende Emotion" unterscheide diese Schilderung der „schlimmsten deutschen Misere" von allen anderen literarischen Texten, die „daneben weinerlich und ungenau"[71] wirkten. Mit diesem Lob reagierte Johnsons ehemaliger Hochschullehrer aus Leipzig, Hans Mayer, auf den Fortgang der *Jahrestage*, die nun zu einer Zeit vorstießen, die ihm sehr vertraut war.

Da diese Jahre des Nachkriegs von Gesines Erwachsenwerden und von permanenten sozialen Wechseln bestimmt waren, läßt sich die Tragweite verstehen, mit der das Erlebte von Gesine in New York so eindringlich ins Bewußtsein gehoben wird. Wer in *Jahrestage* auf die Suche nach der DDR jener Zeit geht, landet wieder und wieder in einer chronologisch durchgehenden Lebens- und Schulgeschichte, die von „fortwährende[r] Verletzung" und „Verstümmelung von Lebenskonzepten"[72] erzählen muß.

Die Hoffnung, daß sich mit der Währungsreform ein von der Sowjetunion unabhängiger, nationale und regionale Besonderheiten berücksichtigender Sozialismus einrichten ließe, wie ihn sich Gesine aus der sozialdemokratischen Tradition ihres Vaters vorstellte, blieb in der Wirklichkeit, die Gesine als Kind erfuhr, unerfüllt. Ungewöhnlich detailliert führt Gesine ihrer Tochter die Ereignisse vor Augen, durch die ihre Schulzeit in einer Erfahrung mündet, die die aktuelle Entscheidung, sich ein letztes Mal auf die Alternative Sozialismus einzulassen, auf geheimnisvolle Weise beeinflußt. Wie, fragte Uwe Johnson 1973 in einem Brief an seinen Verleger Unseld, kann Gesine die Geschichten ordnen, „daß da in New York nicht eine 11jährige Antikommunistin heranwächst in Gestalt der eigenen Tochter"[73]? Es war die erlebte, schuldvolle Wirklichkeit, die diese Gefahr barg.

Man hat Gesines Erinnerungen an die letzten Jahre in der DDR als eine „Archäologie eines stalinistisch mißratenen Staates"[74] verstanden und nicht selten Uwe Johnsons Wertung dieser Zeit damit gleichgesetzt. Und doch scheint es Gesines Sicht auf die Jahre 1952 und 1953. Johnsons Urteile über die frühe Geschichte der DDR fallen nüchterner aus. „Die Anti-Hitler-Koalition hat eben bestanden aus Mächten mit unterschiedlicher Gesellschaftseinrichtung", erklärte er beispielsweise 1982. „Nachdem sie gesiegt hatte, wurde das Gewonnene verteilt, und jeder richtete auf seinem Anteil ein, was er da wünschte."[75]

Die Unbeirrtheit, mit der Johnson Gesines von seiner eigenen Biographie schied und ihre Identität beteuerte[76], wirkt sich auf das Werten im Erzählen nachhaltig aus. Die Konsequenzen erstrecken sich auf die Absicht, aus der heraus Gesine erzählt. „Die Herkunftswelt soll nicht sentimental beschworen, sondern in anstrengender 'Trauerarbeit' begriffen werden."[77] Marie (wie wohl auch die Leser) soll sich zum Geschilderten verhalten können, es als Entwurf, nicht als blind zu glaubende Wirklichkeit nehmen. Obwohl das Vergangene mit Inbrunst beschworen wird, „monumental"[78]! Die Erzählsituation neigt sich entschiedener als zuvor auf Gesines Seite, die mehr als einmal deutlich das Wort ergreift.

Auf diese Weise gerät Gesine die Geschichte der Menschen ihrer Jugendzeit zu einer Geschichte der DDR-Gesellschaft, deren Spuren „beschädigten Lebens"[79] bis in die Gegenwart führen. Mit Johnsons „Hilfe" vergegenwärtigt Gesines Erzählen die Personen, die ihren Lebensweg beeinflußten, und erwägt mit Johnsons Maßgabe, „was ihnen so passiert ist und passieren kann, und was die Gesellschaft ihnen für Mittel gegeben hat, um diesen Ereignissen zu widerstehen."[80] Aus der Erwähnung von Namen erwachsen Situationen, die das Schicksal der Person mit sozialen und politischen Ereignissen zusammenschließen.

So beispielsweise bei Gabriel Manfras, jenem Schüler, der beteiligt ist an einer auf Würde bedachten und im Widerstand zu den politischen Verhältnissen durchgesetzten Totenbestattung, und der dann von jenem stummen Kind zum beredten Ersten Vorsitzenden der FDJ-Schulgruppe aufsteigt.

> „(Da stand ein Kind, das hatte Bescheid bekommen, es würde aufgestellt zur Wahl und angenommen: das besaß ein vorbereitetes Referat)"[81].

Gabriel Manfras, dem sich, als seine Tätigkeit für die Staatssicherheit bekannt wird, die Klasse entgegenstellt, erklimmt trotz oder gerade wegen jener Verachtung die Erfolgsleiter zum hochdotierten Journalisten, der berechtigte Hoffnungen auf eine Laufbahn im diplomatischen Dienst hegen darf. Gesine porträtiert Manfras, der nun „Reportagen aus der Großen Welt seines Landes (solchen wie ihm gehört es)"[82] schreibe, als Beispiel eines DDR-Bürgers, wie er gewünscht war. Der Klammersatz besagt: Das Land, aus dem Gesine kommt und in dem sie Schülerin war, ist in der Hand der Manfras. Dahin will sie nicht zurück.

Die dem gegenläufige Entwicklung erzählt Gesine, wenn sie sich an die schwierige Freundschaft mit Dieter Lockenvitz erinnert. Begabt und hochgesinnt geht Lockenvitz in den politischen Widerstand und sorgt für die Verbreitung einer langen Liste Unrechtsurteile, die von den sowjetischen und ostdeutschen Gerichten gefällt wurden. Die Aufdeckung dieser Aktion, in die Gesine verwickelt war, bringt ihm, dem Schüler, 15 Jahre Zuchthaus. Die Schilderung der Gerichtsverhandlung beginnt mit der Beschreibung von Lokkenvitz, an dem die Staatssicherheit „ausprobiert [hatte], was seine Zettel ihr nachsagten“[83]. Sie endet mit dem Hinweis auf die Einsamkeit, in die der Verurteilte entlassen wird. Über dieser Geschichte steht als Leitmotto ein Bibelzitat aus dem Matthäus-Evangelium:

> „Was hülfe es dem Menschen, wenn er die ganze Welt gewönne und nähme doch Schaden an seiner Seele? Oder was kann der Mensch geben, damit er seine Seele wieder löse?“ (Matth. 16, 26).

Diese neutestamentlichen Sätze könnten über allen Schulgeschichten Gesines stehen. Sie korrespondieren mit der nicht heilbaren und abzukapselnden Erinnerung, die eine unterlassene Hilfeleistung als nicht abzugeltende eigene Schuld erkennt: „Wir haben ihn im Stich gelassen, den Schüler Lockenvitz. Damit Anita das letzte Wort werde: Schuldig sind wir vor ihm.“[84]

Zwischen Manfras und Lockenvitz ist die Geschichte des Mitschülers Robert Pagenkopf angesiedelt. Der ist Sohn eines SED-Funktionärs und mit Gesine befreundet – „Das Paar“[85]. Um sich dem drohenden Wehrdienst zu entziehen, geht er in einen Fliegerclub und wird von dort in die NVA übernommen. Er verunglückt tödlich als Flieger im Dienst der Sowjetischen Armee. Keine dreiunddreißig Jahre alt. Pagenkopfs Geschichte ist ebenfalls die einer Vereinsamung, die andere Variante zu der Lockenvitz', wohl aber aus ein und derselben Wurzel. „Ick wull allein sin, Gesine“, sagt Robert, den sie Pius nennen, in einem Traumgespräch der sich erinnernden Gesine, und er versucht, seinen unverständlichen, beinahe widersinnigen Entschluß der Freundin, die Verstehen verweigert, einmal noch zu erklären.

„In der Armee *muß* der Vorgesetzte mir glauben, was ich ihm aufsage, und keiner im Glied darf zweifeln, *daß* ich das glaube. Dann ist das Zwinkern weg, das kaputte Lächeln, das deine Lüge überführt und belobigt in einem. Dann darf ich denken was ich will, und keiner wird es erfahren.
So hast du nie mehr einen Freund, Pius.
Ich dachte du bleibst mir, Gesine. Das ist uns ja gelungen."[86]

Sein Tod schließt die selbstgewählte Isolation, der Armee und Militär geheimnisvolle Sicherheiten bietet, ab und endet ein Leben, das er auf der Grenze des Vorstellbaren in Balance halten wollte.

VI

Die traurige Liste der Schülerbiographien, die sich hier auf Exemplarisches beschränkt, ist leicht zu verlängern. Dicht knüpft Gesine ihr Netz aus Lebensläufen, in das sich verklärte und retuschierte Wunschbilder der DDR-Gründerjahre ebenso verfangen wie ideologisch-politische Erklärungsmuster. „Persönliche Erfahrungen hinderten mich immer, eine Ideologie rückhaltlos mitzudenken, mitzuerleben."[87] Dieser Satz Johnsons, geäußert gegenüber Wilhelm J. Schwarz 1969, ist gleichermaßen ein Satz Gesines. Ihm sind allerdings Warnzeichen gegen die verführerische Vereinfachung zur Seite gestellt, die Johnson in einem Gespräch in Verbindung mit den „Bezugspersonen" Heinrich Cresspahl und Jakob Abs bringt. Deren Lebensentscheidungen verunsichern Gesine in ihrer von der Schule geprägten Erfahrungswelt. Cresspahl wollte wirklich und wahrhaftig aus Überzeugung, daß sein Kind in eine Schule gehe, „in der wenigstens die Dinge gelehrt werden, an denen ihm mal sehr viel lag."[88] Und Jakob arbeitete eben doch noch weiter „für diesen Staat", als Gesine jenen, veranlaßt durch die Ereignisse des 17. Juni 1953, schon hinter sich gelassen hat. „Das ist ein andauerndes Rätseln. Da er ja als geliebte Person nur das Richtige tun kann, macht sie offenbar in Düsseldorf das Falsche."[89]

Wer Äußerungen Johnsons dieser Art überliest, unterschlägt die durchgehend kritische Sicht Johnsons und Gesines gegenüber der westdeutschen Wirklichkeit, für deren problematische Seiten beide ein scharfes Gespür haben. Die uneingeschränkte Aburteilung der real sozialistischen Schulpraxis und Alltagswirklichkeit der fünfziger Jahre, wie sie die *Jahrestage* vornimmt, beschränkt sich aus biographischen, nicht aus politischen Gründen auf den einen, den östlichen Teil Deutschlands. Worüber Gesine nicht sprechen kann, weil sie es nicht kennt, schweigt sie.

Gesines Worte für ihr mangelndes Einverständnis mit beiden deutschen Staaten benötigen keine Himmelsrichtungen: „Kein Heimweh nach Deutschland."[90] Und: „Aber in Deutschland möchte ich nicht noch einmal leben."[91] Und noch einmal:

> „Dahin will ich nicht zurück. Ich habe gelebt in Jerichow, Mecklenburg, Sachsen, Frankfurt, Düsseldorf, Berlin. Da sind Gegenden übrig, nicht die Toten, Cresspahl, Jakob, Marie Abs. Sie, die ich war."[92]

Man wolle in Westdeutschland einfach nicht die „banale Tatsache" zugeben, erklärte Johnson Ende der sechziger Jahre, daß man einen selbstverursachten Krieg verloren und daß das Konsequenzen habe. Man stelle kaum die Frage,

> „wer an dem Krieg verdient hat. Man hat weder die Konzerne zerschlagen noch eine Bodenreform durchgeführt; der Krieg hat weder zu einer Neuordnung der Vermögenslage geführt noch einen wirklichen, wirksamen Antifaschismus hervorgebracht."[93]

Wer Uwe Johnson und wer Gesine Cresspahl für sich und seine Sicht auf deutsche Nachkriegsgeschichte samt ihrer Folgen beanspruchen will, sollte nicht auf deren unbedingte Gefolgschaft rechnen. Sie neigen zu Widerspruch, wo er nicht erwartet wird. Vielleicht kommt man ihnen am nächsten, wenn man ihr „Nacherzählen dessen, was sich ereignet hat"[94] als Aufforderung liest, die eigene Geschichte erzählend zu bedenken. Das gilt für die bundesrepublikanische Geschichte nicht weniger als für die der DDR. Dieses Nacherzählen, die jüdische Philosophin Hannah Arendt hat das eindringlich erklärt,

> „löst keine Probleme und beschwichtigt kein Leiden, es bewältigt nichts endgültig. Vielmehr regt es, solange der Sinn des Geschehens lebendig bleibt [...] – zu immer wiederholendem Erzählen an."[95]

Dieses Erzählen „in Gang zu bringen und uns in ihm anzuleiten", sei Aufgabe der Dichter. Gesine Cresspahl also auch eine Dichterin der DDR? Man möchte es gelten lassen.

VII

Gesine steht am Meer. Der Wind ist heftiger geworden, sie verschließt ihr Gesicht vor ihm. Niemand ist zu sehen. Und Gesine formt ihre Lippen, als wolle sie pfeifen.

IV

Nicolai Riedel
Uwe Johnson & die DDR – Uwe Johnson in Ostdeutschland
Bibliographische Skizze einer verhinderten/ verspäteten Rezeption

Keine Untersuchung zu Leben und Werk Uwe Johnsons kommt daran vorbei, sich auch mit dem Verhältnis dieses Schriftstellers zur DDR auseinanderzusetzen, die er 1959 verlassen hatte, da er publizieren wollte, aber dort nicht durfte. Jede wirkungsgeschichtlich orientierte Arbeit, die diesem als „deutsch-deutsch" apostrophierten Autor gewidmet ist, wird der Frage nachgehen müssen, wie die Rehabilitierung Johnsons in der politischen Wendezeit und nach der deutschen Wiedervereinigung erfolgte, wie Feuilletons nun plötzlich in Ostdeutschland reagierten, wie Mecklenburg zu seinem Dichter kam. Im Grunde genommen müßte eine Bibliographie, die dieses wechselvolle Beziehungsgeflecht nach- und verzeichnet, die gesamte Wirkungsgeschichte Johnsons erfassen: eine Auswahl wie die vorliegende ist ebenso problematisch wie das Verhältnis bzw. die Verhältnisse selbst.

Die Kenntnisnahme Johnsons setzt mit der von Jürgen Grambow herausgegebenen Prosaauswahl *Eine Reise wegwohin* ein; Johnsons Bücher standen zu DDR-Zeiten in den legendären „Giftschränken" der wissenschaftlichen Bibliotheken, wodurch eine Verbreitung der Inhalte seiner Werke und eine Aufnahme durch die Germanistik systematisch verhindert wurden. Dennoch kam es zu literarhistorischen Verortungen, polemischen Kolumnen und vereinzelten Verzeichnungen in Nachschlagewerken; eine Diskussion wie über Böll, Grass oder Martin Walser blieb aus – Johnson war

„Republikflüchtling" und fiel als solcher unter ein besonderes Tabu.

Ziel dieser bibliographischen Skizze ist zum einen, Beiträge zu verzeichnen, die sich mit Johnsons Verhältnis zur DDR und mit seiner Beziehung zu Mecklenburg beschäftigen (im weitesten Sinne), wobei Kritiker und Germanisten aus der ehemaligen DDR bei der Auswahl im Vordergrund stehen, aber auch die Zeitungen und Zeitschriften der neuen Bundesländer, denen die Aufgabe zufällt, Uwe Johnson zu rehabilitieren und seine Romane in einer großen literarischen Öffentlichkeit bekannt zu machen. Zum anderen soll Johnson als scharfsinniger Kritiker des DDR-Fernsehens gezeigt werden, als umsichtiger Lektor in den Jahren vor seiner Übersiedlung und die postumen Ehrungen in seiner Heimat. Der biographisch-literarische Bogen ist weit gespannt: die Auswahl ist als Ariadnefaden durch diese Lebens- und Werkgeschichte zu verstehen und als Vorgriff auf eine erweiterte Bibliographie, die auch diesen Aspekt fortschreibt.

1. Primärliteratur

1.1. Veröffentlichungen in der DDR und in Ostdeutschland

Ach! Sie sind ein Deutscher? In: *BRD heute – Westberlin heute.* Ein Lesebuch. Herausgegeben von Christlieb Hirte, Heidrun Loeper, Ingeborg Quaas und Dietrich Simon. Berlin: Verlag Volk und Welt, 1984, S. 209-210.

Jonas zum Beispiel. In: *ad libitum.* Sammlung Zerstreuung Nr. 10. Hrg. v. Reinhard Lehmann. Berlin: Volk und Welt, 1988, S. 346-348.

Eine Reise wegwohin und andere kurze Prosa. Ausgewählt und mit einem Nachwort von Jürgen Grambow. Berlin und Weimar: Aufbau-Verlag, 1989, 514 S. – Diese Auswahl enthält Johnsons bis dahin unveröffentlichte Parodie *Wilhelm Tell von Schiller.*

Versuch, eine Mentalität zu erklären. In: *KONTEXT.* Beiträge aus Politik, Gesellschaft, Kultur. Berlin. 3 (1990) 10 (Juli/August), S. 42-49. – Mit dem Untertitel „Über eine Art DDR-Bürger in der Bundesrepublik Deutschland" auch in: *Kopfbahnhof.* 2. Almanach. Redaktion: Heiner Henninger, Klaus Pankow, Stefan Richter. Leipzig: Reclam-Verlag, 1990, S. 233-244.

Vorschläge zur Prüfung eines Romans. In: *Fenster aufstossen...* Ein Almanach. Herausgegeben von Renate Gerecke, Irmtraut Haust und Brigitte Horak. Berlin: Verlag Volk und Wissen, 1990, S. 126-131.

Vergebliche Verabredung. Ausgewählte Prosa. Herausgegeben von Jürgen Grambow. Mit einem Gespräch über Uwe Johnson zwischen Jürgen Grambow und Stephan Hermlin sowie einem Essay von Fritz Rudolf Fries. Leipzig: Reclam-Verlag, 1992, 151 S. (= Reclam Bibliothek 1451).

Briefwechsel mit Günter Caspar (21.07.1956-28.10.1958). In: *„...und leiser Jubel zöge ein".* Autoren- und Verlegerbriefe 1950-1959. Herausgegeben von Elmar Faber und Carsten Wurm. Berlin: Aufbau Taschenbuch Verlag, 1992, S. 184-195 (= Aufbau Taschenbuch 100).

1.2. Veröffentlichungen in Westdeutschland

Der 5. Kanal. Mit einer editorischen Notiz von Raimund Fellinger. Frankfurt am Main: Suhrkamp Verlag, 1987, 183 S. (= edition suhrkamp 1336). – Die 99 Kritiken des DDR-Fernsehens wurden in der Zeit vom 4.06.1964 bis 3.12.1964 im West-Berliner *Tagesspiegel* publiziert.

Entwöhnung von einem Arbeitsplatz. Klausuren und frühe Prosatexte. Mit einem philologisch-biographischen Essay herausgegeben von Bernd Neumann. Frankfurt am Main: Suhrkamp Verlag, 1992, 211 S. (= Schriften des Uwe-Johnson-Archivs 3).

Wo ist der Erzähler auffindbar? Gutachten für Verlage 1956-1958. Mit einem Nachwort herausgegeben von Bernd Neumann. Frankfurt am Main: Suhrkamp Verlag, 1992, 207 S. (= Schriften des Uwe-Johnson-Archivs 4).

2. Sekundärliteratur

2.1. Uwe Johnson in der DDR bis 1989

Batt, Kurt: *Die Exekution des Erzählers.* In: *Sinn und Form.* Berlin. 24 (1972) 6, S. 1273-1277. Nachdruck in: Kurt Batt: *Revolte intern.* Betrachtungen zur Literatur in der Bundesrepublik Deutschland. Leipzig: Verlag Philipp Reclam jun., 1975, S. 147-151. – Darin Äußerungen zu *Jahrestage.*

Dahne, Gerhard: *Uwe Johnson – Mutmaßungen über Deutschland.* In: Gerhard Dahne: *Westdeutsche Prosa (1945-1965).* Berlin: Verlag Volk und Wissen, 1967, S. 149-164. (= Schriftsteller der Gegenwart 18).

Geisthardt, Hans-Jürgen: *Das Thema der Nation und zwei Literaturen.* Nachweis an Christa Wolf und Uwe Johnson. In: *Neue deutsche Literatur.* Berlin und Weimar. 14 (1966) 6, S. 48-69. Nachdruck in: *Litera-*

tur im Blickpunkt. Zum Menschenbild in der Literatur der beiden deutschen Staaten. Herausgegeben von Arno Hochmuth. Berlin: Dietz Verlag, 1967 (2. erw. Aufl.), S. 212-231. Verändert u.d.T. *Weltanschauung und Romanaufbau.* In: *Konturen und Perspektiven.* Zum Menschenbild in der Gegenwartsliteratur der Sowjetunion und der Deutschen Demokratischen Republik. Berlin: Akademie-Verlag, 1969, S. 167-189.

Grambow, Jürgen: *Heimat im Vergangenen.* In: *Sinn und Form*, Berlin. 38 (1986) 1, S. 134-157. Nachdruck auszugsweise in: *die tageszeitung*, Berlin (West). Nr. 1826, vom 4.02.1986, S. 12. – Erster Versuch einer Rehabilitierung Uwe Johnsons in der DDR, auf den auch die Publizistik der Bundesrepublik reagierte (siehe 2.4.).

Grambow, Jürgen: *Auskunft über einen Dichter.* Annäherung an den Verfasser der *Jahrestage*. In: *Norddeutsche Zeitung*, Rostock. Nr. 166, vom 15.07.1988, „Norddeutscher Leuchtturm", S. IV.

Große, Anneliese: *Zur Struktur des Menschenbildes in der westdeutschen epischen Literatur der Gegenwart (1963-1965).* Berlin: Institut für Gesellschaftswissenschaften beim Zentralkomitee der Sozialistischen Einheitspartei Deutschlands, 1967. – Unveröffentlichte Dissertation mit Exkursen zu *Zwei Ansichten*, S. 259ff. und S. 285-298.

h: *Das dritte Buch über Uwe*? In: *Neue Zeit*. Zentralorgan der Christlich-Demokratischen Union Deutschlands, Berlin. Nr. 288, vom 9.12.1961, S. 2.

Hochmuth, Arno und Kessler, Horst: *Ein Jüngling, der auszog, die Freiheit zu finden.* In: *Sonntag*. Wochenzeitung für Kulturpolitik und Wissenschaft, Berlin. 17 (1962) 20, vom 13.05.1962, S. 1 und 6. Nachdruck in: *Uwe Johnsons Frühwerk im Spiegel der deutschsprachigen Literaturkritik*. Herausgegeben von Nicolai Riedel. Bonn: Bouvier Verlag, 1987, S. 47-52. – Marcel Reich-Ranicki reagierte auf diese polemische Johnson-Verortung mit dem Artikel *Tatsachen* in: *Die Zeit*, Hamburg. 17 (1962) 21, vom 25.05.1962, S. 13.

-id: *Der „Fall Johnson"*. In: *Der Morgen.* Zentralorgan der Liberal-Demokratischen Partei Deutschlands, Berlin. Nr. 291, vom 13.12.1961, S. 7. – Zum Streitfall mit Hermann Kesten.

Kant, Hermann: *Der Jüngling im Eiskasten.* In: *Neues Deutschland.* Zentralorgan der Sozialistischen Einheitspartei Deutschlands, Berlin. Nr. 49 B, vom 18.02.1962, S. 4.

Reinhold, Ursula: *Uwe Johnson.* In: *Geschichte der deutschen Literatur.* Band 12: Literatur der BRD. Von einem Autorenkollektiv: Hans Joachim Bernhard (Leitung), Eva-Maria Müller, Klaus Pezold, Ursula Reinhold und Klaus Schumann. Berlin: Verlag Volk und Wissen, 1983; kurze Hinweise auf S. 209-210 und S. 215.

Weiser, Hans: *Klein Uwes Renkontre mit der großen Freiheit.* In: *Neue deutsche Literatur.* Berlin und Weimar. 10 (1962) 3, S. 146-147. – Zu dem literarisch-politischen Streit mit Hermann Kesten.

2.2. Zu „Eine Reise wegwohin und andere Prosa" Ausgewählt von Jürgen Grambow. Berlin und Weimar: Aufbau-Verlag, 1989

Bahr, Eckhard: *Fiktion und Realität.* In: *Sächsische Neueste Nachrichten,* Dresden. Nr. 18, vom 22.01.1990, S. 4.

Berger, Christel: *Ein sehr eigener poetischer Kosmos.* In: *Berliner Zeitung.* Nr. 22, vom 26.01.1990, S. 7.

Eckardt, Hans-Georg: *Endgültige Abreise.* Prosa von Uwe Johnson erschien im Aufbau-Verlag. In: *Tribüne.* Zeitung des Gewerkschafters, Berlin. Nr. 77, vom 20.04.1990, S. 4

Gabrisch, Anne: *Johnson verlegen verlegt.* In: *Eselsohren,* Berlin. 1 (1990) 1, S. 20-21.

Gansel, Carsten: *Durchbruch beim Zusammenbruch.* In: *Nordkurier,* Neubrandenburg. Nr. 205, vom 5.12.1990, S. 9

Gehrisch, Peter: *Darüber spricht man nicht.* Nun auch in der DDR: Ausgewähltes von Uwe Johnson. In: *Die Zeit*, Hamburg. 45 (1990) 11, vom 9.03.1990, „Literatur", S. 8. Nachdruck in: *Die Union*, Dresden. Nr. 72, vom 26.03.1990, S. 4.

Höhne, Günter: *Mutmaßprosa über Deutsch-Deutsches.* In: *Volksarmee*, Berlin. (Jg. 1990) 5, S. 12.

Irmer, Thomas: *Beginn einer späten Wiedergutmachung.* Erster Uwe Johnson bei uns. In: *Norddeutsche Zeitung*, Rostock. Nr. 3, vom 4.01.1990, S. 4.

Mecklenburg, Norbert: *Uwe Johnson in der DDR.* In: *Neue Zürcher Zeitung.* Nr. 49, vom 28.02.1990, S. 27.

Riedel, Nicolai: *„Eine Reise wegwohin und andere kurze Prosa".* In: *GDR-Monitor*, Amsterdam. (Jg. 1990) 22, S. 98-100.

S(eebach), C(ornelia): *„Wegwohin".* In: *Ostthüringer Nachrichten*, Gera. Nr. 45, vom 10.03.1990, S. 4.

Seiffert, Rolf: *„Eine Reise wegwohin".* In: *Schweriner Volkszeitung.* Nr. 301, vom 22.12.1989, „Wochenend", S. II.

Wilke, Klaus: *„Debüt" nach dem Tode oder: Endlich Johnson!* Aufbau-Verlag schließt eine schmerzliche Lücke. In: *Lausitzer Rundschau*, Cottbus. Nr. 40, vom 16.02.1990, „LR magazin", S. II.

Ziermann, Klaus: *Rares Talent – gescholten und gelobt.* In: *Neues Deutschland*, Berlin. Nr. 59, vom 10./11.03.1990, S. 14.

2.3. Zu anderen Werken/Texten – und Erinnerungen (aus ostdeutscher Sicht)

Berbig, Roland und Wizisla, Erdmut: *Rückgabe einer Staatsbürgerschaft.* Zu Uwe Johnsons *Versuch, eine Mentalität zu erklären.* In:

KONTEXT. Beiträge aus Politik Gesellschaft Kultur, Berlin. 3 (1990) 10 (Juli/August), S. 50-55.

Bierwisch, Manfred: *Erinnerungen Uwe Johnson betreffend*. In: *Über Uwe Johnson*. Herausgegeben von Raimund Fellinger. Frankfurt am Main: Suhrkamp Verlag, 1992, S. 286-295. (= edition suhrkamp 1821).

Drescher, Horst: *Zu Uwe Johnson (1986)*. In: *Sinn und Form*, Berlin 42 (1990) 2, S. 346-353. – Erinnerungen an frühe Begegnungen mit Uwe Johnson.

Fries, Fritz Rudolf: *Die sekretierte Bibliothek III*. Uwe Johnson, Mutmaßungen über Jakob. In: *Index*. Adnoten zur Literatur, Berlin. 1 (1991) 1, S. 22-24.

Fries, Fritz Rudolf: *Der Landvermesser*. In: *du*. Die Zeitschrift der Kultur. Zürich. (Jg. 1992) 10, S. 37-40.

Grüning, Uwe: *Ein bestürzend aktuelles Buch*. Nach vierzig Jahren: Uwe Johnsons *Ingrid Babendererde*. In: *Neue Zeit*, Berlin. Nr. 169, vom 23.07.1990, S. 7.

Grüning, Uwe: *„Ingrid Babendererde" – ein von der DDR-Literatur nicht angenommenes Paradigma*. In: *Glasbrenner*. Periodicum der Mecklenburgischen Literaturgesellschaft, Neubrandenburg. 2 (1991) 1, S. 13-15. Nachdruck in: *Biographie ist unwiderruflich*. Materialien des Kolloquiums zum Werk Uwe Johnsons im Dezember 1990 in Neubrandenburg. Herausgegeben von Carsten Gansel und Jürgen Grambow. Berlin, Bern, Frankfurt am Main: Verlag Peter Lang, 1992, S. 45-51.

Kührt, Awino: *Uwe Johnsons Kurzgeschichte „Jonas zum Beispiel" als Modell künstlerischer Selbstverständlichkeit über die Gegenwart*. In: *Biographie ist unwiderruflich*. Materialien des Kolloquiums zum Werk Uwe Johnsons im Dezember 1990 in Neubrandenburg. Herausgegeben von Carsten Gansel und Jürgen Grambow. Berlin, Bern, Frankfurt am Main: Verlag Peter Lang, 1992, S. 79-95.

Wohlgemuth, Joachim: *Hörsaal 40, alte Uni*. In: *Wenigstens in Kenntnis leben*. Notate zum Werk Uwe Johnsons. Herausgegeben von Carsten Gansel. Neubrandenburg: federchenVerlag, 1991, S. 103-117.

2.4. Zu Jürgen Grambows „Heimat im Vergangenen". In: 'Sinn und Form', Berlin. 38 (1986) 1

Wirsing, Sibylle: *Der verlorene Sohn*. Plädoyer für Uwe Johnson in der DDR-Zeitschrift *Sinn und Form*. In: *Frankfurter Allgemeine Zeitung*. Nr. 29, vom 4.02.1986, S. 25.

Nöldechen, Peter: *DDR-Aufsatz rehabilitiert das Werk von Uwe Johnson*. Autor wurde bisher als „Republikflüchtling" gescholten. In: *Westfälische Rundschau*, Dortmund. Nr. 26, vom 31.01.1986, S. 4.

Baum, Karl-Heinz: *Uwe Johnson keine Unperson mehr*. Bemerkenswerter Aufsatz in der DDR-Zeitschrift *Sinn und Form*. In: *Frankfurter Rundschau*. Nr. 26, vom 31.01.1986, S. 11.

Jäger, Manfred: *Uwe Johnson in die DDR heimholen?* In: *Deutschland Archiv*, Köln. 19 (1986) 3, S. 248-251. Verkürzt u.d.T. *Heimkehr mit Haken*. In: *Deutsches Allgemeines Sonntagsblatt*, Hamburg. (Jg. 1986) 11, vom 16.03.1986, S. 23.

2.5. Zu Uwe Johnsons „Der 5. Kanal", Frankfurt am Main: Suhrkamp Verlag, 1987. – Die Kritiken zum DDR-Fernsehen

Beth, Hanno: *Dienst am Kunden*. In: *Deutschland Archiv*, Köln. 20 (1987) 12, S. 1341-1343.

Delling, Manfred: *Irrtümer*. Uwe Johnson als Fernsehkritiker. In: *Deutsches Allgemeines Sonntagsblatt*, Hamburg. (Jg. 1987) 18, vom 3.05.1987, S. 26.

Erdmann, Horst: *Uwe Johnson schaut sich im 5. Kanal um.* In West-Berlin erschienen 1964 DDR-Fernsehkritiken des Schriftstellers. In: *Die Neue Ärztliche*, Frankfurt am Main. Nr. 104, vom 3.06.1987, S. 12.

Honold, Klaus: *Sender im Niemandsland.* Uwe Johnson kommentiert das Fernsehen der DDR. In: *Darmstädter Echo.* Nr. 44, vom 21.02.1987, „Beilage zum Wochenende“, S. XV.

Körte, Peter: *Ost-TV.* In: *Ultimo.* Münsters City-Magazin. Nr. 5, vom 28.02.-13.03.1987, S. 28.

Kroneberg, Eckart: *Kritische Kabinettstücke.* Uwe Johnsons *Tagesspiegel*-Kritiken des DDR-Fernsehens. In: *Der Tagesspiegel*, Berlin. Nr. 12782, vom 11.10.1987, „Weltspiegel“, S. XV.

Lilienthal, Volker: *Doppelt denkwürdig.* Uwe Johnson als Fernsehkritiker. In: *Kirche und Rundfunk*, Frankfurt am Main. (Jg. 1987) 32/33, vom 29.04.1987, S. 9-11.

Mecklenburg, Norbert: *Fernsehkritik in literarischem Gestus.* Uwe Johnsons Reflexionen über das DDR-Fernsehen. In: *Neue Zürcher Zeitung*, Nr. 54, vom 6.03.1987, S. 73.

Ruf, Wolfgang: *Mit klarem Kopf.* In: *Die Deutsche Bühne*, Köln/Zürich. 58 (1987) 3, S. 55.

Schacht, Ulrich: *Herrn v. Sch.s Telefon.* Uwe Johnsons gesammelte „DDR“-Fernsehkritiken. In: *Die Welt*, Hamburg. Nr. 58, vom 10.03.1987, S. 18.

Schmitz, Walter: *„Der 5. Kanal“.* In: *Deutsche Bücher*, Amsterdam. 19 (1989) 2, S. 107-109.

Thomas, Andreas: *Innenansichten einer Programmrealität.* Rückblick auf Uwe Johnsons Kritiken im *Tagesspiegel*: *Die Mauer und das Ost-Fernsehen.* In: *Der Tagesspiegel*, Berlin. Nr. 14065, vom 27.12.1991, S. 23.

Werth, Wolfgang: *Eine Ente als Lesertest.* Uwe Johnsons 99 Besprechungen des DDR-Fernsehprogramms. In: *Süddeutsche Zeitung,* München. Nr. 140, vom 23.06.1987, S. 36.

Wiessner, Kurt: *Das einsame Lächeln des Nachrichtensprechers ins Parteiabzeichen.* In: *Communale.* Wochenzeitung für Heidelberg. 5 (1987) 7, vom 12.02.1987, S. 15.

Witte, Karsten: *„Der 5. Kanal".* In: *Die Zeit,* Hamburg. 42 (1987) 41, vom 2.10.1987. S. 61.

2.6. Zu den „Schriften des Uwe-Johnson-Archivs" (Band 1-4), Frankfurt am Main: Suhrkamp Verlag, 1991/1992

Berbig, Roland: *„Entwöhnung von einem Arbeitsplatz" & „Wo ist der Erzähler auffindbar?"* In: *Humboldt-Universität,* Berlin. 36 (1992) 19, vom 18.06.1992, S. 6. Verändert in: *Die Kirche,* Berlin. 47 (1992) 29, vom 19.07.1992, S. 3. – Zu Band 3 und 4.

Heimberger, Bernd: *Von Problemen eines Pommern.* In: *Norddeutsche Zeitung,* Schwerin. Nr. 178, vom 2.08.1991, „Norddeutscher Leuchtturm", S. IV.

Hillgruber, Katrin: *Der Staatsapparat grüßt den Landvogt.* Vom Verlagsgutachten zur Parodie, vom Stahlwerk zur Sichtpropaganda: Der frühe Uwe Johnson. In: *Frankfurter Allgemeine Zeitung.* Nr. 183, vom 8.08.1992, „Bilder und Zeiten", S. V. – Zu Band 3 und 4.

Lehmann, Horst H.: *Bemühungen um einen Schriftsteller.* In: *Neues Deutschland,* Berlin. Nr. 230, vom 1.10.1992, „Literaturbeilage", S. II.

Verdofsky, Jürgen: *Ossian und der Mangel an Welt.* Klausuren, Skizzen und Gutachten von Uwe Johnson – erstmals veröffentlicht. In: *Frankfurter Rundschau.* Nr. 125, vom 30.05.1992, „Zeit und Bild", S. IV. – Zu Band 3 und 4.

Wiegenstein, Roland H.: *„Autor braucht eine Gehirnwäsche"*. Uwe Johnsons früheste Arbeiten. Scharfe, unbestechliche Blicke auf die DDR. In: *Badische Zeitung*, Freiburg i. Br. Nr. 185, vom 12.08.1992, S. 13. – Zu Band 3 und 4.

2.7. Betrachtungen, Skizzen und Untersuchungen

2.7.1. Uwe Johnson & die DDR, im weitesten Sinne gefaßt

Beckmann, Dorit: *Bilder vom Real-Sozialismus in „Mutmassungen über Jakob"*. Ein Lesereport. In: *Wenigstens in Kenntnis leben*. Notate zum Werk Uwe Johnsons. Herausgegeben von Carsten Gansel. Neubrandenburg: federchenVerlag, 1991, S. 92-102.

Berbig, Roland: *„Als sei er süchtig, im Zustand einer Folter zu verharren!"* Leid und Leiden: Schreibmotive Uwe Johnsons. In: *Wirkendes Wort*, Bonn. 42 (1992) 2, S. 283-294.

Burkhard, Jörg: *Uwe Johnsons Bild der DDR-Gesellschaft. „Das dritte Buch über Achim"* – Romaninterpretation. Bonn: Bouvier Verlag, 1988, 229 S. (= Studien zur Germanistik, Anglistik und Komparatistik 117).

Bond, Greg: *„Die Toten halten zuverlässig das Maul"*. Über Uwe Johnson im wiedervereinigten Deutschland. In: *Freitag*. Die Ost-West-Wochenzeitung, Berlin. 3 (1992) 38, vom 11.09.1992, S. 12.

Dolei, Giuseppe: *Uwe Johnson und Christa Wolf zwischen National- und Weltliteratur*. In: *Die Literatur der DDR. 1976-1986*. Akten der Internationalen Konferenz (Pisa, Mai 1987). Herausgegeben von Anna Chiarloni, Gemma Sartori und Fabrizio Cambi. Pisa: Giardini, 1988, S. 71-78.

Frühwald, Wolfgang: *Zwei Ansichten von der Berliner Mauer*. Deutschland im Spiegel der Literatur – Romane der Republik. Uwe Johnson: *Zwei Ansichten*. In: *Rheinischer Merkur/Christ und Welt*, Bonn. (Jg. 1989) 51, vom 22.12.1989, S. 21.

Gansel, Carsten: *Grenz-Erfahrungen – Gedächtnis – Erzählen.* Uwe Johnsons *Ingrid Babendererde*, ein Buch, das seiner Zeit voraus war? In: In: *Wenigstens in Kenntnis leben.* Notate zum Werk Uwe Johnsons. Herausgegeben von Carsten Gansel. Neubrandenburg: federchenVerlag, 1991, S. 92-102.

Gansel, Carsten: *Das Puzzle-Prinzip – Erzählen als Prozeß der Wahrheitsfindung.* Uwe Johnson im Kontext der DDR-Literatur. In: *Biographie ist unwiderruflich.* Materialien des Kolloquiums zum Werk Uwe Johnsons im Dezember 1990 in Neubrandenburg. Herausgegeben von Carsten Gansel und Jürgen Grambow. Berlin, Bern, Frankfurt am Main: Verlag Peter Lang, 1992, S. 107-128.

Grambow, Jürgen: *Eine Reise wegwohin.* Eigene Region und das Fremde. Uwe Johnsons Rezeption in der DDR. In: *Sprache im technischen Zeitalter*, Berlin. 27 (1989) 112, S. 306-314. Nachdruck in: Jürgen Grambow, *Literaturbriefe aus Rostock.* Frankfurt am Main: Luchterhand Literaturverlag, 1990, S. 153-169. (= Sammlung Luchterhand 938). – Vortrag, gehalten bei den Uwe-Johnson-Tagen in Sulzbach-Rosenberg im Mai 1989.

Grambow, Jürgen: *Seinen Lesern viele Rätsel aufgegeben.* Der Schriftsteller Uwe Johnson. In: *Schweriner Volkszeitung.* Nr. 197, vom 24.08.1990, „Mecklenburg-Magazin", S. IV.

Grambow, Jürgen: *Uwe Johnson bei Aufbau.* Notizen zu einer Vor-Geschichte. In: *Weimarer Beiträge*, Berlin und Weimar. 36 (1990) 9, S. 1523-1528.

Grambow, Jürgen: *Garantiert durch Wirklichkeit.* Uwe Johnson. In: Jürgen Grambow, *Literaturbriefe aus Rostock.* Frankfurt am Main 1990, S. 27-52. (= Sammlung Luchterhand 938). – Vollständige Fassung des Nachworts zu *Eine Reise wegwohin und andere kurze Prosa.*

Grambow, Jürgen: *Reden über Johnson.* In: *Welfengarten 2.* Jahrbuch für Essayistik. Herausgegeben von Leo Kreutzer und Jürgen Peters. Hannover: Revonnah Verlag, 1992, S. 89-99.

Gotzmann, Werner: *„...wie die Sache gefingert wurde, geschoben, verpatzt"*. Ein Dialog mit Uwe Johnson zur Deutschen Vereinheitlichung. In: *Sprache im technischen Zeitalter*, Berlin. 28 (1990) 114, S. 123-129. Nachdruck in: *Biographie ist unwiderruflich*. Materialien des Kolloquiums zum Werk Uwe Johnsons im Dezember 1990 in Neubrandenburg. Herausgegeben von Carsten Gansel und Jürgen Grambow. Berlin, Bern, Frankfurt am Main: Verlag Peter Lang, 1992, S. 53-59.

Groth, Joachim-Rüdiger: *Tödliche Berührung*. Uwe Johnsons prophetische Mutmaßungen über Jakob und den Staatssicherheitsdienst. In: *Frankfurter Allgemeine Zeitung*. Nr. 165, vom 18.07.1992, „Bilder und Zeiten", S. IV.

Mayer, Hans: *Uwe Johnson erzählt die DDR*. In: Hans Mayer: *Der Turm von Babel*. Erinnerung an eine Deutsche Demokratische Republik. Frankfurt am Main: Suhrkamp Verlag, 1991, S. 208-242.

Mecklenburg, Norbert: *„Märchen vom unfremden Leben"*. Uwe Johnson und der Sozialismus. In: *Das Argument*, Hamburg. 34 (1992) 192, S. 219-233.

Neumann, Bernd: *„Nun ist dies Erbe zuende..."* Über Uwe Johnsons Erfahrungen mit den Kulturverwaltern der DDR. In: *„Literaturentwicklungsprozesse"*. Die Zensur der Literatur in der DDR. Herausgegeben von Ernest Wichner und Herbert Wiesner. Frankfurt am Main: Suhrkamp Verlag, 1993, S. 73-100. (= edition suhrkamp 1782)

Soholm, Kirsten: *Mythos, Moderne und die Teilung Deutschlands*. Zu Christa Wolfs *Der geteilte Himmel* und Uwe Johnsons *Mutmassungen über Jakob*. In: *Weimarer Beiträge*, Berlin und Weimar. 36 (1990) 9, S. 1513-1523.

Widmann, Gudrun: *„Eine Art Information, in der Form von Erzählung"*. Die Darstellung der Vor- und Frühgeschichte der DDR in Uwe Johnsons *Jahrestagen*. Bern, Frankfurt am Main: Verlag Peter Lang, 1991, 242 S. (= Europäische Hochschulschriften. I/1263).

(Winkler, Willi): *„Autor braucht Gehirnwäsche"*. Neue Quellen belegen, wie sehr die DDR den Schriftsteller Uwe Johnson schikaniert hat. In: *Der Spiegel*, Hamburg. 46 (1992) 2, vom 6.01.1992, S. 128-134.

2.7.2. Uwe Johnson & Mecklenburg, Heimat & Biographie

Bellin, Klaus: *Einer aus Mecklenburg: Uwe Johnson.* In: *Neue deutsche Literatur*, Berlin und Weimar. 40 (1992) 4, S. 47-54.

Bengel, Michael: *Ein Bild des jungen Mannes als Künstler.* Ermunterung zum Lesen des Romans von Uwe Johnson „Ingrid Babendererde". In: *Über Uwe Johnson.* Herausgegeben von Raimund Fellinger. Frankfurt am Main: Suhrkamp Verlag, 1992, S. 31-43. (= edition suhrkamp 1821). – Überarbeitetes Manuskript eines Vortrags, der am 30. Mai 1992 im Güstrower Schloß gehalten wurde.

Fahlke, Eberhard: *Heimat als geistige Landschaft.* Uwe Johnson und Mecklenburg. In: *Börsenblatt für den deutschen Buchhandel*, Frankfurt am Main. 159 (1992) 34, vom 28.04.1992, S. 166-181.

Henke, Klaus-Dietmar: *Auf der Suche nach Jerichow.* Eine Reise in das Mecklenburg von Uwe Johnsons *Jahrestagen.* In: *Süddeutsche Zeitung*, München. Nr. 26, vom 1./2.02.1986, S. 171 (SZ am Wochenende).

Klevenow, Kersten: *Uwe Johnson – ein Schriftsteller von Format, doch in der Heimat kaum bekannt.* In: *Schweriner Volkszeitung.* Nr. 58, vom 9.03.1991, S. 9.

Klevenow, Kersten: *Uwe Johnson mit viel Phantasie.* Persönliche Erinnerungen. In: *Schweriner Volkszeitung.* Nr. 66, vom 19.03.1991, S. 9.

Klevenow, Kersten: *Heimweh nach Jerichow.* In: *Schweriner Volkszeitung.* Nr. 72, vom 26.03.1991, S. 9.

Klevenow, Kersten: *Schwierig und anspruchsvoll.* In: *Schweriner Volkszeitung.* Nr. 77, vom 3.04.1991, S. 9 (Güstrow-Journal).

Neumann, Bernd: *Landfahrt in ein mythisches Wasserreich.* Neues über Uwe Johnson: Besichtigung der Stätten seiner Jugend in Mecklenburg – Begegnung mit Augenzeugen der Anfänge eines Schriftstellers in der DDR. In: *Die Zeit*, Hamburg. 43 (1988) 33, vom 12.08.1988, S. 29-30.

Nöldechen, Peter: *Auf den Spuren von Uwe Johnson in Mecklenburg.* Straßen und Plätze der Stadt Güstrow Vorbild für viele Ortsbeschreibungen in den *Jahrestagen.* In: *Westfälische Rundschau*, Dortmund. Nr. 103, vom 3.05.1986, S. 19.

Nöldechen, Peter: *Bilderbuch von Johnsons Jerichow und Umgebung.* Frankfurt am Main: Suhrkamp Verlag, 1990, S. 92 (= Schriften des Uwe-Johnson-Archivs 2).

Raddatz, Fritz J.: *Reise der Erinnerung.* Von Mecklenburg bis New York: Auf den Spuren des Schriftstellers Uwe Johnson. In: *ZEITmagazin*, Hamburg. (Jg. 1992) 19, vom 1.05.1992, S. 22-37.

Raddatz, Fritz J.: *Auf verwischten Spuren.* In: *ZEITmagazin*, Hamburg. (Jg. 1992) 20, vom 8.05.1992, S. 24-34.

Raddatz, Fritz J.: *Heimat – das schönste Land der Welt.* Spurensuche in den Städten und Landschaften Mecklenburgs. In: *ZEITmagazin*, Hamburg. (Jg. 1992) 21, vom 15.05.1992, S. 44-57.

Rösler, Reinhard: *Die Heimat nie vergessen.* Uwe Johnson – ein Mecklenburger Autor – gelangt zu Weltruhm. In: *Schweriner Volkszeitung.* Nr. 80, vom 6.04.1991, S. 11.

Schoeller, Wilfried F.: *Eine Täuschung wie Heimat.* In: *du.* Die Zeitschrift der Kultur, Zürich. (Jg. 1992), 10, S. 22-36.

Seiler, Bernd W.: *Von Wendisch Burg nach Jerichow.* Anmerkungen zu Uwe Johnsons imaginärer Topographie. In: *Wirkendes Wort*, Bonn. 38 (1988) 1, S. 88-111.

Zetzsche, Jürgen: *„ich meine die Grenze: die Entfernung: den Unterschied."* Uwe Johnsons Mecklenburg. In: *Biographie ist unwiderruflich.* Materialien des Kolloquiums zum Werk Uwe Johnsons im Dezember 1990 in Neubrandenburg. Herausgegeben von Carsten Gansel und Jürgen Grambow. Berlin, Bern, Frankfurt am Main: Verlag Peter Lang, 1992, S. 21-34.

2.8. Johnson-Ehrungen, Kolloquien und Veranstaltungen in Ostdeutschland nach 1989

2.8.1. Zum Uwe-Johnson-Tag in Neubrandenburg am 6. Dezember 1990

Bengel, Michael: *Von bewahrter Gegenwart.* Lebhafte Diskussion in Neubrandenburg. Mecklenburg-Vorpommern holt einen großen Dichter heim. In: *Kölner Stadt-Anzeiger.* Nr. 292, vom 14.12.1990, S. 10.

Bludau-Ebelt, Sybille: *Erinnerung an einen verbotenen Dichter.* In: *Der Morgen,* Berlin. Nr. 295., vom 19.12.1990, S. 22.

Grambow, Jürgen: *Wahrheiten mit mehr als zwei Seiten.* Annäherung an den Dichter Uwe Johnson. In: *Nordkurier,* Neubrandenburg. Nr. 205, vom 5.12.1990, S. 9.

Woelsch, Birgit: *Ein Schriftsteller kehrt zurück.* In: *Frankfurter Rundschau.* Nr. 288, vom 11.12.1990, S. 21.

2.8.2. Zur Johnson-Ehrung im Güstrower Ernst-Barlach-Theater am 5. September 1992

Escherig, Ursula: *Ein Schüler, der immer abschreiben ließ.* Auf den Spuren des Schriftstellers Uwe Johnson: Eine Fahrt mit dem Sonderzug ins mecklenburgische Güstrow. In: *Der Tagesspiegel,* Berlin. Nr. 14315, vom 8.09.1992, S. 13.

Haase, Horst: *Sonderzug nach Güstrow mit Uwe Johnson in der 1. Klasse.* Ungewöhnliches Gemeinschaftsunternehmen, einen deutschen Schriftsteller zu ehren. In: *Neues Deutschland*, Berlin. Nr. 211, vom 9.09.1992, S. 10.

Magenau, Jörg: *Sonderzug nach Güstrow.* In: *Freitag.* Die Ost-West-Wochenzeitung, Berlin. 3 (1992) 38, vom 11.09.1992, S. 12.

Pilz, Wolfram: *Verspätete Ankunft.* In: *Mecklenburger Aufbruch*, Schwerin. 3 (1992) 37/38, vom 18.09.1992, S. 7.

Podak, Klaus: *Ein Sonderzug voller Geisterbeschwörer.* Güstrow und Uwe Johnson: Literarische Spurensuche per Schiene. In: *Süddeutsche Zeitung*, München. Nr. 209, vom 10.09.1992, S. 3.

Richter, Rolf: *Die Reise nach Güstrow... oder: Ob Uwe Johnson sich wohl gefühlt hätte?* In: *Leipziger Volkszeitung.* Nr. 218, vom 17.09.1992, „Journal", S. II.

Rietzschel, Thomas: *Sonderzug nach Güstrow.* Mit Honeckers Salonwagen auf den Spuren Uwe Johnsons. In: *Frankfurter Allgemeine Zeitung.* Nr. 209, vom 8.09.1992, S. 30.

Schott, Christiane: *Achtung, Nachtfrost!* In: *Deutsches Allgemeines Sonntagsblatt*, Hamburg. (Jg. 1992) 37, vom 11.09.1992, S. 25.

Sülflohn, Sabine: *Wie Jakob quer über die Gleise ging.* In: *Neue Zeit*, Berlin. Nr. 209, vom 7.09.1992, S. 13.

Thoemmes, Martin: *Einer fehlt im Sonderzug.* Auf den Spuren Uwe Johnsons. In: *Rheinischer Merkur/Christ und Welt*, Bonn. (Jg. 1992) 37, vom 11.09.1992, S. 36.

Vogel, Ursula: *Mit einem Sonderzug zu Johnson.* Suhrkamp hatte zum Schulausflug mit Kulturbetrieb geladen. In: *Berliner Zeitung.* Nr. 211, vom 9.09.1992, S. 17.

2.8.3. Zu anderen Begegnungen und Veranstaltungen

Bengel, Michael: *Goethe war es, nicht Stalin*. Uwe Johnsons Abiturklasse hat sich in Güstrow getroffen. In: *Frankfurter Allgemeine Zeitung*. Nr. 103, vom 4.05.1991, S. 29.

Klevenow, Kersten: *An den Ort der Jugend zurückgekehrt*. Freunde und Bekannte des Schriftstellers trafen sich nach drei Jahrzehnten wieder. Sonnabend – ein Tag der Erinnerung an Uwe Johnson. In: *Schweriner Volkszeitung*. Nr. 93, vom 22.04.1991, S. 8 (Güstrow-Journal).

Klevenow, Kersten: *Historischer Tag für Johnson-Fans*. In: *Schweriner Volkszeitung*. Nr. 125, vom 1.06.1991, S. 9. – Zum „Ingrid-Babendererde-Tag" in Güstrow am 30.05.1991.

Nöldechen, Peter: *Johnsons Klassenzimmer war auch das von „Ingrid Babendererde"*. Begegnung mit einem literarischen Schauplatz im mecklenburgischen Güstrow. In: *Der Tagesspiegel*, Berlin. Nr. 13897, vom 14.06.1991, S. 19. Verändert u.d.T. *Begegnungen in Uwe Johnsons alter Schule*. In: *Westfälische Rundschau*, Dortmund. Nr. 168, vom 20.07.1991, „Rundschau-Wochenend", S. III.

Wosniak, Reinhard: *Wovon der Dichter lebenslang zehrte*. Uwe-Johnson-Matinee im Rostocker Kleinen Haus. In: *Norddeutsche Zeitung*, Rostock. Nr. 74, vom 28.03.1990, S. 7.

Anmerkungen

Folgende Veröffentlichungen von Uwe Johnson (alle Suhrkamp Verlag, Frankfurt am Main) werden mit Kurztiteln angegeben:

Mutmassungen
: *Mutmassungen über Jakob.* Roman. Frankfurt am Main 1959.

Achim
: *Das dritte Buch über Achim.* Roman. Frankfurt am Main 1961.

Karsch
: *Karsch, und andere Prosa.* Mit einem Nachwort von Walter Maria Guggenheimer. Frankfurt am Main 1964.

Ansichten
: *Zwei Ansichten.* Frankfurt am Main 1965.

Jahrestage
: *Jahrestage.* Aus dem Leben von Gesine Cresspahl. Band 1-4. Frankfurt am Main 1970-1983.

Berliner Sachen
: *Berliner Sachen.* Aufsätze. Frankfurt am Main 1975.

Begleitumstände
: *Begleitumstände.* Frankfurter Vorlesungen. Frankfurt am Main 1980.

Ingrid Babendererde
: *Ingrid Babendererde.* Reifeprüfung 1953. Mit einem Nachwort von Siegfried Unseld. Frankfurt am Main 1985.

Uwe Johnson im Gespräch
: *„Ich überlege mir die Geschichte".* Uwe Johnson im Gespräch. Herausgegeben von Eberhard Fahlke. Frankfurt am Main 1988.

„Entwöhnung"
: *„Entwöhnung von einem Arbeitsplatz".* Klausuren und frühe Prosatexte. Mit einem philologisch-biographischen Essay herausgegeben von Bernd Neumann. Frankfurt am Main 1992.

Anmerkungen zum *Vorwort*

[1] Uwe Johnson an Lotte Köhler, 24. Juni 1972, in diesem Band S. 139.

[2] *Gespräch mit Stephan Hermlin.* In: Uwe Johnson: *Vergebliche Verabredung.* Ausgewählte Prosa. Hrg. v. Jürgen Grambow. Leipzig 1992, S. 134. Das Gespräch führte Jürgen Grambow.

[3] Günter Kunert: *Ein Fremdling.* Im vorliegenden Band S. 122-130.

[4] Vgl. u.a. *„Autor braucht Gehirnwäsche".* Die Schikanen der DDR-Zensur gegen Uwe Johnson. In: *Der Spiegel.* Hamburg, 46 (1992) 2, und Joachim-Rüdiger Groth: *Tödliche Berührung.* Uwe Johnsons prophetische Mutmaßungen über Jakob und den Staatssicherheitsdienst. In: *Frankfurter Allgemeine Zeitung.* Nr. 165, vom 18. Juli 1992.

[5] In diesem Band gehört beispielsweise Hans-Jürgen Schmidt mit seinem Brief und seinen Photographien dazu.

[6] Daß diese Stimmen nicht nur leise ausfallen, sondern auch voll geheimnisvoller Dunkelheit sein können, erweist sich an dem Erinnerungstext, den Jürgen Becker für die Zeitschrift *du* verfaßte. Jürgen Becker: *Das Dokument aus Cottbus.* In: *du.* Uwe Johnson. *Jahrestage in Mecklenburg.* Zürich, (Jg. 1992) 10, S. 53.

[7] Lotte Köhler an Uwe Johnson, 6. November 1983. Die Kindheitserinnerungen von Frau Prof. Köhler waren für Uwe Johnson eine Quelle für Informationen und ihre Lektüre wohl stets eine Probe aufs Exempel. Den Briefen ist eine baldige umfassende Publikation zu wünschen; sie sind anrührend und aufschlußreich in einem.

[8] Martin Walser an Erdmut Wizisla, 8. Juni 1991.

[9] Vgl. Uwe Johnson: *Begleitumstände*, S. 331. In diesem Zusammenhang erwähnt Johnson auch Begegnungen mit Autoren, „die das Wohlwollen der von ihnen gewählten Behörden noch besitzen", und das „Projekt, einander auszutauschen, für den ostberliner eine Woche in Westberlin und vice versa, bei Haftung für Leib und Leben." Siehe hierzu den Briefwechsel zwischen Uwe Johnson und Johannes Bobrowski, bes. den Brief Johnsons an Bobrowski vom 18. Dezember 1963 mit der Anlage eines Schreibens an Paul Wiens und die Anmerkung, in diesem Band S. 136 f. u. S. 387 f.

[10] Wolf Biermann an Roland Berbig, 6. Juni 1991.

[11] Hermann Kant an Roland Berbig, 25. Juli 1990. Solange die Aktenlage nicht verläßlich Auskunft gibt, inwieweit Kant mit der Staatssicherheit in dieser Angelegenheit zusammengearbeitet hat, verbieten sich Urteil und Kommentierung. Kant hebt in dem Brief hervor, daß die Differenzen zwischen ihm und Johnson kein Hinderungsgrund waren, auf der „Zweiten Berliner Begegnung" im April 1983 gemeinsame Interessen wahrzunehmen. In einem Brief vom 9. Juli 1990 erinnert sich Kant an eine Anfrage Johnsons aus New York, in der er von diesem gebeten worden sei, sich an der Schulbuch-Anthologie zu beteiligen.

[12] Gemeint ist der Musikwissenschaftler Eberhardt Klemm.

[13] Jürgen Teller an Erdmut Wizisla, 10. Juli 1990.

[14] Klaus Baumgärtner an Erdmut Wizisla, 30. November 1990.

[15] Klaus Baumgärtner an Erdmut Wizisla, 30. November 1990. Baumgärtners hilfreiche Mitteilungen fanden Eingang in Erdmut Wizislas Aufsatz über die *Me-ti*-Edition Johnsons in diesem Band.

[16] Klaus Baumgärtner an Erdmut Wizisla, 8. Januar 1992.

[17] Nicolai Riedel: *Uwe Johnson & die DDR* ..., S. 355-373.

[18] Gerald Zschorsch an Roland Berbig, 6. Juli 1992.

[19] Gerald Zschorsch war aus politischen Gründen mehrere Jahre in der DDR inhaftiert und wurde Dezember 1974 in die Bundesrepublik abgeschoben.

[20] Uwe Johnson: *Begleitumstände*, S. 206.

Anmerkungen zu *Uwe Johnson: Fünfundzwanzig Jahre mit Jake ...*

[1] Das Gedicht, aus dem Uwe Johnson die Verse entnommen hat, ist überschrieben *Ode an Rowohlt;* das im Zitat durch die eingeschobene Klammer ersetzte Wort heißt dort: „Verlegerherz". „Tertium comparationis" ist die Stadt Leipzig. Der Schriftsteller Walter Hasenclever (1890-1940), einer der Wortführer des Expressionismus, hatte dort studiert und damals in Leipzig – für seine weitere schriftstellerische Laufbahn entscheidend – Kurt

Pinthus zum Freund gewonnen. Ernst Rowohlt (1887-1960) war 1905 als Schriftsetzer und Buchdrucker durch Vermittlung von Anton Kippenberg, den Chef des Insel Verlags, nach Leipzig gekommen; dort hatte er dann die Firma Ernst Rowohlt Paris/Leipzig, gegründet. 1921, in jenem Jahr, in dem Hasenclever die *Ode an Rowohlt* schrieb, hatte Rowohlt Hilde Pangust, genannt Billa, am 1. April geheiratet.

2 Das von Uwe Johnson verwendete Wort „jamboree" läßt in seiner Bedeutung ein „Pfadfindertreffen" als auch ein „Gelage" anklingen.

3 Der bürgerliche Name dieses Gruppenmitglieds lautete Eberhardt Klemm; der spätere Musikwissenschaftler leitete bis zu seinem Tode (1991) das Hanns-Eisler-Archiv in Berlin.

4 Ein weiteres Mitglied dieses Freundeskreises war der Sprachwissenschaftler Klaus Baumgärtner. Er wurde mit einer 1959 veröffentlichten Dissertation *Zur Syntax der Umgangssprache in Leipzig* an der Universität Leipzig promoviert. Bis zu seiner vorzeitigen Pensionierung aus gesundheitlichen Gründen forschte und lehrte er später als Professor für Linguistik an der Universität Stuttgart.

5 Der Kunstwissenschaftler Joachim Menzhausen, später einer der Direktoren der Staatlichen Kunstsammlungen von Dresden, gehörte gleichfalls zu diesem Freundeskreis.

6 Der Schotte James MacPherson publizierte 1760 keltische Fragmente und ein Epos *Fingal*, das er dem Barden Ossian (3. Jhdt. n. Chr.) zuschrieb. „Was echt und was darin fingiert war, ist bis heute nicht entschieden. Jedenfalls gewinnt man von der Lektüre Ossians einen bedeutenden Eindruck. Wie im schottischen Hochland der Nebel, so liegt über den Kämpfen und Liebesszenen der alten Gälen ein leichter weißer Schleier, der manchmal nur ein Theaterschleier ist, der aber die Gestalten zart ins Unwirkliche enthebt. Der Einfluß Ossians auf die deutsche Literatur ist kaum zu überschätzen; Goethe, Herder, Klopstock, Hamann bekannten sich begeistert zu ihm. Napoleon trug den Ossian während seiner Feldzüge bei sich." (Klabund: *Literaturgeschichte*. Die deutsche und die fremde Dichtung von den Anfängen bis zur Gegenwart. Wien/Leipzig 1929, S. 73)

[7] Im Mai 1747 stattete Johann Sebastian Bach dem Hof von Potsdam einen Besuch ab. Im Juni des gleichen Jahres wurde Bach Mitglied der Mizlerschen „Societät der musikalischen Wissenschaften" zu Leipzig. In seiner am 7. Juli 1747 abgefaßten Widmung des *Musikalischen Opfers* an Friedrich den Großen „erkühnte" sich Bach als „allerunterthänigst gehorsamster Knechte" „dieses unterthänigste Bitten" hinzuzufügen: „Ew. Majestät geruhen gegenwärtige wenige Arbeit mit einer gnädigen Aufnahme zu würdigen, und Deroselben allerhöchste Königliche Gnade noch fernerweit zu gönnen." (Friedemann Otterbach: *Johann Sebastian Bach.* Leben und Werk. Stuttgart 1982, S. 33)

[8] Das ist eine Anspielung auf das *Lob der dritten Sache* von Bertolt Brecht. In dem Schauspiel *Die Mutter* rezitiert die Wlassowa:
Lob der dritten Sache
Immerfort hört man, wie schnell
Die Mütter die Söhne verlieren, aber ich
Behielt meinen Sohn. Wie behielt ich ihn? Durch
Die dritte Sache.
Er und ich waren zwei, aber die dritte
Gemeinsame Sache, gemeinsam betrieben, war es, die
Uns einte.
Oftmals selber hörte ich Söhne
Mit ihren Eltern sprechen.
Wieviel besser war doch unser Gespräch
Über die dritte Sache, die uns gemeinsam war
Vieler Menschen große, gemeinsame Sache!
Wie nahe waren wir uns, dieser Sache
Nahe! Wie gut waren wir uns, dieser
Guten Sache nahe!
(hier zitiert nach Bertolt Brecht: *Gesammelte Werke in acht Bänden.* Frankfurt am Main 1967, Bd. I, S. 878)

[9] Es handelt sich um die Reproduktion eines Gemäldes von Vincent van Goghs *Bildnis Dr. Gachet* in der ersten Version; eine zweite ist im Juni 1890 entstanden. Dr. Gachet, ein Arzt in Auvers-sur-Oise, nördlich von Paris, war von van Goghs Bruder Theo ausfindig ge-

macht worden, um zu vermeiden, daß van Gogh bei jedem seiner Anfälle gleich in eine Anstalt eingeliefert wurde. Im einem Brief vom 3. Juni 1890 an seinen Bruder schreibt Vincent van Gogh: „Herr Gachet sagt, Vater und Mutter müßten sich natürlich gut ernähren, er spricht von täglich zwei Litern Bier und ähnlichen Maßnahmen. Aber es wird Dich gewiß freuen, ihn näher kennenzulernen; er rechnet darauf, und jedesmal, wenn ich ihn sehe, spricht er von Eurem Kommen. Er scheint mir sicher ebenso krank und nervös zu sein wie Du und ich, und er ist älter und hat vor einigen Jahren seine Frau verloren, aber er ist Arzt durch und durch, und sein Beruf und sein Glaube halten ihn aufrecht. Wir sind schon sehr gute Freunde; zufällig hat er noch Bruyas in Montpellier gekannt, und er denkt über ihn genau wie ich – er hält ihn für eine sehr wichtige Erscheinung in der Geschichte der modernen Kunst. Ich arbeite an seinem Porträt: der Kopf, sehr blond, sehr hell, mit einer weißen Mütze, die Hände auch hell, fleischfarben, der Rock blau, der Hintergrund kobaltblau, den Arm auf einen roten Tisch gestützt, darauf ein gelbes Buch und Fingerhutstengel mit purpurroten Blüten. Es ist aus der selben Empfindung heraus gemacht wie das Selbstbildnis, das ich gerade gemalt habe, ehe ich hierherfuhr. Herr Gachet ist ganz begeistert von diesem Porträt und will, daß ich auch eins von ihm mache, wenn möglich, ganz genau wie dieses, und ich möchte es auch gern." (zitiert nach Abraham M. und Renilde Hammacher: *Van Gogh*. Die Biographie in Fotos, Bildern und Briefen. Stuttgart 1982, S. 203)

[10] Wohl aber gab es die mehrfach erwähnte Ortschaft „Sommerfeld", mit dem Sanatorium „Waldhaus". Auf dem Poststempel zu entziffern ist „Sommerfeld über Velten bei Berlin".

[11] Zur Beschreibung des Repertoires von Sprachzeichen hat die strukturale Linguistik nach Saussure kleinstbedeutende Sprachzeichen bestimmt. Ein minimal signifikatives Sprachzeichen – so die Definition – ist dadurch bestimmt, daß es nicht als eine Kombination signifikativer Einheiten, also Sprachzeichen, beschrieben werden kann. Für den Begriff eines minimal signifikativen Sprach-

zeichens gibt es in unterschiedlichen linguistischen Schulen unterschiedliche Termini z.B. *Morphem* (Bloomfield), *Monem* (Martinet) oder *Plerem* (europäischer Strukturalismus).

[12] Die Szenen des *Faust* sind im ersten Teil der Tragödie allerdings nicht in einzelne Akte untergliedert. Insofern bleibt der Hinweis zunächst rätselhaft. Doch anläßlich der „Gipfelkonferenz" vom Juni 1958 hatten die Freunde Szenen aus Goethes *Faust* parodierend nachgestellt und photographiert. 15 Kontaktabzüge dieser Aufnahmen hatte Manfred Bierwisch in 5 Reihen mit je drei Bildern zusammengestellt und mit Bildunterschriften versehen. Im siebten Bild der dritten Reihe wird die Szene „Straße vorm Dom" nachgestellt mit der Bildunterschrift „Mein schönes Fräulein, darf ich wagen..." (Vers 2605 der Akademie Ausgabe). So ist die „Fußnote" als ein Gruß an Elisabeth Schmidt, Uwe Johnsons spätere Ehefrau, zu lesen, die bei der „Gipfelkonferenz" anwesend war.

[13] Das ist ein Hinweis auf den Kopenhagener Linguistenkreis und den dänischen Sprachwissenschaftler Louis Hjelmslev (1899-1965), mit dessen Schriften Manfred Bierwisch sich intensiv beschäftigte. Vgl. hierzu Manfred Bierwisch: *Strukturalismus.* Geschichte, Probleme und Methoden. In: *Kursbuch.* Frankfurt am Main (Jg. 1966) 5, S. 77-152.

[14] Eberhardt Klemm wollte, als er 1977 gerade die Herausgeberschaft für das *Jahrbuch Peters* übernommen hatte, dort zwei Rundfunkvorträge von Manfred Bierwisch zum Thema Musik und Sprache veröffentlichen. Die Ablieferung des versprochenen Manuskripts verzögerte sich immer wieder. Keine Drohung half, obwohl er wissen mußte, daß der Herausgeber dadurch in erhebliche Schwierigkeiten geriet. Als das Manuskript dann „ordentlich getippt" endlich eintraf, war es so umfangreich, daß es einen Jahrbuchband förmlich sprengte. Gleichwohl wurde das *Jahrbuch Peters* 1978 dann doch noch dank des Herausgebers mit dem Beitrag von Manfred Bierwisch „in alle Welt" verschickt.

[15] In der blutigsten Schlacht des siebenjährigen Krieges wurde Friedrich der Große von Russen und Österreichern am 12. August 1759 bei Kunersdorf geschlagen.

[16] Als „laundry list" (Verzeichnis der Schmutzwäsche) bezeichnete der amerikanische Lyriker und Essayist Ezra Pound (1885-1972) private Themen in seinen Briefen. Vgl. D. D. Paige: *Introduction.* In: D.D. Paige (Hrg.): *The Letters of Ezra Pound 1907-1941.* New York 1950, S. XIX.: „His letters do not concern themselves with 'private life' – with what he scornfully calls 'laundry lists' – but with the health of the arts."

[17] Der hier zitierte Dichter ist der amerikanische Schriftsteller Robert Creely. 1926 in Arlington, Massachussetts geboren, lebt er heute in Buffalo, New York. Das Gedicht, dessen beide letzten Verse von Uwe Johnson verwendet wurden, trägt die Überschrift *The Conspiracy* und lautet in der deutschen Übersetzung von Klaus Reichert so:

Die Verschwörung
Du schickst mir deine Gedichte,
ich schicke dir meine. //
Manches wacht auf
selbst durch beiläufige Mitteilung. //
Wir wollen überraschend
den Frühling ausrufen. Und spotten //
über die anderen,
all die andren. //
Ich schicke auch ein Bild von mir,
wenn du mir eines schickst von dir.

Vgl. Robert Creely: *Gedichte.* Amerikanisch und deutsch. Übertragen und mit einem Nachwort versehen von Klaus Reichert. Frankfurt am Main 1966, S. 20. Jetzt wieder zugänglich in Robert Creely: *Gedichte.* Aus dem Amerikanischen von Klaus Reichert. Salzburg/Wien 1988, S. 27.

[18] Die *Bhagavadgita* (Sanskrit: Des Erhabenen Sang) ist das weitest verbreitete religiöse Buch Indiens. Es wird von allen Schichten der Bevölkerung gelesen, studiert und auswendig gelernt.

Anmerkungen zu *Eberhard Fahlke: „Wenn man einem Freund..."*

[1] Hier zitiert nach der Veröffentlichung in der schweizerischen Zeitschrift *du. Max Frisch 1911-1991*. Zürich (Jg. 1991) 12, S. 75. Seinen 75. Geburtstag beging Max Frisch am 15. Mai 1976.

[2] „Jener Versuch über falsche Ehe ist umgearbeitet; ich bedanke mich nochmals für Ihre Beratung." Brief an Max Frisch, 10. Mai 1976.

[3] Uwe Johnson: *Skizze eines Verunglückten.* In: *Begegnungen.* Eine Festschrift für Max Frisch. Frankfurt am Main 1981, S. 69-107. „Man sollte doch auch bedenken, daß dieses eine Übung im Konjunktiv ist, um dem Geburtstagskinde Max Frisch eine Freude zu bereiten mit sorgfältiger Arbeit. Er sollte ja auch seinen Spaß daran haben. Es ist also eine ihm gewidmete Arbeit mit einem bestimmten Formentwurf, einem ihm gewidmeten Thema, von ihm bezogenen Thema, und wäre nie gesondert erschienen, wenn nicht mein Verlag es für angebracht gehalten hätte, das auch noch als Buch herauszubringen", so Uwe Johnson im Gespräch mit Michael Bengel. Hier zitiert nach Michael Bengel: *Gespräch mit Uwe Johnson*, 19. Mai 1983. In: *Johnsons „Jahrestage"*. Hrg. v. Michael Bengel. Frankfurt am Main 1985, S. 126-127. Schon mit dem Titel seiner „Übung im Konjunktiv" bezieht sich Uwe Johnson auf die *Skizze eines Unglücks* aus dem *Tagebuch 1966-1971* von Max Frisch (Frankfurt am Main 1972, S. 219-252 und 257-258).

[4] *Uwe Johnson im Gespräch*, S. 311.

[5] Brief an Wolfgang Klein, 3. Oktober 1980. Im vorläufigen Inhaltsverzeichnis war ein Beitrag des Sprachwissenschaftlers Klaus Baumgärtner *The dichotomy of theme-rheme as a question-answer-as-if*, der dann aber wegen einer Erkrankung nicht in der Festschrift erschienen ist. Die beiden Freunde, die Manfred Bierwisch seit den fünfziger Jahren kannten, waren Eberhardt Klemm und Joachim Menzhausen.

[6] Veröffentlicht in: Uwe Johnson*: Porträts und Erinnerungen.* Hrg. v. Eberhard Fahlke. Frankfurt am Main 1988, S. 95-108. Die Abkürzung „a.k.a." steht für „also known as".

[7] Das fünfseitige im Uwe Johnson-Archiv aufbewahrte Manuskript *Der Anfang einer Freundschaft* wurde von Uwe Johnson unter dem Titel *The Beginning of a Friendship* ins Englische übertragen.

[8] Brief an Wolfgang Klein, 24. November 1980.

[9] Wolfgang Klein/Willem Levelt (eds.): *Crossing the Boundaries in Linguistics.* Studies Presented to Manfred Bierwisch. Dordrecht/Boston/London 1981.

[10] Vgl. Manfred Bierwisch: *Wissenschaft im realen Sozialismus.* In: *Kursbuch.* Berlin, (Jg. 1990) 101 (September), S. 112–123. „Das entwürdigendste Problem aber war ohne Frage das der Reisen ins westliche Ausland, für das es nicht einmal eine Ordnung, wohl aber ein ausgeklügeltes Kastensystem von Einzelreisenden, Reisekadern, Auslandskadern und Auslandskadern mit Begleitung über den Parias der Reiseunmündigen gab. Die Verwerfungen, die dieses System von Gnadenverweisen im wissenschaftlichen Alltag hervorgerufen hat, sind nur schwer zu beschreiben; der Schaden, den es angerichtet hat, ist kaum zu erfassen." (S. 118) Neben dem allgemeinen Überwachungsapparat, so Manfred Bierwisch weiter, dessen Dienste vor allem für die Kaderklassifizierung herangezogen wurden, gab es auch wissenschaftseigene Erfassungs- und Beurteilungsverfahren. Verschiedene Typen von Kaderakten enthielten jene Dossiers, von denen Laufbahnen, Reisen und nicht zuletzt Berufungen abhingen. War es aus irgendwelchen Gründen unvermeidlich, einem „nicht recht konformen Kandidaten eine bestimmte Klassifikation zu erwirken mußte dies mit entsprechenden Beschönigungen erreicht werden." In einem seiner Dossiers konnte Manfred Bierwisch „halb euphemistisch, halb denunziatorisch" über sich selbst lesen: „... hat in einigen Fragen ein distanziertes Verhältnis zur Politik unserer Partei. In seinen politischen Äußerungen bemüht er sich jedoch immer deutlicher, eine konstruktive Haltung einzunehmen." (S. 120)

[11] Aus einem eingeschriebenen Brief an Wolfgang Klein vom 11. März 1981. Die Veröffentlichung, an der man seit Mai 1980 hätte Anstoß nehmen können, sind die *Frankfurter Vorlesungen.* Sie wa-

ren unter dem Titel *Begleitumstände* in jenem Monat erschienen. Marine Parade ist der Name der Küstenstraße, in der Uwe Johnson seit Ende 1974 in Sheerness-on-Sea an der Themsemündung mit Blick auf die offene See wohnte.

[12] Brief an Wolfgang Klein, 26. März 1981.

[13] Brief an Christa Wolf, 1. April 1981. Die Korrespondenz umfaßt insgesamt jeweils 2 Briefe von Uwe Johnson an Christa Wolf und umgekehrt. Carmen (oder auch Karmen) ist die erlesene Bezeichnung für ein Fest- oder Gelegenheitsgedicht.

[14] Christa Wolf: *Lieber Max Frisch.* In: *Begegnungen.* Eine Festschrift für Max Frisch, S. 220.

[15] Uwe Johnson: *Jahrestage,* S. 1636.

[16] vgl. Uwe Johnson: *Begleitumstände,* S. 441.

Anmerkungen zu *Manfred Bierwisch: Erinnerungen ...*

[1] Ich habe einiges von diesem Ärger beschrieben in *Grammatikforschung in der DDR.* Auch ein Rückblick. In: *Merkur.* Stuttgart, 46 (1992) 6, S. 497-505.

[2] Norbert Mecklenburg hat nach dem Vortrag darauf hingewiesen, daß „J. B.", die Initialen des Adressaten von Gesines Brief, als Jonas Blach gedeutet werden können. Die gleiche Zuordnung hat Rolf Michaelis in *Kleines Adreßbuch für Jerichow und New York.* Frankfurt am Main 1983, auf S. 32 vorgenommen. Damit wären Gesines Beziehungen zu dem ausdrücklich nicht Angeredeten samt den erkennbaren Details, auf die der Brief Bezug nimmt, eingefangen, der Adressat hätte eine verbürgte Identität, er wäre keine bloß dem Anlaß geschuldete Person ohne alle Bezüge. Die Unstimmigkeiten freilich bleiben, werden eher noch größer. Jonas war 1968 etwa Ende Dreißig, der Anlaß ist nun auch biographisch unplausibel, nicht nur der äußeren Bedingungen wegen.

[3] Außer Uwe Johnson und mir sind Klaus Baumgärtner und Joachim Menzhausen am Dichterkollektiv beteiligt gewesen.

Anmerkungen zu *Manfred Bierwisch: Uwe Johnson und Leipzig ...*

[1] Uwe Johnson: *Einer meiner Lehrer*. In: Uwe Johnson. *Porträts und Erinnerungen*. Hrg. v. Eberhard Fahlke. Frankfurt am Main 1988, S. 13.
[2] Uwe Johnson: *Ingrid Babendererde*, S. 24.
[3] Uwe Johnson: *Mutmassungen*, S. 167-168.
[4] Uwe Johnson: *Achim*, S. 22-23.
[5] Uwe Johnson: *Achim*, S. 23.

Anmerkungen zu *Johannes Bobrowski: Briefwechsel ...*

Johannes Bobrowski und Uwe Johnson trafen sich vor dem Bau der Mauer offenbar wiederholt und auch gelegentlich danach; bei Tagungen der „Gruppe 47", zwischen 1959 und 1962 in der Kreuzberger Galerie und Kneipe „zinke – die Galerie im Hinterhof", bei Schriftstellerkollegen und anläßlich von literarischen Ereignissen wie der Eröffnung des Wagenbach-Verlages. Sie hatten zahlreiche gemeinsame Bekannte, von denen einige in den Briefen erwähnt werden.
Vom Respekt, den Johnson Bobrowski zollte, zeugt, daß Johnson in seine Auswahl deutscher literarischer Texte für ein amerikanisches Schullesebuch, *Das Neue Fenster*, Bobrowskis Erzählung *Mäusefest* aufnahm. (Vgl. *Das Neue Fenster*. Hrg. v. Uwe Johnson. New York: Harcourt, Brace & World 1967, S. 51-55.)
Zur Beerdigung Bobrowskis am 7. September 1965 konnten Johnson und andere Kollegen die ansonsten für sie geschlossene Grenze passieren. Ein Jahr später besuchte Johnson mit Ingeborg Bachmann die Familie Bobrowskis in der Friedrichshagener Ahornallee 26. Noch im Herbst 1983, wenige Monate vor seinem Tod, hinterließ Johnson bei einem weiteren Besuch am Zaun des Vorgartens einen Lorbeerkranz.
In Johannes Bobrowskis Bibliothek befinden sich die im Brief vom 2. Januar 1964 erbetenen Bücher Johnsons: *Mutmassungen über Jakob* (Frankfurt am Main: Suhrkamp 9.-13. Tausend 1961) mit der Widmung „FÜR / J. BOBROWSKI / Uwe Johnson. / 8 JAN 1964" und *Das dritte Buch über Achim* (Frankfurt am Main: Suhrkamp 21.-25. Tau-

send 1962) mit der Widmung „LIEBER HERR BOBROWSKI / NEHMEN SIES ALS / HERZLICHE GRÜSSE. / IHR SEHR ERGEBENER / Uwe Johnson. / 8 JAN 1964".

Uwe Johnsons Bibliothek enthält folgende Bücher Bobrowskis: *Sarmatische Zeit*. Gedichte. (Berlin: Union 1961); *Levins Mühle*. 34 Sätze über meinen Großvater. Roman. (Berlin: Union 1965) mit der Widmung: „Für Uwe Johnson. Johannes Bobrowski"; *Mäusefest und andere Erzählungen*. (Berlin: Wagenbach 1965); *Litauische Claviere*. Roman. (Berlin: Wagenbach 1967); *Nachbarschaft*. Neun Gedichte. Drei Erzählungen. Zwei Interviews. Zwei Grabreden. Zwei Schallplatten, Lebensdaten. (Berlin: Wagenbach 1967); *Literarisches Klima*. Ganz neue Xenien, doppelte Ausführung. (Stuttgart: Deutsche Verlags Anstalt 1978).

[1] Uwe Johnson-Archiv Frankfurt am Main, Bob,J-1; handschriftlicher Brief, 1 Blatt, 1 Seite.

[2] Walter Höllerer (geb. 1922), Schriftsteller, mit Hans Bender (geb. 1919) zu der Zeit Herausgeber der Münchner Zeitschrift *Akzente*, deren zehnjähriges Bestehen im Februar 1963 mit einer Feier und mit einem Sonderheft begangen wurde.

[3] Uwe Johnson notierte auf dem Brief links unten handschriftlich:
„SCHMIDT
– FOUQUÉ
– KAFF
Postkarte 08.03."

[4] Deutsches Literaturarchiv Marbach am Neckar, Johannes-Bobrowski-Archiv, 91.2.297; handschriftliche Postkarte, Datierung siehe Anm. 3.

[5] Uwe Johnson-Archiv Frankfurt am Main, Bob,J-2, handschriftlicher Brief, 1 Blatt, 1 Seite.

[6] Schmidt, Arno: *Fouqué und einige seiner Zeitgenossen*. Biographischer Versuch. Karlsruhe: Stahlberg 1958. Schmidt, Arno: *Kaff auch Mare Crisium*. Karlsruhe: Stahlberg 1960 (siehe Anm. 3). Spuren der Korrespondenz finden sich in Johannes Bobrowskis Xenien *Literarisches Klima* (vgl. *An Arno Schmidt*. In: Johannes

Bobrowski: *Gesammelte Werke in sechs Bänden.* Hrg. v. Eberhard Haufe. Band 1: Die Gedichte. Berlin 1987, S. 242).

[7] Hans Werner Richter (geb. 1908), Schriftsteller, Initiator der Treffen der „Gruppe 47".

[8] Gemeinsames Zeitschriftenprojekt italienischer, französischer und deutscher Autoren und Verlage, das 1962/63 geplant war, aber nie realisiert werden konnte. Zu den Mitgliedern der deutschen Redaktionsgruppe zählten neben Uwe Johnson u.a. Ingeborg Bachmann, Hans Magnus Enzensberger, Günter Grass und Martin Walser (vgl. Eberhard Fahlke: *Un vocabolo tedesco.* Uwe Johnsons deutscher Beitrag zum Projekt einer europäischen Zeitschrift. In: *Sprache im technischen Zeitalter.* Berlin, 28 [1990] 114 [Juni], S.108-115).

[9] Deutsches Literaturarchiv Marbach am Neckar, Johannes-Bobrowski-Archiv, 91.2.297; maschinenschriftlicher Brief mit Unterschrift, Anlage: maschinenschriftlicher Durchschlag ohne Unterschrift.

[10] Paul Wiens (1922-1982), Schriftsteller.

[11] *An die Wissenschaftler, Ärzte und Pädagogen, an die Schriftsteller und Künstler, an alle Geistesschaffenden der Deutschen Bundesrepublik.* Hier zitiert nach: *Sonntag.* Berlin, 18 (1963) 50, vom 15. Dez. 1963, S. 2.

Der Aufruf nahm das „Moskauer Atomtestabkommen" vom Sommer 1963 als einen für „Millionen Menschen in der ganzen Welt" hoffnungsvollen ersten Schritt zur allgemeinen Abrüstung zum Anlaß, auch die deutschen Intellektuellen zu einem Beitrag zur Erhaltung und Sicherung des Friedens aufzufordern. Einer „revanchistischen" Bonner Politik wurden die Bedingungen in der DDR entgegengehalten: „Wir haben die Vergangenheit bewältigt." Der Brief verteidigte den Mauerbau als „die für jeden souveränen Staat selbstverständliche Sicherung seiner Staatsgrenze", aber er drückte aus, daß die Einheit Deutschlands nur Ergebnis einer Verständigung zwischen beiden deutschen Staaten sein könne. Zu diesem Zweck wurden Formen der Zusammenarbeit angeregt, die die Verständigung fördern sollten: „Wir würden uns freuen, wenn möglichst viele von Ihnen zu uns kämen." Der

Brief ist versehen mit dem Hinweis „Bitte in die Bundesrepublik versenden!", er trägt einhundert Unterschriften von Wissenschaftlern, Ärzten, Schriftstellern und Künstlern, darunter Manfred von Ardenne, Johannes Bobrowski, Fritz Cremer, Paul Dessau, Franz Fühmann, Werner Krauss, Paul Wiens, Christa Wolf und Arnold Zweig.

In einer Antwort auf Uwe Johnsons Brief vom 18. Dezember 1963 ging Paul Wiens auf die Einladung ein, und er schrieb: „Ihre Besorgnisse (was einen Besuch in der DDR anlangt) kenne ich – sie sind nicht begründet. Ich lade Sie also hiermit zu mir nach Berlin ein und hoffe – selbst wenn das Weihnachtsabkommen über Besuch von Westberlinern hier nicht verlängert wird – für Sie eine Aufenthaltsgenehmigung bei unseren Behörden zu bekommen." (Paul Wiens an Uwe Johnson, 2. Jan. 1964)

Johnsons Bedenken waren so schnell nicht zu zerstreuen: „Es freut mich wohl, was Sie über meine Straffälligkeit meinen, aber kann man meine Besorgnisse wirklich so sicher unbegründet nennen, als gebe es das Passgesetz vom Dezember 57 nicht?" (Uwe Johnson an Paul Wiens, 17. Jan. 1964)

Eine Begegnung, zu der auch Günter Grass und Hans Werner Richter geladen werden sollten, scheint es schließlich im Februar in Westberlin gegeben zu haben.

[12] Am 11. Dezember 1963 las Johannes Bobrowski unveröffentlichte Gedichte innerhalb einer Lesereihe im internationalen Studentenwohnheim Eichkamp in Westberlin (vgl. *Der Tagesspiegel.* Berlin, vom 13. Dez. 1963).

[13] Uwe Johnson-Archiv Frankfurt am Main, Bob,J-3, handschriftlicher Brief, 1 Blatt, 2 Seiten.

[14] „zinke – die Galerie im Hinterhof", Berlin-Kreuzberg, Oranienstraße 27, 1959 von Günter Bruno Fuchs, Robert Wolfgang Schnell und dem Bildhauer Günther Anlauf gegründet, war mit geistvollen Lesungen und Ausstellungen bis 1962 ein alternativer Künstlertreffpunkt. Johannes Bobrowski nahm seit der Eröffnung im September 1959 regelmäßig an den Veranstaltungen der Galerie teil

(vgl. *Günter Bruno Fuchs – zinke. Berlin. 1959-1962.* Ausstellungskatalog Berlin: Künstlerhaus Bethanien 1979).

[15] *Mutmassungen über Jakob* (1959) und *Das dritte Buch über Achim* (1961).

[16] Christoph Meckel (geb. 1935), Schriftsteller, Grafiker, seit 1960 eng mit Johannes Bobrowski befreundet (vgl. Christoph Meckel: *Erinnerung an Johannes Bobrowski.* Düsseldorf 1978 und München/Wien 1989).

[17] Franz Schonauer (geb. 1920), Literaturwissenschaftler und Kritiker

[18] Klaus Wagenbach (geb. 1930), Freund und späterer Verleger Bobrowskis.

[19] Klaus Völker (geb. 1938), Theaterwissenschaftler, Dramaturg, Autor, mit Bobrowski befreundet.

Anmerkungen zu *Lotte Köhler: Aus dem Briefwechsel ...*

Lotte Köhler lernte Uwe Johnson 1971 durch ihre Freundin Hannah Arendt näher kennen. „Leider war ich in den Jahren 1966/68, in denen Uwe Johnson in New York wohnte, nicht in dem Ferienort, wo Hannah Arendt, ihr Mann, Freunde und ich gewöhnlich den Sommer verbrachten, denn sonst hätte ich Uwe Johnson, der Hannah Arendt dort und natürlich in New York gelegentlich besuchte, eher kennengelernt." (Lotte Köhler an Roland Berbig, 25. Juli 1992)

[1] Das Antiquariat befand sich bis 1992 in der Kröpeliner Straße in Rostock und hatte eine Ecke mit spezieller mecklenburgischer Literatur eingerichtet.

[2] Ort in der Mecklenburgischen Schweiz, südwestlich vom Kummerower See gelegen. 1933 zog die Familie Lotte Köhlers nach Malchin, wo sie 1933-38 in die Schule ging. In den folgenden Jahren schickte ihr Uwe Johnson immer wieder alte landeskundliche Führer für Mecklenburg.

[3] Neustrelitz war die Haupt- und Residenzstadt des Großherzogtums Mecklenburg-Strelitz, angesiedelt zwischen dem Zierker und

dem Glambecker See. Als Johnson 1972 die DDR besuchte, war Neustrelitz Kreisstadt.

[4] Crivitz, früher Krivitz, Kleinstadt südöstlich von Schwerin. In der Nähe von Crivitz war Lotte Köhler 1942/43 auf einem Gut als Hauslehrerin tätig.

[5] In der Nähe von Bützow wohnte die Familie von Lotte Köhler auf einem Gut, auf dem sie aufgewachsen ist.

[6] Freisemester für Universitätslehrkräfte.

[7] Es handelt sich um die ersten beiden Lieferungen der *Jahrestage*, die 1970 und 1971 erschienen waren.

[8] 1973 war die dritte Lieferung der *Jahrestage* herausgekommen.

[9] Gemeint ist das 1972 erschienene Buch von Günter Grass, das den Titel *Aus dem Tagebuch einer Schnecke* trägt.

[10] In *Mutmassungen über Jakob* heißt es über Heinrich Cresspahl: „Cresspahl wartete sein Leben ab, niemand konnte aufkommen für seine Umstände." S. 18.

[11] Von 1929 bis 1931 war Lotte Köhler in der Pension der Damen Sellschopp und Schnappauf in der Alexandrinenstraße 19 in Rostock, um dort die Höhere Schule besuchen zu können. Davon hatte sie Uwe Johnson erzählt.

[12] Dieser Druckfehler blieb offensichtlich unkorrigiert. In der Taschenbuchausgabe von 1988 steht immer noch „mußte".

[13] Die Reklame auf der Schürze lautete: „I got my job through the New York Times".

[14] straphanger – (engl.) Stehplatzfahrer.

[15] Gemeint ist Uwe Johnson selbst. Siehe seinen Brief vom 19. Dezember 1973.

[16] Gesine Cresspahl besucht am 24. Mai 1968 eine Versammlung der „Amerikanischen Gesellschaft für das Studium der Deutschen Demokratischen Republik" (*Jahrestage*, S. 1210) im Haus 370 Riverside Drive an der 109. Straße. Johnson versteckte mit dieser lokalen Angabe einen Hinweis auf oder genauer für Hannah Arendt, deren Adresse sich dahinter verbarg.

Im September 1983 besuchte Uwe Johnson Lotte Köhler zum letzten Mal in ihrer Wohnung in New York. „Er war sehr gelöst und guter Dinge, hatte gerade den Literaturpreis der Stadt Köln bekommen. Außerdem machte das Fernsehen einen Film mit ihm." (Lotte Köhler an Roland Berbig, 25. Juli 1992)

Anmerkungen zu *Bernd Neumann: Leipzig ...*

[1] Zu diesem Thema läßt sich weiteres nachlesen in den beiden Bänden mit Uwe Johnsons frühen Prosastücken, Examensklausuren und Verlagsgutachten. Siehe: Uwe Johnson: *„Entwöhnung"* und Uwe Johnson: *„Wo ist der Erzähler auffindbar"*. Gutachten für Verlage 1956-1958. Hrg. v. Bernd Neumann. Frankfurt am Main 1992.

[2] Vgl. Johnsons Arbeit über Thomas Otway (1652-1685), auf den ihn Hans Mayer aufmerksam machte. In: Uwe Johnson: *„Entwöhnung"*, S. 31-61.

[3] Hans Mayer: *Ein Deutscher auf Widerruf*. Erinnerungen II. Frankfurt am Main 1984, S. 113.

[4] Hans Mayer: *Ein Deutscher auf Widerruf*, S. 95.

[5] Friedrich Albrecht: *Interview mit Fritz Rudolf Fries*. In: *Weimarer Beiträge*. Berlin und Weimar, 25 (1979) 3, S. 52.

[6] Uwe Johnson: *Jahrestage*, S. 1262.

[7] Auch hier gibt der Band *„Wo ist der Erzähler auffindbar?"* nähere Auskunft.

[8] Wilhelm Johannes Schwarz: *Der Erzähler Uwe Johnson*. Bern/München 1970, S. 11.

[9] Uwe Johnson: *Jahrestage*, S. 1820.

[10] Uwe Johnson: *Begleitumstände*, S. 117.

[11] (Hier zitiert nach der Ausgabe:) Jean-Paul Sartre: *Situationen*. Reden, Aufsätze. Interviews zur Literatur. Leipzig und Weimar 1982, S. 8.

[12] Jean-Paul Sartre: *Situationen*, S. 10.

[13] Uwe Johnson: *Begleitumstände*, S. 146.

[14] Theodor W. Adorno: *Noten zur Literatur*. Frankfurt am Main 1974, S. 41 u. 45.

[15] Theodor W. Adorno: *Noten zur Literatur*, S. 47 f.

[16] Jean-Paul Sartre: *Situationen*, S. 41 f. Walter Jens ließ sich von dieser zitierten Faulkner-Passage zu seiner – dann äußerst einflußreichen – Poetik zeitgenössischen Erzählens in *Statt einer Literaturgeschichte* anregen.

[17] Klaus-Henning Schroeder: *David's Enkel*. Schwerin 1991.

[18] Jean-Paul Sartre: *„Der Fremde" von Camus*. In: Jean-Paul Sartre: *Situationen*, S. 86.

[19] Jean-Paul Sartre: *Situationen*, S. 49.

[20] Uwe Johnson: *Eine Reise wegwohin*. In: Uwe Johnson: *Karsch*, S. 45.

[21] Uwe Johnson: *Mutmassungen*, S. 135f.

[22] Helmut Kreuzer: *Intellektueller und Poet: Max Bense*. Zwei Vorschläge. In: *Zeichen von Zeichen für Zeichen*. Festschrift für Max Bense. Hrg. v. Elisabeth Walther u. Udo Bayer. Baden-Baden 1990, S. 28-34.

[23] Uwe Johnson: *Skizze eines Verunglückten*. Frankfurt am Main 1982, S. 74.

[24] Uwe Johnson: *Twenty-five years with Jake, a.k.a. Bierwisch*. In: Uwe Johnson: *Porträts und Erinnerungen*. Hrg. v. Eberhard Fahlke. Frankfurt am Main 1988, S 95-108, hier: S. 104 (vgl. die Übersetzung von Eberhard Fahlke in diesem Band, S. 51-67).

Anmerkungen zu *Greg Bond: Die Klassengesellschaft ...*

[1] Mit Dank an Pucki Stolte für die kritische Lektüre.

[2] Zum Beispiel von Rezensenten zu Margret Boveri: *Verzweigungen*. Eine Autobiographie. Hrg. u. mit einem Nachwort versehen v. Uwe Johnson. München 1977: Christa Rotzoll: *Margret Boveris Mut*. In: *Frankfurter Allgemeine Zeitung*, vom 19.11.1977 (Beilage); Joachim Günther: *Margret Boveri Verzweigungen*. In: *Neue Deutsche Hefte*. Berlin, 25 (1978) 157, S. 157-160. Siehe auch

Michael Hamburger: *Uwe Johnson – eine Freundschaft.* In: *Sprache im technischen Zeitalter.* Berlin, 23 (1985) 93, S. 2-12.

[3] Uwe Johnson: *Berliner Stadtbahn (veraltet).* In: Uwe Johnson: *Berliner Sachen*, S. 20-21.

[4] Bruno Hillebrand: *Theorie des Romans.* München 1972, 2. Bd, S. 235

[5] *Georg Lukács zum siebzigsten Geburtstag.* Berlin 1955. Besonders zu empfehlen sind Johannes R. Bechers Gedicht *G. L.* (S. 8), und die Texte von Günter Caspar (S. 14-15), Günter Cwojdrak (S. 17-22), Wolfgang Harich (S. 79-86) und Hans Mayer (S. 160-172), die alle die wichtige Rolle von Lukács' Arbeiten für den Neubeginn in der Literaturwissenschaft und Philosophie nach dem „Dritten Reich" betonen. Jürgen Jahn, der in den frühen fünfziger Jahren in Leipzig Germanistik studierte, schreibt: „Ob Vorlesung, Seminar oder Studiengespräch, Sie [Lukács] waren der meistgenannte, meistgelesene Literaturtheoretiker." (S. 116).

[6] Franz Fühmann: *Zweiundzwanzig Tage oder Die Hälfte des Lebens.* Rostock 1973, S. 92 u. 151.

[7] Werner Mittenzwei: *Gesichtspunkte.* Zur Entwicklung der literaturtheoretischen Position Georg Lukács'. In: *Dialog und Kontroverse mit Georg Lukács.* Der Methodenstreit deutscher sozialistischer Schriftsteller. Leipzig 1975, S. 9-104 (siehe bes. den Abschnitt VII: *Lukács' Beitrag zur geistig-kulturellen Erneuerung in der Nachkriegsperiode.* S. 83-90). Für eine eingehendere Darstellung von Lukács' Wirken in der DDR und weitere bibliographische Details zu seiner Wiederentdeckung siehe auch Bernhard Spies: *Georg Lukács und der sozialistische Realismus in der DDR.* In: *Literatur in der DDR.* Rückblicke. Hrg. v. Heinz Ludwig Arnold. München 1991, S. 34-44.

[8] Gerhard Zwerenz: *Der Widerspruch.* Ein autobiographischer Bericht. Frankfurt am Main 1974, S. 143.

[9] Hans Mayer: *Ein Deutscher auf Widerruf.* Erinnerungen II. Frankfurt am Main 1984, S. 111-113, hier: S. 113.

[10] Für einige bibliographische Hinweise und für hilfreiche Gespräche habe ich Jeremy Gaines (ehemals Uwe Johnson-Archiv) zu danken. Ich verweise auf einen unveröffentlichten Aufsatz von Gaines

zum Thema Johnson – Lukács: *Der alte Lukács*, den mir der Autor freundlicherweise zur Verfügung stellte.

[11] Zu Bloch: Peter Pokay: *Utopische Heimat*. Uwe Johnsons *Jahrestage*. In: *Studia Germanica Posnensiensa X*. Poznań 1982, S. 51-76; Gary L. Baker: *The German Jeremiad*. Phil. Diss., University of Minnesota, Minneapolis 1989.
Zu Benjamin: Sigrun Storz-Sahl: *Erinnerung und Erfahrung*. Geschichtsphilosophische und ästhetische Erfahrung in Uwe Johnsons *Jahrestagen*. Frankfurt am Main, New York, Paris 1988.

[12] Bernd Neumann: *Utopie und Mimesis*. Zum Verhältnis von Ästhetik, Gesellschaftstheorie und Politik in den Romanen Uwe Johnsons. Kronberg/Ts. 1978.

[13] Jürgen Grambow: *Uwe Johnson bei Aufbau*. In: *Weimarer Beiträge*. Berlin und Weimar, 36 (1990) 9, S. 1523-1528.

[14] Uwe Johnson: *„Wo ist der Erzähler auffindbar?"* Hrg. v. Bernd Neumann. Frankfurt am Main 1992. Siehe bes. Neumanns Nachwort: *Über einige Ursprünge der großen Ausnahme Uwe Johnson* (S. 167-207) für eine gegen Grambow gerichtete Lesart (S. 178). Neumann betont, daß Johnsons damalige Verteidigung Lukácsscher Kategorien als beauftragt zu verstehen ist. Dabei hebt er vor allem das Peter-Altenberg-Gutachten als Beweismaterial für Johnsons Ablehnung des Realismus und für sein wachsendes Interesse am Modernismus hervor. Dagegen scheint aber schon die Tatsache zu sprechen, daß Johnson Altenberg äußerst kritisch und zuweilen mit bissiger Satire charakterisiert.

[15] Uwe Johnson: *Begleitumstände*, S. 103-108. Die eigensinnige Klausur ist abgedruckt in: Uwe Johnson: *„Entwöhnung"*, S. 71-75.

[16] Georg Lukács: *Das Problem der Perspektive*. In: *Neue Deutsche Literatur*. Berlin und Weimar, 4 (1956) 3, S. 128-133. Wie Johnson in *Begleitumstände* anhand des Streits zwischen Wilhelm Girnus und Willi Bredel verdeutlicht, war dieser Kongreß von dem Versuch vieler Teilnehmer, dem dogmatischen Ton in der Kulturpolitik zu widerstehen, gekennzeichnet. So muß Lukács' Text als Beitrag gegen die völlige Funktionalisierung der Literatur gelesen werden.

[17] Walter Janka: *Schwierigkeiten mit der Wahrheit.* Berlin und Weimar 1990, S. 31.

[18] Georg Lukács: *Wider den mißverstandenen Realismus.* Hamburg 1958. In der DDR erschienen zwei Vorträge von Lukács, die als Vorarbeiten zu diesem Buch gelten können: zuerst der oben erwähnte *Das Problem der Perspektive*, dann *Der Kampf des Fortschritts und der Reaktion in der heutigen Kultur.* In: *Aufbau.* Berlin, 12 (1956) 9, S. 761-776. Das Buch *Wider den mißverstandenen Realismus* erhielt später den Titel *Die Gegenwartsbedeutung des kritischen Realismus.* In: Georg Lukács: *Werke 4.* Neuwied und Berlin 1971, S. 457-603. Hier kritisiert Lukács den sozialistischen Realismus als „revolutionäre Romantik" (S. 583-603). Uwe Johnson, der nie ein gutes Wort für den sozialistischen Realismus fand, verwendete denselben Begriff in einem Interview: Manfred Durzak: *Dieser langsame Weg zu einer größeren Genauigkeit.* Gespräch mit Uwe Johnson. In: *Gespräche über den Roman.* Formbestimmungen und Analysen. Frankfurt am Main 1976, S. 433.

[19] Uwe Johnson: *Jahrestage,* S. 1705-1706.

[20] Ein Quellenvergleich ist in der Tat hier notwendig, da, wie ich zeigen werde, Johnson Lukács falsch zitiert. Andere Johnson-Kommentatoren haben sich leider offensichtlich nicht die Mühe gemacht, bei Lukács nachzuschlagen, und ihre Argumentation, daß diese Erwähnung von Lukács in *Jahrestage* Johnsons eindeutige Polemik gegen den Theoretiker darstellt, wirkt dadurch oberflächlich und vereinfachend. Siehe insbes. Bernd Neumann: *Heimweh ist eine schlimme Tugend.* In: Michael Bengel (Hrg.): *Johnsons „Jahrestage".* Frankfurt am Main 1985, S. 263-280, hier: S. 271-272; auch Peter Horn: *Über das langsame Erzählen in Uwe Johnsons „Ingrid Babendererde".* In: Manfred Jurgensen (Hrg.): *Uwe Johnson. Ansichten - Einsichten - Aussichten.* Bern und Stuttgart 1989, S. 167-191, hier: S. 186. Michael Bengel hat zwar bei Lukács nachgeschlagen, aber eine spätere westdeutsche Ausgabe von 1967 benutzt, mit dem Ergebnis, daß er die Textvarianten bei Lukács nicht beachten konnte und eine eindeutige Lukács-Kritik diagnostizierte. Michael Bengel: *Johnsons*

„Jahrestage" und einige ihrer Voraussetzungen. In: *Johnsons „Jahrestage"*, S. 303-339, hier: S. 335-337. Hans Mayer hat mindestens erkannt, daß Johnson Lukács nicht richtig zitiert, hat aber seine Quellensuche bei Lukács nicht weitergeführt. Hans Mayer: *Uwe Johnson, „Jahrestage."* In: Hans Mayer: *Die unerwünschte Literatur.* Deutsche Schriftsteller und Bücher 1968-1985. Berlin 1989, S. 51-74, hier: S. 72-73. Meines Wissens ist der einzige, der die Sache mit annähernd gewissenhafter philologischer Genauigkeit untersucht hat, Jeremy Gaines (siehe Anm. 10).

[21] Georg Lukács: *Der alte Fontane.* In: *Sinn und Form.* Berlin, 3 (1951) 2, S. 44-93 (Absatz fehlt auf S. 88); In: *Deutsche Realisten des 19. Jahrhunderts.* Berlin 1951, S. 262-307 (neuer Absatz auf S. 302). Ich benutze diese Ausgabe, weil sie diejenige sein mag, die Johnson damals gekannt hat, aber auch weil die spätere Werkausgabe von Luchterhand geringfügige editorische Abweichungen im Text aufweist. Ich danke Jürgen Jahn, der in einem Gespräch und dann in einem Brief vom 28. Jan. 1991 bestätigen konnte, daß mit aller Wahrscheinlichkeit der neue Absatz von Lukács selbst hinzugefügt wurde, um die These zu erhärten.

[22] Uwe Johnson: *Jahrestage,* S. 1697.

[23] Georg Lukács: *Der alte Fontane,* S. 291.

[24] Georg Lukács: *Der alte Fontane,* S. 298.

[25] Vgl. in dieser Hinsicht die Seiten zu Fontane in Lukács' etwas früher erschienenem Buch: *Deutsche Literatur im Zeitalter des Imperialismus.* Berlin 1950, S. 18-22; zuerst veröffentlicht 1945 unter dem Titel *Deutsche Literatur während des Imperialismus.* Hier hat Lukács nur Gutes über Fontane zu sagen, und er lobt insbes. *Schach von Wuthenow.* Auch dies spricht dafür, daß der kritische Teil des Aufsatzes *Der alte Fontane,* besonders wenn es um *Schach von Wuthenow* geht, ein einigermaßen künstlich hinzugefügter ist.

[26] Uwe Johnson: *Jahrestage,* S. 1705.

[27] Uwe Johnson: *Jahrestage,* S. 1696-1697.

[28] Theodor Fontane: *Briefe in zwei Bänden.* Hrg. v. Gotthard Erler. 3. Aufl. Berlin 1989, 2. Bd., S. 70.

[29] Uwe Johnson: *Jahrestage,* S. 1698.

[30] Theodor Fontane: *Briefe in zwei Bänden.* 2. Bd., S. 91-92.

[31] Theodor Fontane: *Briefe in zwei Bänden.* 2. Bd., S. 78.

[32] Uwe Johnson: *Jahrestage,* S. 1707.

[33] Uwe Johnson: *Jahrestage,* S. 1700.

[34] Johnson wollte nie als Vertreter irgendeines (wie auch immer modernen, experimentellen oder realistischen) Stils verstanden werden. Deshalb betonte er immer die Eigenständigkeit jeder seiner Texte: „Ich habe die Erfahrung gemacht, daß noch jede Geschichte, die ich wußte, ihre ganz eigene bestimmte Form verlangt. Diese Form ist auf andere Geschichten nicht zu übertragen. Mehr kann ich darüber nicht sagen." Alois Rummel: *Gespräch mit Uwe Johnson.* In: *Uwe Johnson im Gespräch,* S. 211. Ähnliche Formulierungen – mit ähnlich entwaffnender Naivität – befinden sich in zahlreichen Gesprächen und Vorträgen Johnsons.

[35] Georg Lukács: *Der alte Fontane,* S. 279.

[36] Uwe Johnson: *Berliner Stadtbahn (veraltet),* (siehe Anm. 3), S. 14.

[37] Uwe Johnson: *Ingrid Babendererde.* Reifeprüfung 1953. Frankfurt am Main 1985.

[38] Uwe Johnson: *Begleitumstände,* S.55.

[39] Uwe Johnson: *Begleitumstände,* S. 70. In seinem Aufsatz zu *Ingrid Babendererde* (siehe Anmerkung 20, dort S. 177) hat auch Peter Horn diese Stelle aus *Begleitumstände* herausgegriffen, um Johnsons Ablehnung eines solchen Rechtsbegriffs zu dokumentieren. Die Identität des marxistischen Literaturwissenschaftlers hat Horn nicht aufgezeigt.

[40] Hans Koch (Hrg.): *Georg Lukács und der Revisionismus.* Berlin 1960.

[41] Georg Lukács: *Die Tragödie Heinrich von Kleists.* In: Georg Lukács: *Deutsche Realisten des 19. Jahrhunderts.* Berlin 1951, S. 40.

[42] Daß diese Konflikte zwischen Recht und Gerechtigkeit ein Hauptanliegen Johnsons beim Verfassen von *Ingrid Babendererde* waren, zeigt die Klausur, die er 1956 zum IV. Schriftsteller-Kongreß schrieb. Gefragt, welche literarischen Fragen dort behandelt wurden, antwortete Johnson mit einem Ausschnitt aus seinem ersten Romanmanuskript. Er leitete dies mit dem folgenden Hinweis ein: „die deutsche Wochenschrift *Sonntag* [veröffent-

lichte] einen Beitrag, der feststellt: es habe in den ersten Jahren der demokratischen Republiken eine ernstliche Problematik des Rechts gegeben – niemals sei eine Gestalt unter solchen Umständen in der Literatur erschienen. Dies ist also eine Frage der Redlichkeit." In: Uwe Johnson: *„Entwöhnung"*, S. 71.

[43] Hermann Kant: *Der Jüngling im Eiskasten.* In: *Neues Deutschland.* Berlin, vom 18. Febr. 1962, S. 4.

[44] Uwe Johnson: *Mutmassungen*, S. 46-47.

[45] Uwe Johnson: *Mutmassungen*, S. 262.

[46] Uwe Johnson: *Mutmassungen*, S. 96.

[47] Siehe dazu meinen Aufsatz: *The dialogic form of Uwe Johnson's „Mutmassungen über Jakob"*. In: *Modern Language Review.* London, 84 (1989) 4, S. 874-884.

[48] Helmut M. Braem: *Mutmaßung über das andere Deutschland.* Uwe Johnsons neuer großer Roman *Das dritte Buch über Achim.* In: Nicolai Riedel (Hrg.): *Uwe Johnsons Frühwerk.* Im Spiegel der deutschsprachigen Literaturkritik. Bonn 1987, S. 175. In der DDR: Alexander Abusch: *Erkennen und Gestaltung.* In: *Literatur im Zeitalter des Sozialismus.* Berlin 1967, S. 813.

[49] Eberhard Fahlke: *Die „Wirklichkeit" der „Mutmassungen".* Eine politische Lesart der *Mutmassungen über Jakob* von Uwe Johnson. Frankfurt am Main 1982, S. 51-74.

[50] Uwe Johnson: *Begleitumstände*, S. 132.

[51] Uwe Johnson: *Begleitumstände*, S. 135.

[52] Uwe Johnson: *Begleitumstände*, S. 134.

[53] Michail Bachtin: *Das Wort im Roman.* In: *Untersuchungen zur Poetik und Theorie des Romans.* Hrg. v. Edward Kowalski u. Michael Wegner. Berlin 1986, S. 167 u. 166.

[54] Walter Benjamin: *Der Erzähler.* Betrachtungen zum Werk Nikolai Lesskows. In: Walter Benjamin: *Gesammelte Schriften.* Hrg. v. Rolf Tiedemann u. Hermann Schweppenhäuser. Frankfurt am Main 1977, Bd. II/2, S. 445.

[55] Walter Benjamin: *Der Erzähler*, S. 441.

[56] Walter Benjamin: *Der Erzähler*, S. 461.

[57] Uwe Johnson: *Mutmassungen*, S. 271.

Anmerkungen zu *Margund Hinz/Roland Berbig: „Ich sehe nicht ein ...“*

Der vorliegende Text entstand aus einer Zusammenarbeit der Autoren und wurde von Roland Berbig verfaßt. Margund Hinz steuerte zur Erschließung der Situation und Argumentation Hermann Kestens schriftliche Ausarbeitungen bei, die in die Untersuchung einflossen.

[1] zit. nach Uwe Johnson: *Begleitumstände*, S. 216.

[2] Uwe Johnson: *„Entwöhnung“*, S. 181.

[3] Hermann Kesten: *Mutmaßungen über Uwe Johnson.* Höchst Seltsames über die Berliner Mauer. In: *Die Welt.* Hamburg, Nr. 275, vom 25. Nov. 1961. S. 1.

[4] zit. nach Uwe Johnson: *Begleitumstände*, S. 156.

[5] *Wanderer zwischen Ost und West.* Mailänder Mutmassungen über Uwe Johnson. In: *Duisburger General-Anzeiger*, Nr. 276, vom 28. Nov. 1961.

[6] Martin Bodenstein: *Brentano und der Dichterstreit.* Die Bundesrepublik hat ihren literarischen Skandal. In: *Freie Presse.* Herforder Tageszeitung, Nr. 286, vom 9. Dez. 1961. S. 2.

[7] Uwe Johnson: *„Entwöhnung“* und Uwe Johnson: *„Wo ist der Erzähler auffindbar?“* Gutachten für Verlage 1956-1958. Mit einem Nachwort hrg. v. Bernd Neumann. Frankfurt am Main 1992.

[8] Hier sei verwiesen auf Uwe Johnson: *Twenty-five years with Jake, a. k. a. Bierwisch.* In: Uwe Johnson: *Porträts und Erinnerungen.* Hrg. v. Eberhard Fahlke. Frankfurt am Main 1988, S. 95-108. Vgl. auch die Beiträge von Manfred Bierwisch, Eberhard Fahlke und Bernd Neumann im vorliegenden Band.

[9] Uwe Johnson: *Ich über mich.* In: *Uwe Johnson.* Hrg. v. Rainer Gerlach u. Matthias Richter. Frankfurt am Main 1984, S. 18-19.

[10] *„Ein verkannter Humorist“* Gespräch mit Leslie Willson, 20. April 1982. In: *Uwe Johnson im Gespräch*, S. 283.

[11] Uwe Johnson: *Ich über mich*, S. 19.

[12] Uwe Johnson: *Begleitumstände*, S. 222.

[13] Uwe Johnson: *Begleitumstände*, S. 166.

[14] Dissertation an der Technischen Universität Berlin 1991.

[15] Uwe Johnson: *Begleitumstände*, S. 117.

[16] Uwe Johnson: *Twenty-five years with Jake*, S. 104. Siehe die Übersetzung von Eberhard Fahlke im vorliegenden Band S. 51-67.

[17] *Uwe Johnson im Gespräch*, S. 173.

[18] Das Gespräch ist wiederabgedruckt in *Uwe Johnson im Gespräch*, S. 184-193. Der Herausgeber, Eberhard Fahlke, verweist in einer Fußnote noch einmal auf die Notiz in der Erstveröffentlichung in *konkret*, nach der das Gespräch zwischen Johnson und Neusüss eindeutig vor der Auseinandersetzung mit Kesten stattfand.

[19] vgl. hierzu die Äußerungen in dem Gespräch mit Arnhelm Neusüss.

[20] *Uwe Johnson im Gespräch*, S. 188.

[21] *Uwe Johnson im Gespräch*, S. 192.

[22] Hans Werner Richter (Hrg.): *Die Mauer oder Der 13. August*. Reinbek bei Hamburg 1961.

[23] zit. nach Günter Grass: *Deutscher Lastenausgleich*. Wider das dumpfe Einheitsgebot. Reden und Gespräche. Berlin 1990, S. 122-123.

[24] zit. nach Klaus Wagenbach, Winfried Stephan, Michael Krüger (Hrg.): *Vaterland, Muttersprache*. Deutsche Schriftsteller und ihr Staat von 1945 bis heute. Ein Nachlesebuch für die Oberstufe. Mit einem Vorwort von Peter Rühmkorf. Berlin 1979, S. 186.

[25] So der Titel des Beitrages von Rudolf Krämer-Badoni, den Richter aus den Zeitäußerungen auswählte. In: *Die Mauer oder Der 13. August*. S. 138-140.

[26] Franz Lennartz: *Die Dichter unserer Zeit*. Einzeldarstellungen zur deutschen Dichtung der Gegenwart. 5. Auflage. Stuttgart 1952, S. 242.

[27] Günter Albrecht, Kurt Böttcher, Herbert Greiner-Mai, Paul Günter Krohn (Hrg:): *Lexikon deutschsprachiger Schriftsteller von den Anfängen bis zur Gegenwart*. Leipzig 1972, 2 Bde. 1. Bd., S. 458.

[28] zit. nach *Lexikon deutschsprachiger Schriftsteller*. 1. Bd., S. 458.

[29] Kerstin Schoor 1989 mit einer Arbeit über den Exilverlag promoviert. Dort finden sich zahlreiche Details zur Rolle Kestens in jenen Jahren. Vgl. Kerstin Schoor: *Verlagsarbeit im Exil*. Untersuchungen zur Geschichte der deutschen Abteilung des Amsterdamer Allert de Lange Verlages 1933-1940. Amsterdam/Atlanta

1992. Vgl. weiterhin Andreas Winkler: *Hermann Kesten im Exil (1933-1940)*. Sein politisches und künstlerisches Selbstverständnis und seine Tätigkeit als Lektor in der deutschen Abteilung des Allert de Lange Verlags. Hamburg 1977.

[30] Hermann Kesten: *Dichter im Café*. Frankfurt am Main 1960, S. 72.

[31] Hans Wagner im Artikel über Hermann Kesten im *Literatur Lexikon*. Autoren und Werke deutscher Sprache. Hrg. v. Walter Killy. München 1990, 6. Band, S. 309.

[32] Manès Sperber: *Geteilte Einsamkeit*. Der Autor und sein Leser. Wien, München, Zürich 1985, S. 251.

[33] Manès Sperber: *Geteilte Einsamkeit*, S. 252.

[34] Peter Mertz: *Und das wurde nicht ihr Staat*. Erfahrungen emigrierter Schriftsteller mit Westdeutschland. München 1985, S. 229.

[35] Hermann Kesten: *Neues zur neuen deutschen Literatur*. In: Jahrbuch der deutschen Akademie für Sprache und Dichtung in Darmstadt. Heidelberg 1961/1962, S. 66-67.

[36] Hermann Kesten: *Die Rätsel der Literaturkritik*. In: Hermann Kesten: *Filialen des Parnaß*. 31 Essays. München 1961, S. 233.

[37] „Die Dämmerung ist ihm verhaßt", heißt es in einer Rezension zu zwei Kesten-Büchern, „die diskrete Beleuchtung kennt er nicht, für das subtile Spiel von Licht und Schatten hat er weder Geduld noch Zeit – er taucht stets alles in überhelles Scheinwerferlicht, das so sehr blendet, daß man die Feinheiten kaum erkennen kann." Marcel Reich-Ranicki: *Schonung heißt Beleidigung*. Besprechung von Hermann Kestens Roman *Die Abenteuer eines Moralisten* und dem Essayband *Filialen des Parnaß*. In: *Die Zeit*, Hamburg, 16 (1961) 48, vom 24. Nov. 1961. S. 23.

[38] Manès Sperber: *Geteilte Einsamkeit*, S. 251.

[39] Hermann Kesten (Hrg.): *Ich lebe nicht in der Bundesrepublik*. München 1964, S. 14.

[40] Im Artikel *Quo Vadis Germania?* schrieb Kesten: „Ich sah Deutschland vierfach, unter vier verschiedenen Systemen: Kaiserreich, Weimarer Republik, Drittes Reich, Bonner Bundesrepublik. Drei sah ich schon untergehen, in Blut und Feuer, wie Babel, wie

Ninive, wie Sodom und Gomorrah." In: Hermann Kesten: *Filialen des Parnaß*, S. 95.

[41] Hermann Kesten: *Quo Vadis Germania?*, S. 98 u. 99.

[42] So stellte Kesten in dem *Quo Vadis Germania?*-Aufsatz die bezeichnende, unter den westdeutschen Schriftstellern mehrheitsfähige Frage: „Sollte man sich nicht eine deutsche Regierung vorstellen können, die höher als den Wohlstand die Freiheit schätzte, eine Regierung ohne einen Oberländer, oder einen Globke, sogar ohne einen Seebohm, Strauß oder Schröder, die weniger patriarchalisch, weniger konformistisch, weniger klerikal, minder abhängig, minder geschäftstüchtig oder erfolgslüstern wäre?", S. 97.

[43] Marcel Reich-Ranicki: *Schonung ist Beleidigung*, S. 23.

[44] Peter Mertz: *Und das wurde nicht ihr Staat*, S. 208.

[45] Marcel Reich-Ranicki: *Schonung heißt Beleidigung*, S. 23.

[46] Uwe Johnson: *Begleitumstände*, S. 208.

[47] Monika Zitzewitz: *Italienischer Cocktail mit Uwe Johnson.* Mailand, im November. *Die Welt.* Hamburg, Nr. 269, vom 17. Nov. 1961, S. 7.

[48] Monika Zitzewitz: *Italienischer Cocktail*, S. 7.

[49] Monika Zitzewitz: *Italienischer Cocktail*, S. 7.

[50] Monika Zitzewitz: *Italienischer Cocktail*, S. 7.

[51] zit. nach Uwe Johnson: *Begleitumstände*, S. 216.

[52] Hermann Kesten: *Neues zur neuen deutschen Literatur*, S. 64.

[53] Hermann Kesten: *Neues zur neuen deutschen Literatur*, S. 67.

[54] Hermann Kesten: *Neues zur neuen deutschen Literatur*, S. 67.

[55] Hermann Kesten: *Neues zur neuen deutschen Literatur*, S. 69.

[56] zit. nach Uwe Johnson: *Begleitumstände*, S. 216.

[57] zit. nach Uwe Johnson: *Begleitumstände*, S. 217.

[58] Hermann Kesten: *Die deutschen Kritiker.* In: Hermann Kesten: *Filialen des Parnaß*, S. 227.

[59] Daß der Mauerbau die Politik nicht wirklich überraschte, kann als ausgemacht gelten. Christoph Kleßmann schreibt: „Völlig überraschend dürfte der Mauerbau für die amerikanische Regierung kaum gekommen sein, zumal der Vorsitzende des außenpolitischen Ausschusses, Fulbright, schon am 30. Juli in einem Fernseh-

Interview erklärt hatte: 'Ich verstehe nicht, weshalb die DDR-Behörden ihre Grenze nicht schließen, denn ich meine, sie haben alles Recht, sie zu schließen.'" Christoph Kleßmann: *Zwei Staaten, eine Nation*. Deutsche Geschichte 1955-1970. Bonn 1988, S. 90.

[60] zit. nach Uwe Johnson: *Begleitumstände*, S. 217.

[61] Herbert Lilge geht so weit, eine gewisse Zufriedenheit der Westmächte über den Mauerbau rückblickend zu konstatieren: „Es hat überhaupt den Anschein, daß den Westmächten die Mauer, deren inhumane Auswirkungen sie bedauerten und verurteilten, unter dem Aspekt der temporären Friedenssicherung eine relativ günstige Lösung bedeutete, die der zur politischen Explosion treibende Menschenverlust der DDR anfänglich gar nicht erwarten ließ." Herbert Lilge (Hrg.): *Deutschland 1945-1963*. Mit Beiträgen von Manfred Rexin, Günter Moltmann, Herbert Lilge. 11., veränderte Auflage. Hannover 1979, S. 231.

[62] Herbert Lilge: *Deutschland 1945-1963*, S. 231.

[63] zit. nach Uwe Johnson: *Begleitumstände*, S. 209.

[64] Hermann Kesten: *Mutmaßungen über Uwe Johnson*, S. 1.

[65] zit. nach Uwe Johnson: *Begleitumstände*, S. 218.

[66] Hermann Kesten: *Mutmaßungen über Uwe Johnson*, S. 1.

[67] Hermann Kesten: *Mutmaßungen über Uwe Johnson*, S. 1.

[68] Hermann Kesten: *Mutmaßungen über Uwe Johnson*, S. 1.

[69] Hermann Kesten: *Mutmaßungen über Uwe Johnson*, S. 1.

[70] Hermann Kesten: *Mutmaßungen über Uwe Johnson*, S. 1.

[71] Hermann Kesten: *Mutmaßungen über Uwe Johnson*, S. 1. Der Argumentationskontext, in den Brecht von Johnson und Kesten gestellt wurde, kann hier zugunsten übergreifender Gesichtspunkte nur unzureichend berücksichtigt werden. Johnsons Inschutznahme des späten Brecht, der in der DDR Kunstleistungen von hohem Rang vollbrachte und ein schriftstellerisches Sozialverhalten vorlebte, das von Johnson und anderen als beispielhaft empfunden wurde, stand Kestens Urteil, „Brecht sei unter Ulbricht ein Prediger und Diener der Diktatur geworden" (S. 1), entgegengesetzt gegenüber. Johnson mache aus Brecht, heißt es bei Kesten, „einen hilflosen Feigling, einen amoralischen Erfolgsjä-

ger". Der jedoch sei eigentlich „ein Moralist, der sich mehrfach verraten hat", gewesen und eins auf keinen Fall: ein Ästhetizist!

[72] Nicht zuletzt dürfte der erste Bericht in der *Welt* von Monika Zitzewitz für Kesten alarmierende Wirkung gehabt haben, las er sich doch wie eine Laudatio auf Johnson.

[73] Carl E. Buchalla: *Ein Streitgespräch wird zum Skandal.* Kestens *Mutmaßungen über Uwe Johnson* korrigiert. In: *Kölner Stadt-Anzeiger*, Nr. 284, vom 7. Dez. 1961. S. 4.

[74] Auf diesen Zusammenhang weist mit Vehemenz Marcel Reich-Ranicki in seinem Artikel *Brentano, Brecht, Horst Wessel und Uwe Johnson.* Freie Schriftsteller dürfen nicht zum Freiwild werden, hin. (In: *Die Zeit*, Hamburg, 16 [1961] 51, vom 15. Dez. 1961, S. 9-10).

[75] Hermann Kesten: *Mutmaßungen über Uwe Johnson,* S. 1.

[76] zit. nach Uwe Johnson: *Begleitumstände,* S. 220.

[77] Uwe Johnson: *Begleitumstände,* S. 206.

[78] Uwe Johnson: *Begleitumstände,* S. 211.

[79] An Versuchen seitens Johnsons hat es nicht gefehlt, wie die Beziehung zu Günter Grass zeigt. Sie ist allerdings auch Zeugnis, daß der aus dem studentischen Leben in Leipzig formierte Kreis, den die Mauer auseinanderriß, nicht mehr zu ersetzen gewesen war.

[80] Im Zusammenhang mit *Zwei Ansichten,* dem nächsten Roman Johnsons nach der Debatte, ist dem Schriftsteller ein Übermaß an Klischees vorgerechnet worden, besonders hinsichtlich der Darstellung bundesrepublikanischer Wirklichkeit. So schrieb Manfred Durzak: „Selbstentfremdung also, Verdinglichung des Menschen in der modernen westdeutschen Konsumgesellschaft – so lautet die Quintessenz des Bildes, das Johnson von B. in seinem Roman entwirft. Als typisches Bild des Bundesbürgers verstanden oder gar als allegorische Personifikation der BRD, wird man Johnson kaum den Vorwurf der schematisierten Darstellung ersparen können." Manfred Durzak: *Politische Bestandsaufnahme: „Zwei Ansichten".* In: *Uwe Johnson.* Frankfurt am Main 1984, S. 233.

[81] Fernschreiben von Axel Springer an Konrad Adenauer, 16. Aug. 1961. Zit. nach Konrad Adenauer: *Teegespräche 1959-1961.* Bearbeitet von Hanns Jürgen Küsters. Berlin 1988, S. 547.

[82] Konrad Adenauer: *Teegespräche*. Nr. 45: 17. August 1961 (Wortprotokoll). S. 552.

[83] Vgl. Herbert Lilge: *Deutschland 1945-1963*, S. 231.

[84] Vgl. die bezeichnenden Dokumente, die Johnson in den *Begleitumständen* veröffentlichte. S. 232-234.

[85] *Düsseldorfer Nachrichten*. Nr. 287, vom 11. Dez. 1961.

[86] Günter Kunert: *Nachsatz zum Nachwort*. In: Günter Kunert (Hrg.): *Aus fremder Heimat*. Zur Exil-Situation heutiger Literatur. München, Wien 1988, S. 110-111.

[87] Günter Kunert: (Nachwort) *Deutsch-deutsches Exil*. In: Günter Kunert (Hrg.): *Aus fremder Heimat*, S. 107.

[88] Man schloß ihn nicht aus der Vergabe repräsentativer Ämter und Ehrungen aus, wie es die Ehrung mit dem Büchner-Preis 1974 (Johnson bekam ihn 1971) und seine Präsidentschaft (1972) im PEN-Zentrum der Bundesrepublik bezeugen. Die Glätte, mit der sich Brentano, nachdem er seine Fehler auf einem „Gipfeltreffen" gegenüber dem Leiter des Suhrkamp Verlages, Siegfried Unseld, eingeräumt hatte, folgenlos aus der Affäre zog, ist gleich beispielhaft.

[89] In *Begleitumstände* listete er sogar Gerüchte auf, die Kesten im Zwielicht der Kontroverse verbreitet haben soll: „Wie könnte er auch erwarten: klagte Hermann Kesten: dass man auf ihn höre, den niedrig gewachsenen, unansehnlichen Juden. Wenn hingegen so ein grosser blonder Arier daherkomme..." In: Uwe Johnson: *Begleitumstände*, S. 237.

[90] Uwe Johnson: *Begleitumstände*, S. 239.

[91] Zumindest läßt sich die auf das Treffen zwischen Brentano und Johnsons Verleger eingehende Passage in den Frankfurter Vorlesungen so deuten. Johnson schreibt: „Brentano versichert, er sei von selbst auf den Gedanken gekommen, etwas zu schreiben an den Schriftsteller, dem er Ungelegenheiten bereitet hatte. Auch denke er daran, bei seinem nächsten Romaufenthalt sich zu treffen mit dem." In: Uwe Johnson: *Begleitumstände*, S. 236-237.

[92] Hermann Kesten: *Nikolaus Stern*. In: Hermann Kesten: *Die dreißig Erzählungen*. München 1962, S. 472.

[93] Hermann Kesten: *Nikolaus Stern*, S. 473. Die Entdeckung des Zusammenhanges zwischen dieser Novelle und dem Mailänder Vorfall mit seinen Folgen verdankt der Aufsatz Margund Hinz, die an geeigneter Stelle weiterführende Erläuterungen vorlegen wird.

[94] Hermann Kesten: *Nikolaus Stern*, S. 474.

Wir bedanken uns für Hilfeleistungen bei Eberhard Fahlke (Frankfurt am Main), Johannes John (München) und Erdmut Wizisla (Berlin).

Anmerkungen zu *Erdmut Wizisla: „Aus jenem Fach ..."*

[1] Uwe Johnson: *Begleitumstände*, S. 331.

[2] Bertolt Brecht: *Me-ti. Buch der Wendungen*. Fragment. Redaktion Uwe Johnson. Frankfurt am Main 1965 (= Bertolt Brecht: *Prosa V.*) Vgl. auch die Ausgabe im *Weißen Programm im 33. Jahr Suhrkamp* mit verändertem Nachwort (Frankfurt am Main 1983).

[3] Nicolai Riedels Bibliographie ist hier ein seltenes Mal ungenau, vgl. Nicolai Riedel: *Uwe Johnson. Bibliographie 1959-1980*. Band 1: Das schriftstellerische Werk und seine Rezeption in literaturwissenschaftlicher Forschung und feuilletonistischer Kritik in der Bundesrepublik Deutschland. Mit Annotationen und Exkursen zur multimedialen Wirkungsgeschichte. 2., völlig neu bearbeitete Auflage. Bonn 1981, S. 65.

[4] Werner Mittenzwei: *Gutachten zu „Me-ti – Buch der Wendungen" von Bertolt Brecht*. Archiv des Aufbau-Verlags Berlin und Weimar, Mappe 561.

[5] Bertolt Brecht: *Prosa. Band IV*. Me-ti. Buch der Wendungen. Hrg. v. Werner Mittenzwei. Berlin und Weimar 1975.

[6] Archiv des Aufbau-Verlags Berlin und Weimar, Mappe 1461.

[7] Klaus Gysi (Aufbau-Verlag) an Lucie Pflug (Zentralkomitee der SED, Abt. Wissenschaften), 30. August 1965. Institut für Geschichte der Arbeiterbewegung, Berlin, Zentrales Parteiarchiv, Büro Hager.

[8] SED-Hausmitteilung Hörnig (Abt. Wissenschaften) an Hager, 13.

September 1965. Institut für Geschichte der Arbeiterbewegung, Berlin, Zentrales Parteiarchiv, Büro Hager.

[9] Johnson selbst sprach von einem „Auftrag" der Weigel (vgl. Uwe Johnson an Helene Weigel, 10. September 1965, Bertolt-Brecht-Erben). Das Buch der *Begleitumstände*, in dem Johnson die *Me-ti*-Arbeit erwähnt, trägt ebenfalls den Titel *Aufträge*.

[10] Vgl. Klaus Baumgärtner an Verfasser, 8. Januar 1992. Während der Veranstaltung mit Hermann Kesten am 11. November 1961 in Mailand erwähnte Johnson, daß er das „Privileg" gehabt hätte, „in Brechts Nachlaß einige Geschichten über Herrn Keuner zu entdecken" (vgl. *Uwe Johnson am Pranger? oder Wie man amoralische Ästhetizisten macht*. In: *Die Zeit*. Hamburg, 16 [1961] 50, vom 8. Dez. 1961, S. 16; Hinweis von Roland Berbig).

[11] Uwe Johnson: *Begleitumstände*, S. 122.

[12] Elisabeth Hauptmann an Helene Weigel, 20. Mai 1964, Akademie der Künste, Berlin, Literaturarchive, Nachlaß Elisabeth Hauptmann.

[13] U[we] J[ohnson]: *Nachbemerkung*. In: Bertolt Brecht: *Me-ti. Buch der Wendungen* (ed. Johnson 1965), S. 198.

[14] Das Bild hing im oberen Arbeitsraum in Sheerness, heute befindet es sich im Uwe Johnson-Archiv, Frankfurt am Main.

[15] Kurt Hager (Zentralkomitee der SED) an Helene Weigel, 28. Mai 1964, Helene-Weigel-Archiv Ko 9387. Den Hinweis auf dieses Schreiben verdanke ich Matthias Braun.

[16] Bertolt-Brecht-Archiv. Besucher-Jahreslisten 1965.

[17] Bernd Neumann sagt, Johnson habe in einem Brief an Siegfried Unseld darauf bestanden, daß man Berlaus Hinweis folgen solle.

[18] Vgl. das Typoskript im Uwe Johnson-Archiv, Frankfurt am Main.

[19] *Uwe Johnson im Gespräch*, S. 76.

[20] Elisabeth Hauptmann an Helene Weigel, 20. Mai 1964.

[21] Klaus Gysi an Lucie Pflug, 30. August 1965.

[22] Vgl. BBA 363/112, ein wichtiger handschriftlich überlieferter Text, der erst in Mittenzweis Ausgabe eingegangen ist, vgl. dort *Me-ti sagte*, S. 92.

[23] Es handelte sich um die Texte *Me-tis Schüler erkennen ihren Lehrer nicht mehr* und *Das Feuermachen der Lai-tu*.

[24] Siegfried Melchinger: *Prosa vom Klassiker Brecht.* Zu fünf neuen Bänden der großen Suhrkamp-Ausgabe. In: *Stuttgarter Zeitung,* vom 8. Jan. 1966.

[25] Uwe Johnson: *Zur Publikation der Texte in den Mappen des Brecht Archivs* [...] (im folgenden: *Memorandum*). Akademie der Künste zu Berlin, Literaturarchive, Nachlaß Elisabeth Hauptmann, S. 7.

[26] Uwe Johnson an Helene Weigel, 10. September 1965 (siehe Anm. 9). Im Frankfurter Typoskript von *Me-ti* sind die *Lai-tu*-Geschichten noch nicht enthalten.

[27] Uwe Johnson: *Begleitumstände,* S. 23.

[28] Vgl. Uwe Johnson: *„Wo ist der Erzähler auffindbar?".* Gutachten für Verlage 1956-1958. Mit einem Nachwort hrg. v. Bernd Neumann. Frankfurt am Main 1992.

[29] Uwe Johnson: *Lebenslauf.* In: *Uwe Johnson. „Es ist eine Welt gegen die Welt zu halten".* Texte und Bilder. Eine Ausstellung. [Katalog.] Zusammengestellt vom Uwe Johnson-Archiv und dem Hessischen Rundfunk. Frankfurt am Main 1991, S. 6 f.

[30] Klaus Baumgärtner an Verfasser, 8. Januar 1992: „Brechts höchst aufregende Textbestände und unsere Machenschaften daran (die Überlieferung, Zeugensicherung, kuriose Filiation, Textbewertung, Schichtentreue und alles sonstige Prinzipielle) waren damals eine zeitlang mein Hauptthema unter meinen Freunden. Zur gleichen Zeit hatte ich mich mit anderen an der Akademie darangemacht, eine Art Strukturalismus der Kritischen Edition zu entwerfen; dieses *manual* müßte durchaus auch heute noch vorzufinden sein. Nun kann ich zwar beileibe nicht belegen, bin aber doch recht sicher, daß meine Berichte von allem diesem Gewerbe auf Johnson von Einfluß waren und insgesamt seiner Besessenheit (wohl genauer: seinem Selbstschutz) in öffentlich dargestellter Objektivität entgegenkamen; es mag sogar sein, daß er die strukturalistische Arbeit von mir besaß."

[31] So hatte Völker vorgeschlagen, den Text *Viele Arten zu töten* anders zu plazieren, damit er nicht auf die Sowjetunion bezogen werden kann (vgl. Klaus Völker: *Das alte Neue.* Anmerkungen zu den aus dem Nachlaß Brechts herausgegebenen Me-ti und Tui-Texten.

In: *kürbiskern*. München, [Jg. 1966] 4, S. 157-166, hier S. 166). Daß Völker auf einer Pressekonferenz zur Vorstellung der *Gesammelten Werke* geäußert habe, *Me-ti* sei neu geordnet worden, „da sein Herausgeber in der alten Suhrkamp-Ausgabe nicht wußte, daß die Reihenfolge der Blätter in den Mappen manchmal zufällig war", halte ich für unwahrscheinlich. (Vgl. John Willett: *Der neue Brecht*. Zur endgültigen Ausgabe ist es noch weit. In: *Die Zeit*. Hamburg, 22 [1967] 40, vom 6. Okt. 1967). Johnson hatte gerade das ausdrücklich betont. (Vgl. Brecht: *Me-ti. Buch der Wendungen* [ed. Johnson 1965], S. 200.)

32 Uwe Johnson an Siegfried Unseld, 10. Januar 1967. Der Brief war zu sehen in der Ausstellung *Uwe Johnson. „Es ist eine Welt gegen die Welt zu halten"*. Eine 'Ausstellung des Hessischen Rundfunks. Akademie der Künste Berlin, 1992. Johnson meinte offenbar den Text *Verteidigung der Ehre*, den auch die Werkausgabe dem *Me-ti*-Buch zuordnete.

33 Brecht: *Me-ti. Buch der Wendungen* (ed. Johnson 1983), S. 197.

34 Auch Jan Knopf kritisiert, daß Mittenzweis Anordnung dem Werk „eine sehr eindeutige, recht widerspruchslose und zu einfache 'Entwicklung' und Tendenz verleiht, so als ob das Ziel schon erreicht wäre" (vgl. Jan Knopf: *Brecht-Handbuch*. Lyrik, Prosa, Schriften. Eine Ästhetik der Widersprüche. Stuttgart 1984, S. 449).

35 Johnson: *Nachbemerkung*, S. 200. Die bloße Mitteilung der Blattfolge von Mappe 136 bei Mittenzwei bringt diesen Vorteil der Johnson-Ausgabe m. E. nicht.

36 Johnson: *Memorandum*, S. 19.

37 Mittenzwei: *Gutachten*, S. 7. An gleicher Stelle warb Mittenzwei für eine neue Edition: „Eine Neuanordnung des Textes wird bestehende Schwierigkeiten nicht völlig beseitigen können, dennoch sollte man ein solches Experiment wagen, *um eine bessere Lesart herzustellen.*" (Hervorhebung vom Verf.)

38 Johnson: *Memorandum*, S. 20.

39 Wolfgang Fritz Haug: *Nützliche Lehren aus Brechts „Buch der Wendungen"*. In: *Das Argument*. Berlin, 10 (1968) 1/2, S. 2.

40 Brecht: *Me-ti. Buch der Wendungen* (ed. Johnson 1965), S. 117.

[41] Johnson: *Memorandum*, S. 2.

[42] Vgl. Wolfgang Fritz Haug: *Nützliche Lehren aus Brechts „Buch der Wendungen"*, S. 1-12.

[43] Brecht: *Me-ti. Buch der Wendungen* (ed. Johnson 1965), S. 42.

[44] Vgl. Uwe Johnson: *Kommentar zu BERTOLT BRECHT, Prosa 5 (Me-ti/ Buch der Wendungen)*, SFB/NDR (3. Programm), 26. Dez. 1965. Typoskript im Archiv des SFB. Erstdruck im vorliegenden Band. (Bernd Neumanns Hinweis und Hanspeter Krügers Freundlichkeit verdanke ich das Typoskript der Sendung. Nicolai Riedels Bibliographie verzeichnet die Arbeit unter der Nummer 0258.)

[45] Zur Auseinandersetzung zwischen Johnson und Kesten vgl. den Aufsatz von Margund Hinz und Roland Berbig in diesem Band, S. 240-269.

[46] Vgl. *Uwe Johnson am Pranger? oder Wie man amoralische Ästhetizisten macht* (siehe Anm. 10).

[47] Vgl. *Uwe Johnson am Pranger? oder Wie man amoralische Ästhetizisten macht.*

[48] *Uwe Johnson am Pranger? oder Wie man amoralische Ästhetizisten macht*. Nur der letzte Satz findet sich in Uwe Johnson: *Begleitumstände*, S. 220.

[49] Uwe Johnson: *Ingrid Babendererde*, S. 166 f.

[50] Uwe Johnson: *Ingrid Babendererde*, S. 98 ff. Monika Gerhardt teilte mir mit, daß in einer früheren Fassung des Romans an der Stelle die *Studie Über Goethes Gedicht „Der Gott und die Bajadere"* zitiert wird. Auch das verweist auf eine frühe Aufmerksamkeit für Brecht, dessen *Studien* bis dahin nur in Heft 11 der *Versuche* 1951 erschienen waren.

[51] Vgl. Uwe Johnson: *Thema: Analyse eines Schauspiels von Bertolt Brecht „Der gute Mensch von Sezuan"*. In: Uwe Johnson: *„Entwöhnung"*, S. 79-82 u. 191-197. Szenenfotos zeigen, daß das Autowrack tatsächlich im Rostocker Bühnenbild zu sehen war (siehe S. 192).

[52] Vgl. Uwe Johnson: *Begleitumstände*, S.193-205 u. 228 f. und Uwe Johnson: *Achim*, S. 313.

[53] Mitteilung von Bernd Neumann.

[54] Uwe Johnson: *„Mir bleibt nur, ihr zu danken"*. Zum Tod von Hannah Arendt. In: Uwe Johnson: *Porträts und Erinnerungen*. Hrg. v. Eberhard Fahlke. Frankfurt am Main 1988, S. 74, vgl. die Erläuterung auf S. 162.

[55] Uwe Johnson: *Drei Gedichte von B. Brecht*. In: Bertolt Brecht: *Gedichte*. Ausgewählt von Autoren. Mit einem Geleitwort von Ernst Bloch. Frankfurt am Main 1975. S. 89-102, Zitat S. 91. Das Typoskript im Uwe Johnson-Archiv ist auf den 27./28. Jan. 1975, Sheerness, datiert. Johnsons Auswahl „für Ende Januar 1975" umfaßt die Gedichte *Wer im guten Glück*, *Merkwürdig* und *Man sollte nicht zu kritisch sein* (S. 96).

[56] Vgl. Uwe Johnson: *Zu Bertolt Brecht „An die Gleichgeschalteten"*. In: *Poesie*. Aus den Gedichtbüchern der Bibliothek Suhrkamp. Frankfurt am Main 1979, S. 29.

[57] Vgl. Uwe Johnson: *Berliner Sachen*, S. 95 f, und Uwe Johnson: *Begleitumstände*, S. 122 u. 148 f.

[58] Uwe Johnson: *Begleitumstände*, S. 122.

[59] Vgl. Uwe Johnson: *Jahrestage*, S. 1820. In der *Literarischen Welt* vom 13. Juli 1928 stand Brechts Zuschrift über George mit dem Satz: „Die Säule, die sich dieser Heilige ausgesucht hat, ist mit zuviel Schlauheit ausgesucht, sie steht an einer zu volkreichen Stelle, sie bietet einen zu malerischen Anblick..." (vgl.: Bertolt Brecht: *Werke*. Hrg. v. Werner Hecht u.a.. Band 21: Schriften 1: 1914-1933. Berlin und Weimar/Frankfurt am Main 1992, S. 247).

[60] In Johnsons Schilderung der Begegnung mit Peter Suhrkamp in den *Begleitumständen* (S. 98 f.) fehlt das Buch, das sich in seiner Bibliothek findet. Aber es ist im Brief an Hans Mayer vom 18. Juli 1957 erwähnt, vgl. Uwe Johnson: *Porträts und Erinnerungen*, S. 133.

[61] Therese Hörnigk erinnert sich daran.

[62] *Uwe Johnson im Gespräch*, S. 76.

Mit Dank für Hinweise an Klaus Baumgärtner (Stuttgart) Gerhard Seidel (Berlin) und Carsten Wurm (Archiv des Aufbau-Verlages, Berlin).

Anmerkungen zu *Roland Berbig: Eine Bürgerin der „D.D.R." ...*

[1] Die Verse gehören zu folgenden Gedichten von Nelly Sachs: *Welt, frage nicht die Todentrissenen, In der Flucht welch großer Empfang* und *Kommt einer von ferne*. In: Nelly Sachs: *Fahrt ins Staublose*. Gedichte. Frankfurt am Main 1961, S. 114, 262, 301.

[2] Uwe Johnson: *Mutmassungen*, S. 213.

[3] Uwe Johnson: *Jahrestage*, S. 1486.

[4] Uwe Johnson: *Begleitumstände*, S. 337.

[5] Uwe Johnson: *Begleitumstände*, S. 175.

[6] Vgl. hierzu die Auseinandersetzung zwischen Hermann Kesten und Uwe Johnson Ende 1961 und Anfang 1962, die sich auch um diesen Sachverhalt und dessen Problematik rankte.

[7] Meinung für ein Tonband der Sozialdemokratischen Wählerinitiative, 7. Nov. 1972. Bis zur Veröffentlichung in: *Uwe Johnson im Gespräch* (1988) nicht publiziert. Dort S. 137.

[8] Siehe *Reclams Zitaten-Lexikon*. Hrg. v. Johannes John. Stuttgart 1992. S. 452.

[9] Uwe Johnson: *Jahrestage*, S. 151.

[10] *Uwe Johnson im Gespräch*, S. 283. *Die Reifeprüfung* meint den nach Johnsons Tod erst veröffentlichten Romanerstling *Ingrid Babendererde.* Reifeprüfung 1953. Zu Lebzeiten war nur erschienen *Eine Abiturklasse*. Aus einem aufgegebenen Roman. In: Siegfried Unseld (Hrg.): *Aus aufgegebenen Werken*. Frankfurt am Main 1968, S. 107-123.

[11] Uwe Johnson: *Begleitumstände*, S. 442.

[12] Reinhard Baumgart: *Eigensinn*. Ein vorläufiger Rückblick auf Uwe Johnsons *Jahrestage*. In: *Uwe Johnson*. Hrg. v. Rainer Gerlach u. Matthias Richter. Frankfurt am Main 1984, S. 315.

[13] Bereits ein grober Blick in seine beiden Bibliotheken im Uwe Johnson-Archiv gibt davon eindrücklich Zeugnis. Das beginnt bei einer Fülle von Publikationen über die Teilung Deutschlands, geht weiter mit statistischen und soziologisch orientierten Arbeiten über die DDR und schließt Spezialstudien beispielsweise über *Das Schulbuch in der Sowjetzone* ein. Ganz zu schweigen natürlich

von der DDR-Literatur, die von Volker Braun bis Christa Wolf vertreten ist. Eine Untersuchung, die diese Buchbestände in ein Verhältnis zu seinen literarischen Arbeiten setzt, steht aus und ist dringlich zu wünschen. Ein erster Schritt könnte eine detaillierte Beschreibung der Bibliothek sein. Eberhard Fahlke ist mit zwei Arbeiten in diese Richtung gegangen. Siehe Eberhard Fahlke: *Bücher: gesammelt und geschrieben, um die Geschichte aufzuheben.* Uwe Johnsons Bibliothek. In: *Poetik.* Hrg. v. Horst Dieter Schlosser und Hans D. Zimmermann. Frankfurt am Main, 1988, S. 110-134, und Eberhard Fahlke: *„Erinnerung umgesetzt in Wissen".* Spurensuche im Uwe Johnson-Archiv. In: Siegfried Unseld/ Eberhard Fahlke (Hrg.): *Uwe Johnson: „Für wenn ich tot bin".* Frankfurt am Main 1991, S. 73-143.

14 Eberhard Fahlke: *„Ach, Sie sind ein Deutscher?"* Uwe Johnson im Gespräch. In: *Uwe Johnson im Gespräch,* S. 39.

15 *Uwe Johnson im Gespräch,* S. 39.

16 Uwe Johnson: *Jahrestage,* S. 1770.

17 Uwe Johnson: *Jahrestage,* S. 1776. Zu dem Zitat siehe Norbert Mecklenburg: *Ein Stück Herkunft, kenntlich gemacht.* Realismus und Regionalismus in Uwe Johnsons *Jahrestagen.* In: *Johnsons „Jahrestage".* Hrg. v. Michael Bengel. Frankfurt am Main 1985, S. 239-241. Eberhard Fahlke verweist ebenfalls auf das Zitat in dieser Wortreihung und knüpft wie Mecklenburg den Namen Eduard Mörikes und dessen Gedicht *Gesang Weylas* daran. Unverkennbar bestehen auch Bezüge zu Mörikes Gedicht *Besuch in Urach.*

18 Auf diesen Umschlag des Erkenntnisinteresses lenkt Greg Bond die Aufmerksamkeit in dem Artikel *„Die Toten halten zuverlässig das Maul".* Über Uwe Johnson im wiedervereinigten Deutschland. In: *Freitag.* Berlin, 3 (1992) 38, vom 11.9.1992, S. 12. Greg Bond geht so weit zu behaupten: „Niemand versucht, Johnsons westdeutsche Jahre zu beschreiben, geschweige denn diesen mit einer annähernd ähnlichen Akribie nachzuspüren wie derjenigen, die für die DDR-Jahre jetzt aufgebracht wird."

19 Jörg Burkhard: *Uwe Johnsons Bild der DDR-Gesellschaft. Das dritte Buch über Achim.* Romaninterpretation. Bonn 1988, S. 5.

[20] So Ulrich Fries, der in seinem Buch über die *Jahrestage* folgendermaßen argumentiert: „Der Genosse Schriftsteller schreibt Gesines 'Tagebuch', er schreibt ihre (Auto-)Biographie. Er hat Zugang zu all ihren Gedanken, zu ihrem Wissen, und er ist dauernd präsent, so, wenn Gesine Marie erzählt. Darüber hinaus steuert er die Kenntnisse seines Handwerks bei (Umgang mit Sprache, Recherche der Daten und Fakten). Er überschreitet durchaus den Rahmen des von Gesine möglicherweise Gewußten, aber es scheint geradezu Teil jenes Vertrages, Gesines Bewußtsein zum Zentrum des Buches zu machen und auch in den Transgressionen dessen Logik zu folgen, jedoch ohne sich der Fiktion einer sozusagen mimetischen Darstellung zu verschreiben: sowohl Struktur des Textes wie auch dessen Sprache gehen auf das Konto des Genossen Schriftsteller." In: Ulrich Fries: *Uwe Johnsons „Jahrestage"*. Erzählstruktur und Politische Subjektivität. Göttingen 1990, S. 53.

[21] Martin Meyer, Wolfgang Strehlow: *Das sagt mir auch mein Friseur.* Film- und Fernsehäußerungen von Uwe Johnson. In: *Sprache im technischen Zeitalter.* Berlin, 23 (1985) 95 (September), S. 175.

[22] Horst Lehner: *Die letzten 123 Tage im Leben der Gesine Cresspahl?* Ein Gespräch mit Uwe Johnson über den dritten Band der *Jahrestage.* In: *Johnsons „Jahrestage"*, S. 114.

[23] Wolfgang Emmerich: *Kleine Literaturgeschichte der DDR.* Erweiterte Ausgabe. Frankfurt am Main 1989, S. 331.

[24] Norbert Mecklenburg: *Ein Stück Herkunft, kenntlich gemacht*, S. 242.

[25] „Der Untertitel heißt 'Aus dem Leben von Gesine Cresspahl'", erklärte Johnson in einem Gespräch 1973. „Das können Sie nun lesen als die Zu- und Abrichtung einer Person durch vier verschiedene gesellschaftliche Systeme. Sie können das betrachten als die allmähliche Hinführung einer Person zum politischen Erfassen ihrer Lage, zu einem Zeitpunkt jedoch, wo sie mit all ihren politischen Kenntnissen rein von der persönlichen Kraft her nicht mehr in der Lage ist zu politischen Aktionen." In: Horst Lehner: *Die letzten 123 Tage im Leben der Gesine Cresspahl?*, S. 108.

[26] Werner Bruck: *„Ein Bauer weiß, daß es ein Jahr nach dem andern*

gibt." Interview mit Uwe Johnson, 24. April 1975. In: *Uwe Johnson im Gespräch*, S. 270.

[27] Uwe Johnson: *Einführung in die „Jahrestage"*. In: *Johnsons „Jahrestage"*, S. 21. Übrigens stellte Michael Bengel seinen Bericht über die Lesung im *Kölner Stadt-Anzeiger* vom 16.12.1978 unter die beziehungsreiche Überschrift: *Ich kann Gesine nicht umbringen.*

[28] Uwe Johnson: *Einführung in die „Jahrestage"*, S. 21.

[29] Ernst Bloch: *Das Prinzip Hoffnung*. Frankfurt am Main 1985, S. 1628.

[30] Norbert Mecklenburg: *Ein Stück Herkunft, kenntlich gemacht*, S. 239.

[31] Uwe Johnson: *Brief an Siegfried Unseld*. In: *Johnsons „Jahrestage"*, S. 94.

[32] Uwe Johnson: *Jahrestage*, S. 1628.

[33] Uwe Johnson: *Jahrestage*, S. 562.

[34] Zwei der vielzitierten Sätze von Gesine: Der erste bezieht sich auf die Konsequenzen aus dem 1952 erlassenen Gesetz „über die weitere Demokratisierung des Aufbaus und der Arbeitsweise der staatlichen Organe in den Ländern", das das Land Mecklenburg auflöste. „Es ist ein Stück Herkunft unkenntlich gemacht worden", kommentiert Gesine. Der zweite heißt wörtlich: „Wo ich her bin, das gibt es nicht mehr." Uwe Johnson: *Jahrestage*, S. 1837 u. 386.

[35] Uwe Johnson: *Jahrestage*, S. 8.

[36] Uwe Johnson: *Jahrestage*, S. 382-385.

[37] Vgl. die Überlegungen dazu, die Uwe Johnson 1970 in seinem Text *Versuch, eine Mentalität zu erklären* (im vorliegenden Band S. 19-32) äußert.

[38] Uwe Johnson: *Jahrestage*, S. 232.

[39] Uwe Johnson: *Jahrestage*, S. 232.

[40] Diese Erinnerung wird fast am Ende der *Jahrestage* mitgeteilt und schließt damit einen Bogen, der zu Beginn eröffnet wurde. Siehe S. 1835.

[41] Uwe Johnson: *Jahrestage*, S. 188.

[42] Uwe Johnson: *Jahrestage*, S. 256.

[43] Uwe Johnson: *Jahrestage*, S. 256.

[44] Uwe Johnson: *Jahrestage*, S. 256.

[45] In einem kursiv gedruckten Dialog zwischen dem Autor und Gesine heißt es: „Ja, wenn ich dich gleich um Rat gefragt hätte, Mrs. Cresspahl. Damals sprachen wir noch nicht mit einander, Mr. Johnson." Uwe Johnson: *Jahrestage,* S. 257.

[46] Uwe Johnson: *Jahrestage*, S. 255.

[47] Uwe Johnson: *Jahrestage*, S. 253.

[48] Uwe Johnson: *Jahrestage*, S. 257.

[49] Uwe Johnson: *Jahrestage*, S. 943.

[50] Uwe Johnson: *Jahrestage*, S. 1000.

[51] Uwe Johnson: *Jahrestage*, S. 943.

[52] Uwe Johnson: *Jahrestage*, S. 944.

[53] Daß Leslie Danzmann ungenannt bleiben will, aber deutlich auf ihre Person und die Nähe zu Heinrich Cresspahl deutet, hat mehrere Gründe. Gesine hatte, als ihr Vater verhaftet wurde, Leslie Danzmann, die ebenfalls verhaftet, doch bald wieder freigelassen wurde, in Verdacht, ihren Vater verraten zu haben. Gesine strafte sie, indem sie das Grüßen unterließ. Vgl. Uwe Johnson: *Jahrestage*, S. 1463.

[54] Uwe Johnson: *Jahrestage*, S. 945. „Dahin zurück", sagt Gesine bei früherer Gelegenheit, „darf ich nicht. Das ist weit von hier. Das ist mehr als 4500 Meilen entfernt, und mehr, noch nach acht Stunden Flug muß man dahin gehen, bis man in die Nacht gerät, und kommt nicht an. Das ist mehr als 6000 Kilometer." Uwe Johnson: *Jahrestage*, S. 490.

[55] Uwe Johnson: *Jahrestage*, S. 464.

[56] Uwe Johnson: *Jahrestage*, S. 1773.

[57] Uwe Johnson: *Jahrestage*, S. 1772-1773.

[58] Uwe Johnson: *Jahrestage*, S. 1772 und 1775.

[59] Uwe Johnson: *Jahrestage*, S. 1775.

[60] Uwe Johnson: *Jahrestage*, S. 1774.

[61] U.a. wird eine Unterrichtsstunde Tschechisch geschildert, in der Gesine die Berichte der *New York Times* über die ČSSR zusammenfassen soll: „- Der Außenminister des Landes protestierte beim Botschafter der Ostdeutschen gegen eine Einmischung in

innere Angelegenheiten./ - Denn./ - Die Ostdeutschen übten Kritik an der Demokratisierung der Č.S.S.R., da sie die freundschaftlichen Verbindungen zwischen den Ländern des Ostblocks gefährde und dem westdeutschen Monopolkapital nützlich sei." Uwe Johnson: *Jahrestage*, S. 927.

[62] Uwe Johnson: *Jahrestage*, S. 1821.

[63] Uwe Johnson: *Jahrestage*, S. 690.

[64] Uwe Johnson: *Jahrestage*, S. 1213 u. 1211.

[65] Dieter E. Zimmer: *Eine Bewußtseinsinventur*. Das Gespräch mit dem Autor: Uwe Johnson. In: *Johnsons „Jahrestage"*, S. 100 u. 101.

[66] Uwe Johnson: *Einführung in die „Jahrestage"*, S. 25.

[67] Reinhard Baumgart: *Eigensinn*, S. 317.

[68] Theodor W. Adorno: *Minima Moralia*. Reflexionen aus dem beschädigten Leben. Frankfurt am Main 1989, S. 7.

[69] Theodor W. Adorno: *Minima Moralia*, S. 7.

[70] Uwe Johnson: *Brief an Siegfried Unseld*, S. 94.

[71] Hans Mayer: *Uwe Johnson, „Jahrestage"*. In: Hans Mayer: *Die unerwünschte Literatur*. Deutsche Schriftsteller und Bücher 1968-1985. Berlin 1989, S. 66.

[72] Reinhard Baumgart: *Eigensinn*, S. 321.

[73] Uwe Johnson: *Brief an Siegfried Unseld*, S. 94.

[74] Norbert Mecklenburg: *Ein Stück Herkunft, kenntlich gemacht*, S. 247.

[75] *„Ein verkannter Humorist"*. Gespräch mit A. Leslie Willson, 20. April 1982. In: *Uwe Johnson im Gespräch*, S. 287.

[76] Vgl. bes. Uwe Johnson: *Begleitumstände*, S. 440-444. Nur „eine Identität war fähig", die vom Verfasser angebotenen Unterschiede als Eigenschaften „anzunehmen". S. 443.

[77] Norbert Mecklenburg: *Erzählte Provinz*. Regionalismus und Moderne im Roman. Königstein/Ts. 1982, S. 183.

[78] Reinhard Baumgart: *Eigensinn*, S. 321.

[79] Diese Sicht, die Adornos Formel der Analyse der *Jahrestage* zugrundelegt, verfolgt am konsequentesten Sigrun Storz-Sahl: *Erinnerung und Erfahrung*. Geschichtsphilosophische und ästhetische Erfahrung in Uwe Johnsons *Jahrestagen*. Frankfurt am Main, New York, Paris 1988. Johnson ungerecht vereinfachend er-

scheint allerdings Storz-Sahls Schluß, die DDR unmittelbar mit der Nazi-Zeit gleichzusetzen, wenn sie schreibt: „Der neue Staat DDR entpuppt sich als das schon Dagewesene. Die Propaganda mit ihren erklärten Feindbildern unterscheidet sich nur oberflächlich von der des Dritten Reiches. [...] Der Terror ist der gleiche geblieben." S. 261.

[80] Christof Schmid: *Gespräch mit Uwe Johnson*, 29. Juli 1971. In: *Uwe Johnson im Gespräch*, S. 253

[81] Uwe Johnson: *Jahrestage*, S. 1683.

[82] Uwe Johnson: *Jahrestage*, S. 1784. Siehe dazu auch: Hans-Jürgen Schmidt: *Brief aus Güstrow*, in diesem Band S. 160-162.

[83] Uwe Johnson: *Jahrestage*, S. 1801.

[84] Uwe Johnson: *Jahrestage*, S. 1805.

[85] Uwe Johnson: *Jahrestage*, S. 1585.

[86] Uwe Johnson: *Jahrestage*, S. 1759.

[87] Wilhelm J. Schwarz: *Gespräche mit Uwe Johnson*, 10. Juli 1969. In: *Uwe Johnson im Gespräch*, S. 240.

[88] Horst Lehner: *Die letzten 123 Tage im Leben der Gesine Cresspahl?*, S. 119.

[89] Horst Lehner: *Die letzten 123 Tage im Leben der Gesine Cresspahl?*, S. 119.

[90] Uwe Johnson: *Jahrestage*, S. 189.

[91] Uwe Johnson: *Jahrestage*, S. 421 u. 422.

[92] Uwe Johnson: *Jahrestage*, S. 1008.

[93] Wilhelm J. Schwarz: *Gespräche mit Uwe Johnson*, S. 240.

[94] Hannah Arendt: *Von der Menschlichkeit in finsteren Zeiten*. Rede über Lessing. München 1960, S. 35.

[95] Hannah Arendt: *Von der Menschlichkeit in finsteren Zeiten*, S. 35.

Ich danke Kerstin Schoor, Uwe Schoor und Erdmut Wizisla.

Zu den Beiträgen

Uwe Johnson: *Versuch, eine Mentalität zu erklären*

Nachwort zu: *Ich bin Bürger der DDR und lebe in der Bundesrepublik.* 12 Interviews herausgegeben von Barbara Grunert-Bronnen. München 1970, S. 119-129. Der Wiederabdruck des Textes in Uwe Johnson: *Berliner Sachen*, S. 52-63, wurde mit dem Untertitel versehen: Über eine Art DDR-Bürger in der Bundesrepublik Deutschland.

Gerald Zschorsch: *Elegie*

In: *Spitznasen*. Gedichte. Stuttgart 1990, S. 37.
Die Widmung „An Uwe Johnson" stand ursprünglich über dem Gedicht; im Erstdruck verzichtete Zschorsch aus persönlichen Gründen darauf.

Michael Roloff: *Gespräch mit Uwe Johnson*

In: *Uwe Johnson im Gespräch*, S. 171-183. Erstdruck in: *Metamorphosis*. A Literary Magazine. Nashville, Vol. 4 (1964), S. 32-42.

Uwe Johnson: *Fünfundzwanzig Jahre mit Jake ...*

Erstdruck der Übersetzung im vorliegenden Band.

Eberhard Fahlke: *„Wenn man einem Freund eine Festschrift macht..."*

Für den vorliegenden Band entstanden.

Manfred Bierwisch: *Erinnerungen Uwe Johnson betreffend*

Beitrag für eine Konferenz des Arbeitskreises „Literatur und Politik in Deutschland" vom 29. November bis 1. Dezember 1991 in Bad Godesberg.

Manfred Bierwisch: *Uwe Johnson und Leipzig*

Beitrag für eine Veranstaltung des Suhrkamp Verlages und der

Connewitzer Verlagsbuchhandlung aus Anlaß der Leipziger Buchmesse im Mai 1992.
Erstdruck im vorliegenden Band.

Günter Grass: *Distanz, heftige Nähe, Fremdwerden und Fremdbleiben*
Für den vorliegenden Band entstanden.

Günter Kunert: *Ein Fremdling*
Erstdruck in: *du.* Die Zeitschrift der Kultur: *Uwe Johnson. Jahrestage in Mecklenburg.* Zürich, (Jg. 1992) 10.

Thomas Brasch: *Halb Schlaf*
In: *Frankfurter Allgemeine Zeitung,* vom 26. November 1982.
Das Gedicht hing, ausgeschnitten und eingerahmt, im Wohnzimmer Uwe Johnsons. Vgl. Siegfried Unseld/Eberhard Fahlke (Hrg.): *Uwe Johnson: „Für wenn ich tot bin".* Frankfurt am Main 1991, S. 142 f.

Johannes Bobrowski: *Briefwechsel mit Uwe Johnson*
Erstdruck im vorliegenden Band.
Anmerkungen: Erdmut Wizisla unter Verwendung von Hinweisen von Johanna und Justus Bobrowski (Berlin), Eberhard Haufe (Weimar) sowie Eberhard Fahlke (Frankfurt am Main).

Lotte Köhler: *Aus dem Briefwechsel mit Uwe Johnson*
Erstdruck im vorliegenden Band.
Briefe bzw. Briefdurchschläge im Besitz von Lotte Köhler (New York). Anmerkungen: Roland Berbig unter Verwendung von Hinweisen von Lotte Köhler.

Christine Jansen: *„Seien Sie vielmals bedankt!"*
Für den vorliegenden Band entstanden.

Helen Wolff: *Brief aus Hanover, New Hampshire (1991)*
Erstdruck im vorliegenden Band.

Hans-Jürgen Schmidt: *Brief aus Güstrow (1992)*
Erstdruck im vorliegenden Band.

Michael Jesse: *Da war Einer, den hätte ich gern gekannt*
Beitrag für ein Kolloquium über Uwe Johnson im Dezember 1990 in Hannover.
Veränderter Erstdruck im vorliegenden Band.

B. K. Tragelehn: *Uwe Johnson (1981)*

In: B. K. Tragelehn: *NÖSPL*. Gedichte 1956-1981. Basel/Frankfurt am Main 1982, S. 117.

Bernd Neumann: *Leipzig, oder die Schule der Modernität*

Für den vorliegenden Band entstanden.

Greg Bond: *Die Klassengesellschaft und die Dialektik der Gerechtigkeit*

Für den vorliegenden Band entstanden.

Margund Hinz/Roland Berbig: *„Ich sehe nicht ein, daß die Mauer..."*

Beitrag für den Kleinen Germanistentag, Berlin 1992.

Erweiterter Erstdruck im vorliegenden Band.

Uwe Johnson: *Kommentar zu Brechts „Me-ti. Buch der Wendungen"*

Redemanuskript für eine Hörfunksendung. Ausstrahlung im dritten Programm von Sender Freies Berlin / Norddeutscher Rundfunk, am 26. Dezember 1965 (*Lesebuch des dritten Programms*).

Erstdruck im vorliegenden Band.

Im Originaltyposkript (Sender Freies Berlin), das überschrieben ist: *Kommentar zu BERTOLT BRECHT, Prosa 5 (Me-ti/Buch der Wendungen)*, hat Uwe Johnson die Zitate aus dem kommentierten Brecht-Band nicht ausgeschrieben. Sie wurden hier nach einer Liste im Anhang eingefügt, wobei unvollständige Seitenangaben ergänzt worden sind.

Erdmut Wizisla: *„Aus jenem Fach bin ich weggelaufen"*

Für den vorliegenden Band entstanden.

Roland Berbig: *Eine Bürgerin der „D.D.R."*

Für den vorliegenden Band entstanden.

Nicolai Riedel: *Uwe Johnson & die DDR*

Für den vorliegenden Band entstanden.

Zu den Autoren

Roland Berbig, geb. 1954, Literaturwissenschaftler, Humboldt-Universität zu Berlin.

Manfred Bierwisch, geb. 1930, Professor für Linguistik, Max-Planck-Arbeitsgruppe für Strukturelle Grammatik an der Humboldt-Universität zu Berlin.

Johannes Bobrowski, geb. 1917, gest. 1965, Schriftsteller.

Greg Bond, geb. 1963, Germanist, Berlin.

Thomas Brasch, geb. 1945, Schriftsteller, Berlin.

Eberhard Fahlke, geb. 1944, Literaturwissenschaftler, Uwe Johnson-Archiv der Johann Wolfgang Goethe-Universität zu Frankfurt am Main.

Günter Grass, geb. 1927, Schriftsteller, Berlin und Behlendorf.

Margund Hinz, geb. 1969, Studentin der Germanistik und Rehabilitationspädagogik, Humboldt-Universität zu Berlin.

Christine Jansen, geb. 1936, Germanistin, Hausfrau, Berlin.

Michael Jesse, geb. 1969, Student der Regie für Schauspieltheater, Hamburg und Rostock.

Uwe Johnson, geb. 1934, gest. 1984, Schriftsteller.

Lotte Köhler, geb. 1919, Germanistin, New York (USA).

Günter Kunert, geb. 1929, Schriftsteller, Kaisborstel.

Bernd Neumann, geb. 1943, Professor für deutsche Literatur an der Universität Trondheim (Norwegen).

Nicolai Riedel, geb. 1952, Germanist, Deutsches Literaturarchiv Marbach am Neckar.

Hans-Jürgen Schmidt, geb. 1931, Klavierlehrer, Schwerin.

B. K. Tragelehn, geb. 1936, Regisseur, Schriftsteller, Berlin.

Erdmut Wizisla, geb. 1958, Literaturwissenschaftler, Bertolt-Brecht-Archiv der Akademie der Künste zu Berlin.

Helen Wolff, geb. 1906, Verlegerin, Hanover/New Hamshire (USA).

Gerald Zschorsch, geb. 1951, Schriftsteller, Frankfurt am Main.

Herausgeber und Verlag danken allen Autorinnen und Autoren für ihre Mitarbeit bzw. für die Genehmigung von Nachdrucken. Dank gilt darüber hinaus folgenden Personen und Institutionen für Hinweise, Unterstützung bzw. Überlassung von Nachdruckrechten:

Ludwig Audersch, Berlin

Barbara Basting und der Redaktion der Zeitschrift *du*, Zürich

Klaus Baumgärtner, Stuttgart

Johanna und Justus Bobrowski, Berlin

Eberhard Fahlke und dem Uwe Johnson-Archiv, Frankfurt am Main

Monika Gerhardt, Frankfurt am Main

Jürgen Grambow, Rostock

Eberhard Haufe, Weimar

Gerdi und Kurt Kossmann, Berlin

Hanspeter Krüger, Marion Tülbek und dem Sender Freies Berlin

Jochen Meyer und dem Deutschen Literaturarchiv, Marbach am Neckar

Bernd Neumann, Trondheim (Norwegen)

Siegfried Unseld und dem Suhrkamp Verlag, Frankfurt am Main (für die Rechte aller im Buch abgedruckten Texte und Briefe von Uwe Johnson)

Verlag Stroemfeld/Roter Stern, Basel/Frankfurt am Main (für die Rechte an dem Gedicht von B. K. Tragelehn)